濟公故事綜合研究

張忠良 著

目錄

第一章　緒論

第一節　研究的動機與目的

　　在我們的生活中充滿了許多民間故事和性格形象各異的傳說人物，它們已成為通俗文化中非常重要的一部份，同時也是民間文學研究的重要對象和領域。通常它們的表現特性是敘述直接，故事架構簡要疏闊，不太深入探究知識層次的內容以及抽象繁複的人生哲理，同時它也常常圍繞著某種創作原型不斷的變形轉化。這些廣為流傳的故事作品，一方面是民眾藉以抒發情感、傳達思想的重要媒介，同時也可以讓我們從它的故事內容和人物形象上，認識一般民眾的思維和對生活的寄託及願望。固然這些民間故事也呈現出某些文學的特點，但它們的產生並不純然是個人在創作上的表現，或只是滿足少數人的閱讀樂趣而已。事實上，這些故事和人物身上承載了豐富的政治興替、經濟變遷、社會風俗以及審美取向等生活文化的訊息。所以當我們在面對這些民間故事的時候，除了要注意它們在文學上的表現外，更應該從一個開闊的民俗文化角度去觀察和思考，才能發掘它們真正的內涵和價值。

　　中國民間在過去有許多家喻戶曉的傳說故事和人物，透過集體不斷的塑造和傳承，最後成為民族社會共同的記憶。有些人物故事會出現在特殊的節慶裡，有些人物故事會出現在特殊的名勝古蹟裡；有些人物故事流露出群眾對愛情的渴望，而有些人物故事則反映群眾對公平正義的嚮往。凡此種種，都證明這些人物故事絕非獨立存在，它們在某個層面上是群眾對生活體悟的結晶，也具有對群眾生存價值及社會發展的指導作用。筆者曾在就學期間撰寫過薛仁貴故事的研究論

文，[1]對於民間故事深感興趣。在當時前後，國內各大學也出現許多研究中國傳統民間故事的論文，主題包括有白蛇、孟姜女、王昭君、二十四孝、梁祝、牛郎織女、何仙姑、包拯等，一時蔚為風潮。不過綜觀這些大家都熟悉的民俗人物，其故事雖然有些曾膾炙人口，對我們的生活價值和美感產生一定程度的影響，但隨諸時空轉變或認知的差異，其實有不少人物已逐漸淡出常民生活的舞台。

　　筆者檢視在眾多的傳統故事人物中，發現濟公在目前民間仍舊受到許多人的喜愛，其出現不只在海峽兩岸，甚至遠到東南亞華人地區也都可以看到與之有關的宗教活動。濟公故事自南宋以來，便在民間廣為流傳，至今已有八百年之久。濟公不但出現在過去的地方傳說、小說戲劇及各種說唱藝術中，而且還活躍於眼前的宗教及影視場域裡。甚至，海峽對岸已將濟公傳說列為國家級非物質文化遺產的名錄之中。[2]另外，大陸地區在改革開放積極發展經濟下，濟公又成為新的旅遊號召。同時在宗教活動上，兩岸的濟公交流也十分頻繁，台灣各地每年都有許多教團、寺廟組織和信徒，前往浙江天台的濟公院和杭州的靈隱、淨慈及虎跑等寺朝拜，並取回相關的信物做為奉祀之用。這樣一位在民間享有高知名度及深遠影響力的和尚，實在值得注意。因此筆者希望採用比較宏觀的角度，在前人探討的基礎上再繼續投入研究，以期對濟公及其所發展出來的許多事物現象有更全面且深入的瞭解。

[1]　題目為《薛仁貴故事研究》（台北：國立台灣師範大學國文研究所碩士論文，1982 年）。

[2]　〈國務院關於公布第一批國家級非物質文化遺產名錄的通知〉（國發〔2006〕18 號，2006 年 5 月 20 日），見《中華人民共和國中央人民政府》網站：http://www.gov.cn/zwgk/2006-06/02/content_297946.htm

第二節　既有的研究成果

　　截至目前為止，海峽兩岸學者對濟公故事及其相關的研究，在局部的領域裡，是有一些成績的。今將這些研究成果，大致分為歷史考查、文學戲劇、宗教信仰及社會文化研究等方面敘述於後。

　　在歷史考查方面，一般對濟公的研究，都回溯到南宋的道濟和尚，且從宋釋居簡的〈湖隱方圓叟舍利銘〉一文開始著手，除認識史料上的濟公原型外，並追索其傳說故事發展的脈絡。在這方面，周純一的〈濟公形象之完成及其社會意義〉[3]，可說是撰寫時間比較早的，而且已經大致勾勒出研究濟公主題的輪廓。在文中，周氏不但對居簡銘文中道濟的種種行事風格有所說明，也指出道濟所處時代的宗教背景；同時周氏也針對早期的濟公小說如《濟顛語錄》和《醉菩提全傳》，及後來演述濟公故事的傳奇、小說和曲藝作品做比較屬於歷史性的考查說明，而台灣濟公信仰的發展，周氏也有簡要的著墨。總之，筆者以為周氏此文在研究濟公上，是一篇具有開創性的論著。

　　又大陸許尚樞的〈濟公生平考略〉[4]，則是在研究方法上具有突破性。過去，對濟公生平的瞭解多從文獻上著手，對於小說中出現有關主人公的身家背景，則以為多屬想像之詞；但身為與濟公同鄉，同是浙江天台人的許氏，卻實際走訪調查，對當地李姓、王姓、韓姓家族進行族譜調查，[5]同時參酌故老傳說，重新考證濟公的身世、居里。另外，針對濟公家世、年壽及居簡〈湖隱方圓叟舍利銘〉一文中許多

---

[3]　《漢學研究》第 8 卷第 1 期（1990 年 6 月），頁 541。

[4]　《東南文化》（南京：南京博物院《東南文化》雜誌社），1997 年第 3 期（總第 117 期）。

[5]　李姓為濟公本姓、王姓為濟公母舅姓、韓姓則為和濟公一起讀書的小孩韓文美家族。見〔清〕郭小亭著：竺青點校《濟公傳》（北京：中華書局，2001年），第一回，頁 2。

的問題，如：為何不稱「塔銘」而稱「舍利銘」？天台人的濟公為何
要捨近求遠，去「受辭」於杭州靈隱寺的佛海慧遠禪師？為何銘文稱
「叟」而不稱「師」？為何生年不詳？為何銘文句稱「死」而不稱「寂」
等，周琦、丁式賢合著的〈走近與解讀歷史的濟公──濟公考略〉[6]，
則試圖一一加以分析，可供研究者參考。

　　在濟公故事的文學戲劇研究方面，早年一些學者在相關版本目
錄的著作裡，雖然偶有涉及，但都是寥寥數語，未見有結構性的分
析。[7]直到許媛婷的《濟公傳研究》[8]，才見到真正屬於比較完整而大
篇幅的研究。在其論著中，許氏探討了濟顛形象從《濟顛語錄》、《醉
菩提全傳》到二百八十回本《濟公傳》的演變，並分析濟公小說裡的
情節、思想內容和藝術表現等方面。另外，劉燕萍《怪誕與諷刺──
明清通俗小說詮釋》[9]中第四章部份，從怪誕和諷刺的角度，分析郭
小亭《評演濟公傳》及《濟公傳》部份續書的內容，這是目前唯一可
見對濟公小說續書進行深入研究的著作。至於在戲劇方面，徐信義的
〈論張大復《醉菩提》傳奇〉[10]，是比較完整研究崑劇濟公故事的僅
見之作。而康素慧的《明華園戲劇團「濟公活佛」之研究》[11]，則是
研究明華園戲劇團由陳勝國新編的濟公故事，討論的內容除了有《濟
公活佛》劇本的分析，包括劇本來源、作者生平、情節結構、人物角
色、主題思想等，還進一步探討此戲對明華園劇團成功發展的重要
意義。

---

[6]　《東南文化》（天台山文化專輯第四輯），2004 年增刊第 1 期，頁 151-159。
[7]　如孫楷第《日本東京所見小說書目》（台北：鳳凰出版社，1974 年），頁 69-72、191。
[8]　台北：中國文化大學中文研究所碩士論文，1997 年。
[9]　上海：學林出版社，2003 年，頁 175-237。
[10]　收錄於《第三屆通俗文學與雅正文學全國學術研討會論文集》（台中：中興大
　　　學中國文學系，2001 年），頁 409-442。
[11]　台北：中國文化大學戲劇研究所碩士論文，2002 年。

在宗教信仰方面，許文筆的《台灣濟公信仰之救世觀》[12]，是一本結合了文獻整理及田野調查，探討台灣地區包括一貫道、鸞堂及主祀濟公廟等濟公信仰中的救世觀其及實踐的專著。其中對於台灣濟公信仰發展的面向，以及救世觀中三期末劫思想，和強調儒家三綱、五常、五倫、八德為修道實踐要領的內容，有詳細的說明，是目前針對台灣濟公信仰方面研究的重要論著。又羅欽賢在其《傳統中國佯狂故事之研究》論文中，[13]以薩滿的特質，包括身份、衣著裝束、行為等方面分析濟公，以為濟公與薩滿有異曲同工之妙，都是在異於常人且極不協調的形象之中，被視為是傳達真理的智者。另外賴永海的《濟公和尚》[14]，為一本重編的濟公故事集，集後有〈道濟禪學思想〉及〈道濟與後期禪宗〉兩篇文章，論述故事中道濟和尚所呈現的佛學思想，亦可做為有意研究濟公宗教背景的參考之作。

相較於前述幾項的研究成果，針對濟公故事社會文化層面的研究，則顯得比較薄弱，相關的著作也不多。周永明的〈論濟公形象的構成及其文化意義〉[15]，以西方 trickster 原型分析濟公形象及其在民間社會所承擔的作用，以為濟公在中國傳統的文化系統裡，以其特殊跨越二元價值的身份，調和社會的秩序，並滿足民眾在掙脫壓抑、束縛及獲得宗教救贖的兩種心理，這是濟公在民間深受歡迎的原因。由於此文有許多的看法極富見地，筆者以為是研究濟公的重要參考著作。另外，林淑媛以米歇爾・傅柯（Michel Foucault）瘋顛與理性的

---

[12]　新竹：玄奘人文社會學院宗教學研究所碩士論文，2000 年。
[13]　台中：靜宜大學中文研究所碩士論文，2000 年，第五章。
[14]　台北：東大圖書公司，1993 年。
[15]　《民間文學論壇》第 2 期（總 31 期），1988 年 3 月。

背反與割裂的概念，分析《濟公傳》裡濟公瘋顛行徑裡的禪機神通、戲謔諷刺和警世，以為那是智者為了渡化理想所呈現的佯裝。[16]

　　除了上述各領域主題的中文論著外，外國學者也曾參與研究。以色列學者夏維明（Meir Shahar）的《濟顛：中國宗教和世俗文學》（Crazy Ji：Chinese Religion and Popular Literature）[17]，堪稱鉅著。此書研究的內容共有三個部份，第一是有關歷史上的道濟和他的宗教背景。作者指出這類神通和尚多數是處於僧團邊緣的雲遊（行腳）僧，他們犯戒，為佛門所不悅；但是，也許正因為他們疏離於正統佛教，才被俗人所尊崇。第二部份為檢視道濟傳說的成長與傳播。其中作者特別注意說唱創作和書寫創作與道濟傳說的發展關聯。第三部份則為道濟信仰的成長與傳播，作者根據歷史材料及他在 1987 到 1988 年間在台灣所作的人類學田野調查，發現此一信仰的異質性，即這位顛聖道濟的信仰廣採多樣的形式，從寺廟崇拜、神靈附身到降乩寫作、繪畫都有。這種多樣性來自於各種社會與宗教團體依據其不同的意識形態去塑造道濟的形象。總結夏維明的研究，他以為包括書寫和口傳的白話創作（fiction），在晚明和現代歷史中，對促成中國超自然觀念一定程度的一致性，和傳播神明信仰及塑造神明性格上扮演了關鍵的角色。

　　綜合前述，吾人大概可知前人對濟公及其故事所做的一些研究；但這其中尚存有若干問題：一、在這些個別的領域裡，仍有許多值得深入研究的部份，例如在俗文學方面，濟公的小說有好幾種，目前只有《濟公傳》曾被比較完整的討論過，但其它像是最早出現的《濟顛語錄》和後來的《麴頭陀傳》，就未見有人深入的討論。在戲曲部份

---

[16]　〈宗教敘事與瘋狂論述：《濟公傳》的分析〉，收錄於台灣敘事學學會及國立中興大學歷史系主辦之「說故事：敘事者‧序列‧場域」國際研討會（2006年 10 月 27、28 日）論文集，頁 185-199。

[17]　美‧哈佛燕京學院專著系列（劍橋：哈佛大學出版社，1998 年），第 48 卷。

也是如此。二、這些個別的研究，其屬性不一，它們都有自己的學術取向和研究方式，彼此間常常缺少呼應和聯繫，因而有見樹不見林之感；然事實上，濟公及其故事的發展已經出現在各個不同的生活層面裡，形成一種具有全面性的文化主題，因而在處理和分析上，就必須採用一個比較超越而完整的態度和做法，將一些看似獨立但卻具有關聯的內容加以整合。三、前人的研究多半集中在過去已發生過的事象上，對於現存及當今正在進行的活動，似乎都未曾加以注意，這對瞭解濟公文化是有缺陷的，因此如果能夠補足這方面的觀察和研究，才能完整的看清過去濟公及其故事對今人的影響，以及它和現實生活間的關係。針對上述所提，筆者希望能在論著中一一加強，以呈現更為完整的濟公研究。

第三節　研究的理論與方法

本文的研究，筆者有一個基本的態度，即先定位研究對象的性質，唯有如此，才能認清它的本來面目，也才能找到最適合它的研究方法。濟公的主題，本來自民間，流傳民間，也在民間發展、變異及產生影響，而且各種事象皆非個別單獨存在。因此，濟公及其故事的研究，無論是它的選材還是研究方法，都應站在全方位民俗文化的角度和視野，這樣才能把握它的本質和精神。

然而何謂民俗文化，其義界為何？它所涵蓋的範疇有那些？而研究的策略和方法又是什麼？針對上述問題，筆者先做一些簡單的敘述，以確立後續研究的方向。首先，筆者引用既有的研究，先說明「民」與「俗」的定義。「民」，原本指的是人，但具有何種條件的人，才有被研究的價值？在過去，隨著不同的學派和個人主張，曾經有人以為「民」指的是那些掌握舊時行為舉止、風俗、儀式慶典、迷信、敘事

歌、諺語和神話的人；有的以為指的是那些保留著大量遺留物的人；有的以為是指那些表現出豐富傳統民俗的人。不過，不管如何，在他們「民」的定義中，都含有原始的、傳統的、部落的、鄉民的這些意涵；然而隨著都市化和現代化的發展，具備上述條件的人愈來愈少，這勢必會造成研究萎縮。因此，新一波學者的看法是：民俗的「民」可以指任何群體、任何人。普通人是民俗之民，專家及專業人員也是民俗之民。巨商富賈、高官顯貴、大賢大哲都是民。究竟為何他們會對「民」的定義有新的認識，理由是他們重新審視了「俗」的內容。在過去，許多專家學者都把「俗」只看成是古代文化的遺留物，或是限定口頭文學、神話故事等而已；但逐漸的，這種狹隘的看法也有了調整，從原本的精神文化範圍，擴大到物質文化和制度文化，最後甚至含蓋到全部的社會生活和文化領域。因此，隨著「俗」的內容調整，「民」的對象也就放寬到可以指所有的任何群體和任何個人。[18]

已如上述，當代的民俗研究，其涉及的對象和範圍和過去已有很大的差異，這種差異會直接影響到研究的觀念和討論架構。就以學術取向而言，民俗整體研究已儼然成為民俗學發展的新趨勢，它和傳統偏向民俗事象的研究有所不同。第一，它看中的不是被擠乾了生活液汁的民俗事象，而是活生生的民俗事件；不是做為文化現象的民俗，而是做為生活事實的民俗。第二，既然民俗整體研究以生活過程為取向，它就必須在理論上把事象研究所遺留的民俗發生的情境找回來，把曾經倍受冷落的活動主體邀請回來。第三，民俗家的視野裡，除了要有文化外，還要著眼於生活，這樣才能關心民俗的現實性，因為生活的就意味著此時的、正在發生的。第四、要保證研究面向生活、面

---

[18] 高丙中：《民俗文化與民俗生活》（北京：中國社會科學出版社，1994 年），頁 2、3、11。

向人的活動、面向現代，我們就必須通過田野作業去獲得相應的資料。案頭資料中見到的只是文本，那些意味深長的音容笑貌、舉手投足都已不復存在，只有在活動中研究，才能發揮自己的全部感覺，以便充分把握撲面而來的複雜整體。[19]

　　這樣的民俗概念，正是筆者研究濟公主題所採取的態度，也就是說濟公的研究如果能包含各種的事物現象，如既存於俗文學中小說、戲劇、傳說的文本範疇，和現實生活中仍舊繼續不斷發展的現象活動時，研究才能提升到民俗文化觀察的高度，也唯有這樣才能對濟公主題的認識比較具有全面性。因之，筆者在面對此一題目時，除了重視文獻資料的收集和整理外，更重視現存生活中的種種現象和訊息，因為這些現象和訊息，說明著某個歷史階段及地區對濟公及其故事的接收、排斥、解釋、再生和共融。所以在研究的材料和範圍上，從一般的文獻資料、學術論文，到報章雜誌、廣告文宣無不採錄，以便能夠從中掌握所有在歷史和現實生活環境裡有關濟公主題的發展線索。此外，實地實境的參訪和調查，也是筆者從事此項研究的重要步驟和方法。所謂實地實境，就是親身投入包括海峽兩岸與濟公有關的地區、廟宇和活動。在大陸方面，浙江天台山是濟公的故里，不但有許多景點儲存相關的傳說故事，更可以見到天台人如何研究濟公文化及經營旅遊環境。而在杭州靈隱寺、淨慈寺則可以發現奉祀濟公，及兩岸、東南亞目前在濟公信仰交流上的各種現象。至於筆者在台灣地區的田野調查，則包括廟宇的參訪及參加相關的法會和問事活動等，對於濟公信仰在民間發展的情形能有直接的瞭解。[20]總之，本文的撰寫，整

19　同前註，頁 109-110。
20　筆者曾撰〈南台灣的濟公廟宇及其信仰〉，對嘉義、台南、高雄等五縣市多座濟公廟宇的首廟之說、建寺歷程、濟公神座及其造像、寺廟活動和濟公信仰的內涵及特性等方面做一分析說明。見《成大中文學報》第十四期，2006 年，頁 213-238。

體而言是以民俗文化的概念做為研究的理據，以民俗文化的範疇做為研究對象，同時以文獻整理和田野調查做為研究的方法，希望透過各種管道，建構起比較完整而全面性的濟公研究。

第四節　撰寫設想及各章內容

　　濟公是民眾生活下的產物，我們可以從他的形象中，看到不同的社會影像及民眾各種心理需要；也可以從他故事的誕生、發展、變異，看到作家藝人在一定程度的現實生活基礎上，發揮豐富的想像和創造力。本文撰寫的內容是和濟公及其故事有關的各種現象活動，筆者除了希望探究各別領域如故事發展、小說創作、表演活動、人物形象、宗教信仰等方面的內容和變化，也希望能從比較屬於文化的層面去統合分析這些不同領域之間的關聯和發展特性。

　　本文共分八章，除首尾的緒論和結論外，各章的內容大致安排如下。第二章是探討濟公故事的形成與發展。筆者從歷史文獻著手，認識濟公的前身，即道濟和尚的生平事蹟，以還原故事人物的本來面目。其後再依據有關道濟的文獻、濟公通俗小說和地方傳說，將其故事分為形成寫定、再生衍化及口承傳播等三個部份加以說明。第三章為濟公小說。在本章中筆者檢視所有的歷代濟公小說，如《濟顛語錄》、《醉菩提全傳》、《麴頭陀傳》、《評演濟公傳》等，分析其個別的內容和彼此間的關係或差異。第四章是對各種表演藝術，如傳統戲劇、說唱及近代影視節目中有關濟公故事的創作及活動做一介紹說明，藉以顯示濟公故事在民間藝文生活中的流行。第五章是對濟公形象的綜合論述。筆者從不同的造像、多重的身份屬性、兩極化的身體想像以及笑謔下的現實意義等方面，對濟公不修邊幅、放浪形骸，但卻又受人頂禮膜拜稱之曰活佛的矛盾做一分析，以瞭解民眾對濟公特

殊且多元的認同。濟公是民間宗教信仰世界裡極為普遍的神明，由於他出現在不同的教派環境裡，因而形成他異質的宗教性格。第六章則是分析濟公這樣不同屬性的定位及其所發揮的功能。其中包括在佛教裡的爭議、躋身道教的眾仙之列、擔任神道設教的宣化者及行使巫術之道等。在過去許多對濟公的研究，都比較偏重在個別的主題活動，筆者以為如不能統整觀察這些不同主題活動間的關聯，則難以窺見濟公文化的全貌。所以在分別論述濟公在不同主題活動裡的表現後，筆者在第七章中試圖從綜合性的角度，包括傳播方式、發展特性去檢視濟公文化的生成，最後並指出海峽兩地在此一主題上所出現的新現象，包括改編小說、宗教交流、發展旅遊事業及網路資訊等。

民間故事及文化的發展，佈滿了民眾的理性思維和感性經驗，我們不但可以從中體會它的趣味，更可以看到各種有形和無形的力量在生活中不斷的交互影響。濟公及其故事數百年來的存在和發展，既是群體記憶的一部份，也是現實生活裡斑斑可考的活動記錄。每一世代都在自己的生活中去認識濟公，並以自己的需要和價值去解讀他存在的意義。我們也許可以這樣說，濟公的生命其實尚未結束，如果民眾仍有不斷新的生活內容及價值美感，不同的濟公面貌便會一直出現下去。

第二章　濟公原型與故事的演變

　　濟公成為家喻戶曉的人物，其發展是經過漫長階段的。在過去，有人以為他只不過是傳說故事中的乞丐和尚，事實上並無其人；也有人以為那瘋瘋顛顛、邋邋遢遢，一副遊戲人間的樣子，實際就是六朝南宋的寶誌和尚，而有「濟公即誌公」的說法，[1]甚至還有書載錄他是「元僧」。[2]不過時至今日，學者多數以為濟公是從歷史中的真實人物演化而來，只是他的故事在民間發展數百年之後，已滲入大量的虛構成分，且隨著環境、時代和思想意識的變遷，使得這位主人公的性質已變得非常多樣而複雜。本章中筆者將從濟公的前身即道濟和尚著手，探究此一傳說人物故事在數百年當中發展的不同面貌，其中包括書面上的形成寫定、再生衍化，以及散佈在相關地區的口頭傳說。

---

[1]　《花朝生筆記》載：「世傳南宋有顛僧濟公，備極神奇，坊刻如濟公傳，如皆大歡喜，如張心其醉菩提院本，皆衍其事，實則南宋初無是人，乃因六朝宋釋寶誌而訛傳者也。」見蔣瑞藻編著《小說考證》（台北：河洛圖書出版社，1979年），續編卷五，頁492。又錢靜方〈醉菩提院本考〉：「是誌公一生，足為紀述者甚多，後人因之，演為種種奇異之事，而誤其名為道濟，且誤其時為趙氏之南宋，於是西湖諸禪林，偽造種種靈跡，以惑鄉愚，實則濟公即誌公之誤，無其人也。嘗見坊間又有皆大歡喜、濟公傳兩書，亦言濟公神跡，此皆畫蛇添足而已。」見《小說叢考》（台北：長安出版社，1979年），頁133-134。

[2]　〔清〕褚人穫：《堅瓠八集》，卷三，〈濟顛贊〉：「元僧道濟，風狂不飾細行。」收錄於《筆記小說大觀續編》（台北：新興書局，1962年），第十四冊，頁3581。

第一節　歷史中的道濟

　　傳說中的濟公，本名道濟。有關他生平事蹟的載錄，目前以南宋
居簡禪師（1164-1246）的〈湖隱方圓叟舍利銘濟顛〉（以下簡稱〈舍
利銘〉）最為平實可信。居簡曾於理宗嘉熙年間（1237-1241）奉旨住
過淨慈寺。他和道濟有相當密切的法系關係。[3]為清楚的認識這位和
尚的原始面貌，茲將〈舍利銘〉的原文抄錄於下，以便後續的分析
討論。

　　　　舍利，凡一善有常者咸有焉，不用闍維法者，故未之見。都
　　　人以湖隱方圓叟舍利晶瑩而聳觀聽，未之知也。叟，天台臨
　　　海李都尉文和遠孫，受辭于靈隱佛海禪師。狂而疎，介而潔。
　　　著語不刊削，要未盡合準繩，往往超詣，有晉宋名緇逸韻。
　　　信腳半天下，落魄四十年，天台雁宕，康廬潛皖，題墨尤雋
　　　永。暑寒無完衣，予之，尋付酒家保。寢食無定。勇為老病
　　　僧辦藥石。游族姓家，無故強之不往。與蜀僧祖覺大略相類，
　　　覺尤詼諧。它日覺死，叟求予文祭之，曰：「於戲，吾法以了
　　　生死之際，驗所學，故曰生死事大。大達大觀為去來，為夜
　　　旦。顛沛造次無非定，死而亂耶。譬諸逆旅，宿食事畢，翩
　　　然于邁，豈復滯留。公也不羈，諧謔峻機，不循常度，輒不
　　　踰矩。白足孤征，蕭然蛻塵。化門既啟，一日千古，迴超塵
　　　寰于譚笑間。昧者昧此，即法徇利，逃空虛，遠城市，委千
　　　柱，壓萬指，是滉漾無朕為正傳，非決定明訓為戲言。坐脫

---

[3]　　就禪宗的法嗣來看，圜悟克勤下有大慧宗杲、瞎堂慧遠、中巖華嚴祖覺等高
　　　僧，而居簡系出宗杲下的拙庵德光，道濟則出於慧遠之下，兩人其實具有師
　　　姪關係。見〔日〕阿部肇一著、關世謙譯：《中國禪宗史》（台北：東大圖書
　　　公司，1990 年），頁 684、720、721。

立亡，斥如斥羊，欲張贗浮圖之本也。相與聚俗而謀曰：此非吾之所謂道。靈之邁往，將得罪于斯人，不得罪于斯人，不足以為靈所謂道也。」叟曰：「嘻，亦可以祭我。」逮其往也，果不下覺，舉此以祭之，踐言也。叟名道濟，曰湖隱、曰方圓叟，皆時人稱之。嘉定二年五月十四死於淨慈。邦人分舍利藏于雙巖之下。銘曰：璧不碎，孰委擲，疏星繁星爛如日。鮫不泣，誰汎瀾，大珠小珠俱走盤。[4]

此篇銘文題目下附有「濟顛」二小字，顯然已為道濟和尚的一生定調，其「顛」正是後來許多傳說故事演述的根本。而與道濟同時代的破菴祖先禪師（1136-1211）在其〈戢菴居士請贊濟顛〉中也提到：

瞎堂之子，駙馬之後。出處行藏，一向漏逗。是聖是凡莫測，掣顛掣狂希有。一拳拳碎虛空，驚得須彌倒走。[5]

由「是聖是凡莫測，掣顛掣狂希有」推知，道濟世俗化和顛狂的行徑，在當時應已受人注目。究竟居簡為何要替道濟撰寫此文，周純一以為是：「因他晚年落腳在淨慈寺，對於道濟為人與同門情誼，自然由他寫舍利記較為適當。」[6]然就內文「舉此以祭之，踐言也」來看，其實居簡是為了實現道濟生前想用祭蜀僧祖覺的文章祭悼自己的心願，才動筆寫下這篇銘文，否則如果道濟一生真有特殊成就值得記載的話，為何在一篇短短的銘文之中，竟有大半的內容是關於祖覺的。

4　〔宋〕居簡：《北磵集》，卷十，收錄於《文津閣四庫全書》（北京：商務印書館，2005 年），第 395 冊，頁 294。

5　《破菴祖先禪師語錄》，收錄於《卍續藏經》（台北：白馬精舍印經會，1994 年），第七十卷，頁 218

6　〈濟公形象之完成及其社會意義〉，《漢學研究》第 8 卷第 1 期（1990 年 6 月），頁 541。

另外，若從「舍利，凡一善有常者咸有焉，不用闍維法者，故未之見。都人以湖隱方圓叟舍利晶瑩而聳觀聽，未之知也」一句看來，居簡撰寫此文，似乎也有想要糾正視聽的意味，即一般民眾或許以為能夠燒出舍利子是很神奇的事，但在居簡看來，只要修德為善者便會有這種結果，實在不值得大驚小怪。

相較於後世一些佛門文獻中種種神通的記載，本篇銘文顯得真實許多，是一篇具有紀念價值的文章。以下筆者試就幾個角度切入，剖析歷史中真實存在的道濟和尚。

一、就篇名而言

居簡在銘文裡曾言「叟名道濟」，但銘文題目卻作「湖隱方圓叟舍利銘」，而非比較正式的「道濟舍利銘」，這種未稱法號的用法，和居簡在文集中撰述其他塔銘有很大的差異，[7]因此筆者以為居簡稱「湖隱方圓叟」，是為了更直接的呈顯道濟此人的特點。據文章所示，道濟雖住過靈隱寺，並死於淨慈寺，但他是「信腳半天下，落魄四十年，天台雁宕，康廬潛皖」，也就是說，道濟其實是一名行腳僧，真正住在寺中的時間並不長，「湖隱」二字或許正點出他隱身江湖，出沒無常，難得見其形影之意。後來沈孟柈編撰的濟公小說《錢塘湖隱濟顛禪師語錄》（以下簡稱《濟顛語錄》），其中沿用「湖隱」二字，正是保留了原本大家對道濟的稱呼。同時也因為他信腳半天下，所以才得以顛名在外，而流下許多傳說。至於他為何「信腳半天下，落魄四十年」，居簡並未明言，不過從其「狂而疎，介而潔。著語不刊削，要未盡合準繩」，以及「寒暑無完衣，予之，尋付酒家保」的描述看來，

7　居簡文集中類似的文體，多稱某某禪師塔銘、某某法師塔銘、某某講師塔銘、某某大師塔銘等。

道濟的言行應該是相當個性化的。因之，他到底是因為言行舉止有違常規而遭人排斥，或是為了實踐個人特殊的宗教認知而雲遊寺外，不得而知。此外，標題中的「方圓叟」為何意，有人以為「方圓」就是天方地圓，泛指天地之間，正反映出道濟信腳半天下，落魄四十年的經歷。[8]不過，筆者以為由於缺乏直接的證據，「方圓」為天地之說仍屬臆測。至於「叟」字，居簡保留一般民眾對他親切而平民化的稱呼，這無非顯示道濟具有強烈的入世風格。

　　其次，關於「舍利銘」之意，照例而言，僧人圓寂只有高僧或住持的骨灰方可置入寺院的塔林內，然後由相關人士撰寫塔銘，在居簡文集中類似的文章，大都稱作「塔銘」，只有此篇名為「舍利銘」。筆者以為這反映出道濟在寺中的地位並不高，沒有資格擁有自己的塔位；而他最被人稱道的則是化後留下令人嘆為觀止的舍利子，所以這篇文章才稱為舍利銘，尤其文末的「銘曰」，並沒有對道濟的一生行誼有任何的評論，反倒描寫舍利子是「疏星繁星爛如日」、「大珠小珠俱走盤」。筆者據以推測，道濟或許平日就有一些繪聲繪影的神通傳說，再加上化後出現許多的舍利子，終於使他聲名大噪，成為杭州地區最被津津樂道的對象。

　　至於道濟身後之事，居簡銘文只簡單的寫下「邦人分舍利藏于雙巖之下」，「雙巖」究在何處，並未明言，反倒在《濟顛語錄》小說裡，不但道濟的後事從入龕、起龕、掛真、下火、起骨都有完整的描述，並附有一些長老的讚偈，同時還明言送骨入虎跑寺塔。其後，許多文獻都沿用此說，如明釋大壑（1525-1576）所編撰的《淨慈寺志》中，便直接引用小說家言，以為葬於虎跑塔。[9]清乾隆廿六年梁同書〈宋

---

[8]　許尚樞：〈濟公生平考略〉，《東南文化》1997 年第三期（總第 117 期），頁 84。
[9]　卷四，〈法胤〉，收錄於《四庫全書存目叢書》（台南：莊嚴文化事業公司，1996年），史 243-278 頁。

道濟和尚塔復向碣〉載錄：「南山定慧禪寺和尚荼毗所也，即藏骨於
其西為窣堵波。歲月既久，草交石泐。大清乾隆元年善男子邱文晉、
善女人王氏欽師之，重加修治。」[10]清釋聖光《虎跑定慧寺志》也言：
「大慈山左曰屏風山，石壁聳秀，形似屏障。右曰涅槃山，山因濟顛
禪師荼毗此山遂名。」[11]由此種種記錄看來，世人似乎多半相信道濟
是藏骨於杭州西湖邊的虎跑寺。虎跑寺，原名大慈定慧禪寺，始建於
唐元和年間，其後因有虎跑泉而得此俗名。該寺的興衰，據清乾隆翟
灝、翟瀚所編輯的《湖山便覽》中言：「宋太平興國三年又改法雲祖
塔院，嘉定間廢為軍營，元大德重建，復唐舊額。」[12]，又據清釋聖
光的《虎跑定慧寺志》中言：「（定慧寺）宋高宗南渡，經鬱攸之變，
遂為瓦礫之墟。寶佑初，僧至惠結屋以居，宋末兵燬。」[13]由此看來，
虎跑定慧禪寺在道濟圓寂前後應是十分荒涼之地，它是否就是居簡所
謂的「雙巖之下」，筆者目前無法求證。不過，今日杭州虎跑公園內
留有濟祖塔院，乃特殊因緣所成。其建置經過如下：

> 湖隱禪院亦稱濟祖塔院，舊稱藏殿，在杭州大慈山美人峰東
> 麓濟祖塔左，余依止師法輪老和尚建也。師江山鳳林周氏子，
> 稚年患病劇，醫皆束手。邑中有鸞堂，往禱之，值濟祖臨乩，
> 諭必捨身皈三寶，服藥乃效，虔叩誓許之，祖為立方一劑，
> 大差再進，病若失。久之，父母相繼歿，而師初不知祖之令

10　〈冢墓〉，胡祥翰輯：《西湖新志》，卷九，收錄於沈雲龍主編：《中國名山勝
　　蹟志叢刊》（台北：文海出版社，1975 年），第十八冊，第二輯，頁 299。
11　〈山水〉，收錄於杜潔祥主編：《中國佛寺志》（台北：明文書局，1980 年），
　　第一輯，28 冊，頁 119。
12　收錄於王錫祺輯：《小方壺齋輿地叢鈔》（台北：廣文書局，1963 年），第二
　　十九冊，第四帙，頁 4279。
13　〈建置〉，收錄於杜潔祥主編：《中國佛寺志》（台北：明文書局，1980 年），
　　第一輯，28 冊，頁 15。

得再生也。一日，撿先人手澤於笥中，得祖方劑論辭，且驚
且感，至於流涕，亟摒擋諸務訖，直趨杭，訪知祖塔在虎跑
泉之南，爰謁定慧寺品照禪師，詳陳凤因，乞祝髮並矢志報
恩，為祖興道場，時光緒初年也。刻苦清修，越十餘載，士
夫多誦師行，願效助功德，乃於二十六年庚子仲冬開工闢地，
庀材造祖殿五間及側屋五間……。[14]

文中特別提及「濟祖臨乩」一事，已可清楚的看見濟公角色在民間宗
教上的演化，而寺院興建借助的則是「士夫多誦師行，願效助功德」，
也正說明濟公信仰所產生的強大力量。

二、家世背景及年壽

　　根據居簡〈舍利銘〉顯示，道濟俗姓李，原為「天台臨海李都尉
文和遠孫」，據許尚樞等人指出，「文和」實為「和文」之誤。[15]「和
文」，就是北宋真宗駙馬都尉李遵勗的謚號，這應該就是《濟顛語錄》
敘述道濟是「高宗朝李駙馬之後」[16]的根據。據宋史所載，李氏家族
歷代仕宦，且為將門，崇佛為其重要家風。[17]不過到了李遵勗的曾孫
李湉之後，其子嗣便在史傳中消失，道濟之父為誰，便不得而知。另

14　〈創建因緣第一〉，大慈安仁輯：《湖隱禪院記事》，收錄於《中國佛寺志叢刊
　　續編》，（南京：江蘇古籍出版社，2001年），頁9-10。
15　許尚樞：〈濟公生平考略〉，《東南文化》1997年第3期（總第117期），頁80-81。
　　周琦、丁式賢：〈走近與解讀歷史的濟公──濟公考略〉，《東南文化》，天台
　　山文化專輯第四輯，2004年增刊第一期，頁151-154。
16　頁5，收錄於《古本小說叢刊》（北京：中華書局，1991年，影印明穆宗隆慶
　　己巳四香高齋平石監刻本），第八輯。以下引用本書，均於文後標註頁數，不
　　再另行加註。
17　《新校本宋史並附編三種》（台北：鼎文書局，1980年），第十七冊，卷四六
　　四，頁13567-13571。

據周琦、丁式賢指出，隨著宋室大舉南遷，李遵勗第四代裔孫，即道濟父輩的李氏家族也在南遷之列。由於李遵勗娶萬壽長公主時，真宗曾賜第永寧里，因此他們流寓浙江天台時，便稱居處為「永寧村」。換言之，從汴京開封的「永寧里」到浙東天台的「永寧村」，正反映了李氏家族的興衰過程。永寧村今雖不存，然天台歷代故老口碑相傳天台城關小北門石牆頭為濟公出生地，當為不虛。[18]又據許尚樞實地訪錄所得，以為浙江省天台縣城西南麓郊野的「沙坑」，當是宋代永寧村的舊地，其依據之一是這裡尚存一座古永寧庵；依據二是有一座可辨的永寧橋遺跡；依據三是沙坑一帶分布著李、王、韓三姓村莊，與《評演濟公傳》小說第一回所記的內容大致脗合。許氏又舉出沙坑之東二華里的石牆（寨）頭，民間相傳是濟公的出生地，曾有已故的老人李仙才稱說彼處即濟公李氏的一處別墅，名為「隴西花園」，而石牆頭西邊的一大片田地至今猶稱「李家墻」，正是當年產權屬於濟公李氏的佐證。[19]以上種種調查結果，筆者雖然無法一一實地驗證，但對於研究道濟家世而言，無疑的是開闢了一條新的蹊徑，值得重視。

關於道濟的年壽，向來有六十、七十三、八十等不同的說法。筆者先將有關的原始載錄整理於後：

　　1、居簡〈舍利銘〉：未載生年，卒年為「嘉定二年五月十四」。

　　「嘉定」為南宋寧宗年號，嘉定二年為西元 1209 年。

　　2、明田汝成《西湖遊覽志餘》：「年七十三歲，端坐而逝。」[20]

18　〈走近與解讀歷史的濟公──濟公考略〉，《東南文化》，天台山文化專輯第四
　　輯，2004 年增刊第一期，頁 154。
19　〈濟公生平考略〉，《東南文化》1997 年第三期（總第 117 期），頁 81-82。
20　卷十四，〈方外玄蹤〉，頁 275。收錄於楊家駱主編：《大陸各省文獻叢刊》（台
　　北：世界書局，1963 年），第一輯，第五冊。

3、《濟顛語錄》:「十月分娩，時值宋光宗三年十二月初八日。」
（頁 5）宋光宗三年即「紹熙」三年，西元 1192 年。

4、明釋大壑《淨慈寺志》卷五:「母王氏夢吞日光而生，紹興十八年十二月初八日也」、「嘉定二年五月十六日……擲筆逝，茶毗舍利如雨，葬虎跑塔，中壽六十，臘四十二。」[21]「紹興」為宋高宗年號，紹興十八年為西元 1148 年。按此說道濟為六十一歲。

　　綜觀上述資料，其中居簡銘文所載道濟的卒年應該是可以確定的，即南宋寧宗嘉定二年。如果以此推算其生年，則《濟顛語錄》所載的南宋光宗紹熙三年顯然是錯誤的，因為道濟不可能只活了十七歲。至於《西湖遊覽志餘》的七十三之說，則不知從何而來。就目前所見，討論道濟年壽最為詳盡，且又有定論的是許尚樞的八十之說。許氏以為，稱道濟年壽只有六十，是受了居簡銘文中「信腳半天下，落魄四十年」，及《濟顛語錄》中「六十年來狼藉」（頁 131）遺世偈的影響，但他另外指出在《濟顛語錄》中有一段話是值得注意的:「會齋罷，全大同長老與濟公入龕。焚了香曰:大眾聽著:……恭惟圓寂書記濟公覺靈，……臨行四句偈云，今日與君解釋。從前大戒不持，六十年來狼藉。」（頁 132）句中「從前大戒不持，六十年來狼藉」，與清梁同書〈宋道濟和尚塔復向碣〉中的「往來於靈鷲、慧日兩峰間者且六十年」[22]，兩者都在在說明六十年只是道濟出家的時間，並非一生的年齡；況且如果道濟只活了六十年（即 1149-1209），是無法在

21　收錄於《四庫全書存目叢書》（台南：莊嚴文化事業公司，1996 年），史部，第 243 冊，頁 277。

22　〈冢墓〉，胡祥翰輯:《西湖新志》，卷九，收錄於《中國名山勝蹟志叢刊》（台北：文海出版社，1975 年），第十八冊，第二輯，頁 299。

兩歲的時候為蜀僧祖覺（1087-1150）寫祭文的。[23]同時許氏更進一步的推測，《濟顛語錄》中的南宋「光宗」三年（即紹熙三年，1192）實為「高宗」三年（即建炎三年，1129）之誤，[24]如此再合併《淨慈寺志》中「年十八，就靈隱瞎堂遠落髮」計算，以為道濟的年壽應為八十，即從 1130 到 1209 年。[25]

綜觀許氏的推斷，固然有明確的結果，但其中不免有誤。首先，或稱「從前大戒不持，六十年來狼藉」云云，是出於小說家言，並不可靠。其次，居簡銘文中載「它日覺死，叟求予文祭之」，如果此「覺」果真指的就是「華嚴祖覺」，則居簡是在他死後的十四年才出生，換言之，居簡是不可能在「覺」死時受道濟之請為他寫祭文的，所以銘文中的「祖覺」應是另有其人。如此一來，許氏以「華嚴祖覺」的生卒年做為推斷道濟年壽的依據便有問題；況且許氏還誤會是道濟親自為祖覺寫祭文，[26]所以必須要拉長道濟的生年，才有可能與之培養出為他寫祭文的深厚情誼。由此看來，許氏的推斷是有問題的。

23　居簡〈舍利銘〉中有言：「與蜀僧祖覺大略相類，覺尤詼諧。它日覺死，叟求予文祭之。」

24　〈濟公生平考略〉：「筆者以為，自宋至明，在說書人講述、傳抄濟公經歷的過程中，有可能出現以下三種差錯：（1）帝號錯誤，『光』、『高』音近，導致將『高宗』寫成『光宗』；（2）年號差錯，『紹熙』、『紹興』一字之差，音和形都易混淆；（3）甲子紀年差錯，紹興二年（1132）與紹熙三年（1192）均為壬午年，相差達六十年。如果屬於後兩種差錯，則濟公的生年分別是紹興三年（1133）、二年（1132），壽八十七、八十八歲。」見《東南文化》1997年第 3 期（總第 117 期），頁 83。

25　高宗三年本為 1129 年，但許氏據《濟顛語錄》言道濟出生為十二月初八，其時序已進入 1130 年。

26　許氏將居簡銘文中「叟求予文祭之」誤為「叟予文祭之」，見〈濟公生平考略〉，《東南文化》1997 年第 3 期（總第 117 期），頁 82。

　　道濟既然生前雲遊四方，並不常住寺內，恐怕也少有人知道他真正的年歲，且為他撰寫銘文的居簡都無法知悉，後人實難從小說家的口中獲得切確的答案。

三、言行風格

　　道濟受辭於佛海禪師（1103-1177），佛海禪師即瞎堂慧遠禪師，追溯法脈，他屬於南宋禪宗臨濟發展最盛的楊岐一派。楊岐派本由北宋僧人方會創立於江西楊岐山，至南宋以後，因黃龍諸多禪師及居士大都凋零殆盡，其勢力逐漸伸向江浙一帶，呈現興盛的景況，儼然成為主導南宋禪宗發展的重要地位。此派發展具有以下幾個特色：一是活潑的禪風和自由的接引方式。二是與官僚及士大夫來往密切。三是融入淨土思想與民間信仰，以致有走向世俗化的傾向。[27]大體說來，他們與同宗但偏向理智和學術啟示的黃龍派相比，顯得相當樸素，近似祖師禪。典籍中記載楊岐方會「警敏滑稽，談劇有味」[28]，正說明其充滿人情味的風格。而五祖法演「如人飲水，冷暖自知，乃通其難」[29]的接引方式，則特別強調透過切身的感受，從而得到頓悟。《大慧宗門武庫》中有一段相關的記載，可以看出此派的作風：

> 五祖演和尚，依舒州白雲海會端和尚，咨決大事深徹骨髓，端令山前作磨頭，演逐年磨下收糠麩錢解典出息，雇人工及開供，外剩錢入常住，每被人於端處　謀是非云：演逐日磨

[27]　〔日〕阿部肇一著、關世謙譯：《中國禪宗史》（台北：東大圖書公司，1990年），頁 684-690。

[28]　《續傳燈錄》，卷第七，頁 506，收錄於《大藏經》（台北：新文豐出版公司，1983 年），第五十一冊，史傳部（三）。

[29]　《五燈會元》，卷十九，收錄於《卍續藏經》（台北：白馬精舍印經會，1994年），第八十卷，頁 391。

> 下飲酒食肉，及養莊客婦女，一院紛紜。演聞之故意買肉沽
> 酒，懸於磨院，及買坯粉，與莊客婦女搭畫，每有禪和來遊
> 磨院，演以手與婦女挪揄語笑，全無忌憚。端一日喚至方丈
> 問其故，演喏喏無他語，端劈面掌之，演顏色不動，遂作禮
> 而去。端咄云：「急退卻。」演云：「俟某算計了請人交割。」
> 一日白端曰：「某在磨下除沽酒買肉之餘，剩錢三百千，入常
> 住。」端大驚駭，方知小人嫉妒。[30]

此種逆向式的表達方式，正是此派高僧思想行事的風格。此外，北宋
時浙江地區已有禪淨合一式「杭州結社型佛教」的流行，至於南宋禪
林中心轉入浙江後，更深受當地淨土信仰的影響。逮入元後，楊岐派
禪僧如中峰明本、天如惟則等，甚至開始積極提倡禪淨合一的思想，
而如笑隱大訢則為了在元蒙統治下能夠繼續維持禪宗的優勢，更是極
力倡導多教兼容的精神以廣開方便之門。如此一來，在一片融合性思
想的籠罩下，原來高深難懂的禪宗教義便和民間性格較強的淨土信仰
逐漸結合，而成為佛教新的發展方向。以上所述，是對道濟所屬的宗
派門風所做的簡略說明，雖然有關道濟生平的記載有限，我們實難得
知他在這樣的宗派下有何特殊的思想主張和具體實踐，但宋元江浙地
區佛教發展的特徵，卻很明顯的反映在早期的濟公小說裡。

　　道濟後來之所以成為市井傳誦的人物，並非因為他在佛門有特殊
的地位和重要學說，而是他瘋瘋顛顛的言行。在僧傳中，以奇言怪行、
不守戒律，顯示神通傳世者難以勝數，如唐代的豐干、寒山、拾得等，
便是眾人耳熟能詳之輩。而南宋被稱為顛者，亦不乏其人，除道濟外，
尚有半顛、明顛、瑪瑙顛等人，至於沒有顛名而有顛實者如肇公、奘

---

[30]　《卍續藏經》（台北：白馬精舍印經會，1994 年），第八十三卷，頁 366。

公等，則彼彼皆是。居簡雖在道濟〈舍利銘〉的標題下另註「濟顛」二字，但其實並未說明顛字的涵義，並具體指出他的顛言顛行，儘管如此，我們還是可以從道濟許多異於常僧的表現，找出可能被人視為瘋顛的行徑。

首先在個性上，〈舍利銘〉載道濟是「狂而疎，介而潔」，這是在傳統臧否人物時很常見的語言。「狂而疎」通常是指人不受現實的禮法或價值約束，任意獨斷而行，這種人常常會和周遭的環境格格不入，甚至與人產生衝突。而「介而潔」，則是指人行事正直，潔身自好，是極為律己的表現。由此看來，也許道濟被時人稱為「方圓叟」，正反映出他在待人處世上的自我要求及隨性而為，也難怪他會非常希望用居簡祭悼祖覺的文字來祭悼自己，即：「公也不羈，諧謔峻機，不循常度，輒不踰矩。」這「不循常度，輒不踰矩」正是「狂而疎，介而潔」最好的註腳。又銘文中提及「游族姓家，無故強之不往」一句，也可以看出道濟為人的「潔癖」。出家人一般而言總是希望能廣結善緣，和社會各界維持友好的關係，以獲得更多的支助，而道濟很可能因為「狂而疎，介而潔」的個性，不願趨炎附勢，所以縱使面對世族豪門，只要「無故」都會加以拒絕，由此也可以看出他特有的行事作風。

其次，對道濟的形象，居簡描述「寒暑無完衣，予之，尋付酒家保」。一般而言，為了要有莊嚴相，僧人是非常重視自己的行儀裝扮的，而道濟卻是「無完衣」，可以解釋為襤褸不堪，服飾不整；而當有人布施衣物時，他又很快的交付給酒保，以換取酒喝。居簡敘述到此，雖未明言道濟的顛，但卻也透露出他犯戒的行為，也許這就是他和寺裡其它僧人不合，甚至被迫行腳天下的原因。不飲酒，原本在佛門中是五戒之一，但它只屬戒罪而無性罪，稱為遮戒，是佛陀為了防止弟子犯性戒而制定的，所以一般世俗社會並不拿它來和其它四戒，

即殺生、偷盜、邪淫、妄語等量齊觀。不過，這一點看在嚴格持戒人的眼裡，是絕對無法容忍的。就修佛的過程而言，持戒修定才能開發智慧；況且在佛門中受了佛戒再破戒，就等於是破了佛的法身，是罪加一等的。明吳之鯨曾以比較宗教的觀點，說明道濟不受歡迎的原因：

> 濟以宿緣求度，遂為沙門。而舉止脫略，與小乘執相諸僧忤，乃許其犯齋及不循律儀過，遠批云：法門廣大，豈不能容一顛僧。意以顛含真義。而遠亦似知之，惟庸眾之終不釋然也。[31]

在此我們看到道濟之所以被稱為「顛」的重要原因，其實可能就是「舉止脫略，與小乘執相諸僧忤」，是「犯齋及不循律儀」。原本採行小乘佛教的修道者，為求解脫個人生死，是非常重視比丘戒的，他們在寺院中過著封閉刻苦的生活，並嚴守僧團的律法，以為這樣才能修得正果，維繫佛法的慧命。道濟非常個人化且近似在家修持的言行，正和他們背道而馳，不見容於僧團寺院也就變得理所當然，甚至後來在小說中還編出許多寺僧處心積慮想驅逐道濟的情節。

除了言行的異常外，〈舍利銘〉還記錄了若干道濟特別之處。例如：「著語不刊削，要未盡合準繩，往往超詣，有晉宋名緇逸韻」。這裡所謂的「晉宋名緇逸韻」，筆者以為指的就是晉宋高僧所著染的名士風格。所謂名士，其言行最大的特徵就是不落俗套，講究清雅之氣。所謂「逸韻」，牟宗三曾闡述「逸」的精神說：

> 精神落於通套，順成規而處事，則為俗；精神溢出通套，使人忘其在通套中，則為逸。逸者離也，離成規通套而不為其所淹沒則逸。逸則特顯「風神」，故俊。逸則特顯「神韻」，

---

31 《武林梵志》（一）卷九，〈古德機緣〉淨慈寺下，頁 868，收錄於杜潔祥編：《中國佛寺志》（台北：明文書局，1980 年），第一輯，第 8 冊。

故清。故曰清逸，俊逸。逸則不固結於成規成矩，故有風；逸則灑脫活潑，故曰流。故總曰風流。……故逸者則神露智顯。逸者之言為清言，其談為清談。逸則有智思而通玄微，故其智為玄智，思為玄思。[32]

由於佛教初期依附玄學而受到知識份子普遍的歡迎，而許多高僧如慧遠、僧肇等原本即對老莊極有研究，同時也與名士來往甚密。眾人之中又以支道林雜揉老釋，最俱清談典型。《世說新語》文學篇中有段說明他解釋莊子〈逍遙遊〉能「拔理於郭、向之外」的記載：

支道林在白馬寺中，將馮太常共語，因及逍遙。支卓然標新理於二家之表，立異義於眾賢之外，皆是諸名賢尋味之所不得，後遂用支理。[33]

句中「標新理，立異義」，乃說明他思慮縝密，精妙超遠，常能發人之所未見。道濟「往往超詣」的內容我們不得而知，但其言語思維的表現異於常僧，應是可以想見的。

除此以外，〈舍利銘〉中還提到濟顛「題墨尤雋永」，但可惜的是並未詳細的加以說明，甚至整理出相關的著作，以至後來面對許多他的詩偈疏文時，都難以判斷其真偽。相傳道濟著有《鐫峰語錄》十卷行世，但已不可考。[34]大致而言，今日所見絕大多數道濟的詩文都來自《濟顛語錄》，在書中他不但擔任淨慈德輝長老的書記，[35]更被描寫

---

[32] 牟宗三：《才性與玄理》（台北：台灣學生書局，1978年），第三章，頁68。

[33] 楊勇：《世說新語校箋》（台北：正文書局，1992年），頁170。

[34] 〔明〕釋大壑：《淨慈寺志》，卷五，〈法胤〉，收錄於《四庫全書存目叢書》（台南：莊嚴文化事業公司，1996年），史部，第243冊，頁278。

[35] 道濟擔任書記，許多僧傳寺志都見記載，如《續傳燈錄》卷三十一「靈隱遠禪師法嗣九人」中便列有道濟之名，稱為「濟顛書記禪師」。所謂書記，在禪門中為西序六頭首之二，是負責文書事務，撰寫山門榜疏、書問祈禱詞語等。

成才調傑出的「詩僧」，因而創造出大量的詩偈疏文，後來許多寺志或僧傳在引錄作品時，都不離此範圍，但筆者以為，這些作品或有出自話本作家之手，不能盡信為真，即使如有明確紀年之作如〈釋道濟嘉泰四年重建淨慈寺疏文〉[36]，且淨慈寺確於嘉泰四年遭受祝融之災，但本文是否就是出於道濟之手，亦難斷定。除此之外，另有一些作品，並不見於小說之中，如道士孟宗寶所輯錄的《洞霄詩集》中，「宋高僧」下載有一首題為「湖隱道濟」的〈游洞霄〉，其詩云：

> 平明發餘杭，扁舟沂清流。登岸五六里，小徑穿林邱。奇峰聳天柱，九鎖巖谷幽。雲根立仙館，勝處非人謀。入門氣象雄，金碧欺兩眸。彈碁古松下，啼鳥聲相酬。羽衣讀黃庭，內景宜自修。蓬萊隔弱水，九轉即可求。坡翁昔賦詩，刻石紀舊游。溪山增偉觀，萬古傳不休。我來弔陳迹，枯腸怯冥搜。執炬入大滌，襟袖寒颼颼。懸崖石乳滴，千歲無入收。樵夫指巖窟，此處通龍湫。方期過東洞，紅日驚西投。徘徊出山去。空使猿鶴愁。[37]

《洞霄詩集》中所載為元代大德六年（1302）之前書寫「洞霄宮」的詩作，由孟宗寶與友人鄧牧「暇日討論，刪定唐宋賢及今名公題詠」[38]而成，如果從年代和有清楚的選錄過程來看，此詩或許真是道濟之作。

道濟除善於文書外，應也善於書法。《元叟行端禪師語錄》卷八「題跋」類下有〈跋名公帖〉[39]，其中便見道濟之名，只是跋言中只

---

36 〔清〕釋際祥撰：《淨慈寺志》，卷一，頁 133-134，收錄於杜潔祥主編：《中國佛寺志》（台北：明文書局，1980 年），第十七冊。

37 〔宋〕孟宗寶撰：《洞霄詩集》，卷八，收錄於《藏外道書》（成都：巴蜀書社，1992 年），第 34 冊，頁 31。

38 〈洞霄詩集十四卷提要〉，同前註，第 34 冊，頁 1。

39 《卍續藏經》（台北：白馬精舍印經會，1994 年），第七十一卷，頁 545。

載道濟具有甚異的靈蹟，對其翰墨則是隻字未提。道濟擅於書法，另有一例可供參考：《七修類稿》卷三十一「詩文類」下有一篇亦不見於《濟顛語錄》名為〈濟顛化緣疏〉者，其疏文如下：

> 佛首一尊，身光萬國。歷四朝之文物，滿三世之因緣。獨露半肩，光掩身中之月。全彰眾相，毫分額上之珠。一舉首，一低頭，只此便是彌陀佛。或揚眉，或謦欬，何處更參慈世尊。氣象清新，規模宏大。雪霜凌爍，風雨洗磨。屋勢壓頭，人難住足。神鬼近將於悲泣，幡華莫稱於莊嚴。雖憑後學維持，實賴眾人著力。欲更新好，寧免經營。郢斧般斤，日下指揮於風動。明珠大貝，目前立望於雲齊。谿開歡喜善門，便是菩提徑路。雕甍畫棟，山光搖翡翠之寒。風鐸雲窗，湖水倒琉璃之碧。民閭有慶，皇極無疆。[40]

此篇疏文據郎瑛註言：「右濟顛之疏，為大佛者也。……此疏墨跡，見存西湖大佛寺。」[41]由此可見，或許道濟的書法真有精采可觀之處，只是今人已無緣再見。

以上是就居簡〈舍利銘〉的內容，對史上道濟生平事蹟所做的一些分析。大體言之，歷史上的道濟和尚並不具有叢林高僧的地位，也不見有任何宏旨深論，造就他後來「成就」的，應該是他生前的一些怪異行為，以及圓寂後民眾所傳誦的種種靈蹟事件。

---

[40] 楊家駱編：《讀書箚記叢刊》（台北：世界書局，1963 年），第二集，第十一冊，頁 475。
[41] 同前註。

第二節　故事的形成與寫定

歷史中的道濟，給人的印象是模糊而零星的，其實只有親眼見過或和他同時代的人，才知道曾經發生過那些事情；而當真正的道濟和尚離開歷史舞台後，另一個強調吃肉喝酒，深通法術，且行俠仗義打抱不平的瘋和尚，正大搖大擺的走進民眾豐富的想像世界裡。一如其他的傳說人物，人們總會根據這些主角的脾氣、個性和生前作為，開始去編織具有社會意識和集體性格的故事，一方面抒發對他們的關心好奇、懷念景仰，甚至是痛恨報復等情緒；而同時也反映樂於想像，追求有限生活經驗以外的各種心理滿足。濟公身為出家和尚卻不嚴守僧規，在佛門中是具有爭議性的，但看在民眾眼裡，這一切卻是有趣的。本節中筆者將按時間先後，從包括佛門僧傳寺志和文人筆記叢談等不同的文獻記錄裡，整理出有關道濟身後數百年間，後人對他的評論及其傳說故事流行、寫定的過程。

在和道濟同時或稍後的年代裡，佛門已經出現一些零星對道濟的評語。如運菴普巖禪師（1156-1226）言：

> 毀不得，贊不得。天台出得簡般僧，一似青天轟霹靂。走京城，無處覓。業識忙忙，風流則劇。末後筋斗，背翻鍛出，水連天碧。稽首濟顛，不識不識。挾路相逢捻鼻頭，也是普州人送賊。[42]

其中「水連天碧」是否指的就是小說中道濟的遺世偈：「六十年來狼藉，東壁打到西壁，如今收拾歸來，依舊水連天碧」（頁131），筆者無法確定。此偈是濟公故事中最為人熟知的名言，雖然過去曾有學者

---

[42]　〈濟顛書記〉，《運菴普巖禪師語錄》（中）〈贊佛祖〉下，收錄於《卍續藏經》（台北：白馬精舍印經會，1994年），第七十卷，頁121。

從史籍有無引錄、此偈風格是否文如其人、偈語公案典故南宋是否常用等幾個角度觀察，相信此偈應是道濟的真作，[43]但在居簡的〈舍利銘〉中，如此重要的遺偈卻未見登載，其真實性實不得不令人懷疑。不過，無論如何，從禪師的讚詞中我們大約仍可看到具有明顯禪門宗風的道濟。又曾於南宋寧宗嘉定年間住持過淨慈寺的天童如淨禪師（1163-1228），其對道濟也有讚頌：

> 天台山裡五百牛，跳出顛狂者一頭。賽盡煙花瞞盡眼，尾巴狼藉轉風流。[44]

從天童如淨禪師的讚偈中，我們開始看到有關道濟乃天台五百羅漢轉世的說法，這應是濟公現身人間傳說的原型，由於他寫的是簡短的詩讚，我們無法一窺當時有關道濟的一些傳說細節。其後，又談及道濟的還有天目禮禪師（1166-1250）：

> 隨聲逐色恣遨遊，祇要教人識便休。邏供得錢何處去，堂堂直上酒家樓。[45]

在這簡短的佛讚裡，我們看到了道濟一些具體的行徑，如「隨聲逐色」、「直上酒家樓」等，這些自任遨遊，飲酒作樂的習性或許就是他成顛，甚至被其他僧人排斥的重要原因。《元叟行端禪師語錄》中對道濟的評論則是更為直接而具體：

> 濟顛靈跡甚異，泉大道之流也。[46]

43　周琦、丁式賢：〈走近與解讀歷史的濟公──濟公考略〉，《東南文化》，天台山文化專輯第四輯，2004 年增刊第 1 期，頁 156-156。

44　〈濟顛〉，《天童如淨禪師語錄》〈讚佛祖〉下，收錄於《卍續藏經》（台北：白馬精舍印經會，1994 年），第七十二卷，頁 161。

45　〈湖隱濟書記〉，《禪宗雜毒海》，卷一〈佛讚〉下，同前註，第六十五卷，頁 60。

46　〈跋名公帖〉，《元叟行端禪師語錄》卷八〈題跋〉下，同前註，第七十一卷，頁 545。

元叟行端禪師（1255-1341）認為道濟的行徑有如「泉大道」。泉大道即衡嶽泉禪師，據傳云他也是一位不在意戒律，任心而行的和尚，且有充滿神異及火化後舍利不可勝數的事蹟。傳贊對他的評價是：

> 無為子曰：生者人之所貴，死者人之所畏，恥者人之所避。而泉不貴其貴，不畏其畏，不避其避。此其所以如是，吾不知其真，吾不知其偽，將質之於天地。方是時，叢林以肅嚴相尚，沙門以修潔相高。一有指目，重為媿恥，故泉有以矯之耳，其號泉大道。若非苟然，舉公名著叢林。如薛仁貴著白袍，西平王著錦帽，真勇於道者也。[47]

其中提到當時「叢林以肅嚴相尚，沙門以修潔相高，一有指目，重為媿恥，故泉有以矯之耳」，也就是因為衡嶽泉禪師有意矯正這種拘謹嚴峻的修行方式，因而反襯出他言行的奇異。由此我們可以大膽的推測，道濟的瘋瘋顛顛其實含有與眾不同的宗教認知和實踐方法，這種異於主流佛門的表現，正是道聽途說及小說好事者最為喜愛的。

入明以後，有關道濟傳說故事的流行，明郎瑛《七修類稿》中有云：

> 濟顛乃聖僧，宋時累顯聖於吾杭湖山間，至今相傳之事甚眾，有傳記一本流於世。又有小石像於淨慈羅漢堂。[48]

在這段記載中，我們看到了道濟傳說在宋明間，特別是在杭州西湖一帶流傳的情況。郎瑛（1487-1566）距道濟圓寂已將近三百年，在這段時間裡，有關道濟的事象除了有「累顯聖」的傳說和「又有小石像

---

[47] 《禪林僧寶傳》，卷第十五，《卍續藏經》（台北：白馬精舍印經會，1994 年），第七十九卷，頁 522-523。

[48] 楊家駱主編：《讀書箚記叢刊》（台北：世界書局，1963 年），第二集，第十一冊，頁 475。

於淨慈羅漢堂」外，更重要的是「有傳記一本流於世」，這意味著濟公故事已經進入完成寫定，並開始大量傳播的階段，就濟公故事的發展而言，這是一個非常重要的里程碑。同樣的記載，亦見於和郎瑛差不多同時的田汝成（生卒年不詳，約1540年前後在世）《西湖遊覽志餘》裡：

> 杭州男女瞽者，多學琵琶，唱古今小說平話，以覓衣食，謂之陶真。大抵說宋時事，蓋汴京遺俗也。……若紅蓮、柳翠、濟顛、雷峰塔、雙魚扇墜等記，皆杭州異事，或近世所擬作者也。[49]

從田氏所謂「若紅蓮、柳翠、濟顛、雷峰塔、雙魚扇墜等記，皆杭州異事，或近世所擬作者也」看來，的確在當時已經出現了演述濟公的故事書。然而究竟最早的濟公小說出現於何時，若就書目而言，明英宗正統六年（1441）由楊士奇等編的《文淵閣書目》中卷十七「佛書」類中已錄有一冊《濟顛語錄》，此本《濟顛語錄》是否就是沈孟柈敘述的《濟顛語錄》，不得而知；但如果相同，濟公小說出現的年代當可上推至明永樂十九年（1421）以前，比後來隆慶三年（1569）刊行的《濟顛語錄》要提早將近一百五十年。[50]無獨有偶的，晁瑮（　?-1560）《寶文堂書目》子雜類中也錄有一本有目無書的《紅倩難濟顛》話本，[51]雖

---

[49]　卷二十〈熙朝樂事〉，頁368，收錄於楊家駱主編：《大陸各省文獻叢刊》（台北：世界書局，1963年），第一輯，第五冊。

[50]　據楊士奇〈文淵閣書目題本〉稱，此書目各書原為明永樂十九年自南京取來，一直收貯在北京左順門北廊，未經整理，後奉聖旨移貯文淵閣東閣，始逐一打點清切，編置字號。見《國學基本叢書》（上海：商務印書館，1938年），頁215。

[51]　卷中，頁129，收錄於嚴靈峰編輯：《書目類編》（台北：成文出版社，1978年），28冊。

然此書的內容現也無法得知，但綜合前述，我們可以推測在明代初期，濟公故事已經從傳說、聽書，開始進入到書寫閱讀的階段。

固然郎瑛和田汝成都沒有記下「傳記一本」或「記」的名稱、內容，但筆者推測和隆慶三年所刊行的《濟顛語錄》當相去不遠。其理由是：田氏在〈方外玄蹤〉有一段關於濟顛的簡介，其文字如下：

> 濟顛者，本名道濟，風狂不飭細行，飲酒食肉，與市井浮沈，
> 人以為顛也，故稱濟顛。始出家靈隱寺，寺僧厭之，逐居淨
> 慈寺。為人誦經下火，累有果證。年七十三歲，端坐而逝。
> 人有為之贊曰：「非俗非僧，非凡非仙。打開荊棘林，透過金
> 剛圈。眉毛廝結，鼻孔撩天。燒了護身符，落紙如雲煙。有
> 時結茅宴坐荒山巔，有時長安市上酒家眠。氣吞九州，囊無
> 一錢。時節到來，奄如蛻蟬。湧出舍利，八萬四千。贊嘆不
> 盡，而說偈言。」嗚呼，此其所以為濟顛也耶。今寺中尚塑
> 其像。[52]

觀其所述濟顛事蹟，大要和《濟顛語錄》雷同，且田氏引述「非俗非僧，非凡非仙」云云，[53]和《濟顛語錄》中「無競齋贊湖隱」的內容完全一致，所以筆者以為郎瑛和田汝成所說的濟公故事書，可能就是和隆慶三年《濟顛語錄》同一系統的著作。

經由上述，吾人可知濟公故事的形成是經過三個階段的。首先是主人公身前時期的零散傳說，經由口耳相傳不絕於途。第二階段則是

---

[52] 《西湖遊覽志餘》，卷十四，頁 275，收錄於楊家駱主編：《大陸各省文獻叢刊》（台北：世界書局，1963 年），第一輯，第五冊。

[53] 此濟顛贊據〔清〕夏基撰：《西湖覽勝詩志》（收錄於《四庫全書存目叢書》，史部，243 冊，台南：莊嚴文化事業公司，1996 年）卷五載為屠赤水之作（頁71）。屠赤水即明屠隆（1542—1605）。

在主人公辭世後，有說書人收集並一再杜撰故事，在市井處說講維生，此時許多的內容恐怕早和真實人物毫不相干。最後則是在好事者的重新編撰後，集成可供閱讀的小說，並透過出版刊行的力量，將濟公傳奇故事快速的向杭州以外的地區傳播。另外和《濟顛語錄》內容大致相同，但多出更多故事和描寫細節的《醉菩提全傳》，以及用居士角度重編的《麴頭陀傳》在清康熙、乾隆年間出版後，屬於第一階段以杭州一帶為主要發展地區的濟公故事終告寫定完成。在此同時，崑劇也開始搬演濟公故事，小說與戲劇終於成為傳播濟公故事最重要的力量。

如僧傳般的《濟顛語錄》刊行後，濟公故事也開始出現在一些文人的著作裡，如晚明張岱（1597-1684）在其〈淨慈寺〉中曾言：

> 南渡時，（淨慈寺）燬而復建，僧道容鳩工五歲始成。塑五百阿羅漢，以田字殿貯之。紹興九年，改賜淨慈報恩光化寺額，復燬。孝宗時，一僧募緣修殿，日屢酒肉而返，寺僧問其所募錢幾何，曰：「盡飽腹中矣。」募化三年，簿上布施金錢，一一開載明白。一日大喊街頭曰：「吾造殿矣。」復置酒餚，大醉市中，搤喉大嘔，撒地皆成黃金，眾緣自是畢集，而寺遂落成。僧名濟顛，識者曰：「是即永明後身也。」[54]

而陳梅溪編撰的〈南屏山道濟裝瘋〉[55]也是如此。而有趣的是，這一套在民間經過長期累積發展成的濟公小說，竟也成為佛門引述道濟事略的重要參考資料。如明釋大壑《淨慈寺志》下載道濟生平，除了少

---

[54]　《西湖夢尋》（台北：漢京文化事業公司，1984 年），卷四，頁 63。

[55]　《西湖拾遺》，卷九，頁 193-250，收錄於《古本小說集成》（上海：上海古籍出版社，1991 年）。

數的內容和細節外，大致都和《濟顛語錄》相同。[56]甚至明傳燈
（1554-1628）記載濟顛禪師事蹟時，更直言：「逆行順行，言行叵測，
其濟物利生，神通感應事蹟至多。見《濟顛語錄》。」[57]另如明吳之鯨
撰《武林梵志》中敘寫道濟傳略時也說：「其神異等事具如傳記。」[58]
明末晦山顯（1610-1672）曾替一本濟顛本傳作序云：

> 濟顛行實，杭州向有小說，語雖近俚，事事皆實，余門人穗
> 堂刪其俚俗，彙成本傳，以流布道俗，則又為靈隱淨慈增一
> 段佳話也。[59]

此中所謂「杭州向有小說」，究指何書，晦山顯並未明言，但若據前
述濟公小說的形成發展來看，應該指的就是《濟顛語錄》。入清之
後，康熙自融編纂的《南宋元明禪林僧寶傳》卷四中的〈湖隱濟顛
書記〉[60]，其內容和《濟顛語錄》亦大致雷同。又《西湖新志》引〈湖
隱禪院記事〉言：「按志謂祖生紹熙三年，本天花藏主人所編濟祖全
傳，宋光宗三年降世之說距嘉定二年圓寂，僅十八年，其謬可知。」[61]
句中所言天花藏主人所編的濟祖全傳，實即《醉菩提全傳》，和《濟
顛語錄》屬於同一系統的作品。由此可知，後人介紹道濟生平事蹟時，

---

[56] 卷五，〈法胤〉，收錄於《四庫全書存目叢書》（台南：莊嚴文化事業公司，1996
年），史部，第 243 冊，頁 277-278。

[57] 《天台山方外志》（台北：新文豐出版公司，1987 年），卷五，〈聖僧考〉，第
六，頁 56。

[58] 《武林梵志》（一）卷九，〈古德機緣〉淨慈寺下，頁 869，收錄於杜潔祥編：
《中國佛寺志》（台北：明文書局，1980 年），第一輯，第 8 冊。

[59] 〔清〕孫治撰、徐增重編：《武林靈隱寺誌》，卷七，頁 457-459，收錄於杜潔
祥編：《中國佛寺志》（台北：明文書局，1980 年），第二十三冊。

[60] 《卍續藏經》（台北：白馬精舍印經會，1994 年），第七十九卷，頁 604。

[61] 〈冢墓〉，卷九十一，頁 299，收錄於《中國名山勝蹟志叢刊》（台北：文海
出版社，1975 年），第 18 冊，第二輯。

最常參引的資料就是《濟顛語錄》或《醉菩提全傳》，然殊不知它卻是混雜了許多虛構杜撰的內容。最後，清末民初間（1905-1912）日本藏經書院在匯編續藏經時，竟也將《濟顛語錄》收入，使得《濟顛語錄》因此從話本小說的性質和地位，一變而為佛教典集。寺院裡真實的道濟禪師，因為和民間故事裡融合了史事、傳聞、說書、創作等各種元素所創造出來的濟公活佛糾纏在一起，使得後人愈加無法看清其廬山真面目。

在濟公故事發展的過程中，我們看到了一個特殊的文化回流現象，即一開始佛門典籍中載錄道濟的生平事蹟非常有限，且他的行徑未必能夠得到寺院的認同；但反而在民間的道濟，卻被塑造成大慈大悲、神通無窮的濟公活佛，且有了屬於他自己的小說著作，因而在明中葉以後的僧傳寺志，只要觸及道濟的，無不徵引小說裡的內容；換言之，數百年後，濟公活佛帶著強大的民間力量，又大搖大擺的走回寺院，重新進入羅漢殿，受人供奉和稱揚。

第三節　故事的再生與衍化

大抵而言，一個民間故事的發展，一開始多半只是瑣碎的傳聞或文字記錄，其後經由如說書藝人或文人作家等特定人士的整理潤飾，而初步形成一個有頭有尾，有情節有段落的完整故事。其後，這個既有的故事，在不同的時空和心理環境下，又輾轉發展出許多新的內容，甚至最後和原故事的性質大相逕庭。此種現象就是筆者所謂的再生與衍化。

在濟公故事的發展過程中，《濟顛語錄》或《醉菩提全傳》是集結了屬於早期以杭州地區為主所流傳的道濟傳說故事，以及說書人和作家自己杜撰的情節。在這一套故事裡，主人公不但從此有了新的名

字和固定的形象外，情節也始終圍繞在和佛教有關的主題裡；但是這一切到了清光緒年間郭小亭的《評演濟公傳》出現後，就有了重大的轉變。它在原本屬於南方環境為基礎創作的《濟顛語錄》系列小說之外另起爐灶，開創了另一個以注入北方說書養料及公案俠義小說內容而成的濟公世界。在這個新起的故事裡，舉凡主人公的形象、故事情節及反映的思想等各方面，都有自己的特色。在這部新的小說裡，濟公故事的場景已開展到距離禪院更遠的地方，進入到官府和江湖。濟公所接觸的人也不只是市井小民，更包括了丞相、太守、衙門班頭、綠林好漢、江洋大盜，以及邪惡的僧道和妖魔鬼怪等等。他的形象也從單純的寺院禪師，進一步成為會斬妖除魔、破案捉賊、義結英雄的俠僧。思想方面則更包羅了神魔、公案、俠義、社會人情等種種不同的成分。這樣開放性的故事發展結果，一方面直接促成濟公小說的續書不斷，終至演繹成上千回章節的巨型說部，而新一代群眾心目中的濟公形象，也多半由此而出。《濟顛語錄》或《醉菩提全傳》則反而只流傳在禪門寺院或相關的民間教派環境裡，供做宗教讀本之用。而另一方面，它影響更大的是經由通俗小說的普遍傳播，使得濟公聲名大噪，進而成為民間造神運動裡被擁護成為教派信仰及扶乩活動的重要神明。

　　至於早期寫定的濟公故事和後來再生衍化的有何重大差異，筆者茲就故事結構、情節內容和人物形象幾方面做一比較說明。

一、在故事結構上

　　《濟顛語錄》系統裡的濟公故事，它的發展模式主要是以傳記結構為主，即從出生到圓寂。過程中分為若干段落，如羅漢轉世、幼年聰慧、靈隱出家、悟道成顛、寺僧排擠、天台探親、轉投淨慈、救世

濟物、入滅顯聖等。而後來的濟公故事，它最大的差別就在不見濟公
入滅及顯聖的部份。換言之，濟公只要不死，其故事便得以不斷的連
續發展下去。之所以會如此，和說書人好用連環套的講述方式，以及
顧及職場維生和滿足聽眾需要有密切的關係。其後又涉及出版利潤，
只要小說受到讀者歡迎，續書便會不斷的出現。因而我們看到郭小亭
之後的《濟公傳》，它的情節是一回接一回的發展，濟公永遠青春不
老，永遠為民眾除害。當然相對的，這也容易造成情節鬆散、人物缺
乏神采等弱點，反而不如前期故事的緊湊有力。

二、在情節內容上

　　早期的濟公故事，多半圍繞在顛僧言行、寺院生活、救難解厄、
神通顯聖等主題上，固然內容多屬想像之作，但仍保有濃厚的佛門家
風，甚至可以說早期的濟公故事，其情節多為體現主人公的思想和風
采而設，和後來喜好大肆鋪陳情節，並以「俠僧」為基調的濟公故事
有很大的不同。至於新起的故事情節，筆者略述一二如下：

（一）濟公帶領官府班頭捉拿大盜華雲龍

　　華雲龍乃西川的江洋大盜，好採花，在臨安城烏竹菴姦殺少婦，
在泰山樓殺死淨街太歲，又在秦相府盜取玉鐲鳳冠，濟公帶領太守衙
門柴元祿、杜振英兩捕快出來辦案，最後終於將華雲龍繩之以法，斬
首示眾。在緝捕華雲龍的過程中，濟公不斷插手代辦許多案件。

（二）濟公捉拿準備奪取大宋江山社稷的慈雲觀老道邵華風

　　慈雲觀老道邵華風平日勾結綠林賊人，發賣薰香蒙汗藥，使人盜
取嬰胎紫河車，有七十二座黑店，五百隻黑船，一方面在外為非作歹
殺害生靈不提，一方面更企圖奪取大宋江山，賊勢之大，連知府也束

手無策，甚至出兵圍剿也失敗。最後在濟公幫助下，終於擒獲伏法。在這一段內容裡，有許多僧道鬥法的情節。

（三）濟公受邀進入淨慈寺，並大戰群魔

靈隱寺老方丈元空長老圓寂後，海棠寺勢利和尚宗印向廣亮行賄進入靈隱寺，濟公甚為不滿，屢屢戲耍宗印。後淨慈寺邀濟公入寺當長頭。濟公入寺後顯聖不斷，如向枯井祝泉求水、太后降香等，最後受皇上敕封為「護國散禪師」。在這一段期間，八魔在金山寺興妖作怪，要用魔火鍊濟公，最後在靈空長老、紫霞真人及伏虎羅漢的協助下，終將八魔封鎖在「子午風雷藏魔洞」內，並重修金山寺。

從以上種種情節看來，後期的濟公故事內容可謂包羅萬象，有俠義、神魔、公案等等，比《濟顛語錄》系統的故事內容要更為複雜多變，這是受到清代小說發展影響的結果。

三、在人物形象上

早期的濟公形象，據《濟顛語錄》所載不外如此：

——手拿著一頂傘兒燈，引著七八十小的兒口內唱山歌曲兒。（頁 29）

——身上穿一領破直裰，腳下著一雙破僧鞋，赤條條露雙腿。（頁 49）

——濟公急忙打箇根斗，褲兒不穿，露出前面這件物事。（頁 65）

而在《評演濟公傳》的主人公，雖言奉佛法旨為降龍羅漢轉世，然其面目已集放蕩、不潔、怪癖、逗笑等於一身：

臉不洗，頭不剃，醉眼捏斜睜又閉。若痴若傻若顛狂，到處
詼諧好耍戲。破僧衣，不趁體，上下窟窿錢串記。絨絲七斷
與八結，大小疙瘩接又續。破僧鞋，只剩底，精光兩腿雙脛
赤。（《前傳》，第二回，頁6）[62]

至於其行為乖僻亦處處可見，如：

和尚又往前走，聽那邊賣饅頭的，和尚叫：「賣饅頭的，過來
我買。」那賣饅頭的過來，和尚說：「熱不熱？」賣饅頭的說：
「剛出屜。」和尚說：「擱下。」賣饅頭的把挑子放下，一掀
蓋，熱氣騰騰。和尚伸手一拿，就是五個黑指頭印。和尚剛
往嘴裡一擱，趕緊扔下，和尚說：「我忘了，沒帶錢，我沒敢
吃。」賣饅頭的睄著有氣，這個饅頭賣不出去了，又是牙印
吐沫，又是黑印。自己一想：「我有心嘔氣罷，剛出來，他又
是個出家人。」楞了半天說：「得了，我這饅頭就算扔了。」
認了晦氣。和尚說：「你既要扔，別扔。舍給我和尚吧。我明
天碰見你，我要帶著錢還給你。」賣饅頭的說：「你拿了去罷。」
（《前傳》，第十二回，頁50）

而其言語滑稽亦比比皆是，例如：

那邊穿藍的員外說：「我也是久聞聖僧大名，特地前來請問禪
機，我來問機。」濟公說：「飢者餓也。餓了吃一塊狗肉。」

---

[62] 郭小亭的《評演濟公傳》實包含兩部份，一為《評演濟公傳》（稱《前傳》），
一為《評演接續後部濟公傳》（稱《後傳》）。北京中華書局 2001 年由竺青點
校的《濟公傳》，則依其分為上、下兩冊出版，上冊為《前傳》，下冊為《後
傳》。後文引錄本書時，則於句後直接標識前後傳、回數、頁數，不再另行
加註。

> 那員外說：「我二人原本是來問禪機妙理，並非是饞飢，乃是
> 音同字不同。」濟公說：「這二人原來問饞飢二字，我和尚可
> 知道。」那二位員外說：「只要師父說對了，我二人情願修蓋
> 大碑樓；如說不對，善緣不巧，我二人往別的廟施舍去。」
> 濟公說：「這二人聽著：說山裡有山，水裡有魚，三七共湊二
> 十一。人有臉，樹有皮，蘿蔔快了不洗泥。人要往東，他偏要
> 衝西，不吃乾糧盡要米，這個名字叫饞雞。」二位員外一聽，
> 連忙搖頭，說：「我二人問的是佛門的奧妙，參禪之禪，天機
> 之機，師父說的這一概不對。」(《前傳》，第十六回，頁67)

舉凡此類荒誕不經，悖反常理的內容，不勝枚舉。同時為了大顯濟公
的神通本領，其救世手法已由禪機點化變為大施法術，如口唸「唵嘛
呢叭咪吽」六字真言，或手指定神法等。另外，濟公原本是個不愛待
在寺中誦經坐禪的和尚，他時常穿梭在大街小巷，或借宿朋友家中，
但到了《評演濟公傳》中，濟公變得出沒無常，行走也不一定靠腳，
現身的地區也擴大許多。其從事的活動，也從原有的日常性質如為人
下火、濟貧、治病等，逐漸擴大為特殊專案，如洗冤、捉姦、除妖、
捕賊等，幾乎無所不包。總之，由於濟公角色的開放，使其故事的發
展能歷久不衰，且不斷翻新。

　　綜前所述，筆者簡單的歸納《評演濟公傳》裡故事的一些特點：
1、在結構上是永續的。2、在情節內容上是異化的。3、在人物形象
上是誇大的。4、在思想反映上是社會的。前期的濟公故事其表現的
重點在於彰顯一位以濟渡眾生為職志的禪師行誼，以及宣導和佛門有
關的思想，如明心見性、因果報應等，雖然內容淺顯易懂，卻也宗教
彩色濃厚。然至後期的故事，其所顯示的社會性則明顯變強。除了原
有的明心見性、因果報應外，還有更多屬於普世所盼求的需要和價

值，如不畏權勢、打抱不平、濟困扶貧、懲奸除惡等等，而對抗邪惡的僧道，似乎也反映了長久存在受人質疑甚至厭惡的宗教敗化現象。

在濟公故事再生與衍化的過程中，還有一類內容是比較特殊的，即民間教派為了傳播其宗教理念所編撰的一系列遊記故事，如《天堂遊記》、《地獄遊記》、《畜道輪迴遊記》、《聖道旅程》等，這些故事以善書的性質出現在台灣民間各個角落，其內容並不以複雜和懸疑的情節取勝，主要是發揮神道設教的功能，反映出濟公另一層面的影響。此類的議題，筆者將在第六章第三節中討論。

第四節　故事的口承發展

濟公故事除了前述以書寫系統為主的發展外，其實還有另一以口承為主的傳說系統。這個系統的發展，長久以來一直都保存在鄉里之間，它並不像書寫系統的作品那樣具體而完整的顯現在世人的面前，若非有心人加以整理記錄，則很容易隨著時代環境的改變而消失無存。傳說，它是民間文學的一種類型，段寶林曾定義如下：

> 它通常以歷史上可考的人物、事件和各地區可見可聞的山川風物結合在一起，演化出令人置信的生動情節來，對相關的人物和事件、風物和風情作出實際的或幻想的解釋，具有歷史性和可信性的特點，同時又有傳奇性的色彩。[63]

從上文中我們可以知道傳說最大的特點在於幻想中存有事實，超驗中又得具體。換言之它在發揮想像的同時，與生活仍保持密切聯繫，我

---

[63] 段寶林：《中國民間文學概要》（北京：北京大學出版社，1985年），頁100。

們可以從眼前的人、事、物上,尋找故事發展的線索和結果。至於傳說的形成及其發展特性,段氏也有詳細的說明:

> 傳說一般是以真實的歷史人物或事件做基礎,經過長期集中,豐富的典型化過程而逐漸定型的。一般是先為新聞傳說,以真人真事為主,後來常常把歷史上與該人物相似的事件都附會在他身上,不僅故事情節日益豐富曲折,而且人物性格也更加鮮明突出,使美者益美,勇者益勇,成為「箭垛人物」,這樣幻想成分和傳奇色彩逐漸增加。……傳說是作為真人真事流傳的,它的藝術典型化往往是不自覺的,是在流傳中發生變異以適應社會需要的。在流傳過程中不但有量變,有時還會質變。……傳說的產生還有一條路:從神話發展而來,如大禹治水的傳說。後來在流傳中神話部份逐漸消失,現實主義成分逐漸加強,神話中的神就漸漸變為傳說中的人了,這是傳說藝術典型化的第二條道路。[64]

按照段氏的說法,無疑的,濟公傳說形成的類型是屬於前者,即以真實的歷史人物或事件做基礎,然後以「箭垛」的方式逐漸累積而成。傳說既是民間文學的種類之一,它必定擁有自己的美學風格,筆者根據學者的意見,大致歸納成以下幾點:1、歷史性和幻想性的巧妙結合。2、結構單純完整。3、採用粗線條手法刻劃人物。4、富有地方色彩和生活氣息。5、都有一定的中心點和紀念物。[65]上述見解對於我們認識濟公的傳說有很大的幫助。

---

[64] 段寶林:《中國民間文學概要》(北京:北京大學出版社,1985 年),頁 62-65。
[65] 以上乃綜合葉春生、吳蓉章兩位學者的說法,分別見於葉氏《簡明民間文藝學教程》(長沙:湖南文藝出版社,1987 年),頁 106-110。吳氏《民間文學理論基礎》(成都:四川大學出版社,1987 年),頁 92-106。

目前可見的濟公傳說出版品不少,大都是經由系統的收集後整理而成。[66]本節中,筆者僅就《濟公的傳說》[67]一書所輯錄的故事加以討論。此書共收錄三十六則傳說,是以「某某口述、某某收集整理」的方式編錄而成。三十六則的題目分別為:神僧出世、近水救遠火、一文錢見真心、牛角噴火、破銅錢、「游走」的來歷、難題規勸不肖徒、半身金裝、斗雨祖師、初到靈隱、飛來峰、顛撲鴛鴦作兒戲、千年龍泓魚鱉、寶塔鎮龜妖、狗腿泥做、將狗比人、狗肉朋友、紅紙作太陽、拉下雙手才是人、割瘤栽瘤、「偷雞」鬧縣堂、巧得陰陽淚、拔出蘿蔔帶出泥、吟詩感官、攔火神、古井運木、抽抽長長、甌江鬥二仙、七粒米八擔水、虎跑寺匿池、擲刀戲秦檜、古寺罵奸、題聯郡王府、護碑樓、三雅園鬥蟋蟀、大鬧秦相府。綜觀以上傳說故事,其形成年代多不可考,而有些故事當是源自書面,然後再經輾轉流傳。以下筆者先將上述三十六則的傳說內容大致做一分類,以便瞭解以口承方式所呈現的濟公故事有何特色。

上述的傳說故事,大致可以區分為兩類:一是屬於描述性質,另一類則是屬於解釋性質。根據譚達先的說法,所謂描述性傳說就是「以記敘和描寫人物的事跡為主,且具有故事性的民間傳說」;而解釋性的傳說,「它是以某物某事某風物為出發點,引伸出一個人物故事,

---

[66] 相關的書目有:1、曹志天:《小濟公——濟公童年故事》(上海:上海翻譯出版公司,1984年)。2、陳瑋君編:《天台山遇仙記・木魚山》(北京:中國民間文藝出版社,1984年)。3、止戈選編:《濟公的傳說》(杭州:浙江文藝出版社,1987年)。4、蔡慶生:《浙江省民間文學集成・台州故事卷》(杭州:浙江文藝出版社,1991年)。5、天台縣民間文學集成編輯部編:《中國民間文學集成・天台卷》(浙江省民間文學集成辦公室,1992年)。6、許尚樞編著:《天台山濟公活佛・濟公傳說》(北京:國際文化出版公司,1997年)。
[67] 台北:王家出版社,1989年。

最後又回到該物該事該風習的成因，和這人物故事有關」[68]。濟公的傳說中，屬於描述性質的有以下幾類：

（一）出世傳說

如〈神僧出世〉記敘濟公為伏虎羅漢化身，只因奸臣當道，皇上無能，外族入侵，大宋朝廷即將南遷，濟公不同凡人，為了濟世救民，因而來到人間。

（二）神異傳奇

如〈近水救遠火〉記敘濟公九歲時便具有法力，能在家前小溪邊澆熄遠在杭州淨慈寺的大火，因而與淨慈寺結下緣份。〈斗雨祖師〉記敘濟公為嵊縣農民借雨，解決乾旱。〈紅紙作太陽〉則記敘濟公用大紅紙剪一個太陽貼在崗灘上面，免去天黑，好讓農民得以把秧苗插完。

（三）點化世人

如〈難題規勸不肖徒〉中，濟公利用啞謎教訓忘恩負義趕走師傅的徒弟。〈將狗比人〉則記濟公教訓賣狗肉的人不知報答養育之恩，使他痛改前非，孝敬母親。

（四）正義事蹟

此種性質的傳說故事為數不少，正顯示濟公在一般民眾心中打抱不平、伸張正義、為民除害的形象。例如〈牛角噴火〉記敘濟公用計懲罰貪心的堂嫂。〈拉下雙手才是人〉記敘濟公抓住準備放火以殺人滅口的奸婦。〈割瘤栽瘤〉記錢剝皮為錢塘一霸，專門放高利貸欺壓窮人。某次頭上長瘤的蔣老頭無法還債，錢剝皮說只要能把瘤留下，

---

[68] 譚達先：《中國描敘性傳說概論》（台北：貫雅文化事業公司，1993 年），頁 1。

便不再向他要錢，濟公見之，施用法術，以蒲扇當刀把瘤割下，再把它丟向錢剝皮，這時瘤已長在他的脖子上；錢剝皮只好向濟公求饒，濟公大笑說只要你為窮鄉親多做善事，瘤便會漸漸消失，否則就會越長越大。〈擲刀戲秦檜〉記秦檜頭長濕瘡，每到夏天隔數日便要尋找剃頭匠理髮洗頭，但因他怕長瘡之事傳揚出去，便每剃完一次，就把剃頭匠殺掉；濟公得知此事，便化裝混入秦府為秦檜剃頭，趁機玩弄剃刀以警告他不准再擅殺剃頭匠。

　　至於解釋性的傳說，在這些故事中大致又可分為事物、地形及民俗諺語等幾類。其例如下：

（一）〈破銅錢〉

　　記敘濟公以菜園邊莖細蔓長花白的小草，為刻薄勢利鬼周員外治病，後來將所得錢財分與窮人，人們為了懷念此事，便將這種無名草藥叫做「破銅錢」。

（二）〈「游走」的來歷〉

　　濟公用一隻缺腿的蟋蟀打敗方財主的「黃金虎」大蟋蟀贏錢後，將錢財散發給平民。事後濟公帶著牠到臨安，還鬥贏了豪門的大公雞。天台百姓都說這隻蟋蟀是在天台鬥贏走的，於是為牠取名叫「贏走」，久而久之，音變為「游走」。

（三）〈半身金裝〉

　　濟公在新昌大佛寺時向施主化緣，將所得銀兩暫時化做酒食下肚，方丈誤會，便將他逐出師門；臨走前濟公跑回寺院，吐出化錢，瞬間大佛半身貼金，由於濟公已離開寺院，所以至今大佛仍只有半身金裝。

（四）〈狗腿泥做〉

此則傳說解釋為何狗撒尿時要把腿抬高，以及惡奴稱為「狗腿子」的原因。原來杭州棲霞嶺下有一財主，家中擁有惡奴及兇狗，專門欺壓窮人。有天財主腿上生病，請神醫濟公救治，濟公要鋸下惡奴的腿為財主換上才以得救，同時又要鋸掉狗腿為惡奴接上，最後則捏一隻泥土狗腿，為兇狗裝上。如此一來，狗撒尿怕把泥腿弄濕，便把腿兒抬高，而惡奴也從此叫做「狗腿子」。

（五）〈七粒米八擔水〉

這是杭州人節約糧食時所說的話，其由來是當年濟公運木修建淨慈寺時，因為工匠人數太多，眼看米糧就要吃盡，濟公便從小小囊袋中取出七粒米來放入鍋中，然後倒入八擔水，不一會兒便煮成一鍋白米飯，供三百人食用。

（六）〈虎跑寺匿池〉

有一天濟公到虎跑寺荷花池邊，看見有一羣遊手好閒的公子哥兒正在欺負一位老婆婆，不准窮人放生。濟公打抱不平，施用法術將荷花池變小；同時又把老婆婆提籃內的螺螄倒入虎跑寺前的小水溝，再把水勢變大。這便是直到現在為什麼虎跑寺前的小澗裡流水終年不停，其中並有許多沒有尾巴螺螄的原因。

（七）〈飛來峰〉

此則說明靈隱寺原來只有後山，寺前為平地，有天一座形如怪鳥的山峰飛馳而來，從天降下，從此靈隱寺便有了前山，原本小溪也因此改道，而形成今天的冷泉。至於飛來峰上的五百尊石羅漢，以及對山的三座寺院，乃是為鎮山之用，以防止它再飛走。

（八）〈攔火神〉

　　此則傳說記載了民間「跳灶會」這種在每逢節日盛會所跳的舞蹈由來。原來有一年的六月廿三日午時，濟公發現有一位由火神所化身的紅衣姑娘，正準備進入淨慈寺，濟公不讓他進來，紅衣姑娘見中門有人阻擋，便轉身想進東門，濟公又將他攔下，紅衣姑娘見狀，轉身又進西門，濟公又將他擋住，如此來來往往了一次；但後來由於當家方丈誤會濟公「沒寺（事）好」的意思，終讓紅衣姑娘進得寺來，頃刻之間一片火海。而「跳灶會」的舞蹈便是民間揣摩濟公攔火神的動作模樣編成的。

　　類似上述的解釋性傳說，除《濟公的傳說》一書所載的之外，另有一則說明濟公相貌的形成也十分有趣，故事題名為〈捉妖〉[69]，內容大意是：江南白洋湖中有一黃鱔精，平時出沒無常，吞食下水嬉戲的小孩和鴨鵝，後來被濟公做法收伏。濟公便將鱔血倒入老酒，又將鱔肉燒熟下酒，吃得津津有味。只是不久之後，濟公便覺得渾身發熱，汗流滿面，農夫見狀，忙給他一把芭蕉扇，濟公越搧越有勁，不知跑了多少路，最後鞋跟也掉了，身上的衣服也被風和樹枝劃破，而芭蕉扇也破得變成一條一條的，這就是後來濟公邋遢樣子的由來。又因為濟公喝了黃鱔血沖的酒，所以他的臉色也變成黑色的。

　　以上這些傳說內容林林總總，不但非常生動有趣，要之都和民眾的生活內容息息相關。我們一方面可以看到民眾對於濟公的喜愛和尊敬，另一方面也可以感受到民眾樂於想像，滿足於濟公給他們在生活中所帶來的種種驚奇、幸福和安全感。

---

[69]　轉載譚達先著：《中國描述性傳說概論》（台北：貫雅文化事業公司，1993 年），頁 352-354。

　　傳說具有口頭傳述和集體創作的特性，和小說戲劇的表現原則有很大的差異，它是在真實的基礎上進行虛構與加工，所以常常保有擬寫實的色彩。綜觀濟公的傳說形式，它具有下列四個特點：

一、情節表現簡單明快

　　口頭傳說它最大的特點，就是借用最簡單的形式，明明白白的講述一個有頭有尾的故事。由於它使用的工具是口和耳，所以基於感官作用的局限和記憶長度，一般傳說的結構都非常簡單，重在因果交待清楚，一氣呵成，所以篇幅都不算長，不像書面敘事作品，作者可以盡其妙筆生花，長篇鋪陳，以曲折多變的結構取勝。話雖如此，口傳故事並不一定因此而單調乏味，反而在短小集中的原則下，得以提鍊出更令人意外的情節。我們也可以說，如果這些傳說內容不具有特殊的魅力，是無法流傳下來的。有學者認為，從心理學的角度而言，人本能的有一種追求新奇和知識的好奇心，而傳說的傳奇性正是建築在這種心理因素上，就是把變幻莫測，豐富多彩的奇情異事，通過單純完整的結構表現出來，使故事單純而不單調，完整中富有變化，波瀾起伏，迭宕多姿，有時還製造一系列懸念，在欣賞者心理上激起一種不絕的期待和渴望瞭解的好奇心，使人饒有趣味的聽下去。[70]

　　從另一個角度來看，傳說故事簡單明快的藝術特性，其實和面對聽眾口頭講述的語境有密切的關係。也就是說，口頭講述故事要求情節能迅速的展開，如果只是在細部做精緻的刻劃，是會招到聽眾厭煩的；而且口頭講述時，可以利用手勢、表情、語調等來補充言詞的不足。如此一來，當這些傳說被記錄下來時，便顯得粗枝大葉、簡單扼

---

[70] 吳蓉章：《民間文學理論基礎》（成都：四川大學出版社，1987 年），頁 98。

要了。吾人只要比較濟公傳說和章回小說裡的情節，便可明顯的看出兩者間的差異。

二、人物形象類型化

在這些傳說故事裡，濟公的主導性格都非常突出，但通常卻沒有細部的描寫，僅具印象而已，反倒是透過情節與動作，映射出人物的心理趨向和價值追求；而同時善於運用誇張的手法強調人物的能力和智慧，已幾乎成為神格化的人物，這些都是民眾依據自己的理想和希望所創造出來的。劉守華曾指出：

> 民間故事對人物性格的各個側面不作精細描繪，但各類人物的主要性格特徵仍是較為鮮明的。因為它以情節的反覆，逐步加深人們的印象。民間故事的人物具有類型化的特點，……較少個性色彩。故事家不著重表現人物的個性，而是把許多人物作為現實社會中不同類型人物的代表來描述，甚至是作為某種道德觀念的化身來表現，他們具有廣泛的概括意義。[71]

這段對民間故事中人物性格表現的說明，正指出了口傳故事中的濟公特質。舉例而言，傳說中的〈擲刀戲秦檜〉、〈古寺罵奸〉兩則故事，便是藉助濟公的膽識和正義，表現出民眾痛恨奸相陷害岳飛父子的心理。〈狗腿泥做〉、〈巧得陰陽淚〉兩則傳說中，濟公又被塑造成杭州城的神醫，其實他治的並不是什麼疑難雜症，而是教訓專門欺壓窮人的惡財主，以及幫助可憐的父女骨肉重聚。由此看來，濟公常是以一種伸張道德正義使者的形象出現，為民眾打抱不平；而相對的，民眾

---

[71] 〈民間故事的敘事藝術〉，《民間文學論壇》1988 年第 3 期。

對濟公的要求和想像，也不是停留在那些唯美浪漫而不著現實的事物方面，他們希望的是濟公能給他們帶來更多的力量及安慰。

三、故事內容具體化

　　本質上傳說是一種文學虛構，但民眾常常會以具體的事物和形象，集中而概括的表達自己的思想感情，這是一種主觀與客觀、想像與現實巧妙的連結統一。在濟公的傳說中，主人公的言行事蹟常常會和歷史人物、地形環境，以及生活掌故結合在一起，由此一來，一方面可以增強傳說的具體性，使人產生時空和心理上的真實感；而另一方面，也有助於傳說的擴大流傳。例如與歷史相結合的，除了前述的〈擲刀戲秦檜〉、〈古寺罵奸〉外，還有〈題聯郡王府〉、〈大鬧秦相府〉等，這些都是以南宋史實為背景虛構而成的，延伸出許多秦氏子孫作惡多端的劣行，藉以彰顯濟公正直，對抗強權的性格。至於與地理景物相結合的則有〈飛來峰〉、〈顛撲鴛鴦作兒戲〉、〈甌江鬥二仙〉等篇。濟公口傳故事發生的地點，大都集中在浙江境內，如有嵊縣、天台、乍浦、嘉興等，這些都是相傳濟公生前活動的主要範圍。連結相關的時代和地點，使得濟公口傳故事含有強烈的現實性。至於〈破銅錢〉、〈「游走」的來歷〉、〈抽抽長長〉、〈七粒米八擔水〉等，則是結合了地方性植物、昆蟲、俗諺等內容而成，民眾根據這些實事實物，得以更深刻的認識濟公，而同時也使得傳說的內容變得更加生動鮮活。

四、情節同中有異

　　一般書面敘事在同一作者及有條理的安排下，同一情節內容是不會重複出現的，而且一經寫定，大多不會改變；但是傳說屬於口頭上

的集體性創作，自沒有固定不變的限制，於是常常出現一個故事在情節或描述上有許多不同之處。據吳蓉章分析其中的原因有以下幾種：

> 首先是流傳過程中，有時為了作品能更完美，以適合不同的聽眾需要，傳述者便會不斷進行加工，於是內容便有了一些變動。其次，又因為民間文學主要是以口頭創作，只靠記憶保存，口耳相傳之間，就難免摻雜講述者的主觀色彩以及錯誤記憶，因此也會造成非有意的變異。最後另一種情形則是由於時空條件改變，一個故事便有許多異文。[72]

檢查濟公的傳說內容，我們發現也有類似的現象。筆者茲舉〈古井運木〉一篇為例說明。此篇傳說有二本，一本題為「顧志興・徐飛搜集整理」，另一本則題為「陳永土口述・潘裕榮搜集整理」。前本的故事大概是說淨慈寺被燒光後，濟公和尚要去募化木頭。這天濟公一翻身便來到了四川某位大財主的家門口。他問濟公需要多少木材，濟公答道：「少不成，多不要，不多也不少；諾諾諾，袈裟蓋，袈裟包，蓋住包住就夠了。」財主看濟公的破袈裟一點都不以為意，豈料只見濟公將袈裟往山頭一拋，將整座山都籠罩住了，財主有話在先，也不便反悔。濟公挑選了一百株大樹，砍下後順著長江放到東海，再漂流進錢塘江。江上把關卡的見了，攔住木筏要抽稅。濟公施計將木材沉入江底而行，然後從醒心井浮出，和尚們一根一根的將它吊起，當吊到九十九根大木頭時，突然不知那位和尚喊夠了，於是第一百根的木頭便攔住動也不動。如此一來，造淨慈寺的時候就少了一根正樑。後來淨慈寺的正樑，是濟公用刨花和木屑捏成的，有點凹凹凸凸，和別的寺院的正樑不同。而後本的故事，則是說當濟公為淨慈寺收羅木材

---

[72]　《民間文學理論基礎》（成都：四川大學出版社，1987年），頁30。

時，正為缺少粗大的樑柱而傷腦筋，這天，龍塘山的龍岩祖師剛給娘娘治完了乳房癰疽，從宋宮出來，看見濟公正垂頭喪氣。濟公便以實話相告，祖師於是慷慨的將自己經營龍塘山的木頭轉讓給濟公。但是龍塘距西湖很遠，濟公又不知該如何是好。祖師說你只要在圈定的寺院內鑿一口井，我在龍塘山頂也鑿一口井，我將木頭從此處井中踏下，你只要在那邊井中撈取就是了。濟公臨走前祖師又叮嚀他說，我踏一根，你應一聲，足了就喊聲夠，千萬別忘了。後來濟公回去後，便照著祖師的意思去做，可是當有一根木頭正冒出頭來的時候，濟公便忙喊夠了，於是木頭就像被釘住一樣，無法打撈上來。從此以後，淨慈寺和龍塘山頂便各自有一口運木古井，人們也尊稱龍岩祖師為「踏木祖師」。

　　以上這兩篇傳說的主題相同，但內容細節卻有很大的差異，若就濟公募化木材的去處，尚有〈抽抽長長〉中到富春山的說法。此外，講述杭州飛來峰的由來，也有〈飛來峰〉中來自四川，以及〈顛撲鴛鴦作兒戲〉中來自天竺的兩種說法。其實民眾並不會介意這些異同，而刻意去加以統一，反而更樂於比較及欣賞差異所帶來的趣味。除了上述幾項特點外，口頭傳說中往往會因為心理定勢的緣故，而出現特定主題重複的現象，例如濟公好吃狗肉，於是便出現許多和狗有關的故事內容，傳說中便有〈狗腿泥做〉、〈將狗比人〉、〈狗肉朋友〉等。又如為了表達對秦檜的痛恨，濟公傳說中便出現了許多類似的主題內容，如〈擲刀戲秦檜〉、〈古寺罵奸〉、〈題聯郡王府〉、〈護碑樓〉等。另外，和濟公破鞋破扇有關的故事也不少，如前述的〈捉妖〉外，還有〈一把破芭蕉扇〉[73]、〈破芭蕉扇破蒲鞋〉[74]等。

---

[73] 徐建華、宋仲琤編著：《中國佛話》(1)(台北：泉源出版社，1993年)，頁289-291。
[74] 許尚樞編著：《天台山濟公活佛》(北京：國際文化出版公司，1997年)，頁148-149。

　　上述這些口頭傳說的特點，豐富了濟公故事的面貌及其精神內涵，更重要的是它走入了更為基層的民眾生活之中，他們不必借由閱讀篇幅浩繁的小說或進入聲腔悠揚的戲園，就能徜徉於前人所編織有趣的濟公故事裡，感受在地民俗人物帶給他們豐富的想像世界，甚且同時也可以參與重新創編的活動，口傳文學的開放性及活潑性，為濟公故事寬廣的發展提供了更為有利的條件。

第三章　濟公小說

　　小說的創作，不但促進濟公故事的發展與延續，更對形成各種濟公事象有直接的影響。因之，本章中將對歷來的濟公小說做一全面的檢視，以瞭解它們個別的性質、內容，及彼此間的關係和差異。

　　自明、清以來，濟公小說除卻列在明英宗正統六年由楊士奇等編《文淵閣書目》中不知內容的《濟顛語錄》一冊，和晁瑮《寶文堂書目》子部雜類中有目無書的《紅倩難濟顛》外，就目前可見的作品大致可以分為兩派：一是以《濟顛語錄》、《濟顛羅漢淨慈寺顯聖記》、《醉菩提全傳》和《麴頭陀傳》為主的系統。另一個則是清光緒年間以後出現的郭小亭《評演濟公傳》及其續書的系統。前一個系統主要是在南方，尤其是濟公故事形成的杭州地區所發展出來的作品。它們有的是簡繁之別，如《濟顛語錄》和《醉菩提全傳》；有的是重新編校，如馮夢龍（1574-1646）的《濟顛羅漢淨慈寺顯聖記》；而有的則是以不同的立場重新改寫，如《麴頭陀傳》。而後一個系統的作品，則是在北方公案俠義小說發展背景下所形成的，其後在不斷的出版需求下，逐漸衍生出千餘回的大部頭續書，而形成中國通俗小說創作和出版的奇觀。以下筆者就這些小說逐一加以介紹說明之。

第一節　《濟顛語錄》

　　《濟顛語錄》為目前可見刊行最早的濟公小說，因此凡是論及濟公故事的發展，都必然會提到本書，其地位之重要可想而知。有關此書研究的單篇論文，目前可知的有黃永年的〈記清康熙刻本《濟顛

語錄》〉[1]、王國良的〈《錢塘湖隱濟顛禪師語錄》初探〉[2]及許紅霞的
〈道濟及《錢塘湖隱濟顛禪師語錄》有關問題考辨〉[3]等，但這些論
文內容多半只涉及版本及著作年代等相關問題，並未對文本有較直接
而全面的分析。以下筆者即針對本書的作者、版本、故事大要、反映
思想及語言特色等問題，做一綜合性的探討。

一、作者及版本

　　大抵而言，目前一般的小說編目都認為《濟顛語錄》當是明代之
作，[4]但在《大藏新纂卐續藏經》（以下簡稱《卐續藏經》）的總目中，
本書卻註明為「宋沈孟柈敘述」。[5]沈孟柈為何人目前無法得知，只知
道他是「仁和」（即杭州）人，亦或對佛教有粗淺的認識，題為「宋」
則不知所由。不過，筆者以為沈孟柈為宋朝人的可能性不大。理由是
此「宋」字只出現在後人編修續藏經時所附加的總目上，並不見於內
文，且目前所見的《濟顛語錄》版本中，也不見有題為「宋」人者，
可見《卐續藏經》總目裡的「宋」字可能是後來才加上去的。又據通

[1]　《北京高校圖書館》，1994 年第 4 期。
[2]　此文為作者 1995 年 12 月 20 日在東吳大學的演講稿，據許媛婷《濟公傳研究》
　　（台北：文化大學中文研究所碩士論文，1997 年）所述，王氏利用詞語比對
　　的方式推斷《濟顛語錄》一書當寫定於明代中葉以前。頁 23。
[3]　《北京大學古文獻研究所集刊》第 1 輯（1999 年 12 月），頁 224-233。本文
　　探討的內容有：一、歷史上是否確有道濟其人。二、道濟的生卒年。三、《語
　　錄》的版本、書名及作者。四、《語錄》的性質。
[4]　如孫楷第：《日本東京所見小說書目》（台北：鳳凰出版社，1974 年），卷四、
　　明清部三，靈怪類，《錢塘湖隱濟顛禪師語錄》下言：「此演道濟事僅一卷，
　　實亦明人之短篇單行小說。」頁 71。又《中國古代小說百科全書》（北京：
　　中國大百科全書，1993 年）和石昌渝主編的《中國古代小說總目》（太原：
　　山西教育出版社，2004 年）都將它歸為明人之作。
[5]　台北：白馬精舍印經會，1994 年，第六十九卷，頁 14。

常正式禪師語錄的編撰者往往都會註明自己的身份如嗣法、參學、侍者、門人、居士等習慣來看，沈孟柈名字之前並未冠有任何頭銜，他似乎應和佛門並沒有直接的關係。

目前常見的《濟顛語錄》傳本，有以下兩種：

（一）明穆宗隆慶三年本

此本《濟顛語錄》為目前所見最早的濟公小說，現藏於日本內閣文庫。此書不分卷不分回，題為「仁和沈孟柈敘述」，正文半頁十一行，每行廿一字，共一百四十頁。卷首有「平石子」臨的濟顛像，像後有署名「無競齋贊湖隱」的贊詞。卷末有「隆慶己巳四香高齋平石監刻」的長方木記，及「王龍刊」字樣。此本雖為明刊本，但從篇首「且說大宋高宗時，有一金身羅漢在天台山托化，來臨安府顯聖」中「大宋」和「來臨安府顯聖」的語氣來看，似乎可以斷定它應該是沿襲南宋的話本而來，而題名的「沈孟柈」，應該只是最後加以刪定整理的人。此書中保留了許多江浙地方性的語言和名物風俗，具有很明顯的地方特色。《古本小說叢刊》、《明代小說輯刊》的《濟顛語錄》即採用此本。[6]

（二）明崇禎杭州寫刻本

此本《濟顛語錄》全名為《錢塘漁隱濟顛師語錄》，一卷，無序無跋，缺首頁。居簡禪師既作〈湖隱方圓叟舍利銘〉，此「漁」當為「湖」字之誤。路工推斷其為明崇禎年間的刻本。《明清平話小說選》

---

6 劉世德、陳慶浩、石昌渝主編：《古本小說叢刊》（北京：中華書局，1991 年），第八輯，第一冊。侯忠義主編：《明代小說輯刊》（成都：巴蜀書社，1995 年），第二輯，此本內文重新標點分段，但未作任何增刪。

及《白話中國古典小說大系》所錄者即據此重新排印。[7]又《古本平話小說集》所刊行的《錢塘漁隱濟顛師語錄》,則是將黃永年所藏清初刊本中的首頁補入,使其完整。[8]此本和隆慶本比較,內容上缺少王行首春夢及濟公作詩明志決不宿妓兩小段。

二、故事大要

《濟顛語錄》雖名為語錄,但實則為一本僧傳小說。語錄,本為禪師和弟子間問答言談的記錄,雖然禪宗向來標榜「不立文字」,但為了參禪之便,後來學者便廣收前代禪師的語錄,以資借鏡參考,所謂:

> 人根有利鈍,故機語有開斂。鍼砭藥餌,膏肓頓起。縱橫展拓太虛不痕。雖古人用過,時無古今,死路活行,死棋活著。觀照激發如龍得水,故曰言語載道之器,雖佛祖不得而廢也。[9]

因此遂使語錄逐漸成為禪門中重要的典籍。這種文體為充分表達述說者的思想精華,所以只求句子完整,不太重視修辭,甚至還會雜夾俚俗的土語方言。而在內容上,除了如上堂、開堂、普說、小參、示眾、對機、拈古、頌古、偈頌等各種形式外,在現存的語錄中,還包括如論議、書信、序跋、碑銘、題贊等書面作品。由於語錄最初只是禪門內的私記,在不求考證的情況下,內容往往發生許多道聽途說、張冠

---

[7] 《明清平話小說選》(上海:上海古籍出版,1958 年)。《白話中國古典小說大系》(台北:河洛圖書公司,1980 年),頁 255-313。

[8] 路工、譚天合編:《古本平話小說集》(北京:人民文學出版社,1999 年),上冊,頁 1-63。

[9] 〈重刻古尊宿語錄序〉,收錄於《卍續藏經》(台北:白馬精舍印經會,1994 年),第六十八卷,頁 2。

李戴的情形，因此許多語錄內容的真實性都有問題，不能盡信。[10]尤其到了明代以後，一些剃頭外道所綴集的語錄大量刊行，造成「劫世善名，誑誘風愚」的現象。明釋無慍所述的《山菴雜錄》中有一段文字記載：

> 近世有一種剃頭外道，掇拾佛祖遺言，鬭釘成帙，目之曰語錄，輒化檀信刊行。彼既自無所證，又不知佛祖舌頭落處，謬以玄談，就己昏解，使識者讀之不勝惶汗。⋯⋯此皆不本正因，務行邪道，劫世善名，誑誘風愚，良可嗟悼。在今據大床坐者，宜黜而正之，反從而譽之，或為之序跋，其得罪於教門深矣。[11]

從以上所載得知，語錄名稱的使用到後來已經極為泛濫。而《濟顛語錄》雖名為語錄，但其實是編書人假借語錄之名，講述傳奇人物的故事。小說冠以佛典名稱偶有所見，除此本外，還有《東坡居士佛印禪師語錄問答》和《達磨出身傳燈傳》等。[12]前者雖名為語錄問答，但其內容卻和闡釋佛法無關，不但所寫的故事多為無稽之談，且夾雜不少俚俗猥褻的文字，是一本以嘲謔遊戲為主的小說；而後者雖名為傳燈傳，其實也只是一本鋪衍達磨從出身、拜師，東度傳法到隻履西歸生平故事的傳記體小說，而非如禪門中記錄禪師真實言行的傳燈錄。

　　至於《濟顛語錄》所編載的濟公故事如何，筆者依其發生的順序歸類整理如下：

---

[10]　李壯鷹：《禪與詩》（北京：北京師範出版社，2001 年），第二章，頁 11-25。

[11]　卷下，頁 132-133，收錄於《卍續藏經》（台北：白馬精舍印經會，1994 年），第八十七卷。

[12]　二書皆收錄於《古本小說集成》（上海：上海古籍出版社，1991 年）。

(一) 出世的因緣

　　濟公是天台山國清寺裡的紫腳羅漢，因厭靜思動轉世而來。他來世的目的是為了要救渡世人，正所謂「朗然宇宙難分辨，大地眾生正路迷」（頁4）。

(二) 出家的過程

　　濟公出家是經過天台山國清寺性空和尚的指點：「李茂春，汝子誠非官吏，但可為僧，切勿差了，倘出家可投印別峰、遠瞎堂為師。」（頁10）但後來濟公以年未及冠不諳正事、父母在堂乏人奉養，以及遍觀天台僧眾無可為師三事，拒絕祇園寺長老的拜請出家。直到十八歲時，濟公在父母雙亡，同時放棄親事的情形下，終於一路來到杭州，投到靈隱寺遠瞎堂門下。

(三) 參悟成顛

　　濟公在靈隱寺剃度之後，先是熬不過修禪之苦，一來「未出家時，大塊肉大碗酒恁我意喫，如今只是粥菜，要多喫半碗，也不能勾，身漸黃瘦，如何受得過」（頁 23），二來又經常「禪床上坐不穩，跌下來，又被監寺大竹篦打遍」（頁24），而生還俗念頭，最後在長老扯住，一掌喝道此人必悟後，從此開悟，而獲得長老「真乃吾家之種」（頁27）的稱許。

(四) 更換住寺

　　濟公發顛之後，長老每每護短，使得他和寺內其餘的僧眾冰火不容。遠瞎圓寂後，換了新住持，寺僧們設計圈套要濟公做化主，濟公自知上當，遂取回度牒，投到淨慈寺德輝長老處。

(五) 救世濟人

　　濟公平時流連街巷市井，為人消災、濟貧、醫病、渡化、誦經下火等，又其神通廣大，而有託夢太后重修藏殿等神奇故事。

(六) 圓寂

　　濟公因食用過多的辣薑粉肚瀉不止，最後在剃度沈萬法為弟子，並寫下「六十年來狼藉，東壁打到西壁。如今收拾歸來，依舊水連天碧」（頁 131）的遺偈後辭世。濟公在這個段落裡被描寫得有些傷感和無奈。例如張提點希望濟公書寫四幅吊子，以便做為百年之後的紀念，濟公當下心感不悅，題完詩後並言「作詩沒興，寫亦不美」、「心下不樂，免飲」（頁123），一付落寞之情溢於言表。又當濟公吃下過多的辣薑粉肚瀉不止，撒了火工一臉時，無奈的說：「阿哥，休要罵，我急了沒奈何。」（頁 128）濟公平日神通救人，此時卻無法解脫自己的痛苦。

(七) 化後顯聖

　　靈蹟之一是有行腳僧受濟公之託，將本已燒化的僧鞋還給長老，二是有差役在天台山遇見濟公，寄書一封給長老。三是五十年後，淨慈寺崩損，無人化木修葺，忽一日有人送木頭來，言是濟公化來的。

　　綜觀《濟顛語錄》裡的濟公故事，編撰者透過虛構的方式，完成了以下幾件重要的工作：一、編造了一個完整的僧傳故事，填補了許多有關濟公生前死後及出家生涯的活動事蹟，使得原本零散的濟公傳說故事得以凝結成形。二、成功的塑造了一位形象具體而生動的出家活佛，使得濟公得以在民眾的心目中留下清楚的印象，從此民俗舞台

上也多了一位新興偶像。三、編織了許多奇行異事，不但使傳記的內容更為紮實，而其詳細的情節描述，更為故事增添濃厚的文學性。

　　本書所寫，大約以濟公的顛行為主，藉由其神通異行，宣揚佛門普化救渡的精神。濟公的顛，雖早在居簡〈舍利銘〉的題目下已出現，但究其內容，不過是些異於常僧的行為而已，沒有太多令人瞠目結舌之事，然在《濟顛語錄》中，濟公顛的背後則有明確的宗教力量和敘述架構。其宗教力量簡言之就是神通。佛教中談論神通是很謹慎的，它是一種得道後的境界，而非行事的手段，甚且在神通示現之後，便要立即坐化。而濟公平日的瘋瘋顛顛，正是他掩飾神通，示現教化的方式。至於其敘述架構有二：一是在寺院內批判眾僧，二是在寺院外普渡眾生。在這兩個面向裡，我們看到了傳達宗教聖意和認同實踐方式上的矛盾。歷來撰寫高僧傳的目的無不在透過書寫工程，形塑沙門典範，達到教化僧眾，以提高佛門的素質和威望，因之在僧傳裡，我們看到的是標榜嚴守戒律的修持精神，以及如何在苦行下聖化自我的理想，而這樣的宗教意圖和表現，在《濟顛語錄》裡竟不免成為被調侃和譏諷的對象。換言之，我們在這樣一本從世俗化、文學化的思維和想像下所撰寫的僧傳小說裡，看到了一般民眾神聖和荒誕是可以並存的特殊宗教經驗。

三、反映思想

　　《濟顛語錄》為一本經過文學化處理的僧傳，在多數虛構的情節裡，已難窺見歷史中道濟和尚的真面目，但如果從通俗化的宗教讀本來看，其中卻反映了部份佛教，特別是禪宗的一些精神及其在民間發展的面貌。整體而言，筆者以為大致有二：

（一）自露天真，明心見性

　　禪宗思想的核心本是經由不假外求的方式，破除執迷，返回精神的源頭，即所謂的明心見性。在小說中，濟公以「僧家之首」之名，被設計成以「顛」即「真」的法門，來表達此一思想。其證悟「真」的方式有二，一為抽象的語言，二為具體的動作。在語言方面，濟公常有情境優美的詩偈，如云：

> 極目煙波遠接天，紅塵疏處結三椽。不憂風景來朝沒，只恐水雲到晚連。青黛山邊飛白鷺，綠楊堤畔泊漁船。悠然此地真堪樂，半是人間半是仙。（頁93）

此作雖寫風景，然借景發露恬淡法喜之情，正是禪詩超遠高妙之處，令人有空明澄澈，身心脫落之感。又如云：「桃花柳葉無心戀，月白風清笑與歌。倒騎驢子歸天嶺，釣月耕雲自琢磨」（頁111），也是透過詩意的提撕，獲得含融菩提妙境。

　　而在動作上，濟公時而「幼稚」，時而「粗俗」。如他「常去冷泉亭下打根斗撲交」（頁28）、「入呼猿洞，引猿猴翻根斗」（頁28）、「引小的兒上酒店唱山歌」（頁28）、「引領許多小的兒，在溪中摸鵝卵石」（頁34）、「引領一夥小兒，撐一隻船，到西湖采蓮」（頁66），皆令其它僧人無法忍受。而在書中，濟公最常「表演」的則是打一觔斗，露出當面物事。此一舉動，曾出現數次：一是在參悟得道時，雖眾僧掩口而笑，但遠瞎長老卻稱為「真乃吾家之種」。二是寺中長老令侍者打濟公時，當拖倒揭起直裰，發現濟公不穿褲子，轉身就露出前面那物事來。三是太后行香，指認濟公時，他又重施故伎。四是出現在餶飿王公投胎後，眾人驚駭圍住濟公時。上述這些看似幼稚或大膽粗俗的動作，筆者以為其實都含有天機，究其用意，是要解脫心性上的

桎梏，才能見到本來面目，所以他寧願和猿猴及小兒們嬉鬧，也不願意和裝模作樣的同寺僧人往來。「翻根斗」這一動作，筆者也以為具有身體「反語」的作用，以打破慣有的邏輯思維，顛倒念頭，重新找回悟道的門徑。而「露出當面物事」，我們可以拿它和書中「恁伊萬種風流態，惟有禪心似鐵堅」（頁 46）、「暫假夫妻一宿眠，禪心淫慾不相連」（頁 47）、「來時無一物，去時無一物。若要我衣鉢，兩箇光卵核」（頁 130）等句並看，發現濟公有時可以在眾人甚至是女性（太后）面前，肆無忌憚的「現寶」，但同時他也可以克制衝動，雖宿娼卻不受妓女的誘惑，甚至把「卵核」視為神聖的佛門衣鉢。這樣的態度，不僅是對有人觸犯佛門清規的一種嘲諷，其實也是對世俗社會虛偽的性態度的挑戰。或許我們可以這麼說，濟公的「露出當面物事」具有兩層的意解，一是單純就禪宗語言而言，它借用一個高度誇張和荒謬的象徵性動作，解構規矩的身體符號，把人逼到思想矛盾的絕境，再促使重新面對本體，正所謂的「反常合道」。[13]而另一層意義則是屬於社會的，亦即透過對身體（性器官）的自主掌握，揭露佛門對性的畏懼和好奇，及一般社會在道德和權力支配下變態的性生活。

固然，上述小說中兩種表達明心見性的方式，都是在一種特殊的歷史情境下，經由世俗文學化改造後的產物，但我們也不得不承認它的確含有禪悟的基本精神。賴永海曾以為，有人誤解濟顛的種種誇張荒誕的言行，僅是一種純文學藝術的刻劃，與佛教了不相干，或認為這是對僧人形象的歪曲和對佛教的嘲諷；實際上，這些都是一種誤會。其實濟公的舉止行事，雖然帶有一定的文學色彩，但它完全是以宋元時期的禪師為原型，在相當程度上帶著深刻的宋元時代的烙印，

---

[13] 筆者以為禪宗語錄中常用的「一絲不掛」，可以做為濟公「露出當面物事」的註腳。「一絲不掛」正象徵萬法皆空，了無掛礙。另有「赤骨力」一詞，即赤裸裸，其語義也是如此。

雖然宋元時期的禪師不一定個個都採取濟顛這種表現形式,但卻是宋元時代禪宗思想的一個側影。[14]賴氏所謂的「宋元時代禪宗思想的一個側影」,筆者以為就是指在佛教朝世俗傾向發展下,出現更多以顛覆傳統作為顯示自力參證的一種新趨勢。這樣的變異,也許不見容於正統佛門,但卻能普遍的獲得民眾的認同,明清以後民間教派的衍生,正是這種歷史延伸的結果,也代表民眾在宗教信仰生活上新的需要和改變。

(二)禪淨融合、利物濟生

南宋以後,禪宗的發展有重大的變化。阿部肇一曾指出:

> 在禪宗方面,亦由在叢林中修行專一的傳統禪(江西叢林型),從修行大眾中脫離出來,相反的,卻以法社講習為目的,從掙脫現世的不安,趨向念佛、咒誦的他力,以及尋求自力解脫的禪修等兩種方向去追求的現象。[15]

由此可知,禪宗為了接近更多的大眾,已從原本的在叢林潛修,轉而積極的進入庶民生活,在思想上也更積極的融合淨土思想,以禪淨雙修的方式,接引信眾。元明本禪師(1263-1323)有淨土詩云:「十萬餘程不隔塵,休將迷悟自疏親。剎那念盡恆沙佛,便是蓮花國裡人。」[16]這種強調透過他力,但念阿彌陀佛的解脫方式和厭捨世間穢土,本是淨土宗和南宗禪最大的異處,但到此時,禪宗也樂於借用他力成佛。這種禪淨融合的現象,充分的顯示在《濟顛語錄》裡。濟公

---

[14] 《濟公和尚》(台北:東大圖書公司,1993 年),頁 148。
[15] 〔日〕阿部肇一著、關世謙譯:《中國禪宗史》(台北:東大圖書公司,1990年),頁 698。
[16] 《天目明本禪師雜錄》卷下,收錄於《卍續藏經》(台北:白馬精舍印經會,1994 年),第七十卷,頁 745。

本是一位「參透遠老葛藤，吞盡趙州荊棘」（頁 132）的禪僧，但在
圓寂入龕時全大同長老焚香卻道：「衲子心空歸淨土，白蓮花下禮慈
王」（頁132），更言濟公留有天機，即「彌勒真彌勒，化身千百億，
時時識世人，世人俱不識」（頁132）；寧棘庵長老在掛真時也提起：
「上人身赴龍華會，遺下神容記玉樓。」（頁 134）這些都讓我們清
楚的看到禪宗與淨土彌勒救度思想在民間小說裡的融合。

又就修養的境界而言，聖與凡本是對立的，但一名禪師如果只是
著於聖境，自我了悟，恐怕又非佛門真諦。宋法演禪師（？-1104）
有云：「撮土為金猶容易，變金為土卻還難。轉凡成聖猶容易，轉聖
成凡卻甚難。」[17]事實上，凡俗的生活，才是參證義理最佳的場所，
正所謂：「終日於聲色頭上坐臥，聲色不能染污。終日於生死界出沒，
生死不能籠罩。」[18]濟公改變高僧叢林潛修的路徑，走入社會人群，
以各種不同的法門渡化眾生，自是履行紅塵道場、遊戲街頭的精神。
究竟濟公如何化聖為凡，以做為入世的手段。筆者以為他採用了「破
戒」和「戲謔」的兩種方式。在破戒方面，我們看到了濟公「袈裟常
被胭脂染，直裰時聞粉膩香。禪床上醉翻根斗，鉢盂內每放葷腥」（頁
108）的樣子，不但喝酒吃肉還宿娼，但其實這一切只為了打破一般
人對戒律即超凡即聖的迷思，以為只要「裝模作樣」的嚴守佛門清規
就能成佛，而不知「修心」才是要務。這樣一來，使得佛門變家門，
和尚變兄弟，凡與聖間的隔閡便自然打破。濟公另一化聖為凡的手段
是「戲謔」，他以瘋言瘋語和不受規訓的動作，或暗示或嘲諷，在遊
戲三昧中插科打諢，指點世人迷津。正所謂：「不依本分，七倒八顛。

---

[17] 《法演禪師語錄》，收錄於《卐續藏經》（台北：白馬精舍印經會，1994 年），
第六十八卷，頁 133。

[18] 《密菴和尚語錄》卷上，收錄於《卐續藏經》（台北：白馬精舍印經會，1994
年），第七十卷，頁 6。

攪渾世界，欺地瞞天。」[19]例如靈隱寺在遠瞎圓寂後舉行會湯，首座派人尋找濟公參加，只見濟公說道：「必然請我吃酒。」待濟公進入方丈後，見眾僧圍坐，濟公又說道：「你們團團坐在這裡，好似子孫堂，只少箇太均娘娘。」（頁34）這樣風格的言語，當然不見容於佛門，但聽在一般民眾耳裡，恐怕是新奇有加。

　　濟公化聖為凡的真正目的，是在宣揚教化，利物濟生。佛理固然有其高深的思想義理，但對一般民眾而言，能夠減少現世的苦痛，並在來生得到快樂才是最重要的。因此我們在《濟顛語錄》中隨處都可以看到濟公為人消災解難，而他下火渡生的對象甚至還包括蝦蟆、虱子、促織等，無不顯示佛門以慈悲為念，上求菩提，下渡眾生的宗教情操。南宋以後的佛教，已經明顯的朝向市井發展，民眾對宗教的需求已擴散到生活的每個角落。莊嚴的道場或結社的講經說法，固然仍是宣揚教化的重要場面，但隨機應變的開示與渡化，對民眾來說才能真正感受到信仰的力量。總之，《濟顛語錄》是一部宣揚佛理的小說讀物，它借用一位具有親和力的瘋顛和尚，傳達簡易的佛家思想，民眾一方面感受到宗教的啟示力量，一方面又深信它無所不在的神通庇佑。筆者以為，濟公重新建構了一種新的信仰關係和模式，在這個新的關係和模式下，我們看到了佛教生活化及通俗化的變通。濟公被視為活佛，不但具有憐憫眾生，為人拔苦的「悲」性，民眾更在他頑皮天真的言行舉止中，享受到了宗教帶給人超脫寬容的快樂。

---

[19]　〈濟顛禪師〉，《永覺元賢禪師廣錄》卷二十一，同前註，第七十二卷，頁502。

四、語言特色

由於《濟顛語錄》的一些特殊性質，使得本書在語言的表現上，豐富而多樣。例如就它形成的地區而言，本書裡夾雜著許多南宋杭州的方言口語。就形式而言，本書出現了大量的詩偈韻文，不但賦予濟公詩僧的形象，也為故事增添更多的情韻。再就主人公的身份、性格而言，濟公既為禪師，所以在語言裡就會不時的出現許多僧家之言，耐人玩味；同時又因他言行無常，滑稽詼諧，因而流露出許多遊戲語言。這些豐富的語言，不但把人物裝點得更為生動，同時也提高了故事的趣味。以下筆者就這些語言特色，舉例加以說明之。

（一）方言口語

濟公故事形成的地區是在南宋的臨安府一帶，即今之杭州，在語言類型上屬於吳語的一個支流。因此《濟顛語錄》裡保存了許多該地區的語言，例如在語詞方面，濟公曰「我儂不要」（頁 33），或濟公便問「你儂高姓」（頁98），這「我儂」、「你儂」，即我、你之意。「儂」字是復輔音，常見於江浙一帶。又杭州方言中的名詞，常帶有「阿」的詞頭，和「兒」、「子」的詞尾。這在《濟顛語錄》中也常出現，詞頭如濟公曰「阿哥，難得你好心」（頁 38）、道濟曰「阿哥，是我不是」（頁 22）；加詞尾的如「山歌曲兒」（頁29）、「苦惱子」（頁 53）等。又如程度副詞的「忒」字，也經常出現在文中，如長老曰「汝忒性急」（頁 25）。除此以外，大量屬於當地的用語在書中更是隨處可見，例如：

——須臾，又將次首坐的和尚亦撞一頭，道：妙妙，好耍好耍。（頁 26）
——引小的兒，上酒店唱山歌。（頁 28）

——侍者道：「你好放得落。」（頁 32）

——濟公起身叫聒噪。（頁 44）

——被長老拘束得緊。（頁 48-49）

——濟公央毛太尉一束。（頁 87）

——日間難喫的，乃是聒子。（頁 114）

——今朝促織已身亡，火內焚屍無些子。（頁 117）

以上這些特殊的吳語句子，使得《濟顛語錄》極具地方特色。此外，《濟顛語錄》裡也出現許多南宋杭州名物風俗的用語，例如：湯會、行首、棚頭、餶飿、辣虀粉等，這些都可見於耐得翁的《都城紀勝》、西湖老人的《繁勝錄》、吳自牧的《夢粱錄》及周密的《武林舊事》。而「斗書」（頁 79）及火化，也是江浙一帶特殊的殯葬民俗。

　　《濟顛語錄》生動的語言中，除了方言外，還包括大量的口語，例如：

> 道濟坐至三更，身漸疲困，忽從禪床顛倒一跌，不知所之，連聲叫若，不覺跌起一大肐膝。監寺曰：道濟汝何故跌下，姑恕這次，倘後定行痛治。道濟起來再坐，睡意昏昏，甚難消遣，連跌二次。監寺曰：今已二次，亦難恕饒。少頃又跌，如此三次，跌得七塊八塊。監寺曰：道濟新剃光頭，正好乞幾竹篦。道濟曰：跌了許多肐膝，又加一竹篦打一大塊，我去告訴師父。監寺曰：我看你面，只打一下，你到要去告訴師父。道濟曰：阿哥，是我不是。監寺含笑而去。（頁 22）

句中採用「肐膝」、「跌得七塊八塊」等詞彙，充分顯示出人物的生活化。語言表達是體現小說人物形象非常重要的元素，以上這些方言口語，不但標示了濟公故事發生的地域背景，也使人物更富形象性。

（二）詩偈韻語

話本裡的韻文，原本是和說白穿插互用，藉著吟唱念誦以增加說書的效果。到了話本小說，韻文雖然失去了原本在聲音上的功用，但卻在閱讀上提供了豐富的文字表現，增加故事的感染力。《濟顛語錄》裡登載了許多主人公的詩偈韻文，同時藉用「道濟遂念出四句云」、「濟公下火，手執火把道：大眾聽著」、「濟公起身，拂紙而就，文不加點云」、「作詩一律云」、「于西堂粉壁題云」、「便歌云」、「濟公口占四句云」、「濟公再贊云」、「我如今有一詞唱與你聽」等說、唱、題、寫等不同的方式，把說白和韻文自然而巧妙的銜接在一起。在這些眾多的詩偈韻語中，內容非常多樣，筆者大致分為以下幾類：

1、寫景

如濟公遇見雪花飄舞時，乃作詞云：

> 凜冽同（形）雲生遠浦，長空碎玉珊珊。梨花滿目泛波瀾。水深鰲背冷，方丈老僧寒。渡口行人嗟此境，金山變作銀山。瓊樓玉殿水晶盤。王維饒善畫，下筆也應難。（頁40）

又遊西湖時，濟公題詞：

> ——湖上春光已破慳，湖邊楊柳拂雕闌。算來不用一文買，輸與山僧閑往還（頁123）
> ——五月西湖涼似秋，新荷吐蕊暗香浮。明年花落人何在，把酒問花花點頭。（頁123）

以上這些單純的景物詩，為故事打開了一扇觀賞風景的窗口，也讓我們看到主人公優雅細緻的心思和情感。

2、詠物

《濟顛語錄》中，濟公寫了不少有趣的詠物偈，如以「餛飩」為題的：

> 包羅萬象，性氣粗豪。清淨為根，禮恭义手。通身上縫隙無
> 餘，鑊湯裡倒番觔斗。把得定橫吞豎吞，把不定東走西走。
> 宜是山僧嚼破時，泥牛滿地噴哮吼。（頁98）

有寫「海蜇」的：

> 此物生在東海西，又無鱗甲又無衣。雖然不入紅羅帳，常與
> 佳人做嘴兒。（頁125）

有寫「雨傘」的：

> 一竿翠竹，巧匠批樂。條條有眼，節節皆穿。四大假合，柄
> 在人手。歸家放下，並不爭先。直饒甕瀉盆傾下，一搭權為
> 不漏天。（頁125）

又有寫「筍」的：

> 錦屏破玉，偏宜我等齋盂。粉節出牆，已屬他人風月。正好
> 拖泥掘出，那堪帶露擔來。塩油鍋內炙就黃金，湯水釜中煮
> 成白玉。滿滿盛來沒底碗子，齊齊吃去無心道人。趁嫩正好
> 結緣，沒後難得進口。山僧盡嘗，滋味鮮甜。施主專享，福
> 祿求固。（頁74-75）

以上這些詠物偈淺顯易懂，寫「海蜇」詼諧幽默，寫「雨傘」卻又帶有幾分勸世之意，為故事增添深度。

3、自贊

《濟顛語錄》中除了以第三人稱敘述濟公的言行舉止外,濟公也會以第一人稱的「自贊」方式獨白,這可以加強並豐富濟公的形象。如畫工要濟公自贊幾句,濟公道:

> 面黃似蠟,骨瘦如柴。這般模樣,只好投齋。也有些兒差異,說禪不用安排。(頁106)

又淨慈德輝長老不相信朝廷近侍官會敬待濟公,要濟公寫出自己的本事,濟公便作了一首〈臨江仙〉:

> 粥去飯來何日了,都緣皮袋難醫。這般軀殼好無知。入喉纔到腹,轉眼又還飢。惟有衲僧渾不管,且須慢飲三盃。冬來猶掛夏天衣。雖然形醜陋,心孔未嘗迷。(頁60)

有一天濟公醉倒街頭,有人說濟公只是喫酒沒正經的和尚,濟公便歌云:

> 本是修來四果身,風顛作逞混凡人。能施三昧神通力,便指凡人出世津。經卷無心看,禪機有意親。醉時喝佛罵天真,渾身不見些兒好,一點靈光絕勝人。(頁83)

又有次濟公醉後,寫下一律:

> 削髮披緇已有年,只同詩酒是姻緣。閑看彌勒空中戲,困向毗盧頂上眠。撒手便能欺十聖,低頭端不顧三賢。茫茫宇宙無人識,猶道顛僧遶市廛。(頁109)

我們從這些自贊中,可以更清楚的認識濟公的外貌、行徑、心思和來歷的種種。

4、燒化

濟公流連市井，常為人或物下火，下火時則有偈頌。如他為自己的師父下火時，手執火把道：「師是我祖，我是師孫。著衣吃飯，盡感師恩。臨行一別，棄義斷襟。火把在手。王法無親。」（頁 33）除了為人下火燒化外，他還會替其它的物類燒化，也同樣有偈頌，如對「虱子」，濟公說：

> 虱子聽我語，汝今當記取。類于虫蟻中，只與血肉處。清淨
> 不肯生，來生我袴里。大不大如蘇，亦有夫和婦。宛轉如是
> 生，唖我何時悟。我身自非欠（久），你豈能堅固。向此一爐
> 火，切莫生驚怖。拋卻蠕動軀，莫復來時路。（頁 80-81）

又如濟公看見尿缸內漲死一隻蝦蟆，他也為它下火作頌：

> 這箇蝦蟆，死也倔強。瞑目並牙，加趺合掌。佛有大身小身，
> 即非我相人相。一念悟來，離諸業障。（頁 66）

濟公也曾為死去的促織下火，並念道：

> 這妖魔本是微物，只窩在石岩泥穴。時當夜靜更深，叫徹風
> 清月白。直聒得天涯遊子傷心，寡婦房中淚血。不住地只顧
> 催人織，空費盡許多閑氣力。又非是爭奪田園，何故乃盡心
> 抵敵。相見便怒尾張牙，揚鬚鼓翼。閗過數交，趕得緊急。……
> 今朝歸化時臨，畢竟有何奇特。仗此無名烈火，要判本來面
> 色。（頁 116）

世間萬物原本一切平等，虱子、蝦蟆、促織和人一樣，都是佛陀救渡的對象，在這些下火的偈頌裡，我們看到了佛教普濟利生的思想。

5、警世

做為一名僧人，應該要比一般人具有更高的修為和見識，以覺知人間各種的迷惘和妄念。濟公雖然老不正經，卻是隨機教化，發人深省。例如他在王行首的陰門上放了一隻小鞋，事後為說明因緣，特作〈臨江仙〉詞一闋：

> 蝶戀花枝應已倦，睡來春夢難醒。羅衣卸下不隨身。三魂遊閬苑，七魄遠蓬瀛。故把羅鞋遮洞口，須知覺後生嗔。非因道濟假人情。斷除生死路，絕卻是非門。（頁 41-42）

這是勸告王行首脫離皮肉生涯，以免去種種是非恩怨。又濟公救前世孽重的孝子不被雷劈，乃作一段警語云：

> 後生後生，忽犯天嗔。前生惡業，今生纏身。老僧救汝，歸奉母親。諸惡莫作，免得禍臨。（頁 99）

濟公在為促織下火作頌時提到：

> ——贏者搧翅高聲，輸者走之不及。財物被人將去，只落得些食喫。縱有金玉雕籠，都是世情虛色。（頁 116）
> ——大眾萬物有生皆有死，鳥雀昆虫亦如此。今朝促織已身亡，火內焚屍無些子。平生健鬥勢齊休，徹夜豪吟還且住。將來撒在玉湖中，聽取山僧分付汝，冤與孽皆消滅。（頁 117）

在這些偈頌裡，我們看到了濟公如何借用促織的爭鬥，警告世人一切贏輸最後都是一場空，應該立即放下所有的計較，才是正途。

除了消極的警世外，濟公也以自己的行徑，說明人要認清生命無常的本質，並追求真正的快樂：

……莫要管，你休痴，人生能有幾多時？杜康曾唱蓮花落，
劉伶好飲舞囉哩，陶淵明賞菊醉東籬。今日皆歸去，留得好
名兒。（頁122）

詩云古來聖賢皆寂寞，惟有飲者留其名。濟公的好飲，在此似乎又多
注入了些傳統文化中老莊隱逸哲學的意味。

除了詩偈外，《濟顛語錄》中濟公還作了許多題疏榜文，例如淨
慈寺遭逢祝融之災，濟公寫出如下的募緣榜疏：

伏以祝融作孽，照一萬頃之平湖。風伯助威，捲五百間之大
廈。烈焰星飛于遠漢，囂塵霧鎖于層巒。各攜雲錫以隨身，
共駕牛車而出宅。向來金碧，併作烟煤。過門孰不驚心，閉
眼尤疑是夢。切念阿羅漢不能冷坐，放起玉毫光。可憐調御
師也被熟熬，失卻金花座。雖經世數，未厭人情。鐘鼓重警，
發于虛空。香火復追，崇于先帝。毗耶城裡從來大有檀那，
給孤園中指日可成蘭若。金剛不壞，鐵塔證明。（頁91-92）

類似這樣的文字，通常字數都不少，和說白相較自是顯得典雅許多，
但也因此在閱讀時，不免造成情節阻斷，文氣扞格的缺點。

《濟顛語錄》裡出現大量的偈頌疏文，除了顯示它具有如佛典語
錄般的內容外，更在豐富並深化人物思想情感的內涵，及增添文學和
宗教美感意境上，發揮了重要的功能。

（三）參禪機語

《濟顛語錄》既然是寫禪師故事，為了表現主人公的參禪修養，
自然注入許多禪門機語，其作或者表達悟者澄澈的心境，或者是啟示
門徒。它們有的出現在詩偈中，而有些則是流露在對話裡。前者如濟

公遊西湖時，張提點請他題詞，濟公遂寫詩四首，其中一首為：「幾度西湖獨上船，篙師識我不論錢。一聲啼鳥破幽寂，正是山橫落照邊。」此詩透過清幽寂靜環境裡的動靜變化，反映出心靈妙悟後自見本來面目的禪趣，意境超脫玄遠。又在濟公快要圓寂時，沈萬法在眾僧的慫恿下，希望濟公能寫下在寺外的衣鉢，好在歸天之後留做紀念，沒想到濟公寫道：「來時無一物，去時無一物。若要我衣鉢，兩箇光卵核。」「卵核」即睪丸，此語雖粗俗直接，卻也最能表現來去空空，自我解脫，再現本來面目的禪境。當然，在《濟顛語錄》中最能宣揚禪門家風的，還是濟公的辭世偈：

> 六十年來狼藉，東壁打到西壁。如今收拾歸來，依舊水連天碧。[20]

以及圓寂後顯化所留下的詩句：

> ——看不著，錯認笊籬是木杓，昨夜三更月正西，麒麟撼斷黃金索。幼年曾到雁門關，老去分明醉眼看。憶昔面前當一箭，至今猶自骨毛寒。只因面目無人識，又往天如走一番。（頁138）
> ——片帆飛過浙江東，回首樓臺渺漠中。傳與諸山詩酒客，休將有限恨無窮。（頁139）
> ——腳絣緊繫興無窮，拄杖挑雲入亂峰。欲識老僧行旅處，天台南岳舊家風。（頁139）

---

[20] 「東壁打到西壁」為禪宗語錄中常見的話頭，如《五燈會元》卷十三，靈泉歸仁禪師。問：「如何是靈泉活計？」師曰：「東壁打倒西壁。」又如《五燈全書》卷第七十四：寧州龍安兜率本圜禪師：「東壁打到西壁，明頭打到暗頭，打得七穿八落。」

在這些詩偈裡，我們看到了《濟顛語錄》如何從佛典公案裡引用話頭
來潤飾濟公，並借以宣揚禪宗直觀本性，覺悟圓滿自在的思想。

　　至於出現在對話上，以下這段情節可以看見禪門特殊的語言風格：

> 道濟曰：「弟子自禮長老為師之後，並不曾開發，如何得成正
> 果。」長老曰：「汝特性急，既如此可近前來。」道濟向前被
> 長老扯住，只一掌道：「此人必悟。」只見道濟扒將起來，看
> 著長老胸前，只一頭將長老撞番（翻），跌下禪椅，逕奔走了。
> 長老高叫有賊，忽眾僧雲集問曰：「偷去甚物？」長老曰：「禪
> 門大寶。」眾僧問：「兀誰偷了？」長老曰：「道濟。」眾僧
> 曰：「不妨，某等即便拿來。」長老曰：「且休，老僧明日自
> 問他。」眾皆散訖。惟道濟一逕直入雲堂內，口言好好。扒
> 上禪床，看著上首坐的和尚，只一頭撞去，道：「妙妙。」和
> 尚曰：「道濟，甚麼道理？」道濟曰：「閑耍何妨。」須臾，
> 又將次首坐的和尚亦撞一頭，道：「妙妙，好耍好耍。」眾曰：
> 「道濟風了。」道濟曰：「我痴則痴，自家知。」（頁 25-26）

禪宗喜用互不相干的語義，做為參禪悟道的印證，上文中以「偷去禪
門大寶」及「好耍好耍」做為頓悟隱語，而「我痴則痴，自家知」一
句，又是透見本來面目的寫照。

　　以上這些機語，凸顯了語錄及主人公特有的性質，在濟公小說的
發展上，它保留了比較濃厚的宗教色彩，這和後來融合俠義、公案、
神魔的濟公小說，有很大的差別。

（四）戲謔諧語

　　濟公是一位放任自在的奇僧，語言是構成他特殊形象的重要元
素。在《濟顛語錄》中，我們可以看到不少戲謔性的語言。例如：

> （濟公）乃別講主，向淨慈寺來。山門口撞見監寺，曰：「濟
> 公一向在何處？」濟公曰：「我在老婆房里。」監寺曰：「你
> 是風子，我不理你。」（頁71）

又，淨慈寺大火後，兩個監寺被枷在長橋上，火工只能找些燒不盡的
木頭，搭幾間茅屋，暫時讓眾僧安身，這時：

> 濟公行至廚下，見一大鍋熱湯，高叫：「此間好熱湯，且來洗
> 面。我有一隻曲兒，唱與你們解悶。」唱云：「淨慈寺，蓋造
> 是錢王。佛殿兩廊都燒了，止留得兩簡金剛。佛也悶，放起
> 玉毫光。平空似教場，卻有些兒不折本，一鍋冷水換鍋湯。」
> 眾僧齊笑：「你便風狂，兩簡監寺，枷在長橋，你須救他。」
> 濟公一程走到長橋，見兩簡監寺枷在那里。濟公曰：「你兩簡
> 板裡鑽出頭來，好像架子上安砲燈。」監寺曰：「阿哥，你不
> 救我們，反來戲謔。」濟公曰：「我救你，救你。」（頁86）

濟公時常透過諢語，一方面勘破無常世事，顯露機智；一方面卻毫不
留情的揶揄和嘲弄同寺的僧人，縱使他被視為寺院的討厭鬼，但卻是
民眾心裡詼諧圓融的喜感人物。

在《濟顛語錄》中，有些遊戲性質的語言，不免還帶些粗俗的字
眼，例如濟公喜歡指稱其他的和尚為「禿驢」、「賊牛」、「賊禿」等，
禪宗為使學者不泥於既有的思維，破除語詞的既定含意，常會使用一
些非常生活化，甚至是污穢的物件，做為互相提問勘辨之用。例如用
粗人的有「擔屎漢」、「瞎漢」、「飯袋子」等，用穢物的有「尿囊裡」、
「糞堆頭」、「屎裡蛆」等，而罵和尚的則有「老古錐」、「野盤僧」、「廣
南蠻」等，甚至連佛祖也被戲稱為「黃面老子」、「黃頭老」，達摩被
叫做「胡臊老」。而《濟顛語錄》中的「賊禿」、「禿驢」、「賊牛」等

類似的用語，也曾出現在許多不同的禪宗語錄裡。如《景德傳燈錄》卷十四《仙天和尚》：

> 有一僧至，擬禮拜。師云：「野狐鬼，見什麼了便禮拜？」僧云：「老禿奴，見什麼了即便恁問？」師云：「苦哉苦哉！」[21]

又如記載趙州從諗禪師有云：

> 師與文遠論義曰：「鬥劣不鬥勝。勝者輸果子。」遠曰：「請和尚立義。」師曰：「我是一頭驢。」遠曰：「我是驢胃。」師曰：「我是驢糞。」遠曰：「我是糞中蟲。」師曰：「你在彼中做甚麼？」遠曰：「我在彼中過夏。」[22]

從以上的例子看來，禪師們為了破除名相之執，把僧人叫做「禿奴」或「驢」，其實是其來有自的。不過，筆者以為固然禪門有企圖透過「呵佛罵祖」以求真諦，而出現遊戲三昧的語言，但《濟顛語錄》中指責眾僧的鄙俗字眼，或許多少帶有幾分當時社會對部份不肖出家人厭惡鄙視的諷刺意味。

綜觀上述，《濟顛語錄》中所運用的語言文字，其類型和變化非常豐富，因而形成它特殊的語言風格，既反映了特殊的時代性和地域性，也彰顯了故事的性質和主人公的風采。

除《濟顛語錄》外，另有一本內容與之大同，但名稱卻異的濟公小說，其名為《濟顛羅漢淨慈寺顯聖記》（以下簡稱《顯聖記》）。此本為明天啟年間的評點本，不分卷回，收錄在明馮夢龍所編的《三教

---

[21]　《景德傳燈錄》，頁 316，收錄於《大藏經》（台北：新文豐出版公司，1983年），第五十一冊。

[22]　《禪宗頌古聯珠通集》，頁 590-591，同前註，第六十五冊。

偶拈》[23]卷二中，現藏日本東京大學東洋文化所。馮氏之所以重編此
書，有其特殊的時代思想，觀其書序有云：

> 是三教者，互相譏而莫能相廢，吾謂得其意皆可以治世，而
> 襲其迹皆不免於誤世。舜之被袗鼓琴，清淨無為之旨也。禹
> 之胼手胝足，慈悲狥物之仁也。謂舜禹為儒可，即謂舜禹為
> 仙為佛亦胡不可。……余於三教概未有得，然終不敢有所去
> 取。其間，於釋教吾取其慈悲，於道教吾取其清淨，於儒教
> 吾取其平實，所謂得其意皆可以治世此也。偶閱王文成公年
> 譜，竊嘆謂文事武備，儒家第一流人物。暇日演為小傳，使
> 天下之學儒者，知學問必如文成方為有用。因思向有濟顛、
> 旌陽小說，合之而三教備焉。夫釋如濟顛、道如旌陽，儒者
> 未或過之，又安得以此而廢彼也。[24]

馮氏將濟顛和儒者王陽明、道者許旌陽的故事合集，充分反映了明代
三教合一的思想新趨勢，而濟顛特受青睞成為佛門代表，也可想見他
在民間的聲望和地位。

　　相較於《濟顛語錄》，《顯聖記》的勝處有二：一是前後觀照，行
文更為嚴謹。二是增補細節，使故事變得更為完整和細緻。關於前者，
筆者茲舉三例說明之。

　　其一：《濟顛語錄》中有段云：「張公家喫了早飯，一逕來岳墳。
正撞兩對頭踏過。濟公立住看時，乃王太尉也。太尉見濟公，荒（慌）
忙下轎曰：如何多時不見。濟公將前事細說。」（頁39）這突如其來
的「王太尉」為誰、「前事」為何均不得而知；但《顯聖記》在寫濟

---

[23]　《古本小說集成》（上海：上海古籍出版社，1991年），頁217-379。
[24]　同前註，頁1-2、6-8。

公未出家前於祇園寺中遇見有一大人想捨財開剃一僧時，已註明那位大人即為「王太尉」（頁227），而《濟顛語錄》在同處只寫作「坐一官」（頁11），未言姓氏。如此對照，便會發現《顯聖記》對人物的交待比較清楚。

其二：《濟顛語錄》中寫李修元離家時，舅舅本想令子王全相送，修元說：「家中無人，何必賢兄去，止希一二侍者足矣。」（頁17）但後來修元入城安歇後，次早卻「偕王全帶侍老遶城閑翫」（頁18）。後待修元入靈隱寺，遠瞎堂長老問修元：「若後侍者誰也」，及主僕分手不忍而別的時候，卻不見王全。在《顯聖記》裡，此處則刪去「次早偕王全帶侍老遶城閑翫」一句，以符合前文「家中無人，何必賢兄去，止希一二侍者足矣」的意思。

其三：隆慶本《濟顛語錄》有段作：

> 忽一人拖住濟公曰：「師父，同你前面坐一坐。」濟公曰：「阿哥，你是何處。」那人曰：「我是西溪安樂山永興寺，長老聞清溪道士徐公說上人清德，累欲一見，今日小人有緣，且去飲三盃。」二人行過古蕩街，迤望永興寺來。比時長老正在山門下乘涼，濟公向前施禮。長老曰：「師兄何來？」砧基曰：「此是濟長老也。」長老大喜，請入方丈。……濟公恣意飲了一夜。次日，請徐提點陪侍。（頁67）

上段「我是西溪安樂山永興寺，長老聞清溪道士徐公說上人清德」，崇禎本作「我是西溪安樂山永興寺僧砧基，聞清溪道士徐公說上人清德」[25]，無論隆慶或崇禎本，兩段文句似都有脫落，進而使得人物關係曖昧不明。但在《顯聖記》中則重新佈置為：

25　《錢塘漁隱濟顛師語錄》（台北：河洛圖書出版社，1980年），頁280。

> 忽一人拖住濟公曰：「師父，同你前面行一步。」濟公回頭，
> 認得是徐提點，問曰：「你要我那里去。」徐提點曰：「西溪
> 安樂山永興寺長老，聞清溪道士徐公說上人清德，累欲一見，
> 每托小子相邀，今日有緣，且去飲三盃。」二人行過古蕩，
> 逕往永興寺來。比時長老正在山門下乘涼，濟公向前施禮。
> 長老曰：「師兄何來？」徐提點曰：「此位便是濟長老。」長
> 老大喜，請入方丈。……濟公恣意飲了一夜。次日，又請徐
> 提點陪侍。（頁 289-290）

如此將「砧基」改為「徐提點」，並重新整理人物關係後，則情節變
得更為清楚順暢。從以上的比較中，我們可以明顯的看出《顯聖記》
在行文的前後關照上，比其它的版本更為嚴謹。

至於增補細節方面，如寫濟公童年時說：

> 修元入學讀書，過目成誦。讀畢，靜坐終日不言。自小會飲
> 酒，父母禁之，故不至醉。年十二，吟詩作對，舉筆成章。
> 時時偷看佛門經典，累夜不倦。小時聽人述性空和尚之語，
> 欲見印別峰、遠瞎堂，無由相會。（頁 226）

以上內容並不見於它本小說，當是編者自行增添，這使讀者更加清楚
知道濟公的佛緣和善飲的原因。又如長老入滅後，留下衣缽給濟公一
段，《濟顛語錄》簡單作：

> 濟公從長老死後，愈加風發。首座曰：你師父衣缽交付與你。
> 濟公曰：我儂不要。首座曰：師父嚴命。濟公曰：如此，且
> 抬出來看。首座令人一一扛出來。濟公曰：與我都開了鎖，
> 道：大眾各自搶。言訖，眾僧打成團攘做塊。（頁 33）

在《顯聖記》中則增補成：

> 濟公從長老死後，愈加風發。首座曰：你師父衣缽交付與你。
> 濟公曰：我不要。首座曰：師父嚴命。濟公曰：如此，且抬
> 出來看。首座令人一一抬出來。濟公曰：與我一一都開了鎖，
> 分作四分。把一分送去炭橋河下沈提點弟兄分用，時常蒙他
> 請喫酒，以後免得白喫他的。又有飛來峰門下住的張公，長
> 橋塊下賣餶飿的王公，新宮橋下賣生藥的沈公，昇陽宮前開
> 酒店的王公，望仙橋開茶店的陳乾娘，還有周畫工、徐裱褙，
> 一班兒都是我朝夕喫酒喫茶之處，把這一分散與各家用度，
> 下次好擾他。餘二分，大眾要的，各自來搶。說罷，眾僧打
> 成團擾做塊。（頁 250-251）

如此寫法，濟公對友人的關懷和寺僧的貪婪便形成強烈的對比，也凸
顯濟公特有的宗教情操。又如靈隱寺印鐵牛長老，嗾使臨安府趙太守
砍除淨慈寺門外的松樹，《濟顛語錄》在濟公和太守作詩應酬後，以
「須臾，齋畢，太守自回，長老入方丈謂眾僧曰：今日若非濟公，誰
人解得？」（頁 79）草草結束，但《顯聖記》卻在過程中加入「太守
見詩，嘿然有慚愧之心，分付砍木之人且不要動手」（頁 302）之語，
並繼續增寫：

> 太守曰：下官原無砍松之意，只因靈隱寺印長老有言，下官
> 特來一觀。濟公曰：君子所至，必有恩澤，敝寺松下少一條
> 石子街，既蒙相公光臨，伏乞布施。太守大笑，便許施五百
> 貫，寫鈞帖差人庫上支取送寺。濟公留太守素齋。（頁 303-304）

這樣的鋪陳，不但增加情節的起伏，也使得人物的心理產生更多的變化。

　　總之，一經比較之後，《濟顛語錄》正如孫楷第所評論：「多叢雜瑣語，連綴處不甚周密」[26]，反而《顯聖記》在經過修飾增補，並除去粗糙簡略的缺失後，變得更為精善可讀。

第二節　《醉菩提全傳》

　　另一本和《濟顛語錄》內容大同小異，但日後的流傳卻更為廣泛的濟公小說就是《醉菩提全傳》。《醉菩提全傳》的編者自來有二人，一為「天花藏主人」，另一則為「西湖墨浪子」。兩人身份和關係的考證，學界說法紛紜。西湖墨浪子生平不詳，也不知他是否就是《西湖佳話》的作者古吳墨浪子，或甚至就是天花藏主人。[27]天花藏主人大約生於明末清初，活躍於順治、康熙年間。他開啟了中國才子佳人小說的發展，但究竟為何人，至今未有定論。[28]目前和他有關的小說計

---

[26]　《日本東京所見小說書目》（台北：鳳凰出版社，1974年），卷四，頁70。

[27]　王青平在〈墨浪主人即天花藏主人〉一文中以為「西湖墨浪子」即「天花藏主人」，見《才子佳人小說述林》（瀋陽：春風文藝出版社，1985年），頁196-218。胡萬川在〈再談天花藏主人與煙水散人〉則反對其說，見《第一屆明清戲曲小說國際研討會論文》（台北：中央圖書館，1987年）。李進益在〈關於《醉菩提全傳》的幾個問題〉中則以存疑為是，見國立清華大學人文社會學院中國語文學系主編：《小說戲曲研究》（第三集）（台北：聯經出版事業公司，1990年），頁114。

[28]　盛百二《柚堂續筆談》中以為天花藏主人即張劭，魯迅已明確指出不能成立。戴不凡以為即徐震之說，也屬推測。胡萬川在深入分析之後，則確認為張勻，見〈天花藏主人到底是誰〉，收錄於靜宜文理學院中國古典小說研究中心編：《中國古典小說研究專集》（6）（台北：聯經出版事業公司，1983年），頁235-252。文革紅以為應是蘇州書坊「素政堂」堂主，「天花藏」為書室名，是其刊刻小說時的別名。見〈天花藏主人非嘉興徐震考〉，《明清小說研究》2005年第1期（總第75期），頁200。另有學者則從《天花藏批評平山冷燕四才子書》的評語，以為天花藏主人實為女性，為素政堂書坊的女主人，素政堂主人就是她的丈夫。見邱江寧：〈天花藏主人為女性考〉，《復旦學報》2006年第1期，頁38-41。

有十六部之多，但除《玉嬌梨》、《平山冷燕》、《兩交婚》等少數可以確定為他所作外，其餘的都仍存疑，甚至包括本書在內。由於天花藏主人的著作大多文采洋溢，構思精巧，而此書卻文字粗俗，矛盾迭見，所以有人以為孫楷第在《中國通俗小說書目》中將它定為清無名氏撰，似不無道理。[29]胡萬川也對本書為天花藏主人著作之說，採保留的態度。[30]至於署名「天花藏主人編次」與另一署名「西湖墨浪子偶拈」兩系統版本的差異，學者說法也不盡同。例如李進益以為署名前者多為早期的刊本，署名後者的則年代較晚。[31]胡勝以為前者為簡本，出刊時間較晚；後者為繁本，出刊時間則較早。[32]顧歆藝亦曾指出前者無圖，後者有圖；前者的總目錄與每回分目錄的文字多有出入，而後者總目錄與每回分目錄文字相同。[33]話雖如此，但筆者以為在無法看到更多的傳本，以及有可能書商妄加託名及任意增刪內容的情況下，要清楚的分辨兩系統間的差別，目前實有困難。

　　隨諸不斷的編撰和刊行，《醉菩提全傳》先後出現許多不同的形式，其中有十二卷本、廿回本、四卷廿回本等，雖面貌不同，但內容卻無大異。筆者今將一些書目所載及目前可見的版本大致整理如下。

---

[29]　劉大軍、喻爽爽：〈前言〉，《中國古代珍稀本小說續‧濟顛大師醉菩提全傳》（瀋陽：春風文藝出版社，1997 年），第七輯。

[30]　〈天花藏主人到底是誰〉，收錄於靜宜文理學院中國古典小說研究中心編：《中國古典小說研究專集》（6）（台北：聯經出版事業公司，1983 年），頁 248。

[31]　〈關於《醉菩提全傳》的幾個問題〉，收錄於國立清華大學人文社會學院中國語文學系主編：《小說戲曲研究》（第三集）（台北：聯經出版事業公司，1990 年），頁 114。

[32]　〈濟公小說的版本流變〉，收錄於《明清小說研究》1999 年第三期（總號 53 期），頁 158-161。

[33]　〈編輯前言〉，《古本小說集成‧醉菩提傳》（上海：上海古籍出版社，1991 年）。

一、吳門仁壽堂刊本

　　據孫楷第書所載，[34]早在清乾隆九年（1744）便有一本署名為「西湖漁樵主人」編的《濟公傳》，為吳門仁壽堂刊本，書前有序，題「乾隆九年季春金陵旅寓楓亭王宣撰」。全書共分十二卷，每卷卷目如下：

第　一　卷　　羅漢投胎高僧辭世　　明通佛性靈光一點

第　二　卷　　從師落髮枉坐勞心　　悟徹菩提顛狂度世

第　三　卷　　掃得開突然而去　　放不下依舊再來

第　四　卷　　施綾絹丐兒受恩　　化鹽菜濟公像局

第　五　卷　　（孫書未載卷目）

第　六　卷　　佛力顛中收萬法　　禪心醉裏出無名

第　七　卷　　榜文叩閣驚天子　　酒醉吐裝佛像金

第　八　卷　　救生禍遭死人走路　　解前冤指張公得銀

第　九　卷　　不避嫌裸體治女癆　　恣無禮大言供醉狀

第　十　卷　　前生後世為死夫妻訂盟　　轉蠱成靈替蟲將軍下火

第十一卷　　救人不徹嘆佛力不如天數　　悔予多事嬾飲酒倦於看山

第十二卷　　去來明一笑歸真　　感應神千秋顯聖

　　如果比較本書各卷卷目和廿回本《醉菩提全傳》的回目，可以發現此本較簡，[35]若據《小說書坊錄》載清康熙年間同文堂已刻有四卷

34　《日本東京所見小說書目》（台北：鳳凰出版社，1974年），卷四，明清部三，靈怪類，頁71-72。

35　例如第一卷卷目「羅漢投胎高僧辭世、明通佛性靈光一點」，在廿回本《醉菩提傳》中則分為第一回：「靜中動羅漢投胎、來處去高僧辭世」及第二回：「茅屋兩言明佛性、靈光一點逗禪」。

廿回本的《新鐫濟顛大師醉菩提全傳》看來，[36]或有人認為此本即為
「廿回本的壓縮改寫本」[37]，似不無可能。

二、金閭書業堂刊本[38]

目前流通中可見最早的《醉菩提全傳》，當是清乾隆四十二年
（1777）金閭書業堂署名為「天花藏主人」編次的刊本。此書又名「濟
顛大師玩世奇蹟」（封面另題）、「新鐫濟顛大師醉菩提全傳」（卷首
題）、「濟顛全傳」（版心題）。書前原有「桃花庵主人」序，今已不全。
此本內容共計有六萬餘字，無總目錄，但內文每回下有回目，字數
不等。

《濟顛語錄》一書原為首尾聯貫，不分卷次章回，至《醉菩提全
傳》則形成章回體制。每回起首多以「話說」、「卻說」開頭。篇末煞
尾處，部份附有詩句，做為故事收束之用，並以設問語氣，如「畢竟
後事如何，且聽下回分解」、「不知後事如何，且聽下回分解」等開啟
下回。

---

[36] 北京：北京圖書館出版社，2002 年，頁 22。

[37] 胡勝：〈濟公小說的版本流變〉，收錄於《明清小說研究》1999 年第三期（總
號 53 期），頁 161。

[38] 此書現藏於日本京都大學文學部圖書館，《古本小說叢刊》（北京：中華書局，
1991 年），第十六輯第一冊所收錄的《醉菩提》，即據此本影印。

三、寶仁堂較梓本[39]

本書「桃花庵主人」的序言完整無缺，其內容大抵說明濟顛的本色為「極意佯狂，盡是靈通慧性；任情極戲，無非活潑禪機」，和一般佛門所謂「靜處通神、正容說法」其實沒有什麼不同，只是凡愚庸鄙之輩很難從靜處領悟其玄妙，所以藉由「托之風痴」、「示以奇怪」的手段，達到「驚其聾瞶，而轉其愚蒙」或「發人深省」。而總結其出版的目的則是「此顛之終非顛，而聖蹟之不可不傳也」。[40]

此外，本書附有總目錄。總目錄皆為整齊的七言聯句，但內文中的回目字數卻有五言（如第七回）、七言（如第一回）、八言（如第十一回）、九言（第四回）、十言（第十七回）、十一言（十九回）等。[41]同時此本版面較前者為完整潔淨，字跡、墨色也較前本清晰均勻。

四、味根齋藏板本

此本現藏台北國家圖書館。內分四卷廿回。封面題「繪像醉菩提傳」，另有橫題作「濟顛大師玩世奇蹟」。卷首題「新鐫濟顛大師醉菩提全傳」，並署名「天花藏主人編次」。版心則題「濟顛全傳」。文前有二十幅圖像。總目錄和內文回目的形式一如寶仁堂本。[42]

---

[39] 《古本小說集成》（上海：上海古籍出版社，1991 年）中所收錄的《濟顛大師醉菩提全傳》即據此本影印，原書現藏大連圖書館。又《中國古代珍稀本小說續》（瀋陽：春風文藝出版社，1997 年）第七輯中由劉大軍、喻爽爽校點的《濟顛大師醉菩提全傳》亦採用此本加以校點疏通而成。

[40] 《古本小說集成》（上海：上海古籍出版社，1991 年）。

[41] 如總目錄第四回作：「坐不通前真苦惱，悟得轍（徹）後假顛狂」（七言），而內文回目則作：「坐不通枉勞心真苦惱，悟得徹愁露相假顛狂」（九言）。

[42] 《明清善本小說叢刊初編》（台北：天一出版社，1985 年）第八輯所收錄的《醉菩提傳》即據此本影印。

五、老二酉堂重刊本

此本刊於清光緒六年（1880），台北中央研究院傅斯年圖書館有藏本。封面題「繪像濟公全傳」，又名「昇禪醉菩提」，版心則題「濟公傳」。書分六冊，線裝。書前有二十幅冠硃印圖。卷首署「西湖墨浪子偶拈」。總目錄裡的回目與內文回目除了用字稍有差異外，字數則完全相同。與前所述幾本相較，此本校刊精良。

六、余善堂刊本

此本為清光緒戊戌年（1898）刻，現藏北京圖書館。[43]全書四卷，文前有人物繡像五幅，每卷前又有故事圖兩幅。卷首題「繪圖真真活神仙」，並署「天花藏舉編次」（案：「舉」字恐誤）。其總目錄皆為七言，但內文回目字數則長短不一。書前敘言乃刪減桃花庵主人序而成。

以上幾種《醉菩提全傳》版本乃筆者所知所見，大略述之。《醉菩提全傳》在有清一代的刊本極多，甚至還有多種語言的譯本，[44]其地位大有取代《濟顛語錄》之勢。和《濟顛語錄》內容的簡省（約三萬餘字）比較，《醉菩提全傳》就顯得繁複許多（六萬餘字）。而究竟

---

[43] 王以昭主編《罕本中國通俗小說叢刊》（台北：天一出版社，1974 年）第一輯第七冊所收錄的《醉菩提》，即是根據此本影印。

[44] 如《中國通俗小說總目提要》（北京：中國文聯出版公司，1990 年）裡《濟顛大師醉菩提全傳》下載：「是書尚有多種國外譯本，近年有澳洲伊恩費爾威的譯本，名《醉佛》。」頁 364。孫楷第在《中國通俗小說書目（新訂本）》（台北：木鐸出版社，1983 年）卷十，附錄三〈日本訓譯中國小說目錄〉下列有《通俗醉菩提全傳》五卷，為碧玉江散人譯，寶曆九年平安青雲館刻本。（頁260）又據〔德〕馬丁・吉姆考查烏蘭巴托蒙古國立圖書館藏書，發現至少在清康熙二十一年（1682）之前已出現《醉菩提》小說的滿文抄本。見〈漢文小說和短篇故事的滿文譯本〉，收錄於《中國傳統小說在亞洲》（北京：國際文化出版公司，1989 年），頁 172-173。

這兩本書的關係為何，過去有學者主張《醉菩提全傳》是根據《濟顛語錄》為底本改編而成，[45]但筆者以為與其說這兩部作品具有絕對的先後傳承關係，不如視它們為故事書寫系統下的兩類傳本。也就是說，《濟顛語錄》只記錄故事的大概，簡化許多內容，而《醉菩提全傳》則多出許多段落和描寫細節，終而形成一簡一繁的差異。而究竟是簡本在先，經過加工後成為繁本；還是繁本在先，刪減後成為簡本，則難以定論。以下筆者試就這兩書目前可見刊本內容的差異，歸納說明如後。[46]

一、在故事情節方面

《醉菩提全傳》和《濟顛語錄》兩者內容雖大致相同，但在故事情節上仍有許多差異。大體言之，《醉菩提全傳》要比《濟顛語錄》豐富許多，其明顯之處有：

（一）《醉菩提全傳》比《濟顛語錄》多出許多故事

《醉菩提全傳》比《濟顛語錄》多出許多令人感到有趣的故事，例如第五回的唱歌度世，第十二回的賊挖壁洞，第十四回的四川化木、醒心井運木，第十五回的無尾螺螄放生，第十六回的向天嘔鴿、玉髓香等。這些多出的段落，不但豐富了濟公故事，更有助於強化濟公神通的形象。

45　如李進益：〈關於《醉菩提全傳》的幾個問題〉，收錄於國立清華大學人文社會學院中國語文學系主編：《小說戲曲研究》（第三集）（台北：聯經出版事業公司，1990 年），頁 115。

46　比較時採用的版本分別為金閣書業堂刊本的《醉菩提全傳》（《古本小說叢刊》第十六輯，第一冊），及明穆宗隆慶三年本的《濟顛語錄》（《古本小說叢刊》第八輯）。引錄原文時，於原句後直接標示回數及頁數，不再另行加註。

（二）《醉菩提全傳》的故事常多出一些細節

在同一個故事下，《醉菩提全傳》往往要比《濟顛語錄》多出一些細節，使故事更形曲折、完整。如《濟顛語錄》寫濟公父子到祇園寺向道清長老請罪一段為：

> 話間又報，李贊善及子二人來見，長老曰：請進。禮畢獻茶。贊善曰：小兒日昨狂妄犯上，尊師釋怒為愛。道清曰：惶恐惶恐。道淨曰：此間公子就是。道清曰：然。道淨曰：公子甚表？元曰：名修元。道淨曰：字號修元，本命元辰修未易。修元勃然曰：名為道淨，淨生極樂道須成。二上人竦然起敬。道清待齋罷，贊善乃返。（頁 16）

此段敘述以「道清待齋罷，贊善乃返」做結，頗有匆促之感，但《醉菩提全傳》則在「道清待齋罷，贊善乃返」之前多增加一段細節，使得故事更為飽滿，其細節作：

> 道淨見修元出言敏捷，機鋒警策，不禁竦然起敬，道：原來公子果是不凡，我二人實不能為他師，須另求尊宿，切不可誤了因緣。贊善道：當日性空禪師歸西之時，曾分付若要為僧，須投印別峰、遠瞎堂二人為弟子，但一時亦不能知二僧在於何處。道淨道：佛師既有此言，必有此人，留心訪問可也。大家說得投機，道清又設齋款待，珍重而別。（第三回，頁 197-198）

又如在《醉菩提全傳》第八回中，有一段濟公救濟一伙乞兒的情節，在《濟顛語錄》裡非常簡單，只寫道：「見一夥乞兒，凍倒在地。濟公曰：苦惱，我有些東西與你。袖中摸出綾子、官絹、銀兩，盡與眾

人。」（頁 50）但在《醉菩提全傳》中，卻多出一連串的對話，先是眾乞兒看濟公身上襤襤褸褸，不理濟公的同情，都倒頭睡去。其後又嘲笑濟公窮苦，愛說些周濟人的大話。接下來濟公拿出綾子、官絹、銀子示眾，乞兒一見，便訝異的扒起身來圍在濟公身邊，反倒關心起濟公為何不留些財物給自己用，最後濟公將綾絹、銀兩通通送給眾乞兒。兩相對照之下，《醉菩提全傳》就因為多出這些細節，使得故事變得更為曲折，也從中看到更多的人性變化。

（三）同一故事但情節不同

《醉菩提全傳》和《濟顛語錄》即使寫的是同一個故事，但有時其情節卻不相同，例如濟公咬繩救婦，在《濟顛語錄》裡作：

> 店內有一條三股蔴繩，濟公拿起便把口咬，店主人忙搶過手，扯住濟公要賠，提點再三勸散了。一路行著，濟公道：他妻該死在這條蔴繩上，還有一股不曾咬得，這冤孽還不肯散。誰想過了數日，古董鋪娘子與丈夫爭論，把這條蔴繩縊死了。（頁 126-127）

而在《醉菩提全傳》第十九回卻寫成：

> 卻說那濟公趕將進去，將那婦人抱定，把口向那婦人的頸項裡著實咬，那婦人急得滿臉通紅，渾身汗下，高聲大叫：罷了，罷了，怎青天白日，和尚敢如此無禮。裡邊養娘小厮們聽見都跑將出來，扯住濟顛亂打亂罵。濟顛任他打罵，只是抱著婦人的頸項咬。當不得養娘小厮在光頭上打得兇，將手略鬆得一鬆，那婦人掙脫身子，跑進去了。濟顛見那婦人進去了，跌著腳道：可惜可惜，還有一股未斷，尚站在堂前不

走。幸喜這店主人不在家，養娘見婦人脫身進去，也就跟了
進去了。一個小厮，奈何故不得濟公，只得走到門前，叫喊
鄰舍來相幫。張提點乘空，就扯住濟顛走。那裡雖然走出幾
個鄰舍來，認得是濟顛，知他不是個歪和尚，落得做人情，
也不來趕。這裡張提點扯著濟顛，走得遠了，才埋怨道：你
縱顛也要顛得有些影子，怎一個出家人，沒因沒由抱著婦人
的頸子去取笑。濟公嘆了口氣道：你不知道，這婦人頸項裡
已現出縊死的蔴索痕，我一時慈悲，要替他咬斷，只咬斷了
兩股，苦被這些冤業不肯散，將我打開，救人不能救徹，好
不懊惱。張提點也還不信，過了兩日再來打聽，這個婦人因
與丈夫爭氣，果然自縊，蔴繩已斷了兩股，惟一股不斷，竟
縊死了。（頁 473-475）

兩者雖然都是發露濟公的神通，但前者是咬繩，後者是咬婦人的頸
項，就出家人的行徑而言，後者的情節更具張力。

　　雖如前言，《醉菩提全傳》的故事情節要比《濟顛語錄》豐富許
多，但其實也有一些故事情節，如救黃生免遭雷殛、尼姑庵造鐘、度
行首藍月英等，只出現在《濟顛語錄》，而不見於《醉菩提全傳》。[47]另
外，在《醉菩提全傳》中也有誤植情節之處，例如第三回中寫李修元
遊西湖岳墳，見秦檜夫妻跪像任人鞭打，便題有詩句：「誅惡恨不盡，
生鐵鑄奸臣。痛打亦不痛，人情借此伸。」（頁 204）此段不見於《濟
顛語錄》。考查岳墓前秦檜像的起源，據明張岱言：

---

[47] 救黃生免遭雷殛、尼姑庵造鐘、度行首藍月英等三段情節在晚近出版的《醉
菩提》（台北：法爾出版社，1987 年）和《濟顛禪師大傳》（台北：佛教出版
社，1988 年）中皆可見到，筆者疑是後來編者根據《濟顛語錄》的內容補入。

> 墓前有秦檜、王氏、万俟卨三像，始于正德八年，指揮李隆
> 以銅鑄之，旋為遊人撞碎。後增張俊一像，四人反接跪于丹
> 墀。自萬曆二十六年，按察司副使范涞易之以鐵，遊人椎擊
> 益狠，四首齊落，而下體為亂石所擲，止露肩背。[48]

又據清王應奎稱：

> 西湖岳墓前，有鐵鑄奸檜夫婦像，北面跪塚下，供遊人笞擊，
> 敝則重鑄，頗快人心。而究所從始，則為吾邑周公近仁。公
> 參浙藩時，特修武穆墓，復其墓田，并鑄此像云。公名木，
> 為明成化乙未科進士。[49]

雖然上述二說的年代不同，但無論如何，濟公活動的年代其實尚未建
造秦檜夫妻跪像，《醉菩提全傳》當是不慎將後來才有的景物移植到
濟公的生平中去。

二、在描寫技巧方面

就整體表達而言，《醉菩提全傳》在強化人物個性、敘事詳盡及
烘托氣氛上，要比《濟顛語錄》精細許多。詳情如下。

（一）強化人物形象

《醉菩提全傳》在凸顯濟公形象上，除了如前所述，增添許多精
彩的故事，讓他展現無所不能的本領外，另外就是給他更多說話的機
會，以顯示他與眾僧不同。例如在第五回中，濟顛在佛殿上手托一盤

---

[48] 〈岳王墳〉，《西湖夢尋》（台北：漢京文化事業有限公司，1984 年），卷一，
頁 15。
[49] 《柳南隨筆》（北京：中華書局，1985 年），卷四，頁 71。

肉，口裡唱山歌，被監寺怒喝裝瘋，濟顛則反唇嚷：「放屁，我吃肉唱歌，比著施主齋供你們這班禿驢念的經還利益許多，怎不逐他們，倒來逐我。」（頁 232）其後又道：「這些和尚只會吃齋討襯錢，曉得什麼梵修。」（頁 233）又在同回中，遠瞎堂長老圓寂後，眾僧勸濟公要正經些，與師父爭口氣，但濟顛道：「你見我那些兒不正經，要你們這般胡說。」眾僧道：「你一個和尚，囉哩囉哩的唱山歌，是正經麼？」濟顛道：「水聲鳥語，皆有妙音，何況山歌？難道不唱山歌，念念經兒，就算正經。」眾僧道：「你是一個佛家弟子，與猴犬同羣，小兒作隊，也是正經麼？」濟顛卻道：「小兒全天機，狗子有佛性，不同他遊戲，難道到伴你這般袈裟禽獸胡混麼？」（頁 244）這樣的對話在書中屢見不鮮，一方面強烈的顯示濟公與眾不同的性格，同時也似乎反映當時社會對於部份僧人行為的蔑視與不滿。

又如濟公宿妓之事，在《濟顛語錄》中只輕描淡寫道：

> 五官見濟公醉了，叫當直來，吩咐叫三個唱的術術來。不多時，三個唱的來到，五官身邊坐一個，李提點身邊坐一個。
> 五官曰：濟公，我見你冷靜，特請娘子相陪。濟公曰：好好。
> （頁 45）

但在《醉菩提全傳》第七回中，卻詳細的交待沈五官和李提點的設計，想以女色試驗濟公的定力，不但慫恿濟公「全這位娘子到房裡去樂一樂也無妨」（頁 274），並說：「既勇於詩酒，又何怯於此」（頁 274）、「陰陽交媾是人生不免的，出家人也該嘗一嘗滋味」（頁 274），怎奈濟公卻回以：「昔我爹娘做此態，生我這個臭皮袋。我心不比父母心，除卻黃湯都不愛。」（頁 275）兩相比較之下，《醉菩提全傳》裡用極為煽動的語言引誘濟公，而濟公卻以幽默的詩句回應，彼此一來一往

的心理攻防，除了流露出賓主間的默契和情誼外，尖銳的話鋒更成為情節的焦點。

又《醉菩提全傳》有意凸顯濟公瘋顛渡世、活佛救人的形象，不但著力於顯靈法術的描寫，同時對於慈悲精神也多所強調，因此可以常常看到「老師正是活佛了」（第五回，頁234）、「俱道是活佛出現，救度眾生」（第八回，頁287）、「自此一發敬重濟顛，就如活佛」（第十二回，頁348）、「方信濟顛竟是未卜先知的一尊活佛」（第十七回，頁439）的讚語。

（二）敘事詳盡

《醉菩提全傳》在情節的描寫上，要比《濟顛語錄》來得更為具體詳細，這有助於讀者對於人物心理或環境變化的欣賞。舉例如下：

1、《濟顛語錄》：「長老令監寺送道濟入雲堂，道濟坐定。」（頁22）在《醉菩提全傳》中則作：

> 卻說道濟隨著監寺到雲堂中來，只見滿堂上下左右俱鋪列著禪床，多有人坐在裡面。監寺因指著一個空處道：道濟，此處無人，你可以坐罷。道濟就要扒上禪床去，卻又不知該橫該豎。因向監寺道：我初入法門，尚不知怎生樣坐的，乞師兄教我。監寺道：你既不知，我且說與你聽著：也不立，也不眠。腰直於後，膝屈於前。壁豎正中，不靠兩邊。下其眉而垂其目，交其手而接其拳。神清而寂，心靜情安。口中之氣入而不出，鼻內之息斷而又連。一塵不染，萬念盡捐。休生息惰，傾倚招怨。不背此義，為之坐禪。這道濟聽了這一翻說話，心甚恍惚，然已到此，無可奈何，只得勉強扒上禪床，照監寺所說規矩去坐。（第四回，頁213-214）

2、《濟顛語錄》作：「濟公從長老死後，愈加風發。首座曰：你
　師父衣缽交付與你。濟公曰：我儂不要。首座曰：師父嚴命。
　濟公曰：如此且抬出來看。首座令人一一扛出來。濟公曰：
　與我都開了鎖，道：大眾各自來搶。言訖，眾僧打成團攪做
　塊，濟公只揀光頭上鑿栗爆，一時搶盡了。」（頁33-34）在
　《醉菩提全傳》中則作：

首座道：閑話都休說了。但是師父遺命，叫將衣缽交付與你，
你須收去。濟顛道：師父的衣缽我久已收了。這些身外的物
件，要他何用。首座道：這是師父嚴命，如何違得，你縱不
要，也須作何著落。濟顛道：既是這等說，且抬將出來看。
首座遂叫行者，將盛衣缽的箱子籠子，都抬到面前放下。濟
顛道：既是老師父的遺物，凡在寺中的和尚都有分，須齊集
了一同開看，方見公道。首座道：這是師父遺命傳與你的，
你便收去罷了，何必又炫人耳目。濟顛道：你不要管，且叫
眾人同看明白了，再作道理。首座只得叫人撞鐘擂鼓，將合
寺大眾聚將攏來。濟顛遂將箱籠一齊打開，叫眾僧同看。只
見黃的是金，白的是銀，放光的是珊瑚，吐彩的是美玉，艷
麗的是袈裟，溫軟的是衲頭。經兒典兒，是物皆存。鐘兒磬
兒，無般不有。眾僧見了，一個個眼中都放出火來，只礙著
是老師父傳與濟顛的，不好開口來爭。大家都瞪著眼睛看。
那首座便對濟顛道：濟師兄，我有句話兒替你說，你且聽著。
不知首座怎的說來，且聽下回分解。
卻說那首座對著濟顛說道：濟師兄，這些衣缽原是老師父傳
與你的，你若收去就不必說，若是不要，還是存在常住裡公
用，還是派勻了分與眾僧。濟顛道：我卻要他何用，常住自

有，何消又存。既與眾僧誰耐煩去分他，不如儘他們搶了去，到還爽快些。那些眾和尚聽說一個搶字，便一齊動手。你搶金子，我搶銀子，打成一團。我拿袈裟，你拿納頭，攪成一塊。也不管誰是師父，誰是徒弟。直搶得扒起跌倒，爭奪個不成體統，濟顛哈哈大笑。只揀搶得多的光頭上去鑿栗爆。那些和尚憑他打鑿，只是亂搶，一霎時搶個精光。濟顛道：快活快活，省得遺留在此，作師父的話柄。（第十五、十六回，頁 244-248）

3、《濟顛語錄》作：「五官令大姐同濟公去睡，五官與二姐睡了。大姐推濟公入房中，坐在床上，關了房門，與濟公脫衣裳。濟公曰：阿呀，罪過相。被大姐纏得酒醒，起身開房欲走。」（頁 47）在《醉菩提全傳》中則作：

虔婆分付大姐同濟顛去睡，二姐陪五官去睡不題。卻說大姐見濟顛醉了，閉目合眼的，坐在堂中椅子上不動，只得上前笑嘻嘻的叫道：醉和尚快到房中去睡了吧。濟顛只是糊糊塗塗的，大姐叫了半晌不動，只得用手去攪了起來，慢慢的扶入房去。濟顛到底不醒，大姐沒法，只得又將他扶到床上去，濟顛也坐不定，竟連衣睡倒。大姐見他醉得不堪，遂扯他起來，替他解帶子，脫衣裳，推來攮去，不一時早把濟顛的酒弄醒了，睜開眼來，見是一個妓女在身邊替他脫衣服，叫一聲阿喲，這是那裡。大姐笑道：這是我的臥房，是沈五官送你來的。你醉了，叫我費這許多力氣，快快脫了好同睡。濟顛著了急道：罪過罪過。忙忙的立起身來，開了房門，往外就走。（第七回，頁 276-277）

此外又如「古佛裝金」故事，在《濟顛語錄》裡只簡單的寫道：「那尼姑一向聞人言，濟公在淨慈寺，募緣妝佛，終日吃酒，眾僧埋怨。大醉，扒上佛頭一吐，次日三尊大佛，真金妝就，實是活佛。」（頁99）但在《醉菩提全傳》第十五回裡，編者卻花了九頁的篇幅詳細的描述其細節。對照上述的例子，我們明顯的發現《濟顛語錄》常常只是記錄故事的結果，而省略許多其中的原因或過程，所以常有令人意猶未盡之感。而《醉菩提全傳》則在編織了更多的細節後，明顯的提高了它的敘事性，文學藝術的成分也自然要比《濟顛語錄》高出許多。

（三）烘托氣氛

　　小說寫作中，除了懸疑的情節能吸引讀者外，氣氛的塑造更是打動人心的重要手段，《醉菩提全傳》在這方面顯然比較突出。例如當寫到濟公圓寂時，《濟顛語錄》中在濟公吃了過多的辣薑前，並未多做任何陳述，所以圓寂之事來得匆匆，令人錯愕，但在《醉菩提全傳》第十九回裡，卻安排了〈悔予多事懶飲酒倦於看山〉一節，寫濟公同張提點來到酒店，濟公吃了幾杯後即懶飲停杯，說道：「在世間只管胡纏，倒不如早些圓寂。雖說是死不如生，到底是動虛靜實。收拾起油嘴一張，放下了空拳兩隻。」（頁477-478）接下來二人則到湖上看山水，濟公倚著堤柳，見那兩峰二湖之勝，又發出「看將去，早已眼倦」之歎。讀者閱讀至此，其實已有不祥之兆，濟公已預告自己的未來。其後，情節才進入吃過多辣薑粉腹瀉圓寂的事。由此看來，《醉菩提全傳》在情節氣氛的醞釀上，似乎要比《濟顛語錄》更勝一籌。

　　在上述的比較中，乍看之下我們也許會以為《醉菩提全傳》都是在《濟顛語錄》的基礎上加工而成，但事實上也有《濟顛語錄》刪減《醉菩提全傳》的例子。例如在《濟顛語錄》有段情節是有位財主蓋房子向濟公要求兩句佛語上樑，結果濟公念了：「今日上紅梁，願出

千口喪；妻在夫前死，子在父先亡。」（頁 97）財主心中自是非常不悅，此時書中結語只寫道：「誰想濟公的話，都是順理。」這「順理」該如何解釋，沒有下文，但在《醉菩提全傳》裡卻完整的寫道：

> 那匠作中有一個老成的道：「這和尚句句是吉利之語，你怎反怪他。」財主怒道：「死亡倒說是吉利。」匠作道：「你想想看，這三間廳屋裡，若出到千口喪，快殺也得幾百年麼。妻死夫前，再無寡婦了。子在父亡，永不絕嗣了。人家吉利莫過於此，還不快趕他回來拜謝。」（第十五回，頁 407-408）[50]

又如《濟顛語錄》中曾寫一對男女，因父母逼婚令行嫁娶而投湖殉情，死後分兩寺存放，但都火化不成。待濟公將兩人合葬後，只見兩道紅光合做一處。而究竟為何父母會逼婚令行嫁娶以及兩人都火化不成，在《濟顛語錄》裡沒有續文，但在《醉菩提全傳》裡也完整的交待道：

> 濟公一連吃了七八碗，方對眾人道：「他二人前世原是一對好夫妻，只因嘴不好，破了人家親事，故此今生父母不遂其願。但二人此一死，雖說是情，卻有些節，後世必然仍做夫妻。你們將他兩處燒化，如何肯心死，待貧僧與你移來合化，方可完前因後緣。」（第十七回，頁 441）

如此看來，許多故事內容是本來就有的，只是《濟顛語錄》省略而已。所以筆者以為此兩本書間的關係，不能只片面的以為《濟顛語錄》在先，而《醉菩提全傳》一定是在它的基礎上加工而成的。

---

[50] 此段內容在馮夢龍的《顯聖記》中寫作：「那財主聽了心中不悅，未幾，這財主有個兒子做親不久死了，父哭其子，其妻哭其夫，方省得濟公的話。」頁 327。

經由上述的比較，筆者以為如果就敘事藝術的標準來看，《醉菩提全傳》自要比《濟顛語錄》更為傑出，所以即使在郭小亭的《評演濟公傳》流傳大江南北之際，《醉菩提全傳》依然獨樹其幟，在濟公小說的世界裡佔有一席之地。

第三節　《麴頭陀傳》

有關濟公的小說，除《濟顛語錄》和《醉菩提全傳》外，還有一種甚少被人討論的三十六則本《麴頭陀傳》。筆者以為此書在諸本濟公小說中，具有很特殊的地位。它是一本經由在家居士所重編的作品，由於身份的不同，使他對濟公的著眼也有別於其它作家；但因為在過去此書一直被誤會和《濟顛語錄》系統小說（包括《醉菩提全傳》在內）內容大同小異，所以並未受到重視。如孫楷第曾言：

> 小說演濟顛事者，余所見，尚有大連圖書館藏之「濟公全傳」，別題「麴頭陀新本」。署「西湖香嬰居士重編」，為康熙刊本，共三十六則。除頭尾稍有增飾外，內容實與隆慶本同。[51]

或許就是這一段說明，使得後人以為《麴頭陀傳》和「隆慶本」（即《濟顛語錄》）沒有太大的差別。[52]而其實，三十六則本不但內容不全同於《濟顛語錄》，且它在編著上更有特殊的用意。目前可見的《麴

---

[51] 《日本東京所見中國小說書目》（台北：鳳凰出版社，1974 年），卷四，頁 70。

[52] 例如譚尋、譚正璧《古本稀見小說滙考》（杭州：浙江文藝出版社，1984 年）及侯忠義、李勤學主編的《濟顛大師醉菩提全傳》（瀋陽：春風文藝出版社，1997 年）前言中，皆持同樣的看法。而許媛婷在《濟公傳研究》（台北：文化大學中文研究所碩士論文，1997 年）中也推測三十六則本的標題和其它本不同的原因，是編者自行編目，分立標題，而由於著眼點的不同，故標題重心也有所差距。（頁 25）

頭陀傳》版本有二：一為清康熙戊申年（七年，1668）的刊本，書名
又作《新鐫繡像麯頭陀濟公全傳》、《新鐫繡像濟顛大師全傳》、《麯頭
陀新本濟公全傳》。為西湖香嬰居士重編、鴛水紫髯道人評閱、西墅
道人參定。每則後有總評。《中國小說史料叢書》中所收錄的《麯頭
陀傳》，即于文藻根據此本校點而成。[53]另一本亦為清初刊本，同樣題
為「西湖香嬰居士重編、鴛水紫髯道人評閱」。前有圖十二頁，後有
補過腐儒、古嘯生、王夢吉、松坪行者、艾衲居士、半艇漁者、松下
箕踞者、婆心樂善居士、見獵道者、吳耀祖、船頭月叟等多人的贊詞，
每則後亦有總評。[54]

　　以下筆者茲就本書的故事內容、重編用意、情節重點和結構安排
與選材等方面加以分析說明之。

一、故事內容

　　三十六則本的《麯頭陀傳》和《濟顛語錄》、《醉菩提全傳》的故
事內容有很大的差異，[55]筆者先將三十六則的篇目陳列於下，並簡述
其內容，以便做為討論之用。

第一則：太上皇情耽逸豫、宋孝宗順旨怡親（寫孝宗即位，曲盡孝心，為太
　　　　　　　上皇打造園林，供其逸樂。李茂春供養一頭陀，法號梵光，頗有幾番本事，朝
　　　　　　　廷恩寵有加。）

---

[53] 《中國小說史料叢書》（北京：人民文學出版社，1999 年），第 1 冊。本文引
　　錄亦採用此本，引錄時於文後直接標示頁數，不再另行加註。

[54] 有關此本詳細的版式，見石昌渝主編的《中國古代小說總目》（太原：山西教
　　育出版社，2004 年），頁 155。

[55] 《濟顛語錄》和《醉菩提全傳》是一簡一繁本，為方便和三十六則內容對照，
　　筆者選用有分回目的後者。

第二則：梵光師泄機逢世、韋馱神法杵生嗔（梵光受寵，漸迷本性，竟以禪宗七祖自居，被韋馱尊神一杵打下，吐血而亡。）

第三則：看龍舟旃檀顯化、住天台嗣接前因（太上觀潮，於水中得一旃檀大木，刻成佛像，後由李茂春護送，安置天台。）

第四則：國清寺忽傾羅漢、本空師立地化身（國清寺揭波那光梵尊者羅漢仆倒，李茂春得子，國清長老坐化指引李修元但可為僧。）

第五則：王見之媒身館谷、李修元悟道焚經（王見之為館師，李修元讀內典頗有了意，一把火燒卻書房中所有藏書。李茂春超度梵光，功德圓滿。）

第六則：野狐禪嘲詩訕俗、印泰峰忿激為僧（李修元展詩才戲謔和尚、內監。朱泰峰還願剃僧，被修元幾句話頭激發，立地祝髮為僧，號別峰。）

第七則：李修元雙親連喪、沈提點掖引杭城（李修元父母雙亡，離家探訪印別峰，途中巧遇沈提點，一同進城。）

第八則：訪徑山西湖駐足、拜瞎堂剃髮潛形（遊西湖勝景，李修元求見遠瞎堂，在靈隱寺出家，法號道濟。）

第九則：坐雲堂苦耽磨煉、下齋廚茹酒開葷（道濟坐禪辛苦，鬧要還俗，經長老劈掌，從此悟道瘋顛起來。）

第十則：選佛場獨拈僧頂、濟顛師醉裏藏真（長老選佛場，說丹霞大師公案。濟顛被紅頭赤臉長人在鼻裏裝蠱，從此但聞陣陣酒香，不能自己。）

第十一則：冷泉亭一棋標勝、呼猿洞三語超群（知府與黑猿下棋，黑猿泄露天機，被濟公一拍坐化。）[56]

第十二則：濟公師大分衣鉢、出明珠救范回程（長老坐化，衣鉢傳予道濟，眾僧搶奪遺物。廚下濟公用明珠救濟遊歷江南被劫的病僧范珩還鄉。）

---

[56] 清康熙十六年（1677）由古吳墨浪子搜輯刊行的《西湖佳話》中，其〈靈隱詩蹟〉的部份內容與此則有相同之處。

第十三則：渡錢塘中途顯法、到嵊縣古塔重新（濟顛離寺回天台，途中遇
　　　　　老者送干酒紅藥，後成救命仙丹。經嵊縣現五光，民眾從此好佛修古塔。）

第十四則：天台山赤身訪舅、檀板頭法律千鈞（濟公還鄉見親人。靈隱寺
　　　　　換住持，寺規森嚴，濟顛吃酒依舊。）

第十五則：十錠金解冤張廣、八功水拔救王箏（濟公用一袋銀兩，解張公
　　　　　前世之劫，並用八功德水替行首王箏洗瘡除病，度化他祝髮修行。）

第十六則：上紅樓神常擁護、落翠池鬼也修行（靈隱寺監寺僧計陷濟公宿娼
　　　　　不成，又趁其醉酒將他擠落湖中，濟公為眾水鬼說法，免其沈淪之苦。）[57]

第十七則：陳太尉送歸寮院、眾僧徒計逐山門（濟公用三口冷水為陳太尉
　　　　　治背毒，陳太尉則護送他回靈隱寺，眾僧商議要逐他出門。）

第十八則：剪淫心火炎子午、除隱孽夢報庚申（濟公用三昧真火為馬寡婦
　　　　　除淫蟲，並用三尸法點化湯樞密三大疑事。）

第十九則：放蝦蟆乞兒活命、看蛇鬥閑漢逃遁（濟公識毒蕈救下六十四名花
　　　　　子，並救蝦蟆免其一死。又預知橋塌，藉火燒草場，引開觀看蛇鬥的群眾。）

第二十則：古獨峰惡遭天譴、陳奶媽雨助龍騰（天火降燒惡孽，濟公雖救，
　　　　　不成。又為陸公奶媽治病。）

第二十一則：過茶坊臥遊陰府、見猛虎夜啖邪髡（濟公幻遊地府，見種種
　　　　　報應。靈隱監寺長老惡貫滿盈，遭猛虎吃剩一顆頭顱。）

第二十二則：看香市沿途戲謔、借雷公撥正邪萌（濟公揭穿香市詐騙買賣，
　　　　　並藉天雷說法，勸賣假藥人改邪歸正。）

---

[57] 此則內容寫監寺計誘濟公，和玉通和尚事頗為相似，只是結局不同。茲錄〔明〕
田汝成《西湖遊覽志》（台北：台灣商務印書館，1970年）中的記載以為對
照：「普濟巷東通普濟橋，天東為柳翠井，在宋為抱劍營地。相傳紹興間，柳
宣教尹臨安，履任之日，水月寺僧玉通不赴庭參。宣教憾之，計遣妓女吳
紅蓮詭以迷道，詣寺投宿，誘之淫媾。玉通修行五十二年矣，戒律凝重，初
甚拒之，至夜分不勝貽蕩，遂與通焉，已而詢知京尹所賺也，慚恧而死。」
見卷十三，頁12。

第二十三則：救崔郎獨施神臂、<u>題疏簿三顯奇文</u>（濟公為崔侍郎公子治病，
　　　　　　並代寫三件疏頭。）

第二十四則：檀長老諭嚴戒律、濟顛師法喻棋枰（朝廷聖諭凡僧當守戒律，
　　　　　　紫眉老者勸濟公奉齋茹素，濟公以棋喻道。）

第二十五則：淨慈寺伽藍識面、<u>京兆府太尹推輪</u>（濟公向朱太尹化緣，並
　　　　　　揭示過去他和和尚間的嫌隙。）

第二十六則：<u>鬧街坊醉書供狀</u>、隨獵騎暗脫荊榛（濟公撞馮太保寫口供，
　　　　　　後隨眾官爺打獵失蹤，去尋印別峰。）

第二十七則：昭慶寺偶聽外傳、莫山人漫自評論（寫莫山人聽和尚說濟公
　　　　　　故事，並述改編之意。）

第二十八則：訪別峰印參初志、傳法嗣繼續孤燈（濟公見印別峰長老，收弟
　　　　　　子梵化。後託夢娘娘化緣，濟公偕徒弟外出尋找建寺木料。）[58]

第二十九則：<u>夢金容多金獨助</u>、<u>罩袈裟萬木單撐</u>（太后降香布施造殿，濟
　　　　　　公則顯神通將大木運至井口。）

第　三十　則：三昧語紅蠅出鼻、九里松死客還魂（紅臉人再現，取出濟公
　　　　　　鼻中酒蟲，濟公酒肉之緣將盡。濟公再顯神通解除董齋公冤屈。）

第三十一則：<u>倚巍欄吐成飛走</u>、進圖畫賑濟饑貧（無賴逼濟公吃酒肉，濟
　　　　　　公倒吐還原。又獻流民圖，促朝廷賑災，現正覺菩提功行。）

第三十二則：夢旃檀移歸天府、<u>剃梵化衣鉢猶存</u>（濟公披剃梵化，自己也
　　　　　　端莊起來，不再胡來。並迎回天台旃檀佛像，濟公為之貼金。）

第三十三則：<u>顯水族烹而復活</u>、<u>護高松不至為薪</u>（濟公將席上的水族放生，
　　　　　　又護衛寺前的高松不被砍伐。）

---

[58] 此則寫印別峰有兩虎為伴，頗有伏虎禪師的影子。事見〔明〕張岱〈雲栖〉：
「雲栖，宋熙寧間有僧志逢者居此，能伏虎，世稱伏虎禪師。」《西湖夢尋》
（台北：漢京文化事業有限公司，1984年），卷五，頁85。

第三十四則：<u>沁詩脾濟公回首、拈法語送入松林</u>（濟公得泄症，眾人相探，
　　　　　　濟公作詩酬答，印別峰亦到，德輝長老贈鞋，最後留偈坐化。）

第三十五則：<u>六和塔寄回雙履、伽藍殿復整前楹</u>（濟公精光不死，在各地
　　　　　　顯化現身，並送木料修殿。）

第三十六則：梵化師宗風大振、表濟公百世香雲（皇上敕賜濟公道號為「天
　　　　　　台大衍華藏無遮正覺大師」，並詔見梵化問道，晉號國師。）

三十六則中，情節和《醉菩提全傳》有雷同或取其部份而加以變化者，
筆者以劃底線的方式加以標識之。由此看來，《麯頭陀傳》確有不少
新編的內容。孫楷第曾言此書第一則為〈太上皇情耽逸豫、宋孝宗順
旨怡親〉，即用《西湖二集》第一篇目〈宋高宗偏安耽遊豫〉之文，[59]
但其實〈宋高宗偏安耽遊豫〉主要是描寫宋室南遷後，高宗、孝宗宮
廷宴飲逸樂之事；[60]而《麯頭陀傳》的第一則則是以描寫天台勝境啟
首，後繼李茂春家世及供養一頭陀，法號梵光，因為孝宗打造園林供
太上皇逸樂，朝廷恩寵有加。兩者內容頗有差距。

二、重編用意

本傳和《醉菩提全傳》的內容之所以有明顯的差別，和它的重編
用意有密切的關係。究竟香嬰居士為何要重編濟公故事，我們可以從
小說的內文中找到答案。第三十六則中寫道：

> （寧宗）復命翰林院史官撰著大像，行文臨安府尹，訪求逸
> 事。也有將他氏族敘述的，也有將他少年舉動記載的，也有

59　《日本東京所見中國小說書目——附大連圖書館所見小說書目》（台北：鳳凰
　　出版社，1974年），頁191。

60　《西湖二集》（上），卷二，收錄於《古本小說集成》（上海：上海古籍出版社，
　　1991年），頁49-83。

　　將他年譜記述的。或將詩詞刪輯，或將謔語收錄，或將禪機
　　參印。也有失之於略，也有記之太蔓；也有書之不經，也有
　　錄之太鄙。大抵粗疏者多，雅馴者少；荒唐者多，摭實者少。
　　不及五六個月，竟把濟公履歷，裝奇捏怪，疑鬼疑神，不知
　　說到何等地位。當時只有一個濟公，後來就有千千萬萬濟公，
　　皆是市井閭閻販夫販婦之口。道他是真卻也有假，道他是假
　　卻也近真。倒把主筆的翰林院太史，弄得沒頭沒腦。（頁
　　315-316）

濟公被「裝奇捏怪，疑鬼疑神，不知說到何等地位」，正是編者想撥
亂反正，重新撰寫新書的目的。書中第二十七則末尾的總評裡也有同
樣的說法：

　　此一則書，卻是重編小傳的本意。佛祖奉賢，有可傳處，俱
　　是有關身心性命，及道理倫常之事。若只是吃酒吃肉，隨口
　　答應，著處生根，胡亂做幾句歪詩，拋幾句頌子，則天地間，
　　無賴禿廝，俱可托名借口，卻把出家一路倒做了油頭滑腦，
　　藏垢納污之藪，佛門從此亂矣，亦從此壞矣，豈可作為典要！
　　世人看小說傳奇，徒以花簇淫靡可聽，便稱黃絹幼婦，於正
　　道一無所主，不如三文錢，一條凳，坐在圍場聽說《水滸》、
　　《西游》，何必讀《麴頭陀傳》。（頁266-267）

由此可知，香嬰居士重編《麴頭陀傳》的真正用意乃在宣揚「有關身
心性命，及道理倫常之事」，而非競逐那些酒肉宿娼、聳人聽聞的荒
謬故事。同時，香嬰居士認為濟公乃是世間一得菩薩乘的大道之人，
而非裝神弄鬼之輩。第三十六則中，寧宗召見梵化問濟公可曾入三昧
時，梵化答道：

羅漢得道，全由佛教，故以聲聞為名。辟支得道，或聞因緣
解脫，或聽環珮得悟，故以緣覺為名。若濟公師，已得菩薩
上乘，乃為大道之人。方便則正行六度，真教則通修萬善。
功不為己，志在存濟，實以大道為名。（頁317）

從這一段出現在書中末尾的問答裡，我們正可以看到濟公在編者心目
中神聖的地位。

由於本傳是重編，因此對於過去的許多傳聞故事，編者都提出了
評論，形成本傳另一個書寫上的特色。當莫山人到昭慶寺聽和尚說講
濟公在杭城顯化的事跡時，便對聽到的內容不以為然，第二十七則
中載：

老者道：你說的乃濟公事實，其實到把濟公徑說壞了。比如
劉行首家，濟公睡了一夜，雖不破戒，那成佛作祖的，怎肯
在烟花紅粉中。此處嫌疑之際，沒要緊做此一場，有何意味，
卻不使天下墮落妖僧，借口嫖娼有何證據，此一錯也。又說
永興寺長老，被賊偷了，濟公走去，說這兩句排遣話兒，也
極尋常，何足編入書內，此又一錯也。就是濟公在毛太尉處，
吃了新笋，拿些孝順長老，作個啟兒謝他，亦何足奇，也編
入書內，此三錯也。至如捉虱子下火坑，越發不是出家人所
為。昔佛祖餐鷹餵虎，也是平常。怎的把傷生害命之事當作
奇聞，此較前三錯更又錯也。更有餶飿兒王公指路，從女人
中翻個筋斗，露出此物，尤為放蕩逾閑，迴出尋常事禮之外。
即如尼姑鑄鐘一事，總非奇異，也無關於佛門生死大事。況
乎促織乃極市井細人之事，後來打銀棺材，求指路，總屬兒
戲不經之舉。卻把濟公東傳西說，疑鬼疑神，直至污穢下賤，
不是一遊花，便是一酒鬼，雖與濟公實際處無增無減。人頭

> 上口嘴邊，可不把濟公貶駁到最無賴、沒傗僬的地位了。我平昔間，常聞得濟公有些異處，卻不似如此鄙俚之說。（頁265-266）

在上段文字中，我們可以看到重編者對許多傳誦已久的故事非常不滿，其原因包括「沒要緊做此一場，有何意味」、「也極尋常，何足編入書內」、「把傷生害命之事當作奇聞」、「迥出尋常事禮之外」、「總非奇異，也無關於佛門生死大事」、「總屬兒戲不經之舉」等，因為這些內容都把濟公說得猥瑣荒唐、光怪陸離，有害世風。又如第三十二則中，重編者對金片裝不上佛身，結果濟公以檀香湯噴濕，工匠一貼，果然馬上就金容燦爛的情節，被說成是濟公酒後吐金，也深不以為然，評論道：

> 這都是好事者傳聞太過，那有吃酒肉和尚吐出金來？若果如此說，天下遊食僧道，都好借此名目，終日吃酒吃肉，只要讓他吃得飽滿，等他吐出金來，卻不便宜這班無賴之徒。（頁294-295）

由此可知，有識之士對於鄉野傳奇對社會的誤導，及有損佛門形象是深感憂慮的。因此傳中提到莫山人重編故事，凡拈示的禪機、參悟的宗旨都要「一一等之于情，一一揆之于理」，也就是說，雖然是杜撰的故事，也要合乎情理才是可取，才有流傳的價值。

三、情節重點

本傳既有導正視聽，不使濟公故事淪為荒誕之言，編者在兩方面著墨甚多，一是在澄清濟公修行及其酒肉因緣上，這是在其它小說中

不曾見到的；第二則是加強宣揚因果報應的思想。就前者而言，傳中第三十六則中提到濟公印證佛法有三個階段，分別是：

> 初時祝髮為頭陀，以慧業顯，出詞止氣，大有悟頭，人俱駭異。中年以酒肉放曠，舉動雖屬不莊，俱是遊戲三昧，頗能成人善事。晚年崇修正果，具大辨才，以音聲輪作教發揚佛前，處處拈花作笑，實能碾破虛空。（頁316）

重編者顯然要讀者瞭解濟公一生行事的本來面目，千萬不可執迷於他的瘋瘋顛顛，而有礙各種印證大道的方式。同樣的用心，也出現在第二十四則中，當濟公以下棋喻道時，紫眉老者道：

> 濟公能以棋喻道，識破機先，揖讓征誅，當關勘破，便勝卻釋迦下界，彌勒升天。可見佛門廣大，檀長老以戒律勝，而濟公卻以圓通勝，別樣工夫，各人見解。（頁247）

文中特別提及無論檀長老的以戒律勝，還是濟公的以圓通勝，其實都是「別樣工夫，各人見解」，修行不該有固執。又如被濟公尊禮為師的印別峰，其修行是「住在喝石岩淨室內，四十年來，足跡不離門戶，不坐禪，不說法，不誦經，不念咒，只是一心念佛。他的供養，不仗十方」（頁268），這也在強調驗證佛理，參究禪境法門，是各有其自在因緣，濟公的遊戲三昧只是其中之一而已，讀者切不可專此為是，而攻彼為非。不過，當寫到濟公傳缽的弟子梵化時，前稱夯漢，後則強調「日日晨鐘暮鼓，戒律精嚴，全與濟公舉動不全」（頁318）時，似乎又刻意的提醒眾人佛門修習的正途該當如此，而濟公在不可思議中奇怪示法，只是隨處應接，用不同的方式發人深省而已，讀者切不可被其神通所迷。

　　在敘述濟公的酒肉因緣上，故事編得十分奇特。最初在第十則中，寫到有一天濟公坐禪低想之際，只見一丈二紅頭赤臉長人，走近前來一拳把他打倒，用尖刀把鼻尖挑破，再把從朱紅葫蘆裡取出的一條赤色蟲放了進去，從此以後，到了下午，濟公鼻頭邊便會出現陣陣酒香。[61]第二十一則中，濟公在老居士引導之下遊觀地府，其中有一層地獄非常特別，囚禁的是引誘人淫迷本性、貪婪無度的杜康、易牙，以及製造賭具的始作俑者。濟公又得知凡人的一飲一啄，都是前生派定的，今生該吃酒多少，吃肉多少，簿籍上都有註定，而且在葷酒之緣未斷之前，是不能上天堂去的。於是濟公看見杜康、易牙尚在地獄裡受無限的痛苦，便興起「這酒肉不吃他也便罷」（頁 230）的感嘆。而在第三十則中，寫濟公自知酒肉之緣當盡，見酒肉便覺厭惡時，又見當初赤臉長人出現，口中念道：「杜康杜康，惱亂天堂；易牙易牙，葷穢佛家」（頁 281），然後依舊將他鼻子挑開，只見鼻尖上一個紅蟲長了兩片翼翅飛了出去。最後在第三十四則中，寫濟公得了脾胃泄瀉之症時，濟公道這是因「落了酒肉地獄，所以今世代人吃了許多葷酒，胸中穢惡難言。乃夙世之債，世人不知，反以酒肉為安，實非我之所願。如今卻要洗滌腸胃，以還舊因，故有泄瀉之病。」（頁 302）從這一些歷程看來，濟公的破戒自有其在印證佛法上的意義，這是重編者一再強調的，惟恐大眾誤會濟公真是貪嗜酒肉之徒。

　　又，本傳特別強調因果報應，不但加入濟公遊地府和見鬼的內容，說明一切罪孽自有斷處，死後墜入地獄仍要承受無盡的摧殘，而難逃輪迴之苦。第二十一則描述地獄的種種面目，有刀山、劍樹、湯

---

[61]　酒蟲之事另有相反的說法，〔清〕褚人穫《堅瓠廣集》卷二〈飲酒有定數〉記：「酒有別腸，非可演習而能。傳記載元載聞酒即醉，一人取針，挑其鼻間出一小蟲，曰此酒魔也。出之能飲，試之果飲至二斗。」收錄於《筆記小說大觀續編》（台北：新興書局，1962 年），第十五冊，頁 3706。

鍋、碓磨、鋸解、剮割，或危橋、冰塹、銅蛇、鐵犬、攢喉、咬噬、鐵床、銅柱、裸形炮烙等，各種血污狼藉，傷慘之狀，不可勝數。而在「變形地獄」裡，則警告世人：

> 凡傷生者，當作蜉蝣，朝生暮死，不久身亡。凡劫財傷命者，除現身陽世報應外，餘即變作豬羊，受人屠割宰殺。淫惡者，變鶴鶩獐麇。兩舌者，變鷗梟鵂。賴債者，變驢騾牛馬等報。（頁229）

凡此種種的描述，對於民眾來說，是很具有警惕作用的。此外，本傳的因果也包括僧人在內，如梵光國師因修造園林、龍舟，牽累許多工匠飢渴而死，又拋棄先前立願齋僧之意，死後果遭地獄之苦，幸得李茂春超度冥途，而還得正果。而最令人驚懼的則是在第二十一則中，描寫靈隱寺監寺惡貫滿盈，結果被猛虎吃得精光，只剩一顆頭顱。凡此內容都在諄諄提醒僧人當自重修持，不得毀滅根性，自誤誤人。

四、結構安排與選材

香嬰居士重編《麴頭陀傳》的用意乃在導正視聽，避免世人遭受好事者荒誕不經故事的影響，而對濟公及佛門產生誤解，所以他在重編的過程中，特別設計了一段濟公失蹤，並出現「莫山人」的情節，以做為該小說主要的敘事結構。其細節的安排是：在第二十六則〈隨獵騎暗脫荊榛〉中，特別編寫濟公隨官爺入山打獵不見回來，眾人以為凶多吉少，於是有和尚在昭慶寺裡開始講說濟公在杭城顯化事蹟。此時傳中便轉引許多《醉菩提全傳》中的故事，如濟公到新街劉行首家投宿、毛太尉請濟公吃笋、王二養促織等。這些故事被莫山人聽到，譏為都是「鄙俚之說」、「無關於佛門生死大事」，為免去舊說惑亂後

世之人，而興起重編的念頭，如此一來就形成了傳中有傳的特殊結構，以遂行作者藉機評論的目的。

　　其次，在局部結構上，《麴頭陀傳》比《醉菩提全傳》呈現出更多的延伸變化。首先，在《醉菩提全傳》中，國清寺長老曾指示李修元若出家，可投印別峰或遠瞎堂為師，其後印別峰便從文中消失，[62]但在《麴頭陀傳》裡，印別峰本為一官員，因從黑水洋平安歸來，還願要在祇園寺披剃一行童，結果卻被李修緣用詩激發，斷然祝髮出家，令修緣十分佩服。（頁153-154）其後李修緣要離開天台，其目的正是要去探訪印別峰，甚至故事到了第二十八則〈訪別峰印參初志〉時，濟公還收留了他身邊的夯頭陀梵化做為法嗣。這樣的佈局，除使故事更為緊緻外，其真正的用意乃在於彰顯濟公在尚未出家之前，就能以其智慧慈悲，啟悟他人如來真性。

　　又如《醉菩提全傳》第五回〈有感通唱歌度世、無執著拂棋西歸〉中，寫長老和臨安府知府下棋，一局未終，諸山各剎方丈長老都到，長老在交待衣鉢傳給濟顛後，隨即坐化而去，冷泉亭那隻被長老養熟的金絲猿忙忙的跑來，在長老的靈座繞了三匝，哀鳴數聲，也立地而化，眾僧都感到非常驚訝，方知長老的道行不凡。而在《麴頭陀傳》第十一則中，則是臨安府知府來見長老，得知蓮花峰的老猿會下棋，[63]知府仗恃棋藝高超，頗有輕視之意，在平手之後，知府要求再下一局

---

[62] 在《濟顛語錄》中，印別峰則被寫成已經西歸，且由遠瞎堂長老下火。頁20。

[63] 老猿故事據〔明〕張岱〈呼猿洞〉載：「呼猿洞在武林山。晉慧理禪師，常畜黑白二猿，每于靈隱寺月明長嘯，二猿隔岫應之，其聲清皦。後六朝宋時，有僧智一，仿舊跡而畜數猿於山，臨澗長嘯，則群猿畢集，謂之猿父。好事者施食以齋之，因建飯猿堂。今黑白二猿尚在，有高僧住持，則或見黑猿，或見白猿。具德和尚到山，則黑白皆見。」《西湖夢尋》（台北：漢京文化事業有限公司，1984年）卷二，頁31。黑白二猿後來又出現在《麴頭陀傳》第二十八則中，乃伴隨徑山印別峰。

以斷高下，結果老猿勉強點頭，起手便將一子放在當心，局終，知府輸了半著。此時濟公走來說道：「先天一著已多年，黑白盤中沒後先；今日天機殊太泄，有緣緣裡卻無緣。」（頁 177）就在老猿的腦後一拍，便不動往生去了。末尾的總評寫道：「濟公一下打殺黑猿，并此心亦成空境，心空則萬緣盡滅，指點太守處不小。」（頁 178）這樣的情節設計，自然要比前者只寫金絲猿立地而化更具有深刻的寓意。

《麯頭陀傳》全書在鋪陳濟公故事的同時，也添加了許多有關自然景物和風土民情的內容，如第二則中寫太上皇觀潮、觀演水操，[64]第七則寫江邊轎夫的凶惡欺人，第十一則寫靈隱寺風景，第十九則寫朝廷令叫花城外捉蝦蟆製藥，[65]第二十則寫臨安城素多火災，第二十二則寫西湖「香市」[66]景象等。由於加入這些風土民俗的材料，使得本傳及濟公的形象更具地方色彩。

檢視討論濟公小說的論著，少有人注意到《麯頭陀傳》，這是長久以來大家都誤會它和《濟顛語錄》、《醉菩提全傳》內容相近所致，其實完全不然，非但如此，編者還對濟公故事有非常特殊的想法。大

---

[64] 相關內容可參見〔宋〕吳自牧：《夢粱錄》，卷四〈觀潮〉，頁 162-163，收錄於《東京夢華錄》(外四種)(台北：古亭書屋，1975 年)，及〔明〕田汝成《西湖遊覽志餘》(三)(台北：世界書局，1963 年)，卷三，頁 23。

[65] 民間捉蝦蟆製藥的習俗其來有自，早在〔東漢〕崔寔的《四民月令》中，便有五月五日取蟾蜍可以治疽瘡的記載。不過據〔明〕李時珍《本草綱目》蟲部第四十二卷言：「古今諸方所用蛤蟆，不甚分別，多是蟾蜍。李氏又謂：蟾蜍，土之精也，上應月魄而性靈異，穴土食蟲，又伏山精，制蜈蚣，故能入陽明經，退虛熱，行濕氣，殺蟲䘌，而為府病癰疽諸瘡要藥也。」由此可見，捉蝦蟆（蟾蜍）製藥，已是一種常見的民俗醫療。另外傳中還提及濟公仁民愛物，教導做藥人如何不必剁下蝦蟆頭就可以取得蟾酥，而其法一直流傳到今日。（頁 219-220）不過，根據李時珍《本草綱目》蟲部第四十二卷記載，宋徽宗年間的寇宗奭已經提到相同的取蟾酥之法。所以言這是濟公的發明，其實只是附會之說而已。

[66] 〔明〕張岱：〈西湖香市〉也有類似的記載，《陶庵夢憶》(台北：漢京文化事業有限公司，1984 年)，卷七，頁 61。

要言之，本傳的編者為居士身份，其對佛教有一定程度的信仰及護持，對於小說家為極盡視聽之娛，而捏造許多怪誕的情節難以釋懷，於是想極力澄清濟公的酒肉形象及荒唐事蹟，並藉以闡釋佛家因果報應的思想。換言之，編者希望民眾或讀者能夠透過故事，真正體會並領悟世間因緣之理，而非一味的沉溺在神通怪異的故事當中。

第四節　《評演濟公傳》及相關續書

濟公小說自清光緒年間郭小亭的《評演濟公傳》出現後，開創了新的局面，在出版市場中不但能和《醉菩提全傳》並駕齊驅，其後甚且有超越之勢，而成為大江南北最為普遍的通俗小說讀物之一。本節中筆者將對此系列的作品，包括二百四十回本的《評演濟公傳》及其續書做一重點說明。

一、《評演濟公傳》

《評演濟公傳》其實包括前、後傳各一百二十回。前傳名為《評演濟公傳》（以下簡稱《前傳》），光緒戊戌年（二十四年，1898）有錢塘張文海者自友人閣華軒手中得之，交由津門煮字山房坊主魏岱坡石印出版。後傳名為《評演接續後部濟公傳》（以下簡稱《後傳》），是在光緒庚子年（二十六年，1900）出版。以上二書最常見的多是民國年間一些上海書局如錦章、啟新、校經山房、天寶等的石印本。[67]

---

[67] 本文引錄採用〔清〕郭小亭著、竺青點校的《濟公傳》（上、下）（北京：中華書局，2001 年），上冊為《前傳》，下冊為《後傳》，引用時於原文後直接標示《前傳》、《後傳》、回數及頁數，不再另行加註。

（一）與說書的關係

過去北方評書界所說的書，有「墨刻」和「道活」之分。所謂墨刻，是指所說的書和各書局所售的小說內容一樣，不過加上些身段表情和刀槍架兒，用白話評講而已；而道活，是把故事加以藝術化，要讓情節緊湊毫不鬆懈，並增加豐富的節目，使聽者欲罷不能。據連闊如言，評書界純粹道活的書有《施公案》、《大宋八義》，而像《濟公傳》、《永慶昇平》、《彭公案》等，原都是評書界的道活祕本，後來在有人售與書局，書局得了版權印行售賣後，這些書已從道活變為墨刻了。[68]

又據張次溪〈天橋人物考〉載，早在《評演濟公傳》出版前，北京天橋已有專門講說濟公故事的評書藝人如雙厚坪、張泰然等，[69]甚至張泰然還自編過前後套的《濟公傳》。《評演濟公傳》中曾出現所謂「此人在《濟公傳》老四雄之內」（《前傳》第六十回）及「前套《濟公傳》有濟公九度黃鼠女，就是這個黃鼠狼」（《前傳》第九十五回）的句子，姑且不論其「《濟公傳》」或「前套《濟公傳》」是否指的就是張泰然編的前、後套《濟公傳》，但可以肯定的是，說講濟公故事在當時是已經存在的。其次，再就書中的內容來看，《評演濟公傳》中保留了許多說書的痕跡，具有評話小說的特點。例如《前傳》第十八回有「書的節目，叫醉入秦相府」、《後傳》第八回有「書的節目，叫巧斷垂金扇」的文字。節目的說法，以及五字的節目名稱，都是書場上常見的。又如《前傳》第八十一回和《後傳》第十回的結尾處寫作：「且聽下回分解」，而不是其他各回的「且看下回分解」，以及書

68　《江湖叢談》（北京：當代中國出版社，2006 年），頁 267-268。
69　《人民首都的天橋》（北京：中國曲藝出版社，1988 年），第五章，頁 119-120。

中大量的使用評書的特定語彙，如「既待如是」、「名曰叫」、「立時刻」等，[70]這些都證明了《評演濟公傳》和評書間密切的關係。

　　如此看來，在郭小亭出書之前，早就有不少評演濟公故事的說書傳本，郭小亭可能就是在這樣的一種環境下逐步收集，並加上自己的創意而完成有別於《濟顛語錄》系統的新濟公小說。

（二）內容性質

　　隨諸明清神魔、俠義和公案小說的發展，濟公及其故事也搖身一變而大改其面目。《評演濟公傳》已儼然成為俠義、公案和神魔小說的綜合體，濟公也從本來的禪門散聖，一變而為俠僧。有文指出：

> 與其說是前代濟公故事的繼承與發展，毋寧說是清代社會生活的產物。因為它們只是借用濟公師徒的名色，主要不是根據宋代現實生活，而是根據清代的社會矛盾和社會生活，以及當時市民百姓的審美理想和藝術趣味來組織情節，刻劃人物，表現人生。在創作方法上，也脫離了原來神怪小說的軌道，吸收清代俠義、公案小說的表現方法，熔神怪、俠義、公案乃至社會、人情小說於一爐，成為多體合流的新品種。[71]

《評演濟公傳》之所以呈現出與前代濟公小說不同的樣貌，和清代小說的發展有密切的關聯。自清嘉慶、道光年間以後，公案小說除繼承明代公案小說以歌頌清官效忠皇帝，掃除各種對立勢力外，更聯絡效忠皇室的仕紳以及爭取綠林人物變節投降，來鞏固皇權統治，這樣就

---

[70]　顧啟音：〈濟公傳・前言〉，《濟公傳》（上）（北京：中華書局，2001年），頁8-9。

[71]　〈《濟公傳》系列小說出版說明〉，《濟公傳》（上）（杭州：浙江古籍出版社，1991年），頁1。

在原本公案小說裡加進了一些江湖俠義之士，自此公案小說便和俠義小說合流。[72]另外，也有學者以為，公案及俠義小說各自經過長期發展之後，形勢已如強弩之末，作者亟思改變，於是過去公案小說中的清官所遭逢的對手不再是一般的泛泛之輩，而是具有高強武藝，甚至是羣體的反抗者，如此一來，單憑清官身邊的衙吏是不夠的，必須仰賴一些江湖英雄的幫助，人民生活在既有清官又有俠客的世界裡才覺得有安全的保障，於是兩類的小說，便在這種情況下結合在一起。[73]無論說法如何，清代這類小說數量之多，確是不爭的事實，著名的有《施公案》、《三俠五義》、《彭公案》等。這類小說內容多為摘奸發伏，洗刷冤情的故事，其中尤以主人公如何追查案情，以至最後機智斷案真相大白，最受讀者喜愛。

《評演濟公傳》的內容因受這種時代創作潮流的影響，也大量滲入公案及俠義的成分。在公案方面，我們只要檢視書中的回目就可以一目瞭然其大概。例如《前傳》中有：

第 30 回－餘杭縣清官逢奇案、殷家渡濟公捉賊人

第 42 回－貞節婦含冤尋縣主、濟禪師耍笑捉賊徒

第 48 回－趙太守奉令捉賊、崑山縣迎請濟公

第 77 回－德興店班頭見兇僧、蓬萊觀濟公找淫賊

第 83 回－小神飛夜剌開風鬼、濟禪師耍笑捉飛賊

第 111 回－知府定計拜賊人、濟公巧捉華雲龍

第 116 回－趙太守明斷奇巧案、濟禪師開棺驗雙屍

《後傳》中有：

第 10 回－知縣公堂問口供、濟公巧斷垂金扇

---

[72] 胡士瑩：《話本小說概論》（台北：丹青圖書公司，1983 年），頁 654。

[73] 王俊年：〈俠義公案小說的演化及其在晚清繁盛的原因〉，《文學評論》1992 年 4 月，頁 120-129。

從以上略舉的這些回目中，我們就可以很明顯的看出濟公故事的新風貌。而有別於其它的公案俠義小說，在濟公傳中不見以往的清官及綠林中真正的英雄好漢，濟公反倒成為書中的主角，一肩挑起協助官爺，帶領捕快，維護地方治安，以及感化綠林英雄，收為徒弟，一起緝捕賊人的任務。《前傳》第一百十回有一段文字就很清楚的告訴我們濟公在小說中的責任：

> 柴頭說：「不錯，我告訴你說，我姓柴，叫柴元祿，他叫杜振英。我二人是臨安的馬快，這個和尚是濟公，奉秦丞相、趙太守諭，出來辦案，拿乾坤盜鼠華雲龍。」（頁445）

當然，濟公在路見不平，拔刀相助的同時，他也同時結交許多綠林好漢一起辦案、捉拿妖道，除招收陳亮、雷鳴等人為徒弟外，江湖綠林三十六友，也多為濟公門下，如此一來，濟公又增加了一個「俠僧」的新形象。又以下這樣的場景，是在《濟顛語錄》或《醉菩提全傳》裡看不見的：

> 說說鎮南方五方太歲孫奎得報，現有官兵前來攻打臥牛磯。孫奎立刻吩咐手下水鬼嘍兵調齊了隊伍，麻洋戰船五十只一字排開，旗旛招展，號帶飄揚。當中一杆大旗三丈三高，葫蘆金頂，火雁掐邊，蜈蚣走穗，墜腳銅鈴被風一擺，嘩楞楞亂響，白緞子旗上面有黑字，寫著「三軍司命」，當中斗大的一個「孫」字，背面一個「帥」字。孫奎手掔三截鉤連槍，

> 頭帶分水魚皮帽，日月蓮子箍，水衣水靠，油綢子連腳褲，
> 香河魚皮岔。面如紫玉，紫中透紅，粗眉大眼，海下一部花
> 白鬍鬚扇滿胸前，真是威風凜凜，相貌堂堂。對面官兵船只
> 隊伍整齊，正當中一杆大旗，上面一個「陸」字。上手裡是
> 知府顧國章，下手裡是一個窮和尚。（《後傳》第七十三回，
> 頁 778）

濟公在《評演濟公傳》中為官府衝鋒陷陣，掃蕩賊寇的新形象背後，
似乎也無可避免的捲入鞏固封建皇權的思想中。濟公的徒弟陳亮在對
付一群妖道時說：

> 你等這些無知的叛逆，真是執迷不悟，大宋國自定鼎以來，
> 君王有道家家樂，天地無私處處同。你等都是大宋國的子民，
> 不思務本分，聽信妖道謠言惑眾，聚黨成群，叛反國家，皇
> 上家省刑罰，薄稅斂，五穀豐登，萬民樂業，君正臣忠，那
> 一樣虧負了你們？無故你等殺害生靈，荼毒百姓，上招天怒，
> 下招人怨，亂臣賊子，人人得而誅之。你豈不知，一日為賊
> 終身是寇？上為賊父賊母，下為賊子賊妻，被在官應役拿住，
> 刨墳三代，禍滅九族，死後落個罵名千載。你等要知時達務，
> 趁此率眾跪倒，認罪服輸，本處知府大人有一分好生之德，
> 還許饒爾不死，如要強欲抗橫，諒慈雲觀也無非彈丸之地，
> 爾手下統帶不過蟻群蚊團，烏合之眾，架不住嬰兒投石！現
> 在都監、知府帶領天兵一到，爾趁此投降免死。（《後傳》第
> 七十三回，頁 779）

這一段雖然講的是「大宋國」，但「擁護朝廷」實際上卻是歷來許多
小說家所共有的基本心態。

（三）編撰瑕疵

　　為了同中求異，或不同的刊行計劃，許多書局在印行本傳時，常會自行加入不同的「前言」、「後語」或增減回數。例如上海江左書林石印本《前傳》的結尾作：

> 這斷節目，二下小月屯捉妖，緊接濟公探娘舅，白水湖捉妖，巧斷金扇，智取攝魂瓶，巧殺妖道，甥舅相認，修緣公子朝寶悅，知覺羅漢會崑崙，法門老仙翁，神鬼鬧王宅，報應花花太歲，白狗鬧洞房。諸多節目，未成全完。請諸看書君子略等數日，等續集出版，以供同好之樂。（第一百二十回，頁488）

《後傳》第一回開頭作：

> 前部《濟公傳》未能全完，皆因工本浩大，獨力難成。今本坊不惜重資，購求全部刊刻，以圖全豹。此書正人心，化風俗，講循環果報，書中之題名曰「天理人情，因果報應」，這八字內，有勸世要言。前部至雙義樓打死姚荒山，史丹訛人，緊接上部。（頁489）

結尾又作：

> 這段節目後，還有二探舅娘、度蓮花羅漢、趙斌葬母、接靈回鄉、頭探小西天、群雄聚會、大鬧落鳳池、黑狼山九傑八雄出世、八魔炸開子午風雷洞、二次煉濟公、五雲祖下山怒擺群妖五雲陣、五鬼盜銀瓶、十鬼鬥揚州、九僧八道擒韓電、八鬼鬥臨安，諸多節目，未能全完。此書因工本浩大，不能

全刻。以待再續，不日出版，以為同好者得窺全豹，有始有
終，合成全部。」（頁970）

而上海廣益書局石印本《前傳》的結尾只作：「不知後事如何，且看
下回分解。」（頁586）《後傳》開頭也簡單作：「前部至……緊接上
部。話說……」（頁1），但在二百四十回後，卻再補上續部前二回，
並在結尾註道：「自此之後，眾人星散，濟公亦不再出現，濟公傳到
此結束。」（《後傳》，頁568）上海天寶書局發行的《繪圖濟公傳後
集》的結尾則云：「濟公後來遊了五湖四海五岳，訪天下高僧高道，
坐化在報花寺，留下真肉胎，直到如今，古跡猶存。有好事者，在那
神像邊題匾額一塊，是真是幻，真乃千古佳話。」[74]這些編輯說明反
映了濟公小說在出版印刷時出版商各行其事，任意增刪，甚至誇大出
版內容的現象。

　　濟公小說發展到了《評演濟公傳》時，其人物、內容、篇幅及風
格等方面，已有很大的轉變，《前傳》、《後傳》共二百四十回冗長的
情節裡，就不免出現鬆脫散漫之處，其寫法大致以故事套故事，用「書
中交待」一語倒敘前因，從頭說起，手法千篇一律，如此一來便難稱
傑出之作；而更嚴重的是有好幾處的回目和內容不符，例如《前傳》
第九十五回作：「三英雄避雨金家莊」，而實際內容則出現在第九十四
回中。九十四回作：「弟兄送信馬家湖」，情節則出現在第九十五回。
而第九十九回的回目：「董士元欺心求聖僧、孔烈女被逼投古井」，應
移到第九十八回才能吻合內容。又《後傳》第四回作：「奉父諭主僕
離故土、表兄弟對面不相識」，其實相關的情節在第三回。第五回作：

---

[74]　此本現藏國家圖書館，線裝，四冊，每冊三十回。

「撿人頭主僕遭官司、救表兄夢中見縣主」，其情節則在第四回。以上這些都是《評演濟公傳》在編輯上顯見的缺點。

　　平心而論，《評演濟公傳》自不能算是小說中的佳作，如就人物性格而言，便有人認為濟公在《評演濟公傳》中的表現不盡完美，其形象到了廿四回中，做了南宋大奸臣秦檜兒子秦喜的替身僧後，從思想到行為都成了一個與前截然不同的和尚了。由一個嘲笑揶揄達官貴人的窮和尚，一變而為趨炎附勢，摧眉折腰侍奉權貴的僧侶，簡直就是一個惡僧的形象。[75]諸如此類的瑕疵，尚有如《前傳》第九十九回濟公在鐵佛寺用定神法定住十六個賊人，馬俊前來向濟公行禮表達感激時，濟公卻說：「不用行禮，你們先把這些賊人殺了，不殺也是後患。留幾個別殺，我是帶著有常山縣的班頭，留幾個活口交到常山縣去完案。」（頁 400）此時的濟公，已完全不見慈悲本色，令人不寒而慄。凡此正可以說明通俗小說在創作上的粗陋不夠嚴謹，以及書中的人物形象常會隨諸成書者世界觀的不同而有所改變。縱使如此，這本小說對濟公故事的發展以及促成濟公登上民間信仰中的神格地位，有重大的影響。

二、續書及二百八十回《濟公傳》

　　小說的續書在明清小說史上是一個常見的現象，四大奇書和許多名著都有續集。續書的定義如何，高玉海以為「無論廣義續書說，還是狹義續書說，我們主要是看作品是否與原著的人物具有某種聯系，

---

[75]　汪德羲：〈從濟公傳看由民間文學成為文人作品的變化〉，《明清小說研究》1989年第 1 期，頁 45。

故事情節是否對原著有所發展和補充，這是衡量一個作是否為原著續書的根本標準」[76]。至於小說續書發展的歷史，高氏也有簡要的說明：

> 我們不妨把《七國春秋》前後集、《花關索全傳》前後集等看作小說續書的雛形。真正的出於為原著或前書的接續目的創作的小說續書是在那些影響較大的名著問世以後才產生的，也就是在《三國演義》、《水滸傳》等相繼刊刻行世，並產生了強烈的社會反響之後，才引起效顰者的紛紛學步，他們或續或仿，才使得為名著寫續書形成了風氣並不斷擴大規模、蔚為大觀。[77]

明清小說的續書風潮，各有其發展的歷史、社會背景以及個別的寫作目的。而濟公小說續書的形成，筆者總其原因以為有以下幾點：（一）和寫作的心態有關。清劉廷璣在說明續書現象時曾說：「近來詞客稗官家，每見前人有書盛行於世，即襲其名，著為後書副之，取其易行，競成習套。」[78]這「取其易行」就是趁著原著已有的名氣繼續寫作下去，便可以很快的吸引老讀者的注意，況且有關濟公的小說早從明代就已出現，因此假濟公在民間之盛名，其小說應該很容易就引起讀者的注意。（二）就濟公傳的續書內容來看，則和晚清時期的清官俠義小說發展有密切的關係。阿英曾引述晚清石庵在其《懺空室隨筆》中對這種出版風氣不滿的批評：

76　《明清小說續書研究》（北京：中國社會科學出版社，2004年），頁5。

77　同前註，頁13。

78　《在園雜志》，卷三，頁146，收錄於沈雲龍主編：《近代中國史料叢刊》（台北：文海出版社，1969年），第三十八輯。

> 自《七俠五義》一書出現後，世之效顰學步者不下百十種，《小
> 五義》也、《續小五義》也，再續、三續、四續《小五義》也。
> 更有《施公案》、《彭公案》、《濟公》、《海公案》，亦再續、重
> 續、三續、四續之不止。此外復有所謂《七劍十三俠》、《永
> 慶生平》、《鐵仙外史》，皆屬一鼻子出氣。尤可惡者，諸書之
> 外有一《續兒女英雄》，亦滿紙賊盜捕快，你偷我拿，鬧嚷喧
> 天，每閱一卷，必令人作嘔三日。[79]

或許這些續書創作的品質都並不高，但卻反映出版和讀者特殊的需
求。晚清時期出現大量的俠義公案小說，尤其自光緒十六年《三俠五
義》的續書《小五義》出版後，清官俠義小說的續書，便勢不可遏的
盛行起來，如有十續的《施公案》、三十六續的《彭公案》、二十續的
《七俠五義》、十二續的《兒女英雄傳》、八續的《三俠劍清烈傳》等，
而濟公傳的續書就是這波出版盛況下的產物。（三）和民間的說書活
動有關。書場裡說書，日復一日，大處可東拉西扯，漫衍情節，臧否
時事，以及細處可以周旋原文，表情細密的說故事方式，對於小說章
回的繁衍，具有強大的推動力量，《施公案》、《七俠五義》、《說唐演
義》等小說不斷的出現續寫，也都和說書有密切的關係。（四）受到
出版銷售的刺激。雖然書商會以「此書正人心，化風俗，循環果報」
之名，標榜「勸世要言」，乃「不惜重價，購求全部」為其出版目
的，[80]但實際上，廣大市場的需要才是持續出書最重要的原因。

　　繼《評演濟公傳》之後，濟公小說出現了蓬勃繁衍的局面。至民
國初年為止，此一系列小說共計發展出四十集，一千七百餘回的驚人

---

[79]　《晚清文學叢鈔‧小說戲曲研究卷》（北京：中華書局，1960 年），頁 443。
[80]　王夢吉等撰、楊宗瑩校訂、繆天華校閱：《濟公傳》（台北：三民書局，1983
　　　年），頁 841。

數量，在小說史上堪稱奇觀。[81]這些續書的作者多半待考，恐非一人一時之作，早期亦非由一家書局出版。如此洋洋鉅著，大陸吉林文史出版社曾於 1991 年，以十六冊將《評演再續濟公傳》以下各書，外加《顛師語錄》和蒙文的濟公傳印全，[82]浙江古籍出版社也曾印行這些續書，共六集十二冊。

綜觀濟公小說的續集，是採「順續」的方式成書。所謂順續，即是續書根據前書的結局發展下去，讓相關的人物繼續活動，情節也跟著推演前進，而通常在順續時，前書的結尾會出現預告續書的情節大綱，一方面既有製造懸念的效果，同時也達到廣告的作用。如五續的結尾裡作：

> 但我續這五集，下手便是造大成廟，到得此時，可算大成廟才將成功，還有倒塌屋頂，罰金仁鼎二十萬贓銀，都還未曾說完。看官不免怪鄙人做書筆下太慢了些，須知修大成廟三月之久，從中出了多少岔事，鄙人不能不一一敘清。不但大成廟之事不曾說畢，就是韓毓英同楊魁當殿比武，太后賜婚，還有許多挂漏，也只得在續六傳慢慢再說了。[83]

又如第十一續的結尾作：

---

81 根據四十續結尾所述：「後來王得勝如何暗謀和尚，和尚怎樣作法，給王得勝一個眼前報應，以及胡知縣夢中托兆。濟公怎樣一個辦法，知縣是否悔改，種種熱鬧節目，均在下集詳明。」可見當初濟公傳的出版計畫裡，在四十集後應該還有續書。見《五續濟公傳》（下）（杭州：浙江古籍出版社，1991 年），頁 721。

82 每冊皆另外命名，如再續至第五續合名為《頑世奇觀》，第六續至第八續為《顛陀迷史》，第九續至第十一續為《魔影仙蹤》等等。1997 年再版此書時，並未將《顛師語錄》和蒙文的濟公傳列入。

83 《頑世奇觀》，收錄於《中國神怪小說大系・濟公全書卷》，第 3 冊，頁 663。

這十一續書中，因限於篇幅不能再續，且看十二續書中自然
明白。至於十一續書中，尚有八怪鬧揚州、九尾狐現形，以
及濟公遇水怪大戰鄱陽湖、二徒弟西山見奇獸、濟公箱中見
才子、明僧釜底遇佳人，及汪大山、竇子仁兩人復還形，郭
師爺娶了李瑞芬如何結果，都在十二續書中表明。比了前數
續，更覺得奇奇怪怪，分外可觀，且聽下回分解。[84]

所謂「從中出了多少岔事」、「不曾說畢」、「還有許多挂漏」，以及「前
集尚未了斷的故事將在下集中說明，且更奇奇怪怪，分外可觀」等，
這些都是濟公小說續書的寫作方法。這樣隨興又漫無止盡的結果，終
於使濟公小說續書的品質和許多其他俠義、公案及歷史演義的續集一
樣，都難稱佳作。高玉海對清末清官斷案和英雄俠義小說的續書，有
如下的總評：

> 這些續作者大都是書坊主人或落魄文人，他們為迎合普通市
> 民讀者的趣味粗製濫造，大量摹擬原著，使續書更加缺少藝
> 術上的創新，用「亦步亦趨」來形容這些續書的摹擬手法是
> 毫不誇張的。如《說唐全傳》、《三俠五義》、《施公案》、《濟
> 公傳》等小說的續作，差不多只是原著人物和情節的再現，
> 英雄俠義則千人一面；清官斷案則千篇一律，續書間的情節
> 彼此移植、人物承襲現象尤其普遍。[85]

「千人一面」、「千篇一律」、「情節彼此移植」、「人物承襲」，這些都
是續書普遍的現象，因此濟公小說的續書雖多，但其內容不外是《評
演濟公傳》的再版而已，小說聊資娛遣的功用遠超過其藝術價值。

---

[84] 《魔影仙蹤》，收錄於《中國神怪小說大系・濟公全書卷》，第 5 冊，頁 654。
[85] 《明清小說續書研究》（北京：中國社會科學出版社，2004 年），頁 70。

在諸多續書中，另有一本只有二百八十回的《濟公傳》[86]，是目前最常見的一種。此書前二百四十回其實就是《評演濟公傳》的前、後部，後面再接《再續濟公傳》的前四十回而成。由於它拼湊的痕跡太過明顯，使得結構變得非常粗糙。[87]尤其更可議的是，後四十回幾乎完全不見濟公的身影，直到書末才草草出現一段文字：

> 雷陳一行往臨安請得濟公，後來會齊官軍，圍剿小西天，大破薰香會，楊明等裡應外合，不消幾日，大功告成。一把火燒了小西天匪窟，各連破各地分窟。掃蕩清淨，國泰民安，眾英雄也都有陞賞。正是：多難多險，幸喜大憝伏法；為國為民，共拜活佛靈光。[88]

楊宗瀅在校訂此本《濟公傳》時，對於後四十回的內容有如下的看法：

---

[86] 此本署名王夢吉等撰、楊宗瀅校訂、繆天華校閱。台北：三民書局，1983 年。

[87] 此書在二百四十回末段未完的情節裡，竟然插入「這段節目後還有二探娘舅、遠蓮花羅漢、趙斌葬母、接靈回鄉、頭探小四天……諸多節目未能全完。此書因工本浩大，不能全刻，以待再續，不日再版，以為同好者得窺全豹，有始有終，合成全部。」此段文字原本出現在《評演濟公傳》後部結尾，以預告未來續書的內容。又在同書第二百四十一回的開頭註道：「話說續部《濟公傳》未能續完，皆因工本浩大，獨力難成。故本局不惜重價，購求全部，以窺全豹。此書正人心，化風俗，循環果報。書中之題名曰：「天理昭彰，陰陽果報」，這八字內，有勸世要言。」此段文字，原本是出現在《評演濟公傳》後部第一回的開頭語，交待此書刊行的目的。筆者以為二百八十回本的《濟公傳》如要章回連貫，應當刪除這些在分冊時才會看到的說明文字。

[88] 雖說二百八十回本的《濟公傳》後面四十回是接《再續濟公傳》而成，但此段文字卻不見《再續濟公傳》第四十回。筆者推測當是二百八十回本的《濟公傳》為了結束故事才自行另外補上結尾，不過也因此無法完全吻合它在第二百四十回最後一段對後面情節的預告，如「這段節目後，還有二探娘舅、度蓮花羅漢、趙斌葬母……。」云云。

二百八十回中，續後四十回的作者，無論想像力、才華，比起二百四十回的作者，相差甚遠。在第二百四十回末尾，有一段預告，而續篇並沒有照預告來發展。第二百四十一回鬥蟋蟀的故事，與前面二百二十七回雷同，只是人物姓名不同罷了。後四十回中所寫攻取小西天的事，全是打打殺殺的故事，濟公不再是主角，其間濟公雖出場露了一下，而趣味全無。悟禪也變了樣，不再活靈活現。悟緣甚至讓妖怪一劍把頭砍下來，大家打來打去，最後故事草草結束。前二百四十回中，沒有淫穢的故事，而後四十回中，卻有幾段極為猥褻的描寫。所以不論就行文、故事、風格、趣味各方面來比較，後四十回都不如前二百四十回寫得好。[89]

一般而言，中國傳統章回小說極具編湊之能事，筆下乾坤翻天覆地，因此狗尾續貂者比比皆是，自不在意創作的藝術要求。楊氏所論，實為一普遍的現象，二百八十回本的《濟公傳》只是其中一例而已。

　　濟公小說自明穆宗隆慶三年的《濟顛語錄》出現以來，歷經三百多年的發展，其大變之勢可分為二：前期以《濟顛語錄》之系列為主，清光緒後則《評演濟公傳》儼然有取代之勢。兩者在發展地區、內容性質和角色性格上都有很大的差異，濟公能夠長駐在民眾心中，並發展出各種不同的事象和活動，都有賴於這些小說；或者我們也可以這麼說，如果要瞭解濟公文化的形貌和意義，就必須先從這些作品入手，分辨其發展的脈絡和彼此間的差距，才能更清楚而完整的掌握有關濟公各種問題的研究。

89　楊宗瀅：〈濟公傳考證〉，《濟公傳》（台北：三民書局，1983 年）。

第四章　濟公表演藝術

　　民間敘事文學的發展，常起源於神話或地方傳說，在經歷民間口耳相傳和作家創作的階段之後，便常會登上舞台出現在各種不同性質的表演活動裡，以另一種立體的姿態呈現於世人面前，這不啻於說明故事本身在敘事藝術的演進上，已經蓄積了一定的張力，達到成熟的地步。濟公故事在表演藝術上，有亮眼的記錄，足以和小說相提並論。本章中，筆者將檢視明清以來不同表演藝術中的濟公節目。其中含蓋的種類包括傳統戲劇如崑劇、京劇、歌仔戲，以及各種說唱藝術和電視劇、電影。由於豐富的視聽表現、多變的情節內容以及深入的表演技巧等特點，使其創造出和小說閱讀迥然不同的美感情境，同時也豐富了濟公故事的文化和藝術內涵。

第一節　崑劇

　　由於濟公故事發展的地緣及時代關係，其戲劇的演出以崑劇為最早，目前我們可以見到保存最完整的是張大復的《醉菩提》傳奇。張大復原有二人，分別為「崑山」人和「吳縣」人。《醉菩提》傳奇的作者為吳縣的張大復。張氏一生事多不可考，據莊一拂稱：

> 張彝宣，一名大復，字心期。一字星其。江蘇吳縣人。約清
> 順治末前後在世。居閶門外寒山寺，自號寒山子。名其室曰
> 寒山堂。精通音律，好填詞，不治生產，性淳樸，亦頗知釋
> 典。著有《寒山堂南曲譜》，考訂最精。與鈕少雅《南曲九宮

正始》並稱，世號「鈕張」。《新傳奇品》稱其詞如「去病用兵，暗合孫武」。[1]

除知張氏為清順治末前後在世的蘇州派作家外，後人對其一生所知有限。至於其劇作，各家著錄的數量也不盡相同，徐信義曾列表彙整比較各本曲錄的差異，[2]而今可見的劇作，有《古本戲曲叢刊》及《全明傳奇續編》中所收錄的十一本，如《如是觀》、《天下樂》等。其劇作以表現蘇州、杭州一帶的民風、民俗為主要特色，超越明末一般文人傳奇中才子佳人悲歡離合的慣見題材，在當時的劇壇上獨樹一幟。[3]本傳奇的版本現有：鄭振鐸藏清鈔本（以下簡稱「鄭本」）[4]、懷甯曹氏所藏鈔本（以下簡稱「曹本」）、傅惜華所藏鈔本（以下簡稱「傅本」）、齊如山所藏鈔本（以下簡稱「齊本」）、北京圖書館藏清雍正年間殘鈔本（以下簡稱「北圖本」），及台北故宮所藏一卷十九齣的殘鈔本（以下簡稱「故宮本」）。以下筆者就此劇本的內容、曲集的選錄、情節比較及演出概況等方面做一說明。

[1] 《古典戲曲存目彙考》（中）（台北：木鐸出版社，1986 年），卷十一，頁 1219。

[2] 〈論張大復《醉菩提》傳奇〉，收錄於《第三屆通俗文學與雅正文學全國學術研討會論文集》（台中：中興大學中國文學系，2002 年），頁 416-417。

[3] 周筆平：〈校點說明〉，《醉菩提》，頁 1，收錄於《明清傳奇選刊》（北京：中華書局，1996 年）。

[4] 《古本戲曲叢刊》（上海：文學古籍出版社，1957 年）第三集，第十函，及朱傳譽主編：《全明傳奇續編 59》（台北：天一出版社，1996 年）所錄者皆為此本。

一、劇本內容[5]

本傳奇分上下兩卷共三十一齣。上卷齣目及內容如下：

第一齣　家門（故宮本作〈開宗〉）：說明本傳奇乃藉濟公故事，
　　　　說因緣果報。[6]

第二齣　親敘（齊本作〈頌詔〉、故宮本作〈敘親〉）：演毛子實
　　　　邀約表弟李修元及沈提點敘舊，談起奏請太后要到靈隱
　　　　寺剃度一僧。

第三齣　爭護（故宮本作〈神鬧〉）：演韋馱護法領靈隱寺、淨慈
　　　　寺當山的土地神，同迎金身羅漢。

第四齣　遊春：演沈提點和李修元春遊，結識名妓月英、蘭英。
　　　　蘭英對修元有好感，為第廿一齣〈醒妓〉留下伏筆。

第五齣　講經（故宮本作〈說法〉）：演修元參得靈隱寺住持遠豁
　　　　堂半偈，準備三更入室受教。

第六齣　披剃：演李修元拜和尚為師，出家修行，法號「道濟」。

第七齣　驚訝（故宮本作〈認僧〉）：演毛子實得知欲披剃的僧人
　　　　竟為表弟修元時，心如刀割，甚至想奏請太后，重處和
　　　　尚的哄騙。

第八齣　付篦：演住持付監寺竹篦，授意如果道濟打坐瞌睡便打。

第九齣　打坐（故宮本作〈參禪〉）：演道濟打坐昏睡，多次跌下
　　　　座來，並且抱怨吃素持齋，無酒無肴，日子甚是難熬。

5　本文採用的《醉菩提》是由周篳平以鄭本為底本，再參考曹本、傳本、齊本
　　及北圖本等校點而成的版本，收錄於《明清傳奇選刊》（北京：中華書局，1996
　　年）。後文徵引本書時於引文後直接註明頁數，不再另行加註。

6　台北故宮所藏殘鈔本在此前尚有一齣名為〈憫世〉者，內容演釋迦文佛為「多
　　方施濟度，隨地發慈悲，喚醒那世間人」，派遣金身羅漢下凡，投胎官室，混
　　迹僧寮，以行普濟之功。

第十齣　湖宴（故宮本作〈解懷〉）：演毛子實因修元出家心中悶悶不樂，遂與官爺飲酒遣懷，中途遇僧化緣，毛子實竟遷怒痛斥「假稱佛子騙錢財」。

第十一齣　吃齋（故宮本作〈悟道〉）：演道濟和住持共餐，發現老和尚原來也無葷菜酒肉。進食間師徒二人機鋒不斷，推打之間，道濟悟道。

第十二齣　倩懷（故宮本作〈述剃〉）：演蘭英多日不見修元，萬般思念，姐妹得知他出家後，不勝淒慘。

第十三齣　伏虎（故宮本作〈假癲〉）：演道濟顛狂，在飛來峰與白猿戲耍，遇虎伏之。遠豁堂前往開示他要「仗三寶力立些功德」，並指點他淨慈寺要興大工，可前去做些功德。

第十四齣　冥勾（北圖本、故宮本皆作〈病歎〉）：演毛子實抑鬱成疾，不省人事，道濟佯稱學會起死回生之術，騙得酒喝。

第十五齣　魂遊（齊本、北圖本、故宮本皆作〈遊冥〉）：演毛子實因晚年退了道心，打僧罵道，下到地府接受治罪，夢裏驚魂，後經道濟相救得還陽世。

第十六齣　遇溜（齊本作〈得促〉、故宮本作〈幻化〉）：演做小生意的王溜兒，經道濟指點在塚堆間捉得一隻促織。

下卷為：

第十七齣　得寶（故宮本作〈覓蟲〉）：演杭州幫閒子弟為宋公公向王溜兒高價買得促織。

第十八齣　鬥蟀（故宮本作〈觀鬥〉）：演太后觀鬥蟋蟀之事，並賜名宋公公得勝的蟋蟀為王彥章將軍。

第十九齣　度蟲：演道濟渡化蟋蟀將軍，現出青衣童子。

第　廿　齣　　秋思：演月英對李修元仍暮泣朝思，感歎「奴雖年幼，
　　　　　　　閱歷過許多繁華。無數公子王孫，笙歌畫舫，不異浮
　　　　　　　雲過眼耳」。

第廿一齣　　醒妓：演道濟禪心似鐵，不為女色所迷，反倒渡月英
　　　　　　　脫離苦海。

第廿二齣　　亂禪：演遠豁堂和尚圓寂後，道濟不守清規變本加
　　　　　　　厲，眾僧怪罪，昌長老言「佛門廣大，怎容不得一
　　　　　　　個顛僧」，並借機推薦他到淨慈寺，完成修建殿寺的
　　　　　　　功德。

第廿三齣　　天打（傅本作〈天嗔〉）：演道濟和尚拯救前世孽重的
　　　　　　　孝子，免遭雷劈。

第廿四齣　　教歌：演一群叫化子學唱醒世歌，以備乞討時用。

第廿五齣　　當酒：演和尚雪天上酒店，典當衣物討酒喝。

第廿六齣　　散絹：演和尚將宋公公佈施的寶鈔絹紗發送給群丐。

第廿七齣　　托募：演道濟要求長老請酒喝，便願意募化修建殿寺
　　　　　　　所需。

第廿八齣　　夢化：演太后夢見金身羅漢前來募化。

第廿九齣　　進香：演太后到淨慈寺降香，尋見夢中僧人，道濟被
　　　　　　　識破神通後，在羅漢香桌上盤膝坐化，並留下一紙遺
　　　　　　　世頌。

第三十齣　　寄迹：演道濟圓寂後，在蘭英、月英面前顯化。

第三十一齣　佛圓：演道濟火化後現羅漢金身，述說眾人的罪孽
　　　　　　　因果，並示人當及早修行同登西方。

以上是《醉菩提》傳奇各齣所演的內容。張氏此作的旨意，據〈家門〉
中言道：

> 今日謅說濟公禪師玩世因緣，聊借氍毹以為說法。眼前大眾，試聽因緣，便知果報。（頁1）

這所謂因緣果報，在第三十一齣〈佛圓〉裏，濟公對劇中每個人的今生前世都做了一番交待，最後結以：

> 早精修，能相見，回首西方路不遠，這一答七寶金蓮，那一答給孤只園。大眾行善者，道濟問訊了。（眾）阿彌陀佛。（生）留心聽我言，為人要忠孝當先，還要積德行善，包你西方只在眼兒前。（頁107）

由此可見，本劇作乃試圖透過聖僧說法，藉以宣揚佛家思想，勸導眾生為善，早日脫離苦海，這和日後以武戲為主的京劇濟公節目有很大的差別。

至於此本傳奇和《醉菩提全傳》小說間的關係，過去曾有幾種不同的說法，最早孫楷第曾言：

> 至通行之《醉菩提》二十回，署「天花藏主人編次」者，所演與張心其之《醉菩提》傳奇同，與《西湖佳話》之《南屏醉迹》小說亦大同小異，乃自為一本。[7]

柳存仁則指出：

> 《醉菩提全傳》在故事上是無法超脫上述各種著作的間接影響的，但直接的取資，卻很可能是張大復的《醉菩提》傳奇。

7　《日本東京所見小說書目》（台北：鳳凰出版社，1974年），卷四，明清部三，頁70。

　　　　題目的相同固是一端，張心其的時代，比我們考證之下的天
　　　　花藏主人早。[8]

不過上述二人之說，在比對內容及瞭解柳氏藉以立說的是崑山的張大
復後，便無法成立。李進益在比較內容上，以為濟顛和毛太尉、沈提
點有親戚關係，和小說中所說只是朋友交情的說法不同，以為小說和
傳奇之間，兩者除了題目相同以外，當是各有所本。[9]不過，對照《醉
菩提》傳奇和《濟顛語錄》在部份情節和用語兩方面，則知傳奇當從
《濟顛語錄》而出。[10]周純一也大約持同樣的看法。周氏以為，《醉菩
提》傳奇故事的骨幹與話本是同一個系統，是張大復根據說話人資料
而重新創作的作品，但因劇場需要更大的表演彈性，因此《醉菩提》
傳奇所呈現的是「創作戲劇」的精神，觀者不必計較小說與戲曲內容
的差異，只要作者滿意，觀眾歡迎，人物情節或有更動，都是劇作家
講究演出效果的考量。[11]

二、曲集的選錄

　　上述《醉菩提》劇中一些精彩的齣目，其後亦見錄於不同的曲集，
筆者將這些資料分陳於後：

---

[8]　《倫敦所見中國小說書目提要》（台北：鳳凰出版社，1974 年），頁 222。

[9]　李進益：〈關於《醉菩提全傳》的幾個問題〉，收錄於國立清華大學人文社會
　　學院中國語文學系所主編的《小說戲曲研究》（台北：聯經出版事業公司，1990
　　年），第 3 集，頁 117。

[10]　徐信義：〈論張大復《醉菩提》傳奇〉，收錄於《第三屆通俗文學與雅正文學
　　全國學術研討會論文集》（台中：中興大學中國文學系，2001 年），頁 409-442。

[11]　周純一：〈濟公形象之完成及其社會意義〉，《漢學通訊》第 8 卷第 1 期（1990
　　年 6 月），頁 547-549。

（一）《綴白裘》

此書初集為玩花主人編選，後錢德蒼增輯共為十二集，於清乾隆年間完成。其中共選錄四二九齣戲，為所見選本中數量最多者，由於此書不為唱曲者而作，所以全書不注音譜，曲白俱全。其收錄《醉菩提》中的曲目計有〈付篰〉、〈打坐〉、〈石洞〉（即〈伏虎〉）、〈醒妓〉、〈天打〉五齣。[12]

（二）《納書楹曲譜》

此書為長洲葉堂編選，清乾隆五十七年（1792）刊本。內容僅載曲文，不錄賓白，皆為當時最流行的劇目曲文，並附有音譜，審訂極為精密，可供唱曲者之用。全書凡分三部份，一是四夢全譜，二為佳妙及當時最流行的曲文，三為補選。至於其中所收錄的《醉菩提》曲文有〈打坐〉、〈伏虎〉、〈醒妓〉、〈換酒〉（即〈當酒〉）、〈佛圓〉等齣。[13]

（三）霓裳文藝全譜

此譜為平江太原氏王慶華所編，清光緒廿二年（1896）出版。其中收錄十種傳奇中的摺子戲四十七齣，內文詳載宮譜科白以及鑼段。其所收錄《醉菩提》的齣目有〈伏虎〉、〈嗔救〉。[14]

（四）《集成曲譜》

此書由王季烈、劉富梁同編。本書所選劇目達四百餘折，都是當時膾炙人口的名劇。據編輯凡例言，該本選戲劇采曲律詞章兼善，訂

---

[12] 汪協如校：《綴白裘》（台北：台灣中華書局，1955年），十集，卷一，頁22-50。

[13] 《納書楹曲譜》（四），外集，卷二，頁1489-1520，收錄於王秋桂主編：《善本戲曲叢刊》（台北：台灣學生書局，1984年）第六輯。

[14] 吳新雷主編：《中國崑劇大辭典》（南京：南京大學出版社，2002年），頁900。

宮譜則求古律俗耳並宜者，且曲文曲牌都經過悉心訂正；同時為便於初學，寧詳毋略，寧淺無深，小眼賓白無不一一詳載，鑼段笛色也無不注明；至於北曲入聲字應協某音，及冷僻之字易於誤讀者，都一一的記注在書眉間。其中所錄《醉菩提》的齣目計有〈打坐〉、〈伏虎〉、〈醒妓〉、〈當酒〉、〈嗔救〉（即〈天打〉）、〈佛圓〉等。[15]

（五）《與眾曲譜》

此書為王季烈編輯，所選的曲目只有〈伏虎〉、〈當酒〉兩齣，除曲白俱全外，並注有音譜。[16]

（六）《清車王府藏曲本》

由於《清車王府藏曲本》所收錄的曲本內容非常豐富，王季思以為其文獻價值可與全唐詩、全宋詞媲美；甚至其出現可與安陽甲骨、敦煌文書並提。[17]《清車王府藏曲本》中所收藏的戲曲種類包括崑曲、亂彈、弋陽腔、吹腔、西腔、秦腔等，而曲藝則包括鼓詞、子弟書、雜曲等。其中收錄《醉菩提》的有抄本〈醒妓〉一齣。[18]

（七）《集樂軒‧楊夢雄抄本》

此為北管音樂戲曲的抄本，原件現藏彰化縣文化局的「南北管音樂戲曲館」。此本收有〈伏虎〉一曲，其詞為：

---

[15]　《集成曲譜》（金集）（上海：商務印書館，1931 年），卷八，頁 44-84。

[16]　《與眾曲譜》（台北：台灣商務印書館，1977 年），卷六，頁 17-44。

[17]　〈原《清車王府藏曲本》序〉，《清車王府藏曲本》（北京：學苑出版社，2001 年），頁 11。

[18]　被列為宋代故事戲，收錄在第 13 冊，頁 369-372。

> 見一個大肝，一個老爺，前來請我和尚。你是一個幹辦，我
> 是個和尚，才來請我顛和尚。我的不笑殺人言也麼哥，我的
> 不笑殺人言也麼哥。俺只見鐵菩薩手執一把楊柳枝。[19]

從內容來看，是據《醉菩提》傳奇第十三齣〈伏虎〉中「叨叨令」修
改而成。[20]

　　范揚坤對此曲文有如下的說明：

> 〈伏虎〉，北管細曲類崑腔曲目……。所錄曲譜前段以曲詞、
> 板式為主，部分樂句有曲調譜字補充記錄。曲文起句「見一
> 個大哥、一側老爹」以及末句「俺只見鐵菩薩，手執一把楊柳
> 枝」兩句，只錄曲詞，不錄板眼，可知兩處應為散板唱句。[21]

北管中的細曲是一種以絲竹樂器伴奏的歌唱類音樂，曲調綿長，需要
高度的歌唱技巧。此曲本成輯的時間，范揚坤據封面有「大正十二年」
字樣推斷當在 1923 年間。[22]〈伏虎〉一曲內容極為簡短，原為教學練
習或實際演出已不得而知。

　　除各種曲集的選錄外，中央研究院歷史語言研究所收藏的戲劇類
崑曲抄本中，亦見〈伏虎道濟〉、〈伏虎幹辦〉、〈醒妓〉（一）、〈醒妓〉

19　范揚坤編著：《集樂軒‧楊夢雄抄本》（彰化：彰化縣文化局，2005 年），
　　頁 149。
20　原曲文作：「見一個大哥，一個老爹，前來看我顛和尚。誰人是相公，誰人是
　　解元，休來問我顛和尚。誰人是太尉，誰人是老爹，差來問我顛和尚。你是
　　個幹辦，你是個虞侯，休來惱我顛和尚。兀的不笑煞人也麼哥。兀的不苦煞
　　人也麼哥。我是個鐵菩薩，理合住在石方丈。」頁 39。
21　〈抄本解說與例釋〉，《集樂軒‧楊夢雄抄本》（彰化：彰化縣文化局，2005
　　年），頁 294。
22　同前註，頁 271。

（二）、〈醒妓〉（三）、〈天打〉、〈佛圓〉等齣，有些尚附有工尺譜。[23]
綜合上述資料來看，濟公故事經常上演的齣目計有〈打坐〉、〈伏虎〉、
〈醒妓〉、〈天打〉、〈換酒〉、〈佛圓〉等。傳統戲曲的審美條件，如唱
腔和身段表演往往要比故事內容更為重要，當年舞台上演員的流風遺
韻如今雖已無法再現，但我們從曲集中「可供唱曲者之用」、「為佳妙
及當時最流行的曲文」、「曲律詞章兼善」的選擇標準來看，這些齣目
應該非常受到觀眾的喜愛。

三、情節比較

固然《醉菩提》傳奇故事的骨幹是出於《濟顛語錄》系統的小說，
但此本仍有許多情節獨出機杼，深富創意。筆者將這些段落整理、比
較說明於後。

在出家的背景上，本傳奇另有新編，和《濟顛語錄》系統小說的
寫法不同。《濟顛語錄》系統小說中，李修元出家是得到國清寺長老
的指示，其後修元又在一次開剃僧人的場合中，表達出佛緣慧根，最
後是在父母雙亡之下才投奔靈隱寺出家。而《醉菩提》傳奇中，是道
濟的表兄毛子實，隨駕南遷，有感佛恩保全家國，因此立誓要披剃一
僧，以留住色身繼續報國。後來沒想到，竟然是道濟參得靈隱寺住持
遠豁堂的詩偈而披剃為僧，這使得原本希望修元功成名就的毛子實寸
心如割，卻也無法挽回。

而在悟道的方式上，《濟顛語錄》系統小說中是李修元在出家之
後，不耐坐禪，要求長老開發，結果被長老扯住當頭棒喝，因此開悟；
但在《醉菩提》傳奇中，修元的悟道是仿擬六祖模式。據《六祖大師

---

[23]　《俗文學叢刊》（台北：新文豐出版公司，2001年），第80、96冊。

法寶壇經》（以下簡稱《六祖壇經》）記載，五祖見了慧能的偈語後，恐他遭人傷害，遂將偈語擦去，並對大眾說「亦未見性」。次日，五祖潛入碓坊，問慧能「米熟也未」，慧能答「米熟久矣，猶欠篩在」，於是五祖用杖擊碓三下而去，慧能領會其意，遂在三鼓入室，五祖以袈裟圍住不讓人看見，為他講述《金剛經》。於是《六祖壇經》便說這是「三更受法，人盡不知，便傳頓教及衣缽」[24]。以此對照《醉菩提》第五齣〈講經〉、第六齣〈披剃〉來看，當修元答上靈隱寺住持遠豁堂的半偈之後，遠豁堂隨即起身說「大眾在此，不好與你理會，另日再講。老僧下座去也」（頁13），而修元也領會到「方纔那和尚，連喝三聲，擊桌三下。又道大眾在此，不好與你說得。呀，是了，分明暗藏啞謎在內。……呀，我且等到三更時分，悄悄打入和尚方丈，看他有何言語回我」（頁14），兩者情節似乎如出一轍。

其次，《濟顛語錄》中曾寫到沈五官和濟公宿妓，當妓女要替濟公脫衣時，濟公急急忙忙說了罪過罪過，便開房門往外就走，最後以濟公題詩，沈五官贊不枉為出家人作結，情節鋪陳頗有草草結束之感；但在劇本裏，張大復卻另外發展出道濟結識蘭英、月英二妓，而有〈遊春〉、〈倩懷〉、〈醒妓〉、〈寄迹〉等多齣描述風月場中青春女子的多感與勘破男女歡愛，多少沾有一些明末傳奇中不可少的閨閣思春怨情。其中〈醒妓〉一齣，寫濟公宿妓點化蘭英時，兩人有精彩激烈的言詞交鋒，其內容如下：

> （旦）李相公，我扶你到房裏睡罷。（扶介）（生）呀，這是那裏？（旦）是奴家房裏。（生倏起介）拿刀來，拿刀來！（旦）要刀何用？（生）要來殺你。（旦）怎麼殺起我來？（生）我

---

[24] 〈行由品第一〉，《六祖大師法寶壇經》，收錄於李淼編著：《中國禪宗大全》（1）（台北：麗文文化公司，1994年5月），頁41-42。

不殺你，你要殺我。（旦）這個和尚，卻也奇怪。（生）這個妮子，卻也聰明。（旦）你做和尚，光著頭，赤著腳，醃醃臢臢，是個酒徒。（生）你這婦人，朱的唇，粉的面，嬌嬌怯怯，是個色鬼。（旦）咳，你如此光景，不思量犯了戒律。（生）咦！你如此光景，卻不思量迷了真性。（旦）莫怪我說，你既具佛相，不修本業，墮落畜生餓鬼，地獄裏面尋生活。（生）你也莫怪我說，你既投女身，不學清淨，玷污父母宗族，青樓高處作生涯。（旦）你立定腳，飲酒食肉，昏昏沈沈，倒在街頭，受著行人打罵。（生）你掉轉頭，人老珠黃，棲棲惶惶，掩上門兒，愁聽別院笙歌。（旦）我穿羅錦，吃珍饈，情愛關心，樂阿，鮫鮹帳裏鴛鴦夢。（生）你頭髮白，面皮黃，年紀上身，苦呀，草薦卷來豬狗吞。（旦）呀。【南僥僥令】劈頭驚一棒，剌骨冷冰投。（旦跪介）呀，師父，弟子省得了，望慈悲超度則個。眼見得漏盡鐘鳴無人救，願在火坑把身早抽。（頁70-71）

上述你來我往精彩的答辯，是在諸本小說中看不到的。又，〈冥勾〉、〈魂遊〉寫毛子實因表弟李修元出家，終而抑鬱成疾，彌留前魂遊地府事蹟，這也不見於《濟顛語錄》系統的小說中，卻又是非常特別的一段。表面上看，似要顯示濟公當了和尚後，學會了起死回生的妙術，但它真正要表現的是想藉地獄慘酷的景象，勸人為善，尤不可「退了道心，打僧罵道，殺命開葷」。（頁46）尤其在毛子實自夢境甦醒後，感歎的說道：「我仔細看來，從前我好善，信奉三寶，到此水窮山盡之時，倒有燈盡添油之喜。可見佛法無邊，自當皈依信奉。」（頁46）這更具有警世的用意。

最後，和《濟顛語錄》系統小說最大的差別，在於濟公坐化、顯聖的過程事蹟。《濟顛語錄》中濟公因食用過多的辣薑粉瀉肚而辭世，但在劇本中，他卻是在顯示化錢重建大殿的神通後，恐被人識破而跑到羅漢香桌上盤膝坐化，這和佛家對神通的認識是一致的。莊一拂稱張大復「亦頗知釋典」[25]，由此可證不差。至於顯聖的部份，當濟公圓寂後，他示現在蘭英、月英面前，交待轉送書信、鞋子和畫軸給德輝長老、毛太尉與沈提點，而有〈寄迹〉一齣。最後的〈佛圓〉，寫濟公火化時，表哥毛子實、蘭英月英兩姐妹、捉促織兒的王阿溜、免遭天打的黃小乙等都來相送，訴說對濟公的敬意和離別之情。周鞏平在《醉菩提》的〈校點說明〉上寫道：

> 在這個瘋瘋癲癲的和尚身上，較集中地體現了市民階層對佛教聖人的認識，以及他們的思想願望。（頁1）

周氏所言甚是。又當濟公在烈火光中現身時，眾人問道：「出家人亦不消斷酒除葷」，濟公答道：

> 咳，是何言哉。千百年劫中，只有道濟一人。大眾休錯了念頭。葷酒雖是我的玩世、亦是俺的凤孽。大眾從今，一心持齋精進，切勿以道濟為藉口，正所謂畫虎不成，反類狗也。（頁106）

最後並開示眾人：「留心聽我言，為人要忠孝當先，還要積德行善，包你西方只在眼兒前。」（頁107）這和《濟顛語錄》中僅由各寺庵長老作偈頌說明濟公真實的面目和渡世的用意相比，此劇更能彰顯濟公入世的風範其及慈悲的胸懷。

---

[25] 《古典戲曲存目彙考》（中）（台北：木鐸出版社，1986年），卷十一，頁1219。

四、演出概況

關於《醉菩提》傳奇中各齣摺子戲演出的情況，在一般的文獻中並不多見。陸萼庭在〈近代崑劇的餘勢〉一文中，有零星的記載，今整理抄錄於下：

> ——光緒二十四年戊戌（1898 年），石路的天仙茶園於十二月十八、十九、二十，敬請蘇湖松申各集，外邀姑蘇大章名腳合演全崑。十八夜的劇目為……〈當酒〉……。二十夜的劇目為……〈伏虎〉……。
>
> ——邱梓琴為名小生邱鳳祥之弟，以畫為業。唱老生《醉菩提》〈伏虎〉、〈當酒〉最為著名，扮濟顛僧，遊戲三昧，在老生中別具一格。他演戲極有風趣，與乃兄的小生戲風格不同，最能吸引觀眾。
>
> ——《清末上海崑劇演出劇目志》這份材料是根據創刊於 1872 年（清同治十一年）的《申報》以及《字林滬報》等舊報上戲目廣告整理編寫的，為了閱讀查考方便，略為歸類，標出雜劇、傳奇名目，注明作者，按照時代先後排列。……二、南戲和傳奇：《醉菩提》（清張彝宣）〈伏虎〉、〈當酒〉、〈醒妓〉、〈嗔救〉、〈佛圓〉。[26]

第一則資料是記載晚清崑劇「清客串」在歲末與藝人的合作演出。所謂「清客串」就是各地票友基於個人喜好，於平日練習後登台串戲演出，此種活動就票友而言，具有娛樂、檢驗平日練習成績以及復興崑劇等作用，同時又可以為戲班招徠觀眾，演出中有〈當酒〉和〈伏虎〉

---

[26]　《民俗曲藝》第 13 期（1982 年 1 月），頁 88、90、96。

兩齣,可見濟公戲不僅出現在職業戲園裏,也受票友們的喜愛。第二則資料是陸氏根據徐淩雲、管際安兩位先生所談曲友中傑出人才時所記。其中提及邱梓琴是擅於扮演濟公的,且其表演精緻風趣。除邱氏擅於飾演濟公外,同治、光緒年間蘇州全福班崑劇名伶李桂泉也工於濟顛一角。據載他出場演〈當酒〉時,酒壺藏在胸前取暖,繼而將頭上戴的僧帽向上一推,即使寒冬臘月,額上也能熱氣蒸騰,這是別人均不會演的絕招。因此,觀眾往往在大冷天點唱此戲,以一睹其精彩演技。[27]在《醉菩提》中,道濟的裝扮為老生。近代崑劇的角色在和各地不同劇種的交流下,衍生出許多精細的行當,但其中仍以所謂的「四庭柱」,即大面、老生、官生和正旦最難表現。老生通常都為劇中主角,扮演正直剛毅而有地位的中年或老年男子。表演時要求嗓音高亢寬亮,全用真聲,念白注重口勁。動作則以莊重端方,沈著老練為主。髯口戴黑三和花三為多,但《醉菩提》的道濟是特例不帶髯口的,[28]這當是道濟為僧家之故。但其後,在京劇及以上海「新舞臺」為根據地所出現的戲劇改良浪潮中,濟公則為丑角,尤其夏月珊演出的濟公,極盡詼諧能事,出現多達十七本的連臺大戲,一時造成轟動廣受歡迎,這是濟公角色扮演上的重大轉變。第三則是舊報上戲目廣告的總匯,我們可以看到有關濟公的劇目仍然不脫前人曲集所收錄者,且全以摺子戲的形式出現,這是崑劇發展自清乾、嘉以來的新風氣。摺子戲的出現是觀眾不再局限故事情節的一般欣賞,而是對戲劇演唱技藝的更高要求,同時也是藝人與文人在戲劇創作表現上的分道揚鑣。[29]《醉菩提》中單齣劇目的演出固然沒有像一些名劇頻繁,但對濟公故事的傳揚和增添藝術性而言,卻是非常重要的。

---

27 吳新雷主編:《中國崑劇大辭典》(南京:南京大學出版社,2002 年),頁 343。
28 同前註,頁 570-571。
29 陸萼庭:《崑劇演出史稿》〔修訂本〕(台北:國家出版社,2002 年),頁 281。

　　大體而言，幾本有關濟公故事的崑劇摺子戲，如〈伏虎〉、〈當酒〉、〈醒妓〉、〈嗔救〉、〈佛圓〉等，仍在清同治、光緒年間上海的一些茶園演出，尤以「三雅」（又作「山雅」）最為常見。[30]不過隨著京劇戲班不斷的進入上海戲園表演，崑劇的聲勢有逐漸下跌的趨勢。而皮黃的濟公戲也從原本常見的單折如〈趙家樓〉，發展成為標榜新排新戲、文武全班合演，並擁有頭、二、三、四、五、六本的連台《濟顛佳話》。[31]至此，崑劇的濟公戲開始式微，不過就在崑劇整體發展陷入極度萎縮的情況下，民國十年（1921）在詞曲大家吳梅、俞粟廬等人的影響下，穆藕初和他的曲友張紫東、徐鏡清、貝晉眉等人創辦崑曲傳習所，發揮了保存崑劇藝術的重要功能，尤其在培養出傳字輩的演員後，崑劇才得以傳承下去。而在這一輩老藝人中，最擅長表演濟公戲的，莫過於倪傳鉞及呂傳洪兩位先生。中央大學曾和蘇州崑曲傳習所合作，為傳字輩、永嘉崑、北崑老演員錄製影像資料，其中《醉菩提》中的〈當酒〉一齣，便是由倪、呂二人演出。[32]此齣戲演濟公在大雪天到酒店典當衣物換酒喝事，內容簡單，沒有多餘的情節，角色也只有道濟（倪傳鉞飾）、酒店主（呂傳洪飾）和酒店主母三人而已。[33]由於戲曲是透過演員的唱腔、對白和動作完成情節，因而和書面的鋪陳有很大的差別。首先在唱腔部份，角色以第一人稱表達心境，就比話本小說中用第三人稱的轉述方式更為直接，尤其藉用不同的曲牌演

---

[30]　見清同治十一年三月到光緒十三年四月《申報》（吳相湘主編，台北：台灣學生書局，1965 年，據國家圖書館藏本攝製，1-40 冊）的演出廣告。

[31]　見光緒四年二月初六「天仙茶園」夜演戲目，《申報》第 22 冊，頁 14288。

[32]　國立中央大學戲曲研究室製作：《1980 年代崑劇名家錄影》（宜蘭：國立傳統藝術中心，2003 年），第 6 集。

[33]　本戲錄影演出時，人物穿著日常便服。不過據吳新雷主編：《中國崑劇大辭典》（南京：南京大學出版社，2002 年）載，演出〈伏虎〉、〈醒妓〉二戲時，道濟穿藍布青袍，束黑布帶，黑彩褲，著僧鞋，戴黑僧帽。演〈當酒〉時則穿藍布青袍，單綠斷俗，束黃宮縧，黑彩褲，著僧鞋，戴黑僧帽。（頁 944）

唱，在抑揚頓挫的音樂下，更能凸顯主人公的心理狀態。此戲的濟公為老生，表演除了唱腔外，身段的重點則放在：一、濟公在嚴冬下身體受寒顫抖瑟縮的模樣，茲選錄兩段曲文，以說明他在舞台上的表演：

> ——【北斗鵪鶉】白生生平了山坳，烏洞洞昏其天表。苦滴滴路少行人，靜沈沈樹無啼鳥。看不見南北高峰，辨不出野外六橋，破衣巾，風亂鑽，光頭上，雪亂敲。阿喲，寒凜凜把不住麻鞋，（跌介）滑喇沙將人來跌倒。
> ——【紫花兒序】轉過了灣灣山徑，一帶的矮矮泥牆，恰又是小小溪橋。紫籬曲曲，翠竹蕭蕭。只見高挑，帶雪迎風簾蕩搖。我只索鑽進茅茨，揭起蘆簾。酒家，酒家。呀，有了。把那酒桌連敲。（頁 81-82）

這兩段曲文以寫景居多，道濟一方面要以不同的動作，顯示經過不同的地形及看到不同的景物，同時又要表現出在寒風刺骨下的痛苦，倪傳鉞一舉手一投足，演來絲絲入扣，令人拍案。另一個身段演出的重點則是許多巴結店主要酒喝，及喝酒時淺酌深飲等不同的動作，倪氏演來亦細膩精準、表情豐富，和後來許多戲劇中一味把濟公視為丑角，只誇大其動作和滑稽的言語，實有天壤之別。當然，劇中也不乏趣味性的對話，例如：

> （淨）這件齷齪衣服，看面上權當一壺罷。（生）甚麼，這件衣服，只當一壺？（淨）依你怎麼樣？（生）在你面上，權當二十壺。（淨）不要。（生）十壺。（淨）不要。（生）五壺。（淨）四海。（生）甚麼？（淨）五湖四海是連的。（生）三壺。（淨）萬歲。（生）啐，吃起來看。（淨）當二壺罷。（生）身上冷，快取來。（頁 83）

簡單的諢語，使道濟和店主的爭執多點趣味，不過，值得注意的是，諢語乃出自店主之口而非道濟，這說明瞭道濟角色具有一定程度的嚴謹和老成，可不像濟公小說中那樣口無遮攔，過於鄙俗流氣。由此可以看出戲劇前輩對濟公此一角色的認知及詮釋的方式。

綜觀《醉菩提》傳奇，筆者以為其特色有二：在內容方面，固然沒有劇力萬鈞，懾人心魄的情節，但其所傳達宗教上濃厚悲憫濟世的情懷以及因果報應的思想，反而更接近民眾的現實生活。此外，在人物的形塑上，崑劇中的濟公多由老生擔任，生角一般而言，在劇中多為忠臣孝子、賢相良將，或風流道義之輩，唱作念白、武工身段無不講究。濟公在這樣的角色要求下，必然比較容易集中體現人物性格或心理深刻的一面。除傳統劇目外，上海崑劇團曾創編《濟公三戲花太歲》新劇，並於 1981 年 3 月 5 日於上海勞動劇場首演。全劇共分〈問屍〉、〈拾贓〉、〈救貞〉、〈初戲〉、〈再戲〉、〈三戲〉六場，是以丑、淨為主要表現的通俗喜劇。[34]在劇中濟公的角色從傳統的老生轉變為丑，想必是要凸顯主人公詼諧戲謔的成分，以加強它的戲劇張力。

---

[34]　據吳新雷主編《中國崑劇大辭典》（南京：南京大學出版社，2002 年）載，其劇情為惡霸花太歲勾結餘杭知縣，劫了故友陸應藩的錢財，並將他殺害，為了奪取陸的女兒陸淑貞，又設計栽贓他的女婿高國泰。此時被濟公撞著，濟公決心懲治花太歲。他點化兩個紙人春來、秋去，用紙轎抬著陸淑貞向餘杭縣飛奔而去。花太歲與家奴花喜欲追趕，濟公乘機戲耍他們，扇子一扇，讓他們跑得汗流浹背，停不下來。途中住店，濟公躲在帳內，冒充陸淑貞，又讓花太歲受了一場驚嚇。花之同夥欲乘黑刺殺濟公，結果將花太歲的鼻子削了。接著，在公堂上，濟公自認為盜，用刑時，都痛在花太歲、縣官等人身上。最後，濟公將陸的屍體背來，讓他還魂，將兇手揪了出來。（頁 179-180）

第二節　亂彈、京劇和文明戲

一、亂彈、京劇

　　亂彈，又名花部，出現於清代各地方戲曲聲腔興起之時，其意並無嚴格限制，可以泛指相對於雅部崑劇以外各地腔調戲曲的總稱，[35]也可以是個別劇種及戲曲聲腔的稱謂，例如梆子腔、皮黃腔皆曾自稱為亂彈。[36]但不論如何，亂彈都指的是各地不登大雅之堂的民間小戲，但其後不斷吸收崑曲中的正劇及各戲種表演的精華，遂逐漸取代崑劇，後來的京劇就是從中蛻變發展而成的。

　　過去亂彈的劇目並不容易見到，但自清車王府所藏的曲本公開後，則可一窺其究竟。《清車王府藏曲本》中所收錄的亂彈濟公戲目有〈趙家樓〉及〈馬家湖〉二齣，內容都是屬於北方公案俠義小說潮流下的濟公故事。一般而言，京劇中取材於歷史演義及公案小說的武戲，要到咸豐年間以後才開始大量出現。武戲的流行，究其初始，乃是徽班入京後，如「和春班」推出一些以「把子」（把子功，即武打戲）為主的戲目出名後，一些戲班也開始仿效，如同屬徽班的「春台班」也推出如〈惡虎村〉、〈連環套〉、〈八大拿〉等武生戲，廣受歡迎。[37]又同時於道光初年，由儀親王府出資成立的徽班「嵩祝班」，也藉由一些蘇籍老伶運用崑曲牌子編寫武戲，成為劇場裡的新號召，其

35　〔清〕李斗：《揚州畫舫錄》，卷五〈新城北錄下〉云：「兩淮鹽務，例蓄花雅兩部，以備大戲。雅部即崑山腔；花部為京腔、秦腔、弋陽腔、梆子腔、羅羅腔、二簧調，統謂之亂彈。」見楊家駱主編：《中國學術名著》（台北：世界書局，1963 年），第六輯，頁 107。

36　《中國大百科全書·戲曲曲藝》（北京：中國大百科全書出版社，1988 年），頁 233。

37　學藝出版社編輯部：《中國戲劇發展史》（台北：學藝出版社，1977 年），頁 746。

中便有〈趙家樓〉一齣,也因此它使用的不是後來的京劇主調皮黃腔,
而是如新水令、步步嬌、折桂令、江兒水等崑腔曲牌加上小嗩吶演
出。[38]今所見《清車王府藏曲本》中所收錄亂彈濟公戲中的〈趙家樓〉,
其所使用的唱腔正都是屬於崑劇裡常見的曲牌,如粉蝶兒、折桂令、
新水令、江兒水及雁兒落等。由此可知,以武生為主的濟公戲,其出
現的時間是介於亂彈四起、崑劇式微、皮黃待興之際。雖然崑劇中早
有濟公戲,但時勢所趨,更具平民化及生命力的亂彈腔調,已逐漸取
代以笛樂為主的崑腔,成為一般市井鄉民的新寵。據張漱石《夢中緣
傳奇序》所載,清乾隆初年,北京觀眾已出現「所好唯秦聲、囉、弋,
厭聽吳騷,聞歌崑曲,輒哄然散去」的情況;又光緒初年程長庚擅演
崑劇〈彈詞〉、〈伏虎〉等齣,但這些並不為票號中的山西人所樂聽,
一看到這些戲,便說道喈喈喈,又演這類的戲云云。[39]由此可見,崑
劇雖然貴為雅部,但北方的許多聽眾似乎並不喜歡。同時亂彈戲中多
翻身跌打之作,自然要比千篇一律的才子佳人故事更接近群眾生活,
而公案俠義小說的興起,也是造成濟公戲朝向武戲方向發展的重要
因素。

根據陶君起《平劇劇目初探》所收錄歷來北平、上海兩地演出有
關濟公故事的劇目共有以下幾種:

1、火燒大悲樓(《富連成戲目單》)
2、趙家樓:一名鳳凰嶺、鏢傷三友(《富連成戲目單》)
3、馬家湖(《北平國劇學會書目》)
4、古天山(《新戲曲》)
5、雙頭案:一名拿鎮三豹(案:原書未載出處)

---

[38] 王芷章:《中國京劇編年史》(北京:中國戲劇出版社,2003年),頁193。
[39] 同前註,頁475。

6、白水湖（《新戲曲》）

7、慈雲觀（《新戲曲》）

8、八卦爐：一名火燒韓琪（《新戲曲》）

9、八魔煉濟顛（《新戲曲》）

10、濟公活佛：一名濟公傳（《五十年來北平戲劇史料》）[40]

以上所演都是俠義、公案化的濟公故事。另外，在曾白融主編的《京劇劇目辭典》中也收錄〈火燒大悲樓〉等三十二本的劇目。[41]一般在註明這些劇目的來源時，都認為其本事是出自章回小說《濟公傳》（即郭小亭的《評演濟公傳》），但如果根據道光四年（1824）慶昇平班二百七十二齣戲目中已有〈趙家樓〉一齣來看，[42]則它比光緒廿四年（1898）才出版的《評演濟公傳》要早七十幾年，所以早期〈趙家樓〉的內容可能是出自說書人口下或其它的故事傳本，而非直接來自郭小亭的著作。

除在北方，清光緒到民國年間有關濟公京劇在上海的演出，其情形大致如下：

——濟公的故事流傳甚廣，早在清光緒六年（1880）一月，天仙茶園便演出了《濟顛佳話》(六本)。[43]

——光緒十四年（1888）九月，九香茶園又演出《濟公傳》。

---

[40] 陶君起：《平劇劇目初探》（台北：明文書局，1982 年），頁 285-287。

[41] 曾白融主編：《京劇劇目辭典》（北京：中國戲劇出版社，1989 年），頁 757-764。該書收錄的範圍有兩大部份，其一是 1949 到 1965 年間新編或改編劇目，凡已出版或公開演出過的，都儘量收入。其二是 1965 到 1984 年間新編的劇目，公開上演或經影視播映過的，亦酌情收入。

[42] 周明泰：《京戲近百年瑣記》（台北：傳記文學出版社，1974 年）中載有退菴居士舊藏戲目一冊，係道光四年慶昇平班領班人沈翠香所有之物。（頁 12）

[43] 筆者查閱《申報》第 22 冊，發現早在光緒四年（1878）二月初六，「天仙茶園」即已開始上演六本的《濟顛佳話》。（頁 14288）

——民國六年（1917）八月，小孟七、王佩蘭、王文祥等在「亦舞臺」演出〈濟顛拿魃〉、〈濟公僧戲耍知縣〉等濟公戲。

——民國七年（1918）十二月十八日，「新舞臺」開始上演連台本戲《濟公活佛》，由邱治雲、汪優遊根據小說《濟公傳》編導，主要演員有夏月珊（飾濟公）、夏月潤、周鳳文、汪優遊、歐陽予倩、張德祿、潘月樵、趙文連、邱治雲、趙君玉、夏良民等。

——民國十三年（1924）九月廿七日「新舞臺」復演此劇，每天一本，至十月一日演至第五本後停演，十月十一日夏月珊病逝，此劇遂不復演出。

——民國廿四年（1935）二月，「天蟾舞臺」開始上演連台本戲《濟公傳》（演至十三本，民國廿五年五月），主要演員有趙如泉（飾濟公）、白玉昆、趙君玉、王芸芳、劉奎官、楊鼎儂、高雪樵、應寶蓮、鄭法祥、賈璧雲、陳筱穆、孫鵬志、高靜軒等。劇情雖也是濟公故事，但與《濟公活佛》不盡相同，被稱為「含有深意大趣劇」。採用機關佈景、電光幻術，不拉幕連環變景。演員表演也多用魔術手法，例如濟顛在靈隱出家時，「原來是一個白麵書生，一霎那變成一個齷齪的窮和尚」等，並以「赤身裸體」、「陰風慘慘」等為號召，趙如泉的濟公造形醜陋，表演以詼諧、滑稽見長，此劇為趙如泉代表作之一。[44]

在上述的演出中，由夏月珊飾演濟公的連台本戲《濟公活佛》，是濟公戲劇演出史中非常重要的變化。夏月珊（1868-1924）為上海「新舞臺」的創始人之一，是戲曲改良運動的重要人物。他是著名京劇武生夏奎章之子，原習生行，後改丑角，擅長插科打諢，為南派京

---

[44] 上述各年的演出紀錄見《中國戲曲志‧上海卷》（北京：文化藝術出版社，1996年），頁228。

劇的重要演員。其飾演濟公廣受歡迎，據言「頭本開演之日，居然風
頭十足，轟動一時，以後一本勝似一本」，且後來「盈餘達八十萬金」，
造成空前的演出盛況。[45]欣賞此劇，民國十三年八月廿二日的《申報》
廣告中有言：

> 此劇雖為神怪戲，主旨意在勸善，所謂把勸人為善的言語，
> 放在許多笑話裡面說。此劇採用機關佈景，講究唱做，夏月
> 珊奉佛甚篤，平時熱心於慈善事業，所以他演的濟公，與眾
> 不同，立意和格調較高，妙處全在得神。看他嬉皮笑臉地演
> 戲，心中卻抱著普渡眾生的絕大希望，若以表演的美妙來論
> 夏君的活佛，未免淺識了。

以上廣告中雖言「講究唱做」，但濟公戲的演出其實早已跟隨南派京
劇的發展而有所改變。南派京劇發展的重地在上海，因而也有「海派」
之稱。南派京劇之所以形成，主要是在清同治、光緒年間有許多京班
的演員到上海發展並定居，而上海許多原有的崑班及徽班的演員也改
習京劇，眾多的從業人員成為南派京劇發展的重要基礎，加以京劇改
良運動的推波助瀾，使得「海派」京劇逐漸成型。光緒廿四年（1898）
冬上演的《湘軍平逆傳》，可謂其代表劇作。而其演出的特點有：一、
舞台表演身段動作強烈，誇張的風格特點已經初步形成。二、唱工上
求靈活、流暢，這適應了當時上海觀眾的欣賞趣味和要求。三、上演
劇目的擴大與演出形式的翻新，追求戲劇的情節性和趣味性。四、舞
台佈景裝置充分運用近代科學技術如燈光等，追求新奇，這一時期的
主要標誌就是燈彩戲的興起，為後來歌舞機關、幻影佈景、電光魔術

45　《中國戲曲志·上海卷》（北京：文化藝術出版社，1996 年），頁 228。

等舞台機關佈景的運用開了先例。[46]濟公戲就在「海派」京劇的洗禮下，發展出有別於京派精神和內涵的表演。

三十年代以後濟公故事在京劇上的演出依然活絡。在抗日期間的平津地區，許多劇團的演出專門以機關佈景為號召，稱為「彩頭戲」。例如稽古社在民國廿九年（1940）演出開打火熾、場面緊湊的《西遊記》後，又排演了《濟公傳》、《火燒紅蓮寺》等戲，這些彩頭戲非常重視故事情節的曲折及表演技藝。在上海方面，民國三十年（1941）十二月日軍佔領租界之後，對於戲院上演的劇目嚴加管制，所以致使許多京劇舞台上演一些娛樂性高的玩笑戲，形成上海京劇業畸型繁榮的主要內容，《濟公活佛》就是其中的一個例子。這齣戲曾由趙如泉、金素雯二人在「共舞臺」主演過。此外，在「天蟾舞臺」亦曾由趙氏演出過本戲。諸如《濟公活佛》這些戲碼大都沒有固定的情節內容，有的輕鬆幽默，有的滑稽諷刺，有的是無謂的調笑取鬧，演出時通俗易懂，場場熱鬧；但有人批評這些戲只知使用噱頭，而完全喪失京劇的藝術價值。如演出《濟公活佛》時所標榜的是「馬達佈景」、「玻璃佈景」、「男人懷胎，笑話奇談」、「真水真瀑布」等，以招徠觀眾。至於在武漢地區，漢口的「新市場」、「大舞臺」曾先後約請上海的小奎官到此地演出連台本的《濟公傳》。由於「海派」的京劇在武漢一帶佔有優勢，所以該地區的演出亦很講究機關佈景。[47]

從上述記載京劇濟公戲的演出資料中，我們大致可以歸納出以下幾點：一、濟公故事在京劇的舞台上曾經熱鬧的演出過，且深受民眾喜歡。二、早期的演出多屬摺子戲，其後逐漸發展出連台戲本，此種方式一直可以延續到抗日勝利以後，如南京的鴻春社便曾請曹四庚演

---

[46] 馬少波等人主編：《中國京劇發展史》（台北：商鼎文化出版社，1992 年），頁 241-243。

[47] 同前註，第廿一、廿二、廿三等章。

出《濟公活佛》將近一年之久。三、早期演出的內容多以武戲為主，這明顯的是受了花部發展及俠義、公案說書的影響，而其演出仍講究唱做念打等各種功夫，保有傳統戲路的風格。四、隨諸「海派」京劇的發展，濟公戲的演出和「京派」大相逕庭。為從事戲劇改良及迎合觀眾需要，逐漸走向以滑稽逗趣為主，並大量運用聲光技術、機關佈景以助長戲劇效果，如〈趙家樓〉一戲便有從高塔的樓台和鐵槓上表演各種驚險的動作。

二、文明戲

　　所謂文明戲，是介於傳統戲劇和西方現代話劇之間的一種過渡形式。中國至清末才有話劇的產生，尤其在光緒三十三年（1907）「春柳社」成立之後，上海各地爭相仿效，一時劇團如雨後春筍，其所演劇情雖有新編創作的，但也有不少是取材舊小說和評彈的內容，整體來說水準都並不高，甚至最後只流於迎合觀眾口胃的低級表演。一般文明戲的演出採取分幕的形式，但沒有完整的劇本，只採「幕表戲」的方式，在演出前簡單的列出劇情大綱和角色分配，演員即可上場表演。它和傳統舊劇最大的差別在於主要以對話為主，只偶而加入唱腔，選材又極為通俗，能搬演時事，因而受到觀眾極大的歡迎。

　　在文明戲流行的時候，濟公故事曾熱鬧的演出過。筆者根據民國九年（1920）五、六月間刊登在《申報》中上海「新舞臺」所演的《濟公活佛》宣傳廣告，分析當時濟公戲演出的一些現象。

（一）演出的目的

　　如何重新包裝濟公故事，以吸引新興城市民眾透過消費觀賞，變成是演出劇團的一項重大挑戰。在上海「新舞臺」演出的濟公活佛，他們提出的目的是慰藉和感化。其說明如下：

> 濟公活佛能調和兩種作用，從表面上看來，活佛登場能引得看官哈哈大笑，純粹是慰藉的性質，豈知活佛所說的笑話，皆含有至理，能於不知不覺之中感化看客，所以他的感化力，較之莊論的效力尤大。濟公活佛今夜開演九本，借上古衣冠，演舊社會中的黑暗情形。發鬆的地方，有和尚捉姦、濟公服毒、皇后潑酸、活佛翻勛鬥，看了這種有趣的戲，不要說能恢復看官的精神，我恐連有病的人都能得好。感化人心的地方，有活捉姦夫、無愛情結婚的危險、□童養媳的禍害、姦淫婦女的果報，皆與現代社會有密切的關係。（《申報》，1920年5月28日）

在此，我們看到了他們希望把濟公和社會問題結合在一起，以吸引觀眾的注意，並盡其可能的減去小說中的怪力亂神，以符合新時代新精神的要求。在它第十二本的廣告中，更直言不諱的對社會批判：

> 有人說現在科學昌明，萬事須考求物質的真理，新舞臺演濟公活佛，不應當有許多妖魔鬼怪出來惑亂人心。唉，諸君但知其一不知其二，只知道責我們小舞臺上假造的妖魔鬼怪，就不看見世界大舞臺上的真妖魔鬼怪。您看！蔑視公理的野心國、自私自利的黨系、擁兵殃民的武人、媚外誤國的賣國賊、摧折民氣的官吏、販米出洋之米蠹，還有那種種說不出來的罪惡的人，那一個不是魑魅魍魎，那能夠有幾千萬位濟

> 公活佛出來，將這一股妖怪一掃而光，我們沒有力量撲滅真
> 的大的妖魔，只得在舞臺上驅除假的小的鬼怪，諸君應當可
> 憐我們纔是。(《申報》，1920 年 4 月 16 日)

現代濟公要掃的妖魔鬼怪已經不是那些想像世界裡的山精海怪、魍魅魍魎，而是現實世界裡的帝國勢力、軍閥黨棍、賣國賊、狗官米蟲等，這時的濟公儼然已成為新時代的正義化身。除了要掃除現世的大妖魔外，濟公還要喚醒世人建立新的價值觀，例如勸人不要去做卑鄙齷齪的官吏；勸人要知道互助，不要到社會以外去求生活；勸人不要慕虛榮；勸人不可不勞動而得到利祿；又勸人要求進步，不可自滿；甚至勸人不可自殺等，凡此都與世道人心有關。(《申報》，1920 年 6 月 21 日) 濟公既然擔負起如此的重責大任，因此該劇團甚至直接把濟公比喻成為白血球，以說明他的功用：

> 濟公活佛的性質，白血輪的性質；濟公活佛的功用，白血輪
> 的功用。濟公活佛的生活是多管閒事的生活，是專和罪惡分
> 子齷齪分子宣戰的生活，所以他的性質和白血輪同，非但如
> 此，活佛並且還能將將惡人感化為善，所以他的功用，比白
> 血輪的功用還要大。新舞臺因為活佛的名頭高大，信仰他的
> 人很多，借他來改造社會人心。(《申報》，1920 年 6 月 22 日)

借用大家熟悉的歷史或民俗人物進行社會教化，本是傳統戲劇小說最大的功能，濟公向來在民間有活佛的尊稱，在面對新時代新環境所產生的社會問題時，他就不免再度成為寓教於樂的代言人。

（二）演出的內容

至於濟公戲所演的內容，從宣傳廣告上看有和尚買兒子、危牆救孝子、活佛變戲法、重興靈隱寺、拆毀大悲樓、濟公吃官司、宰相吃屁股、公子大頭甕、佛法大無邊、放光金蓮池、濟公活佛之妻（演濟公還鄉，蓄髮還俗，探視未過門的妻子）等，但這些內容究竟為何，除了如重興靈隱寺、拆毀大悲樓、公子大頭甕等是源自小說外，其餘的應有不少是出於新編，不過筆者以為值得重視的是涉及現代社會問題有關的內容。《濟公活佛》第十六本的宣傳說：

> 但是濟公活佛是最考究情節的，而且不敢用思想陳腐的情節，更不敢叫人盲從那奴隸性的舊道德，所以取材皆用嚴格主義，決不能使戲中情節，與現代社會潮流相去太遠。……絕非一般流行的變戲法派的新戲所能比。（《申報》，1920 年 5月 15 日）

究竟和現代社會問題有關的內容有那些，在第三本的演出廣告上，註明「取締妓女不如點化嫖客」的標題，有如下的文宣：

> 有許多中外憂世之士，看見上海的淫風日熾，乃欲提議取締妓女，以拯救許多男女青年，免再墮落。這件事如能實行，真是功德無量的大慈善事業。但是妓院的所以能發達，必先賴有許多瘟生嫖客，化多冤枉錢來維持他們。苟無瘟生嫖客，妓女必難生存。故取締妓女，不如先勸戒嫖客。三本活佛中，將一個妖艷無匹的妓女，幻成一個帶肉的骷髏，點醒嫖客，實在不少。（《申報》，1920 年 5 月 20 日）

又如在第五本，其宣傳主題為「青年孀婦的貞操問題」，其內容寫道：

> 青年孀婦的應否守節，為現代婦女解放論中的一個重要問
> 題。今夜新舞臺演第五本濟公活佛，戲中有一段情節，與解
> 放青年孀婦問題，很有關係。
>
> ……諸君看了這本戲，如能慢慢的將數千年的習慣打破，解
> 放許多可憐的年輕寡婦，那真是大慈大悲救苦救難功德無量
> 的一樁大事業。(《申報》，1920 年 5 月 21 日)

除此之外，還把濟公和西方的「問題戲」結合起來，以劇情反映勿取
非義之財、國家要行強迫教育制度、遺產制度不當等的時代性議題。[48]

（三）強調特殊的佈景道具

固然強調濟公的時代性、社會性很重要，但不可否認的，戲劇如
果沒有任何的娛樂效果，是不會有消費市場的，亦如其言：「好佈景
是不得不迎合社會心理，借此號召看客，可以發揚我們的宗旨。」(《申
報》，1920 年 6 月 21 日) 所以在「新舞臺」演出的濟公活佛，也不
得不迎合觀眾的口胃，安排許多視覺上的新感受，例如第十四本《濟
公活佛》宣傳說：

> 最新出現，最有精神，最新鮮，最好看，今將十大奇事，宣佈
> 如左：
>
> (一) 長壽仙姑渾身發光。
>
> (二) 慈雲觀中機關無數。
>
> (三) 活佛肩膀上，能容兩個人在上面翻筋斗。
>
> (四) 用麻繩將悟禪的頭頸緊緊縛住，吊在空中，一轉眼竟能
> 　　逃脫。

---

[48] 《申報》，1920 年 5 月 25 日。

（五）活佛被人擒住，將他閉在箱中，眼睛一霎，和尚變做道士。

（六）橋下一隻大手，伸五個大手指頭出來，好像兩只指頭拿田螺似的，將人抓去。

（七）火燒慈雲觀一場，彩景新鮮，先是堂皇華麗，後來煙霧漫天。

（八）活佛坐轎子，四個轎夫擡，會走出十條腿來。

（九）三十六行，極為熱鬧，有小熱昏（鳳文唱勸世歌），有舊貨櫃之滑稽，有濟公拆字，有活佛失竊戲弄偷兒，其餘零碎行業，無不輕鬆有趣。

（十）活佛戲耍沈妙亮，扯下半件道袍，拿來當酒吃，有趣得很。（《申報》，1920 年 6 月 4 日）

從上述的宣傳中，可以看出是噱頭十足。又如在第四本的宣傳廣告上，出現了「幾百斤重的老雄雞」的標題，內容如下：

> 動物的模型最難製造，如不知道他的骨骼和肌肉的組織，是萬萬做不像的。中國的舊戲，向來不肯考究這種東西，所以做的虎形和狗形無甚分別，兔形與牛形一般大小，看了這種模型，非但不能興美感，反能令人憎惡。本台彩景部主任具科學的眼光，製就的東西，自與他人各別，諸君如其不信，請來見識四本活佛中幾百斤重的老雄雞。（《申報》，1920 年 5 月 21 日）

類似的宣傳內容還有第九本：

> 好佈景有十八尊羅漢的大佛殿、運木井、活絡山洞等。（《申報》，1920 年 5 月 28 日）

第十二本：

> 有一個最屬害的龍怪，他能將一個人團團吞下肚去，做得鮮
> 龍活跳、活龍活現，他能舞、跳、遊、吃人，明知道這一條
> 龍是假的，卻使人看不出一點假的形跡，這全仗美術的作用。
> （《申報》，1920 年 6 月 2 日）

第十三本：

> ——有最奇妙的殺頭佈景，當場將一個人頭殺了下來，眼看
> 見此人做了一位一字平肩王，後來活佛出場，在地上將腦袋
> 撿起來，與他裝在頸項上，用佛手在他的天靈蓋一擊，那已
> 死的人竟能復活。
> ——極大鐵佛能聽人指揮，點頭播腦。活佛在偶像腹中來去
> 無蹤。活佛與巨蟒大決鬥，虎頭蛇尾、三頭六臂、焰火蜘蛛、
> 毘羅大帽，荒郊野外幻成樓台亭閣。（《申報》，1920 年 6 月
> 3 日）

從這種宣傳內容看來，其實都是針對票房考量，濟公戲不管再如
何強調主題嚴肅或結合時代心理，如果沒有任何新的視覺刺激，恐怕
也不會有觀眾捧場，更何況濟公在小說傳說裡，本來就兼具詼諧戲謔
和神通廣大的魅力，所以加入一些誇大的演出，發揮滑稽效果，相信
這也是編劇投觀眾所好的結果。

第三節　歌仔戲、皮影戲、布袋戲及舞台劇

一、歌仔戲

　　歌仔戲是台灣地區的本土劇種，在影音媒體尚未發達普遍時，其在鄉間演出是非常受到歡迎的，而濟公故事也曾在舞台上出現。在曾永義主持編輯的《歌仔戲劇本整理計劃報告書》中，就收錄有嘉義縣「珠寶桂」歌劇團所演出的〈大小濟公傳〉劇本，大小濟公都是由「三花」扮演，劇情共分三十五場。故事內容是錢唐縣的綠湖村有一個很美麗的綠水湖，有一天出現一隻黑龜精，居民向知府大人報告，師爺建議請當年以保鏢為生的老鏢師林志勇出來收妖除害，結果老英雄被黑龜精吐火活活燒死，而就在老英雄之子林青雲傷心之際，也險被黑龜精害死，幸得濟公禪師的徒弟小悟禪出現，降伏黑龜精，並指點林青雲拜師學武。林青雲有叔父林忠義在西湖開設一家武館，因要選新館主，引起弟子內鬥，而將濟公和茅山法師一起捲入，最後在一陣鬥法後，濟公用葫蘆將惡人一一吸入，劇尾濟公還為林青雲和新館主主持婚配，故事終告圓滿結束。[49]戲中的濟公依舊維持好飲、神通、治病、除惡、普渡眾生、勸人行善等的形象。本劇純屬新編，劇情簡單，可見民間劇團為適應表演生態環境的彈性發展。

　　長期以來歌仔戲中演出濟公故事比較特殊而且具有開創性的，恐怕非「明華園」之〈濟公活佛〉莫屬。「明華園」為一歷史悠久的劇團，其成長過程正包括台灣地區歌仔戲從發展、鼎盛、中衰到轉變的不同階段。由於該團在演出方面，揉合現代劇場不斷實驗的精神，同時運用各種推陳出新的佈景、燈光、特技等，創造了大型歌仔戲演出

---

[49]　《歌仔戲劇本整理計劃報告書》（台北：文化建設基金管理委員會，1995 年），第 1 冊，頁 201-214。

的成就。此齣〈濟公活佛〉初演的時間是在民國七十二（1983）年九月的國家文藝季，其後陸續前往歐洲、亞洲等各大城市表演，迄今已創上千場的演出記錄。本劇並曾榮獲戲劇比賽冠軍及最佳舞台技術、最佳文武場、最佳編導等獎項。此本〈濟公活佛〉的故事內容，是演燕昭王墓內有一隻修鍊千年的白狐狸精，與墓旁修鍊百年的桃花樹化為人身，名為胡冠偉、桃九妹。兩人相偕下山。適逢富紳葛氏為女舉行比武招親。胡偉冠力敗群雄獲選。神仙呂洞賓深怕妖孽危害人間，即命愛徒葛陵棍下山返家，向胡索取三件聘禮。一是剝取白狐身上的皮毛為新娘披肩；二要砍伐百年桃花樹，為葛父製作大師椅；三要濟公活佛的破佛衫。胡為了人世間的愛情，要過真正人的生活，寧可放棄千年修行，忍痛剝下身上皮毛作為聘禮。濟公為其真情所感動，願意助他完成了一件難事；但卻不容於呂仙，於是發生一場佛仙大戰。整場演出共分思凡、招親、遊街、擂臺、訴衷、巧計、索聘、竊衣、悔婚、真情、大戰、合歡等十二場。至於此戲的主旨，在表現一由呂洞賓所代表「善者恆善，惡者恆惡」的宿命觀念，與另一由濟公所代表佛家普渡眾生，即使獸類也能成人的觀念所造成的衝突對立。藉以啟示觀眾禽獸若有情，比人還可貴；人若無情，比畜生還不如的道理。全劇演出，籠罩在寫實虛幻和誇張之間。由丑角陳勝在所飾演的濟顛和尚，除穿著鮮豔搶眼外，依然發揮其逗趣戲謔的特點。此外，明華園還製作過一齣〈濟公活佛紅塵菩提〉，曾在國家劇院及各文化中心演出，後來應中華電視公司的邀請，於民國八十三年（1994）二月七日起一連八天，在電視上播出。此本〈濟公活佛紅塵菩提〉的故事是敘述濟公巧妙的運用機智，化解大宋與嶺南兩國間的恩怨，讓嶺南王子放棄到手的王位，認祖歸宗，結局皆大歡喜。[50]

50　《民生報》，民國八十三年二月七日。

　　至於目前歌仔戲團演出濟公戲的情況，據筆者訪問北、中、南各地區的一些劇團，得知大略的情形如下：一是大多為簡單的外台戲，一般劇團都不可能如明華園般有華麗的佈景和各種機關道具，並且定期盛大的在國家劇院公演；小型劇團如果沒有人邀請或指定演出，濟公戲便不常見。二是除了早年極少劇團會為地方建醮搭台演出長達一、二十集外，一般由於酬金有限，劇情自然簡短，只做單場的表演。三是多數的劇團都沒有固定的劇本，故事情節都是由老藝人口頭傳授，決定演出前，常常是透過套戲的方式，演員彼此切磋，選擇效果最好的內容演出。不過也有劇團表示劇情不得亂編，須遵照古書，否則濟公會出面指正。四是濟公戲的內容多以神怪為主，如〈濟公收狐狸〉（台北新鳳櫻劇團），〈濟公戰女媧〉（高雄鳳山春美劇團），〈濟公大戰樹精〉、〈濟公戰南北斗〉（台北新明光劇團）等，此外因為濟公是滑稽性人物，所以都用丑角扮演，一般都由男性擔任，但如果劇情需要，也會出現女濟公。

二、皮影戲、布袋戲

　　除了歌仔戲以外，在台灣地區的皮影戲、布袋戲也曾演出過濟公故事。在皮影戲方面，民國七十幾年間有高雄縣大社鄉的「東華」及彌陀鄉的「復興閣」兩個戲班較常演出。[51]在他們所綜合列舉的武戲劇本裡，有〈濟公傳〉、〈濟公過台灣〉、〈濟公活佛〉等。其中「東華」為台灣皮影戲團中歷史最為悠久，也最具知名度。日據時代因仍能公開演出，而成為「第一奉公團」，台灣光復後由張德成更名為「東華」。民國四十一年（1952）至五十六（1967）年間，「東華」曾以〈西遊

---

[51]　陳正之：《掌中功名——台灣的傳統偶戲》（台中：台灣省政府新聞處，1991年），頁32。

記〉和〈濟公傳〉等劇到全台各地演出。「東華」最善創編劇本，常將時事與民間傳說相結合，如〈東京大空襲〉、〈濟公過台灣〉、〈南北韓戰爭〉等。又，在高雄縣彌陀鄉「永興樂」皮影戲團演出的劇目中也有〈濟公收妖〉。[52]

　　至於在布袋戲方面，濟公故事的演出隨著布袋戲的發展，也經歷了許多變化。追溯民國初年，在台北萬華一帶流行泉州所傳來的南管布袋戲，而名師童全所擅長的戲目中即有〈掃秦〉一齣，時至今日仍為北部許多戲班奉為經典的「籠底戲」。至於這齣〈掃秦〉又名〈風波亭〉，是演濟公在靈隱寺以語言諷刺秦檜夫婦陷害岳飛父子的故事。其實〈掃秦〉本是元雜劇中《東窗事犯》中的情節，其中的瘋僧也並非濟顛，不過民間戲劇演出時，常不見得清楚故事的原委，而有張冠李戴的現象。以下將此戲目的角色抄錄於後，以便大致瞭解當時演出的情況：

> 殘文：何立。秦府老僕，父亡母在，在家與妻同住。
> 小腳：王平。與李直為岳飛父子不平，買紙錢求神，責罰秦
> 　　　檜，並到伍廟（伍子胥廟）求罰秦檜。
> 人像：李直。事同王平。
> 白麵春公：伍員。字子胥。接王、李控訴。上淩霄寶殿，奏
> 　　　　　知玉皇。玉皇命伍員帶旨，賜岳家父子鬧秦府。
> 春公仙：大白星君。
> 怪頭（二人）：神將。
> 鬚文：嶽飛（陰魂）。領玉旨大鬧秦檜府。
> 武生仔：嶽雲（陰魂）。事同上。

---

52 石光生：《永興樂皮影戲團發展紀要》（宜蘭：國立傳統藝術中心，2005 年），頁 272-284。

金面仙：地藏王。到凡間化一和尚。佛號也十一（葉守一），
　　　　在靈隱寺掛單。

魁頭：小鬼。

番仔頭（二人）：金兵。

濟公頭：也十一。在靈隱寺以言語刺秦檜夫婦。

小和尚：了塵和尚。

白奸：秦檜。當朝太師，陷害岳飛父子，欲再害韓世宗。

毒旦：王氏。秦檜之妻，與秦檜同謀害嶽。

紅關：施全。岳飛拜弟，在太行山招兵，單人私進臨安，欲
　　　為岳飛報仇。行刺秦檜不成，被殺。

青大花：金兀朮。金兵元帥。

武鬚文：韓世忠。二路元帥，進兵朱仙鎮。

紅大花：宋將。

黑大花：宋將。[53]

　　演出時，濟公偶有其專用頭，稱為「濟公頭」，又其所穿的服飾稱為「五佛衣」。日據昭和以後，台灣地區的布袋戲已幾乎成為北管和亂彈的勢力，尤其鑼鼓喧天的武戲更是大受歡迎。彼時由於傳統劇目已不敷演出，所以許多戲班藝人便從章回小說中大量改編連本劇目，稱為歷史戲或古冊戲，《濟公傳》便是在這種情況下產生的。當時台北新莊「小西園」第一代名師許天扶，即以此戲轟動一時。中日戰後，組成「亦宛然」的李天祿，成為布袋戲界數一數二的頭手，他為了適應戲院中的連續演出，也自己編了一些連本戲，往後經常演出的《濟公傳》，就是其中之一。筆者存有一本由李天祿口述、莊研誼

53　呂理政：《布袋戲筆記》（台北：台灣風物雜誌社，1991 年），頁 217。

記錄、吳正德編輯整理的《濟公傳——火燒靈霄觀》劇本,共有九場,內容改編自章回小說。

　　在台灣布袋戲界有通天教主之稱的黃海岱,於民國七年（1918）和其胞弟程晟共創五洲園掌中劇團,其後發展成為台灣布袋戲中最大的門派,凡掛五洲團號的布袋戲團下不二百團。五洲派的布袋戲常以詩詞問答、談經說史、聯對、字猜、純正福佬漢語說白,以及北管、南曲、亂彈、正音、歌仔、潮調等傳統戲曲音樂交加演出為其特點。[54] 在黃海岱表演的眾多戲碼中,目前我們仍然可以在錄製的影碟中欣賞到他的《濟公傳》。此齣戲分為兩段,前段演梅花真人褚道緣誤信道濟「興三寶、滅三清」之言,到靈隱寺找道濟理論,在不服的情況下,燒符唸咒,並請水火二將下凡收拾道濟,最後都被道濟收伏,褚道緣甘拜下風拜道濟為師。後段演韓成之子韓文美被妖婦捉去,褚道緣本欲救之,不幸失敗,此時濟公出現,苦勸妖婦修鍊,妖婦不聽,兩人大戰,最後救出文美,父子團圓,並將妖婦放回五雲山。演出時,或論三教地位平等,或唱地方曲調,都可以看出黃海岱深厚的文史素養和表演功夫。

　　民國五十九年（1970）起,電視布袋戲風靡一時,黃海岱之子黃俊雄的《雲州大儒俠》推出後造成轟動,但在幾年以後由於內容缺少變化,收視率逐漸下降,在這種情況下,黃氏於民國六十二年（1973）在台視推出六十集的國語布袋戲《濟公傳》,因為語言的改變以及電視布袋戲的大勢已去,所以此次演出也未能挽回頹勢。民國七十二年（1983）,另一位著名的布袋戲演者洪連生,也曾在華視推出《新濟

54　江武昌:〈布袋戲通天教主——黃海岱〉,收錄於財團法人中華民俗藝術基金會製作:《黃海岱布袋戲精選系列 15·濟公傳 DVD》（宜蘭:國立傳統藝術中心,2005 年）中。

公傳》三十集。從此以後，以布袋戲演出的濟公故事便鮮少在電視節目上出現。

三、舞台劇

濟公故事的舞台劇本，就目前所見只有由羅蘭所編著的《濟公傳詩歌劇》[55]。筆者以為此劇對濟公性格及渡世層次的詮釋，自有異於他人之處，且哲理趣味兼而有之，實為佳作。全本除序幕外共分五幕九場，內容大致出於《濟公傳》章回小說。至於作者所要表達的精神，在書中前言有扼要的說明：

> 首先要表達的是它的宗教觀。使大家瞭解濟公的出家並非消極逃世，而是真正為了濟世救人而擺脫自己的妻財子祿，不為私情做馬牛，也不為己身享用而奔走經營。他要的是「瀟瀟灑灑，過府穿州」，無牽無掛的去濟世救人。其次要表達的是這部書中所蘊含的中國人對宗教相容併蓄，絕不鼓勵門戶之見的精神。濟公傳整本書所描寫的這位在紅塵中奔走的僧人，就正是這樣一位綜合了僧、道、儒三者的一個典型。強調的是「以出世的精神做入世的事業」。……當然，最不可少的是要表達濟公這個人物的趣味性。要強調他詼諧多彩的特色，但我希望他的造型雖然不修邊幅，骯髒邋遢，卻並不掩蓋他聰明睿智與幽默的性格，能給人好感，使人覺得他可愛、可敬、可親，在幽默諧趣中表現有深度的內涵。[56]

---

[55]　台北：現代關係出版社，1982 年。
[56]　同前註，頁 4-6。

從以上的說明中，可見作者企圖調整濟公故事從發展以來，日漸偏向庸俗趣味和妖魔鬼怪的膚淺格調，希望能將濟公故事導引進入更智慧、健康，和宗教情操的氣氛中。至於全劇內容則寫被濟公追捕的飛賊華雲龍，及代表妖道的邵華風投靠八魔，而八魔竟以火陣煉燒濟公。其後濟公的徒兒悟禪，請東方太悅老先翁，及紫霞真人救援，乃以水攻取勝，降伏八魔。作者在處理佛、道、魔等各種勢力時，以極為寬大恕道的精神，諒解對方。正如劇末〈四海平歌〉中所唱的：

> 收服八魔竟全功，人間安樂四海平。僧道俗，一家人，除暴安良攜手行。八魔生性本聰明，迷路回頭抵萬金。獻本領，歸正經，有才有智膽氣雄，各顯奇能救世人。也可讀孔孟，也可習武功。也可逞奇材，也可顯異能。道家更有醒世功，清心寡欲安貧窮。佛祖說空真是空，擺脫名利一身輕。[57]

這就是作者所謂「不僅忠於原作，而且希望更能發揮原作精神的一種改編」[58]。不過，此劇並未演出過，僅屬案頭劇本。

第四節　各類說唱

在民間說唱表演藝術中，濟公故事一如其他的題材，亦經常出現在公眾的舞台上。在中國傳統的說唱表演類型中，一派為有說有唱的曲藝，如南方的彈詞，北方的鼓詞。前者以溫柔婉約為美，內容多男女情愛之事；後者則偏向雄壯豪氣，多演神怪及英雄俠義故事。另一

---

[57] 《濟公傳詩歌劇》（台北：現代關係出版社，1982 年），頁 185-186。
[58] 同前註，頁 11。

派則為只說不唱的評書，即習稱的「說書」[59]。以下筆者即就這兩大說唱類型中有關表演濟公故事的記錄做一整理。

一、彈詞、鼓詞

　　據周良上推蘇州彈詞《濟公傳》最早當出現在道光年間。[60]《中國俗曲總目稿》中載有一段馬如飛說「小書」[61]的開篇〈濟顛僧〉，其詞為：

> 濟顛僧和尚假裝瘋　赤足光頭垢面容
> 戒酒除葷全不慣　參禪悟道枉勞功
> 缽盂可貯汪洋水　斗笠能遮萬嶺松
> 孩子猿猴常喜謔　閒來伏虎與降龍
> 逢人試看翻筋斗　世事哈[62]

活動於清咸豐、同治年間的馬如飛為彈詞「馬調」的創始人，馬氏為當時評彈四大名家之一，並被譽為「小書之王」。其唱調融合了當時讀書吟誦的聲調，及民歌東鄉調的音樂，因而創造出節奏明快，樸實流暢的曲調。[63]除善於改編舊作外，馬氏亦創作大量開篇。「開篇」為

---

[59] 有關「說書」之名也有其他的認定，如陳汝衡稱「說書大別為兩派：一曰評話，一曰彈詞」，見《說書小史》（台北：環宇出版社，1961年），頁58。

[60] 倪鍾之：《中國曲藝史》（瀋陽：春風文藝出版社，1991年），頁382。

[61] 小書，即一般所謂的彈詞，與之相對的是「大書」，即評話。不過大書、小書之名在北方又有和前者屬於蘇州一地分法不同的意思，即大書是說講歷史故事者，小書則是俠義故事。見陳汝衡《說書小史》（台北：環宇出版社，1961年），頁61。

[62] 劉復、李家瑞合編：《中國俗曲總目稿》（下）（台北：文海出版社，1973年），頁1099。

[63] 吳宗錫主編：《評彈文化詞典》（上海：漢語大辭典出版社，1996年），頁148。

說正書前加唱的篇子，有取舊詩詞者，有臨場自編者，或據時事諷刺者，以七言為主，一韻到底。除書前加唱外，後來也成為獨立的表演項目。阿英曾對馬如飛所創作的開篇評價道：

> 如飛開篇的特點，是文詞雅馴，剪裁恰當。於很少幾句的唱詞中，能把一個人物或一件事說的很周到，使聽眾能獲到較深刻的印象。[64]

上述馬氏開篇〈濟顛僧〉簡短，雖無法聆賞其聲情之美，但卻可以證明濟顛事蹟已是大眾所耳熟能詳的。除蘇州彈詞外，傳統長沙彈詞中也有說唱濟公故事的。據載，《濟公傳》為長沙說書藝人唐元芳的代表書目，他對該書的內容精心研究，使得細節變得更加豐富，而有「唐濟公」的美譽。[65]

鼓詞，為過去中國北方常見的一種曲藝，它和南方的彈詞都是連說帶唱的形式，但前者伴奏的是琵琶或絃子，後者則加入打鼓；前者的詞有敘事、代言兩種，而後者只有敘事。鼓詞的唱詞有七言、十言兩種。表演時，「說的時侯，拍一聲醒木，音樂一齊停止；唱的時候，敲起鼓板，音樂一齊應和」[66]，這種曲藝最難之處在於：

> 世上生意甚多，惟獨說書難習；緊鼓漫板非容易，千言萬語須記。一要聲音嘹喨，二要頓促遲急；裝文裝武我自己，好相一臺大戲。（見《借女弔孝》、《劉公案》等書首）[67]

---

[64] 倪鍾之：《中國曲藝史》（瀋陽：春風文藝出版社，1991 年），頁 424。

[65] 中國曲藝志編輯委員會：《中國曲藝志·湖南卷》（北京：新華出版社，1992年），頁 152。

[66] 李家瑞：《北平俗曲略》（台北：文史哲出版社，1974 年），頁 2。

[67] 同前註。

說唱濟公故事的鼓詞唱本，今以《清車王府藏曲本》所保存的資料最為豐富。書中第四十七、四十八、四十九三冊中，載錄濟公從羅漢降世、濟公入禪、指點迷人，直到淨慈寺施金、收緣結果等，多達一百十段的故事情節。此外，在中央研究院歷史語言研究所中另藏有一本上海錦章圖書局的石印本《繪圖鼓詞濟公全傳》，內題為「新刻昇禪會濟公全傳」，共分四卷六十回。至於濟公說唱鼓詞流行的程度，據李家瑞言，大約在清光緒、同治年間，北京許多的饅頭鋪除了賣蒸食外，還鈔寫唱本出租，中央研究院便從這些鋪子裡收得許多鼓詞鈔本，而有些鼓詞如《三國志》字數就多達一百六十五萬多字，篇幅極為可觀。比較這些饅頭鋪如「永隆齋」、「隆福齋」、「永和齋」等所出租的書目來看，《濟公傳》和《三國志》、《鋒劍春秋》等，都是當時最受歡迎的幾部作品。[68]

　　除了彈詞、鼓詞以外，在清末民初的湖南「漁鼓」曲目中，也可看到說唱濟公故事。漁鼓源於道情，以唱為主，兼有說白。其曲目之多，素有「唐三千、宋八百」[69]之說，而屬於「大傳」[70]性質的《濟公傳》及《續濟公傳》，則長達四百餘回，可連唱三、四個月。

二、評書

　　有關北方濟公的評書，《中國評書精華》中曾提到早在清同治十二年劉世英的《陪都紀略》中，即有「學評詞，有架式，學悟空，裝猴子，濟癲僧，跂拉只」的記載。書中並提及當時在瀋陽地區，有藝

---

[68]〈清代北京饅頭鋪租賃唱本的概況〉，收錄於《李家瑞先生通俗文學論文集》（台北：台灣學生書局，1982年），頁161-164。
[69]《中國曲藝志‧湖南卷》（北京：新華出版社，1992年），頁71。
[70] 湖南漁鼓曲目常分為三大類，據長篇小說改編的稱「大傳」，短篇的愛情故事稱「小記」，說講皇帝、清官微服出巡故事的稱「私訪」。同前註，頁71。

人王奎盛專說《濟公傳》。他是北方第五代評書藝人，即當時十八奎之一，行九，同輩中的蘇奎慶、王奎海、齊奎遠、劉奎遠等人都是以講《濟公傳》名傳北京的。

　　清末民初，北京一般茶館及市場廟會亦可見說《濟公傳》者。[71]據連闊如言，早年以陳茂勝之徒一聲雷陳勝芳說的最好，其次為張沛然。[72]其時北京藝人中雙厚坪以「評書大王」的美名，和當時的京劇大王譚鑫培、鼓界大王劉寶全並稱藝壇三絕。雙厚坪師承張君義，常在北京各處有名的茶館說書。由於他書路極寬，凡《隋唐》、《水滸》、《精忠傳》、《封神榜》、《施公案》、《濟公傳》等無不精通，時有「雙記書輔」的美稱。其說書除結構嚴整，形象生動外，並熟知北京各種風俗民情及社會各階層人物的心態，還能於正文之外穿插笑談及針砭時事，廣受民眾歡迎。連闊如曾言：「評書大王雙厚坪在世時亦常演『串花』[73]，發托賣像，形容最好，當場能抓現哏，詼諧百出，真有『翻堂的包袱』（按：台上藝人把全場觀眾都逗笑之意）。」[74]連氏又言另有評書界怪人士殿城亦能說《濟公傳》，專拱「蔫包袱」，幾句不要緊的事，便能使人發笑，頗有叫座的魔力。繼雙、士之後，能說「串花」的藝人還有劉繼業，劉氏拜士殿城為師，後又得道中祕本，能說至五雲陣、小四天，同業之人無出其右者。[75]

　　至於在南方（特指蘇州一帶）的評話中，現能上推最早表演濟公故事的藝人是清道光年間的張松亭。由於此書雖述濟顛濟困扶危，並

---

[71]　譚達先：〈八個城市評書（評話）活動資料選〉，《中國評書（評話）研究》（台北：木鐸出版社，1983年），頁274-275。

[72]　《江湖叢談》（北京：當代中國出版社，2006年），頁266。

[73]　北平俗語乞丐為「花子」，濟公因像乞丐，故評書界行話管說《濟公傳》的就叫「串花」。

[74]　《江湖叢談》（北京：當代中國出版社，2006年），頁266。

[75]　同前註。

有嘲弄官府、奸商的內容，但情節枝蔓，多荒誕庸俗，後有沈笑梅從中選回加以整理成《割瘤移瘤》。[76]另從演出《濟公傳》評話的歷代傳人系脈表來看，[77]演說此書目的除張松亭之外，另有賈嘯峰、龔炳南、范玉山、沈笑梅、胡均飛、虞文伯等，且多數都有傳人，由此可知濟公故事在民間擁有很多的聽眾。至於三、四十年代以後至七十年代，在廣州有以粵語說濟公故事者，著名的有王蓋華、廖華軒、侯佩玉等人。[78]

關於濟公評書的作品，在《中國評書精華》一書中收有施星夔（1905-1985）於1985年編述，其後由白樹榮整理的〈大鬧秦相府〉（又名〈濟公對詩〉）。此篇大致上是以小說《評演濟公傳》中的第三、十五、十六、十七至廿四回等的內容為主，而加以增刪，情節緊湊連貫，頗具藝術吸引力。為求表演逼真生動，施氏甚至曾親往杭州考察有關濟公的傳說軼聞，由於講說出神入話，被譽為「活濟公」。[79]

第五節　電視劇及電影

由於民眾對於濟公非常熟悉，所以電視台或電影公司每隔一段時日便會重新製播有關濟公內容的節目，且隨諸影視媒體的普遍，可以隨時租借播放觀賞，所以其滲透力遠超過昔日。以下筆者就台灣、香港及大陸三地有關的演出記錄做一整理。

[76] 吳宗錫主編：《評彈文化詞典》（上海：漢語大辭典出版社，1996年），頁54、61。
[77] 同前註，頁366。
[78] 譚達先：〈八個城市評書（評話）活動資料選〉，《中國評書（評話）研究》（台北：木鐸出版社，1983年），頁275-289。
[79] 李真主編：《中國評書精華》（神怪卷）（瀋陽：春風文藝出版社，1991年），頁157-158。

一、電視劇

台灣的電視台曾多次的製播有關濟公故事的節目,最早中華電視公司曾於民國六十年(1971)十一月一日起至六十一年(1972)三月四日的八點檔,連續播放九十八集的國語古裝歌唱劇《萬家生佛》,濟公一角由平劇名丑于金驊飾演。其後民國八十年(1991)十二月廿一日,中華電視台又再播出《濟公新傳》。此戲既然標榜「新」字,則其內容自以新編為主,每集自成一單元。濟公由諧星顧寶明擔任演出,劇中並安排另一名學術不精,好管閑事,卻又正直善良的「齊顛」與之搭配,以使內容更具可看性。另外中國電視公司也曾於民國八十三年(1994)製播同樣的節目,名為《活佛也抓狂》,由喜劇演員石英主演。石英已有多次扮演濟公的經驗,早年即是以濟公的造型走紅演藝界。此戲以時裝型態描寫濟公下凡,藉濟公的法眼看待世事,眼看凡人貪名好利,為情癡狂,人心墮落。濟公本想點化世人,未料愈救愈瘋狂。以上這幾齣戲都以翻新題材為訴求,以迎合現代觀眾的口味。又香港亞洲電視也曾拍錄《濟公傳奇》電視劇,是由麥嘉、吳倩蓮、梁容忠等人演出,內容也多為新編。濟公角色仍不脫破帽蒲扇,不修邊幅的樣子,行跡略嫌粗鄙。因電視製作之便,所以採用許多聲光特技的表現,然整體而言,藝術性不高,聊供娛樂而已。

相較於台、港,大陸地區所製作的濟公節目就比較顯眼。1985年由杭州電視台、浙江電影製片廠、上海電視台所聯合錄製的一套十二集的古裝《濟公活佛》連續劇,後來成為流傳最廣的濟公影視節目。此劇前部八集中的濟公由游本昌飾演,外景皆在靈隱寺等的江南各地實地拍攝。此八集的名稱分別為:

第一集　濟公出世
第二集　陰陽淚水

第三集　古井運木

第四集　妙手移植

第五集　巧點紫金釵

第六集　大鬧秦相府

第七集　醉接梅花腿

第八集　智破無頭案

以上各集舊題新編皆有，其劇風格寫實，力求擺脫怪力亂神，例如在第一集中，很完整的交代僧「顛」的原因，乃是在人間遭受種種無常之苦，努力掙除困境之後所造成的結果。如此一來，一方面賦予濟公更多的人性色彩，另一方面也能讓觀眾體會以紅塵為家，視眾生為手足的慈悲意義。劇中的濟公，其形象不著墨在骯髒邋遢上，反著重在其機智表現，喜感中不失真切，一副十足窮人家朋友的模樣。除八集的《濟公活佛》外，另有《濟公外傳》四集，濟公由呂涼飾演，各集名稱分別為：瘋僧背新娘、點化一二三、沿街賣秀才、治病分逆孝。此部電視劇之後，游本昌又自導自演出一部廿集的《濟公遊記》，內容都為新編，共有十一個故事，分別為羅漢應世、智鬥法師、刀下留神、戲懲刁徒、移石情緣、銀雙魚、遊僧收徒、金麒麟、天佛緣、聖僧遇胡商。透過上述電視劇的製播和傳送，再度創造濟公在民間的聲望，也藉由這些節目的提示，調整大眾過去對濟公充滿神怪的錯覺，進而重新建立其符合社會教育的新形象。

近來，另有一部由張國立所導演的三十集《濟公新傳》，於 2006 年 2 月拍製完成。其內容與游本昌版的《濟公》完全不同，它把重點放在濟公的年少時期，演濟公成為活佛前的過程，其中包括濟公出山、雷公橋、蝗災風波、隱身衣、大鬧秦相府等五個單元。劇中除了搬演一些佛教的故事外，還加入了許多生活的細節、時尚元素和大量的口頭禪等，除了表現濟公的幽默外，還希望能夠傳遞人心向善的價

值觀。[80]除此以外，由於民間對濟公的熟識，大陸河南省周口市沈丘
縣老城鎮的十多位農民，也於 2006 年 7 月起，自編自演自拍了一部
十集的豫劇《濟公新傳》電視劇，劇情以當地發生過的五個真實故事，
包括有兒媳婦逼婆婆上街要飯、懲罰農村賭博、賣假藥、偷東西的和
迷信的內容為大綱，以結合神話與現實的表現手法，勸人要能夠孝敬
父母、崇尚科學和積德行善等。[81]由此看來，大陸地區似乎仍有許多
人對製作有關濟公故事的電視節目深感興趣，且在掃除怪力亂神的政
策下，這些節目的內容都以強調社會教育為主。

二、電影

清光緒三十一年（1905），北京豐泰照相館錄製了一段由演員譚
鑫培所主演的京劇《定軍山》後，中國電影的發展於焉開始。在大約
民國十五年（1926）之前的早期發展中，滑稽的故事短片是其中非常
重要的片種，表現以喜感的情節內容和誇張逗趣的動作為主，例如亞
細亞影戲公司的《活無常》、《五福臨門》、《二百五白相城隍廟》，商
務印書館活動影戲部的《呆婿祝壽》、《憨大捉賊》、《得頭彩》，明星
影片公司的《滑稽大王遊華記》、《大鬧怪劇場》、《擲果緣》等，這些
電影參加拍攝的演員大都是當時文明新戲的工作者，而表現內容，則
完全以迎合市井大眾的口胃為主，因為「完全模仿了當時已經趨向沒
落的文明新戲，或西方資產階級無聊打鬧的東西」，甚或被批評為「低

80　〈《濟公新傳》給兒子配戲，張國立演秦檜過癮〉，2006 年 2 月 5 日《人民網》：
　　http://ent.people.com.cn/BIG5/4074791.html。
81　〈河南農民自拍電視劇《濟公新傳》推向市場〉，2006 年 7 月 27 日《東方網·
　　社會新聞》：http://61.129.65.8:82/gate/big5/news.eastday.com/eastday/node79841
　　/node79861/node150820/u1a2210523.html。

級趣味」。[82]自民國十五年（1926）起，天一公司開始改編民間故事或傳統小說，拍攝了如《梁祝痛史》、《珍珠塔》、《孟姜女》、《唐伯虎點秋香》等古裝長片，由於吸引不少觀眾，一時間蔚為風潮，許多影片公司也跟進開拍。而最早的濟公電影長片，便在此時由開心影片公司推出，內容全以機關和幻術做為噱頭，而且連拍四集。[83]其後，濟公電影便在影壇上陸陸續續出現。以下筆者將歷年來上映的濟公電影，大致整理如下：[84]

片名	導演	主要演員	發行公司	出版時間
濟公活佛	汪優游	徐卓呆、汪優游	開心影片公司	1926 前後 滑稽短片
濟公活佛（第一集）	汪優游	汪優游、周鳳文、徐半梅、蔣呆兒、朱榮奎	開心影片公司	1926 滑稽長片 黑白無聲
濟公活佛（第二集）	汪優游	汪優游、周鳳文、徐卓呆、徐半梅	開心影片公司	1927 黑白無聲
濟公活佛（第三集）	汪優游	汪優游、周鳳文、徐卓呆、徐半梅	開心影片公司	1927 黑白無聲
濟公活佛（第四集）	汪優游	汪優游、王豔秋、劉一歡、顧翠英、劉振廷	開心影片公司	1927 黑白無聲
濟公活佛	魯司	伊秋水、張活游、陳倩如、劉克宣、巢非非	香港，魯魯影片公司	1939 黑白粵語

---

[82] 程季華主編：《中國電影發展史》（第一卷）（北京：中國電影出版社，1998年），頁59。

[83] 同前註，頁86-90。

[84] 參考資料有：程季華主編：《中國電影發展史》（北京：中國電影出版社，1998年），張駿祥、程季華主編：《中國電影大辭典》（上海：上海辭書出版社，1995年），以及下列網站資料：

中文電影資料庫（http://www.dianying.com/ft/title.php?titleid=jgh1926）

台灣電影資料庫（http://cinema.nccu.edu.tw/cinemaV2/）

香港電影資料館（http://www.hkfilm.net/archive/hkfa.pdf），〈港產電影一覽〉

中國影視庫（http://www.mdbchina.com/movies/47706/）

濟公傳	黃文錦	陳倩如、俞亮、龐順堯、陳省章	香港，崑崙影片公司	1939 黑白粵語
濟公活佛	鄭小秋	尤光照、龔稼農、袁紹梅、徐天任、蒙納、周起	香港，華美影片公司	1940 黑白國語
濟公活佛	顧文宗	伊秋水、林妹妹、劉克宣、蔣世勳、何少華、林家聲	香港，星光影片公司	1949 黑白粵語
天魔女三戲濟顛	畢虎	秦小梨、伊秋水、劉克宣、崔子超	香港，合益影片公司	1950 黑白粵語
濟公三氣華雲龍	尹海清	石燕子、伊秋水、郭秀珍、劉克宣、黃楚山	香港，泰興影片公司	1950 黑白粵語
濟公新傳	梁琛	梁醒波、周坤、白明、黃超武、半日安	（香港，不詳）	1954 黑白粵語
濟公傳	李英	洪波、謝少、馬笑儂、馬力、賀賓、吳家驤、朱纓	香港，天星影業公司	1954 黑白國語
真假濟公	王天林	上官清華、洪波、劉恩甲、王元龍	（香港，不詳）	1955 黑白國語
濟公活佛	顧文宗、黃文禧	小娟（凌波）、王清河、胡同、陳列	台灣，京都影業公司	1957 黑白廈語
濟公火燒琵琶精	王天林、尹海清	梅綺、梁醒波、林家聲、蕭仲坤	香港，華僑影業公司	1958 局部彩色粵語
濟公鬥蟋蟀	萬古蟾		上海美術電影製片廠	1959 剪紙片
濟公活佛	吳文超	辰斗、楊月帆、小寶雲、陳靜芬	台灣，福華影片公司	1963
濟公活佛	蔣偉光	新馬師曾、高魯泉、許英秀、關海山、譚蘭卿、李寶瑩	香港，順利影片公司	1964 黑白粵語
濟公大鬧公堂	黃鶴聲	陳寶芳、蕭芳芳、新馬師曾、尤光照	香港，玉聯有限公司	1965 黑白粵語
摩登濟公	黃堯	新馬師曾、丁皓、鄧寄塵、高魯泉	香港，志聯影業公司	1965 黑白粵語
真假濟公	蔣偉光	新馬師曾、陳寶珠、李寶瑩、譚蘭卿	香港，順利影片公司	1965 黑白粵語

濟公捉妖 （又名：濟公怒 斬白骨精）	黃鶴聲	新馬師曾、陳寶珠、 鄺紅、蕭芳芳	香港，玉聯影業公司	1965 彩色粵語
濟公大鬧公堂	黃鶴聲	新馬師曾、陳寶珠、 鄺紅、蕭芳芳	香港，玉聯影業公司	1965 彩色粵語
濟公鬥八仙	蔣偉光	新馬師曾、吳麗君、 李香琴、關海山	香港，大志影片公司	1966 彩色粵語
真假濟公	吳文超	蔣光超、上官亮、葛 小寶、鈕方雨、武家 麒、歐威、華真真	香港，聯合影業公司	1969
濟公活佛	吳文超	蔣光超、伍秀芳、武 家麒、田野、上官亮	（不詳）	1969
烏龍濟公	王風	野峰、華倫、艾飛、 邵音音、夏萍、葛荻 華、麥華美	香港，邵氏兄弟影片 公司	1978 彩色粵語
大小濟公	張人傑	凌峰、胡家瑋、馬永 霖、馬沙、張小蘭、 孫嘉琳	台灣，寶商影片公司	1982 彩色
新濟公活佛	王重光	李國修、程秀瑛、吳 元俊	台灣，元寶有限公司	1982 彩色
濟公	杜琪峰	周星馳、吳孟達、 張曼玉、梅艷芳、 黃秋生	香港，大都會有限 公司	1993 彩色粵語

　　從二、三十年代到九十年代之間，大陸及台灣、香港地區所拍攝的濟公電影達三十部之多，從主要的演員來看，都是屬於喜劇性質，而內容除了部份源自小說外，大都為新編，只要選角得宜，情節有新的變化，仍能不斷的吸引觀眾。換言之，通俗文藝中的娛樂效果和商業考量，已無形中成為深化濟公滑稽形象最大的外來力量。在上述諸多影片中，筆者以為由有香港搞笑天王、無厘頭大師之稱的周星馳所主演的《濟公》，因為注入了後現代電影中的喜劇元素，使其在濟公電影諸作中別具特色。

　　所謂「無厘頭」本是廣東俚語，指一種沒頭沒腦的反應或表現，令人無法理解和掌握。而無厘頭電影，正是以一種誇張、粗俗、鬆散

的精神，顛覆以往的電影敘事手法和視覺經驗。它不再強調傳統喜劇片裡的社會性批判，而是重新設計新的搞笑情節，博君一笑，提供社會大眾一種宣洩情緒的管道，所以它常被視為沒有文化深度，難登大雅之堂。在諸多演員中能和香港無厘頭電影畫上等號的便是周星馳，甚至有人以為周星馳的發跡過程，便是一部無厘頭電影的演變史。周星馳早期的無厘頭電影，只充滿了許多生活中一些粗俗的言語和動作，如《賭俠》、《賭聖》、《整人專家》、《逃學威龍》等，原則上仍以表現演員獨特的個人魅力，直到《唐伯虎點秋香》出現時空錯置、鬆散改編以及特殊的語言邏輯等特色後，早期的無厘頭電影大致成型。其後，周星馳開始出現一些改造古典之作的電影，如《九品芝麻官》、《西遊記》等，大量運用另類的觀點和鬆散的改編手法，創造出濃厚的後現代顛覆及拼貼的風格，而《濟公》正是其中的一部作品。

　《濟公》的劇情是敘述降龍羅漢（濟顛）因替人間打抱不平，立願下凡救渡九世妓女及九世乞丐、九世惡人，最後在不靠法力只用誠意的方式完成任務，重新榮獲觀音大士授與尊者的地位。此部電影雖然以濟公解救眾生為架構，強調「只要有愛，那裡都是天堂」、「所有的人都可以救」的主題，但卻充滿「借古諷今」、「借神諷人」的意圖，例如濟顛在天庭數落諸仙的胡作非為時，便罵灶君在年尾討不到人家的便宜，便愛到天上說凡間不是；責備月老不湊合梁山伯與祝英台，讓他們落得撲墳吐血的下場；控訴閻王逼死女子，還把她丟進鍋裡炸得像麻花一樣；最後甚至還大膽挑戰玉皇大帝，反唇相稽，不服領導。凡此種種，都很明顯的流露出在後現代的社會氛圍下，顛覆傳統和威權的意圖。又在電影中，我們也可以看到極為辛辣的對白，如觀音大士問濟顛為什麼要攪亂天庭，濟顛說：

我只是想讓這一班高高在上的神仙，能夠好好的真正的體驗
一下凡人，不要因為只因做錯了一兩件事就翻不了身。無論
他們是多麼的笨，多麼的無知，怎麼兇，怎麼該死也好，始
終都是人間有情。

又如一群婦女欺凌九世妓女時：

濟顛：你們大家都是女人，何苦自相殘殺呢？

眾女人：她是野雞（妓女）呀！

濟顛：雞──都有愛國的嘛！

（眾女人點頭為是）

再如天庭要降瘟疫到人間時：

濟顛：你告我，是那一個下令放瘟疫的？

麒麟怪：上頭咯。（指天庭）

（濟顛、伏虎羅漢、麒麟怪一齊指天）：媽的！

伏虎羅漢：上頭什麼人？

伏虎羅漢：（向著麒麟怪）說啊！我不會講是你說的。

麒麟怪：是康樂部！

伏虎羅漢：康樂部只是搞旅遊的。

麒麟怪：康樂部跟會計部有掛鉤的。

濟顛：會計部是發薪水的。

麒麟怪：沒錯啦，糟糕的就是會計部跟宣傳部都是拜把兄
　　　　弟，又好像宣傳部跟福利部大家都死要面子。……

從以上的對白中，我們可以明顯的看到影片對某些現實環境的譏刺，[85]以及憐憫市井小民卑微的處境。

除此以外，筆者以為本片中詮釋濟公的角度，有別於歷來以往。過去無論是小說、表演藝術或宗教信仰中的濟公，外表雖然都被塑造成懶散詼諧的樣子，但其始終都保有全知全能的本領；而在本片，濟公的角色卻在不斷透過無厘頭的作風及製造粗鄙言行的過程中，自我消解其神聖性。當他答應觀音大士下凡不帶法力時，濟公已和過去的濟公完全不同；又如他裝扮成好像掛兩條豬腸在嘴上的可愛鬼時，卻被受到驚嚇的女子痛打一頓；再如當他要闖進陰間救九世乞丐時，卻被黑羅剎一腳踩扁。凡此種種，都在顯示濟公不再是神聖不可侵犯。這是周星馳無厘頭電影中常見的另類觀點手法，他藉自我嘲弄達到嘲弄現實社會。固然《濟公》在周星馳的電影作品中並非最佳之作，但因為加入了新時代的電影觀念及表演元素後，使得濟公的喜劇內涵出現了新的面貌和意義。

85　關於「雞，都有愛國的嘛」一句，夥計在〈漫談香港電影作品的「指桑罵槐」〉文中指出：「說到周星馳，這位搞笑之王他在很多作品中都含沙射影的表達了他對專制制度的藐視。例如在《濟公》中，他借濟公之口說『雞（妓女），也有愛國的』。這是在暗指當年公安部長陶駟駒的一句話，陶駟駒說過一句著名的『黑社會也有愛國的』，說的是當年中國國家主席過境香港，是由『當地社團八百壯士』保駕護航的。聽聞公安部長此說，香港黑社會軍心大定。這時的背景是八十年代初，鄧小平要求香港社會穩定，特別是要求黑社會的穩定。新華社香港分社也根據這個精神參與調解香港黑社會不同堂口之間的紛爭，以維護香港的『安定團結』。新華社稱他們為『社團』而不是『黑社會』。黑幫兄弟為此而深受感動，在九七年主權轉移前，有的『社團』為了以後可以取得合法地位而將加入黑社會的三個條件中的第一條定為『愛國』。一些大佬在大陸做生意風生水起，還結交公安、軍方等猛人。中共從此後在香港和黑幫水乳交溶，其樂融融。」見 2006 年 3 月 15 日《大紀元時報》網站（http://tw.epochtimes.com/bt/5/3/15/n849960.htm）。

　　濟公的滑稽性格，結合影音科技的聲光表現，打造出與前代不同的娛樂效果。對一般民眾而言，自要比形式簡單的說唱及小說讀本更富吸引力。有關濟公主題的影視節目不斷出現，正說明他在民間仍具有很高的知名度及影響力，但也不可否認的，在諸多的電視劇及電影中，人物的表面化及敘事的不夠嚴謹，使得這些作品僅能發揮娛樂作用，而難以更進一步的達到藝術的深度。

第五章　濟公的形象與精神

　　在過去傳統的小說戲劇和民間故事裡，曾經創造出許多令人耳熟能詳的人物，這些人物有他們自己的外貌、精神氣質和奇特事蹟等，構成了鮮明且獨特的形象，深植在普羅大眾的印象和記憶裡。濟公故事自南宋流傳以來，已有很長的一段時間，他的形象也由原本寺院的禪師，一變浪跡江湖而為丐為俠，最後躋身於神明之列，成為民眾信仰的依靠。濟公之所以具有這些不同的屬性，乃源自於民眾對他不同的認知、想像和各種心理需要。如果從接受美學（aesthetics of reception）的理論來看，濟公形象乃是一個未完成的圖示。姚斯（Hans Robert Jauss）以為：「一部文學作品，並不是一個自身獨立、向每一時代的每一讀者均提供同樣的觀點的客體。它不是一尊紀念碑，形而上學地展示其超時代的本質。它更多地像一部管絃樂譜，在其演奏中不斷獲得讀者新的反響，使本文從詞的物質形態中解放出來，成為一種當代的存在。」[1]或許我們也可以這麼說，濟公並非是一個凝固的歷史存在，他所含有的意義是在不斷的文化變遷下，經過調整、融合新生而成的。在前面數章中，筆者已就濟公在書寫、表演等不同場域的表現做過分析。本章中，筆者將綜合性的從不同的造像、多重屬性的身份、身體想像及笑謔下的現實意義等各種角度，觀察濟公形象的變化以及它們和群眾生活間的關係。

---

[1]　〈文學史作為向文學理論的挑戰〉，收錄於周寧、金元浦譯：《接受美學與接受理論》（瀋陽：遼寧人民出版社，1987 年），頁 26。

第一節　不同的造像

　　在日常生活中，物體形象是人類認知和記憶經驗中非常重要的依據，不但藉由形體的外觀和功能，區別它們的存在，更可能因為長期文化的累積，而賦予它特殊的意義。而在藝術創作的世界裡，如何塑造鮮明生動的形象，一方面既可以反映現實的物質客體，一方面又能獲得精神上審美的滿足，則直接影響到作品的成敗。本節中筆者將就文書摹寫和視覺造型兩方面觀察濟公形貌的變化，並探究其形成的原因和背後所顯示的意義。

一、文書摹寫

　　除非親眼見過濟公本人，否則實際上是無法呈現或還原濟公真正的音容笑貌。後代的書寫者必須根據前人所述及自己的想像，從零星片段的抽象認知中歸納其言行舉止和精神的特點，然後具體的將它描繪出來，並符合民眾的心理需求，這是濟公事象文化發展的第一步。有了賴以依據的圖像之後，他才能在民眾的記憶中留下深刻的印象，並且進一步的發展成為一個文化符號。

　　在文書的摹寫上，最早記錄濟公原型的是居簡的道濟〈舍利銘〉，但全文中除「暑寒無完衣」一句稍具視覺性外，其餘如「狂而疎，介而潔」、「有晉宋名緇逸韻」等都過於抽象，無法具體的呈現濟公特有的形貌。直到明隆慶本的《濟顛語錄》問世後，濟公才有清楚的容貌、服飾、語言和動作。濟公本是一名出家的和尚，照理說應該是行立坐臥都合乎僧規，威儀十足，但是我們在小說中看到他的樣子卻是：

　　　──身上穿一領破直裰，腳下著一雙破僧鞋，赤條條露雙腿。
　　（頁49）

——長老大怒，令侍者打二十，拖倒揭起直裰，濟公卻不穿
褲子。（頁51）

——面黃似蠟，骨瘦如柴。這般模樣，只好投齋。（頁106）

——眉如掃帚，一張大口。不會非言，只會喫酒。看看白頭，
常常赤腳。（頁111）

以上數則是《濟顛語錄》中對濟公外貌的描述，雖著墨不多，但基本
造型已經出現，成為日後許多濟公造像的藍本，究竟這樣的形象是否
符合道濟的本來面目，除了衣衫殘缺尚如居簡所言的「暑寒無完衣」
外，其餘的描寫則永遠無法查證；然而，濟公此種形象卻又不是憑空
捏造或突發奇想所致，而是從佛門散聖的原型上脫胎而成的。《濟顛
語錄》中有云：

——以叢林規矩為鄙吝，風狂行遍市廛。迅手寫出大道，向
人博換酒錢。皮子隊裡，逆行順化。散聖門前，掘地討天。
臨命終時，坐脫立亡。（頁135）

——天台散聖無人識，臥柳眠花恣飄逸。如今脫卻臭皮囊，
無位真人赤骨律。（頁136）

「散聖」是佛門中有別於嚴守戒律、清修莊嚴高僧以外的一種亦莊亦
諧、亦聖亦凡姿態的和尚，通常他們都具有以下的特點：

（一）他們是聖賢應化所生，故被稱為「應化聖賢」，如布袋和尚
是彌勒的化身，豐干禪師為阿彌陀佛的化身，寒山、拾得分別為文殊
及普賢菩薩的化身等，而濟公則是紫腳羅漢或降龍羅漢的化身。

（二）他們的性格或言語行止怪異，有別於一般僧人，甚至更嚴重
的是違反戒律，所謂「以叢林規矩為鄙吝，風狂行遍市廛」，濟公的
飲酒、吃肉、宿妓即是。

（三）他們通常皆非名山住持，有的不屬於正宗的法嗣，有的則是自己沒有法嗣。濟公雖以遠瞎堂為師，係出名門，臨死前也剃度了沈萬法，但瘋顛才是他的本色。

（四）這些散聖通常都坐禪不住，一味流連街坊市廛，混俗同塵，所謂「天台散聖無人識，臥柳眠花恣飄逸」。濟公喜坐酒樓，結交十六廳朝官、二十四太尉、十八個財主，市井張公、提點，無非知交，但卻和寺內的僧人冰火不融。

（五）他們都具有廣大的神通，且經常游離在凡俗與聖境間，以顛倒手法，在世人毫不知情的狀況下，暗中進行普化。

綜上所述，我們可知濟公的形象有很大的部份是源自於前代的散聖，它是因應佛教在南宋以後朝世俗化發展趨勢下，民間另行塑造信仰典型的結果。他之所以能在民間廣受喜愛，其實是因為他具有顛覆性及親切感，這不但促使他日後成為民間教派中新的信仰偶像，更給文學藝術創作帶來更多發展的空間。濟公穿著襤褸，破衣破鞋，固然只是對現實狀態的描述，但它卻具有高度的象徵意義，亦即它解構了服裝所代表的社會價值，並徹底實踐佛門空有的精神。在許多民間故事中，大凡衣衫破舊不整或赤裸的人，多半隱藏著不為外人所知的特殊才調與德性，大有高智若愚、深藏不露、掩人耳目的作用。因此筆者以為濟公一直維持這個形象，其實已經不是單純衣著上的問題，而是和他的顛，一表一裡的共同形成具有強烈顛覆既有規範及秩序的力量。

濟公形貌的醜怪、誇張與多變，至郭小亭的濟公小說可謂集其大成。以下筆者就傳中有關濟公各種不同的樣子整理如下，其中包括本來面目、出家模樣和羅漢化身三種。

（一）本來面目

——立時給和尚打了洗臉水，和尚一洗臉，本來濟公五官清秀，無非是臉上太黑。（《前傳》，第一百十一回，頁 446）

——原本濟公當初在家的時節，是白面書生，是文生公子打扮。（《後傳》，第三回，頁 499）

（二）出家模樣

——臉不洗，頭不剃，醉眼捏斜睜又閉。若痴若傻若顛狂，到處詼諧好戲耍。破僧衣，不趁體，上下窟窿錢串記。絲絲七斷與八結，大小疙瘩接又繼。破僧鞋，只剩底，精光兩腿雙脛赤。（《前傳》，第二回，頁 6）

——老道睜眼一看，見和尚身量不高，漢仗不大，一臉的油泥，短頭髮有二寸多長；破僧衣，短袖缺領，腰繫絨絲，疙裡疙瘩，襤褸不堪，原是一丐僧。（《前傳》，第九十三回，頁 377）

——由廟中出來一個窮和尚，破僧衣，短袖缺領，腰繫絨絲，疙裡疙瘩，頭髮有二寸多長，一臉油泥，光著兩隻腳，穿著兩隻草鞋，三分不像人，七分倒像鬼。（《前傳》，第一百十九回，頁 479）

（三）羅漢化身

——和尚身高一丈，頭如麥斗，赤紅臉，穿著黃袍，手拿一百零八顆念珠，真是羅漢的樣子。（《前傳》，第九十七回，頁 393）

——和尚身高丈六，頭如巴斗，面如蟹殼，身穿直裰，赤著兩條腿，光著兩隻腳，穿著草鞋，是一位活暴暴的知覺羅漢。（《前傳》，第一百一回，頁 408）

傳中對濟公的描寫比《濟顛語錄》擴大許多，除了增加出家前原本清秀的書生模樣外，還有化為羅漢的面目，使人物的形象更為豐富，更具層次感，而其遊戲人間展現神通的說服性也變得更高。

除上述的服裝儀容外，濟公還手持破扇，究竟此扇從何而來？是否又帶有特殊的含意？筆者目前尚未掌握直接的證據可供說明，但如據所見的零星資料來看，濟公手持破扇應與其滑稽和施展法術的形象有關。就滑稽而言，江南有一種大頭和尚戲柳翠的民間說唱活動，其中大頭和尚就是手持破扇：

> 南宋與明代在江南一帶頗為流行「大頭和尚戲柳翠」的民間說唱，以大頭和尚與柳翠戲耍為主要情節，表演各種逗人發笑的說唱、故事，並輔以滑稽動作。大頭和尚用紙糊大頭作道具，和尚有時手中持破葵扇。[2]

濟公形象雖不似大頭，但持扇方便戲耍或有相通之處。北京故宮博物院藏的宋代雜劇《眼藥酸》絹畫中，有副淨和副末作滑稽表演，而副末在腰後插有一把破扇，上面書一「諢」字，由此可知破扇可能就是滑稽表演時的「砌末」（道具）。[3]又扇與「善」同音，象徵「行善」，八仙中的鍾離權，傳說就能以扇子助人起死回生。[4]如此看來，破扇一來既能發揮滑稽逗趣的效果，二來又是施展法力，救人除妖的工具，它確是深富民俗文化象徵意味的配件。

---

[2]　任道斌主編：《佛教文化辭典》（杭州：浙江古籍出版社，1991年），頁669。

[3]　郭偉廷：《元雜劇的插科打諢藝術》（北京：中國社會科學出版社，2002年），頁58。

[4]　〔美〕W．愛伯哈德（Wolfram Eberhard）著、陳建憲譯：《中國文化象徵詞典》（長沙：湖南文藝出版社，1990年），頁102、365。

二、視覺造型

　　文字的描述固然可以生動逼真，但又不如眼見為憑來得更為真實。目前可見濟公最早的畫像，也是出於隆慶三年本的《濟顛語錄》。該書在卷首有「平石子」臨的一幅道濟畫像，是簡單的羅漢造型，手持禪杖，服儀端莊，無其他帽、扇、佛珠、葫蘆等配飾。【附圖 1】此後清乾隆五十六年自愧軒刻本，題由錢塘陳梅溪搜輯的《西湖拾遺》中，也出現不同造型的道濟像，它是頭頂圓形法冠，手持蒲扇，袒胸露腹，大類布袋和尚的樣子。[5]【附圖 2】在比較晚期出刊的繡像小說中，濟公的造型則大都是接近丐僧模樣，衣衫襤褸、赤腳，外帶佛珠和葫蘆，一副邋遢的裝扮。[6]【附圖 3】

　　除小說的附圖中可見濟公圖像外，繪畫中的濟公，就筆者所見其造型多半出自小說裡的描寫，不脫醉態顛意、邋遢骯髒，唯清光緒高僧任禪所繪的濟顛畫像，匠心獨運，擺脫一味誇張的形體，從靜中取態，頗有傳統羅漢畫像的遺韻。觀其「醉眼捏斜睜又閉，若痴若傻若顛狂」的眼神，一副遊戲人間但又靜觀自得、恬然無慮的神情，最是超塵脫俗。【附圖 4】。在雕塑方面，為濟公立像最早的記載見於明郎瑛的《七修類稿》，中云：「濟顛乃聖僧，……又有小石像於淨慈羅漢堂。」[7]此小石像今已不見，但在《淨慈寺》中錄有一清乾隆戊寅（二十三年，1758）由錢塘金若水重修的「濟顛禪師石刻像」圖，並題有

<hr />

5　〈西湖人物圖〉，《西湖拾遺》（一），卷三，頁 31，收錄於《古本小說集成》
　　（上海：上海古籍出版社，1991 年）。

6　如《醉菩提》（又名《繪圖真真活神仙》）書前人物圖像，收錄於王以昭主編：
　　《罕本中國通俗小說叢刊》（台北：天一出版社，1974 年），第一輯，第七冊。

7　楊家駱編：《讀書箚記叢刊》（台北：世界書局，1963 年），第二集，第十一
　　冊，頁 475。

「嘉定辛巳余逢辰刊」、「嘉慶丁巳朱文藻摹」字樣。[8]查「嘉定辛巳」
為南宋寧宗嘉定十四年（1221），距道濟圓寂僅差十二年。換言之，
若此款識年代無誤，則此石像當是可見濟公雕刻最早的作品。但當時
為何會為道濟立像，是否和傳言他是五百羅漢的化身有關，不得而
知。觀此石像摹本，濟公身穿略為殘破的僧服，裸露前胸及右臂，手
持扇子，著僧鞋，造像平淡樸實，不見任何怪誕之處。【附圖5】

　　除文獻所載外，目前實際可見的濟公像，大致有散聖、羅漢及聖
佛幾種。散聖的基本造型是頭戴僧帽（合掌帽），穿著簡單寬鬆的直
裰（或百衲衣），腰繫絨絛，袒胸，或赤腳提鞋，或穿草鞋。而其配
件，則有佛珠破扇和葫蘆。在面容方面，一般所見都是一副笑呵呵的
模樣，但也有特別造像的，如在浙江天台赤城山的濟公院，則有一尊
左視春風滿面，右觀愁雲滿臉，正視則半喜半嗔陰陽臉的濟公像。在
杭州虎跑泉的濟公殿裡，也有這樣的立像。【附圖6】這反映了宗教
人物在神聖化的過程中仍不免被賦予各種常人的情感，以拉近和民眾
間的距離。這種一臉兩面表情的雕像，當從民俗文化的角度觀之才有
意義，是否具有藝術價值實則並不重要。至於身形，有的是雕刻成單
座散步雲遊的全身立像，[9]【附圖7】或持扇閑適的坐像，[10]【附圖8】
有的則是依照傳說故事，塑成有情節的姿態，如浙江天台赤城山的濟
公東院裡，就有這樣的濟公百態塑像。所謂「百態」，是根據佛學中
「三身」的觀念演化而來的，原指佛陀的各種化身。據該院〈濟公百
態雕塑啟事〉上言，此百態雕塑包括「喜怒哀樂、悲歡離合以及興旺

---

[8]　收錄於杜潔祥主編：《中國佛寺志》（台北：明文書局，1980 年），第一輯，
　　第 17 冊，頁 258。

[9]　如台南市普法道濟寺正殿所供奉的濟公像。

[10]　如浙江杭州靈隱寺道濟禪師殿內，有一尊平民老叟模樣的濟公造像，裸露上
　　身，為筆者所見濟公塑像中，最具寫實性者，頗有居簡稱「方圓叟」之意。

發達等姿態」，並作為眾人「以歲循環點畝，以活佛形相推論吉凶之
預測」。觀察這些百態雕像中，濟公的年歲、體態、情意各不相同，
有高臥仰天張口者，有酒醉瘋顛腳步踉蹌者，有拉胡琴唱山歌者，有
敲木魚誦經者，不一而足。又〈天台山濟公百態群雕碑記〉中言：

> 此百態者，以史傳為本，以技藝為形。自少結善緣，始至入
> 世。醉酒藏真裝拙，至破衫過市，游戲人生，處處寓以拯民
> 水火之深意，突出懲惡揚善之主旨，使濟世活佛長活人間，
> 願此情境長融於大千世界，人們之心境。[11]

筆者以為此種以行僧為基本造型的濟公雕塑，其主要作用在於表現濟
公入世，和光同塵的親民形象，並透過故事宣揚佛門及普世的一些基
本思想和價值。

　　就筆者所見，濟公以散聖形貌出現，而且得稱佳作的雕塑有兩
件，一是收錄在《中國美術全集》中，由晚清雕刻家朱子常所刻的黃
楊木濟顛和尚。此件作品高 11.5 公分，濟公頭戴僧帽，面頰微寬，兩
眼微瞇，形體略胖，身披寬袖袈裟，右手執扇（扇已缺），左手提佛
珠，一腳赤跣，一腳拖鞋。其身體搖頭晃腦，欲行又止，滑稽逗人，
笑容可掬。【附圖 9】此見作品金柏東評為「無油滑之感」[12]，筆者以
為所評甚是，這正是目前濟公像中最難看到的。一般坊間所刻，不是
刻工不佳，便是過於顯露濟公的外在特徵，忽略其精神意蘊，而使作
品流於庸俗。另一件則是收錄在《歷史神話與傳說》中的石灣陶塑。
此件作品高 17.5 公分，被定為二十世紀初期之作，濟公禿頂，臉龐

---

[11]　此碑記立於 2004 年冬。
[12]　台北：錦繡出版社，1986-1989 年，雕塑篇（六・元明清雕塑）之〈圖版說明〉，
　　頁 60。

圓滿,狀似赤腳大仙,行止安定,意態閑適。[13]【附圖 10】從這件作品中,可以看到民間工藝師如何融合對仙佛的印象,獨出機杼,創造出特有的濟公塑像。

除行僧的造型外,在有些寺殿中,濟公也以羅漢的樣子出現。《中國美術全集》中登錄有一尊明代山東省長清縣靈巖寺泥塑的「天台醉菩提濟顛和尚」。此像高 155 公分,為彩繪羅漢造型,雙腿下垂端坐,雙手托於胸前,面部與軀體連動側轉,呈辯論的姿態。偏袒的袈裟自左肩至右膝大幅度的扭轉,烘托出人物的動態。流暢的衣紋,體現出輕柔的質感,為明代泥塑羅漢中藝術水平較高的一尊。[14]【附圖 11】明代初期的佛、菩薩像,體態豐滿,表情安詳,和藹可親,充分地體現了佛、菩薩普渡眾生的慈悲心腸,這種內在的維妙心靈是不易捕捉的,達到了「喜相」造像的另一高峰,蘊藏著宋元傳統佛像中所缺少的妙趣。[15]類似這樣上乘的濟公像,目前恐怕已難在其它的地方見到。不過,如就民俗的觀點言之,塑像是否具備藝術性並非絕對的要求,反而呈現的面貌愈多,愈能顯示濟公在民眾心目中「化身千百億」的特質。

在台灣地區一般做為聖佛型的濟公像,多半法相莊嚴,面如滿月、慈眉善目、耳垂寬厚、端坐不苟、體型微胖,有如彌勒佛。其座下或有龍有虎,不再是衣衫襤褸、面容清癯、體態隨意、笑口常開的散聖裝扮。[16]【附圖 12】不過,在少數的廟宇神壇裡,我們也可以看

---

[13] 何秉聰編撰,香港:香港藝術館,1986 年,頁 135。此書另錄有一件現代劉傳之作,高 28.5 公分,造型為濟公遇大敵當前,嚴陣以待的樣子,亦堪稱佳作。(頁 157)

[14] 《中國美術全集》(台北:錦繡出版社,1986-1989 年),雕塑篇(六·元明清雕塑)之〈圖版說明〉,頁 33。

[15] 同前註,頁 2。

[16] 台灣地區的濟公像,目前已因兩岸宗教往來,逐漸流向大陸,包括天台山濟

到一些特殊造型的濟公像。筆者就親眼所見及報章載錄的一些例子整理如下，藉以觀察民眾或廟方，是如何轉化對濟公的了解，以適應並滿足自己在認知及信仰上的需要。

1、狀元濟公

雲林縣斗南鎮保安宮內奉祀的濟公神像，是頭戴狀元帽的文身造型，信徒尊稱為「狀元濟公」。之所以有這樣的造型，是因為濟公在十八歲的時候曾考上狀元，後來為了普化眾生，才裝成瘋瘋顛顛的模樣。因此該宮才將這尊濟公神像雕刻成看來是容貌祥和的狀元面貌。[17]【附圖 13】

2、著官服的濟公

高雄縣六龜天台山天台宮開基的濟公像為頭戴官帽，著官服，留長鬚，手持蒲扇。據住持言這是當初濟公師父降旨授意要刻成這樣的。

3、雙面濟公

據新聞報導，台南縣南化鄉有一座濟公廟，所供奉的濟公是一尊雙頭像，一臉為慈悲，一臉為嚴肅。廟方人員解釋雕刻雙面濟公像是為了文武兼具，文面慈悲是為了親近信徒，武面嚴肅是不容邪惡作怪。[18]

4、佩帶衝鋒槍的濟公

公故居、赤城山濟公古洞及杭州虎跑泉的濟祖塔院內，都可看到信眾所獻的台灣版濟公像。

[17] 《台灣新聞報》，民國八十四年四月十一日，劉宜欣攝影。

[18] 見 TVBS-N 新聞網頁（http://www.tvbs.com.tw/news/news_list.asp?no=alisa200 30306120910），標題為「雙頭濟公文武臉、鎮煞不失親和力」（記者：顧守昌，台南報導，2003 年 3 月 6 日）。

據新聞報導，宜蘭冬山鄉有一廟祝想幫神明添加配備，在濟公同意後，便替他右手戴錶，左手拿大哥大，並背上衝鋒槍當做斬妖除魔之用。[19]

5、戴墨鏡的濟公

嘉義市南恩禪寺的正殿中，立有一座高約 5.2 公尺，用千年樟木一體精雕，號稱亞洲最大的濟公坐像。因為這尊濟公像面對西晒，光線刺眼，所以經過濟公師父指示後，寺方為他打造了一付超大型的墨鏡，因而成為南恩寺對外宣傳的重點。

6、五尊濟公像

嘉義縣觸口的龍隱寺有五尊並立的濟公像，該寺以濟公五次投胎降生救世，故稱「五公菩薩」[20]。其五尊神像分別稱為鎮殿大祖聖尊、二祖聖尊、三祖聖尊、四祖聖尊、五祖聖尊，形態各異。其中二祖為黑面，四祖為金面。據寺方解釋，黑面是因為和八魔大戰時被火燒的

---

[19] 見 TVBS-N 新聞網頁（http://www.tvbs.com.tw/news/news_list.asp?no=suncomedy 20041124150049），標題為「神明趕流行、現代濟公戴墨鏡掛衝鋒槍」（記者：簡大程，宜蘭報導，2004 年 11 月 24 日）。

[20] 筆者在田野調查的過程中，常聽到有人說濟公是五公菩薩的轉世，但也有人以為兩者是完全不同的神明，可能是因為「志公」和「濟公」發音相近，久而久之便留下這種誤解。在民間信仰中一般所謂的五公菩薩為即志公、朗公、康公、化公、寶公。筆者據《天台山五公菩薩真經》中有言：「昔日志公、朗公、康公、化公、寶公五公菩薩，共集天台山上，觀南閻浮提中華之地，遇下元甲子年，眾生造惡，君不仁臣，臣不忠君，上下相利，遞劫相剝，老小相拍，男女相背，強弱相侵，干戈競起，鄉田凋殘，州縣破失……」云云，以為會把濟公視為五公菩薩轉世，這可能是把濟公和明清以來民間流行的末劫救渡思想結合在一起的結果。信眾以為只有眾仙佛紛紛降世，才能拯救原靈在世間之苦，所以多半認為他們雖然形體和稱呼不同，但彼此之間的靈是可以轉化流動的，況且五公菩薩曾共集在天台山，此地又是濟公的家鄉，更容易讓人產生聯想。

結果。[21]四祖金面，則是傳說因為救了皇太后，榮享富貴，才有這樣的結果。

7、濟公師徒像

所謂的徒，指的是濟公所收的弟子「悟禪」[22]，也有人稱為六師父。高雄縣甲仙的龍鳳寺裡就有一尊小的悟禪像，站在濟公的座前。而在嘉義縣義竹的修緣禪寺正殿裡，看到的則是悟禪和其餘四尊濟公的像並列。在造型上，其穿著和濟公師父不同，他右手高舉的是拂塵，並非蒲扇。據該寺沿革稱，該寺的悟禪禪師為「全球第一尊」[23]。台南縣新化西湖靈隱寺裡也特別立有一尊小的悟禪像。除了悟禪外，台南市濟福宮裡的濟公長老座前，尚立有陳文將和雷武將二隨從，筆者以為該二人應該就是濟公小說中跟隨濟公辦案，原本都是綠林英雄的兩位徒弟：一是聖手白猿陳亮，另一則是陳亮的結義弟兄雷鳴。

究竟為何濟公的形象會如此多變，這和台灣的民俗信仰有密切的關係。一般而言，台灣廟宇神壇裡神像的造型，多數取決於超經驗力量的決定，或神示或託夢，甚至也可以隨時易容換裝，高雄市有一濟公壇，便曾在網站上公佈一則訊息：

> 蓬萊仙山的莊董事長，在一段時間內連續做夢，當他感覺疑問時，濟公禪師向他託夢表示，濟公壇將他的金身雕刻的太過嚴肅，不符合瘋瘋癲癲，隨機隨緣的個性，接收到濟公禪師的旨意，莊董事長馬上就依照濟公禪師的個性，重新再雕

21　濟公大戰八魔，事出郭小亭濟公小說《後傳》第 113-117 回。

22　郭小亭濟公小說《後傳》第 15 回載有濟公收悟禪為徒的故事。悟禪原為一種龍和蜈蚣的混種怪獸，身長二十餘丈，龍頭、十二條腿，名為「飛龍」，有五千年的道行。

23　〈開台義竹修緣禪寺西天濟公活佛沿革〉，2004 年。

> 刻一尊金身，也就是現在供奉在壇內的這尊，自從金身重新
> 雕刻以後，信眾越來越多，濟公禪師的乩身也變得越活潑。[24]

由於濟公遊戲人間，亦莊亦諧，且出入凡聖之間，所以他可以應時需要改變各種不同的造型，這是在其它「大牌」正神身上所罕見的。

以上筆者陳述了出現在文字摹寫和視覺造型裡各種不同的濟公形像，歸納這些形像，其反映的精神大致有三，即凡化、亦聖亦凡及聖化。所謂「凡化」，就是在這些造像裡看到濃厚的人情味和日常裝扮，因此才有「左視春風滿面，右觀愁雲滿臉」、「喜怒哀樂，悲歡離合以及興旺發達」，以及狀元、荷槍、戴墨鏡等各種現實性強的濟公造型，這是在一般神格崇高的仙帝和佛祖身上所看不到的。所謂「亦聖亦凡」，主要是以散聖羅漢的造型為主，顯示其入世濟民的精神，此種造型原則上仍保有宗教人的外觀和氣息，行住坐臥不拘小節，自然而成。至於「聖化」，則完全是神佛的造像，濟公端坐在聖駕上，法相莊嚴，供人頂禮膜拜，信眾在面對這種造型的濟公像時，其心態和面對其他的神佛沒有兩樣，是格外的虔誠和肅穆的。民俗人物的造像，是社會集體意識和共同想像的結果，我們可以從濟公多變的造型上，看到民眾各種不同層面的心理反映。所以，與其說是濟公的造型多變，倒不如說是在社會變遷下，民眾對於生活理想、信仰寄託及審美態度有更多不同的要求和期待。

---

24 《蓬萊仙山・鄉土民俗資訊網》（http://www.fltv.com.tw/03-02.htm）。

第二節　多重屬性的身份

在社會意義、宗教信仰和文藝創作不斷的交互影響下，濟公的身份在長期的發展過程中，出現了許多合併的現象，因而造成多重的性質。要言之，濟公在原本「顛僧」的基礎上，一方面注入遊走於社會邊緣的「丐」，一方面也融入戲曲中善於插科打諢的「丑」，同時為了強化其勸善懲惡的形象，還讓他結識許多江湖朋友，成為領導捕快辦案的「俠僧」，最後在民間教派中，他又化身成為宣揚教化的「師父」和具有巫術能力的乩童。這樣多重的身份，反映出長期以來他和民眾意識及生活間密切的關係。以下筆者即針對上述各種濟公不同的身份屬性，逐一加以說明分析。

一、丐

濟公的形象在郭小亭的濟公小說裡有極大的改變，其中最明顯的就是加入了看似流民的乞丐模樣。這種乞丐的模樣表現在許多地方。首先在容貌穿著上，《前傳》第九十三回中寫道：

> 見和尚身量不高，漢仗不大，一臉的油泥，短頭髮有二寸多長；破僧衣，短袖缺領，腰繫絨絛，疙裡疙瘩，襤褸不堪，原是一丐僧。（頁 377）

從文中直言「丐僧」看來，作者很明顯的想要在濟公為僧的角色外，另行注入乞丐的成分。乞丐，自古以來即被視為流民，被摒棄於士農工商之外，由於社會階級的卑微，因而形成其獨特的生活型態及價值觀。由於乞丐形成的原因多數為生活貧困無助，因此在手托飯缽之餘，自然是衣衫襤褸，腳跘破鞋，骯髒不堪，被人嫌惡。明徐霖《繡襦記》傳奇中描寫鄭元和流落街頭行乞的樣子是：「破帽子在頭上搭，

破布衫露出肩甲，腰間繫一條爛絲麻，腳下穿一雙歪烏辣。」[25]這正是一般行乞者的模樣。濟公在《濟顛語錄》中只是「破直裰、破僧鞋、赤條條露雙腳」的行僧而已，並沒有被刻意而且誇張的塑造成窮臭乞丐，但在郭小亭的小說裡，卻極為醜陋邋遢。

除外表的丐相外，濟公還有許多屬於江湖生活的習性，例如《前傳》中有段濟公講黑話的記載：

> 剛走到十字街，濟公由對面來了。和尚一睄，說：「好的，你們這兩個人到底暈天亮清字把花把的瓢摘了！摘了不急，付流扯活，可叫翅子窰的鷂爪孫把你們兩人浮住，這還得叫我跟著打官司！」柴頭、杜頭一聽和尚這話，把眼都氣直了。書中交代：和尚說的這是什麼話？這原本是江湖黑話。「暈天」就是「夜裡」；「亮清字把花把的瓢摘了」是「拿刀把和尚殺了」；「不急付流扯活，叫翅子窰鷂爪孫浮住」，說是「不跑，被官人拿住」。（第七十八回，頁316-317）

除了這段黑話外，在六十八、九十五回中也可以看到同樣的內容。江湖黑話在本質上為一種隱語，有學者認為它是發生存在於以異常行為構成的次文化中，對主流文化而言，它提供一種自衛手段，並以此特殊的語言，維持該羣體內的一致性，透過認識黑話，則有助於對底層社會羣體心態及其活動的瞭解。[26]也許不見得所有的乞丐都會講黑話，但乞丐自比一般民眾更容易接觸到底層的社群活動，濟公出現講黑話的現象，則顯示他的角色已深具社會化，這是在《濟顛語錄》中

25 第三十一齣〈襁護郎寒〉，頁10，收錄於林侑蒔主編：《全明傳奇》（台北：天一出版社，1983年）。
26 曲彥斌：《中國乞丐史》（上海：上海文藝出版社，1990年），頁148。

所看不到的。至於濟公「遊手好閑」的另一個表現就是深諳賭術。《後傳》第廿七回中載：

> 和尚說：「好，咱們兩個人倒是同病相憐。我和尚有二十頃稻田地、兩座廟，都叫我輸了。我也是押寶押輸的，現在我可捐出高眼來。」……王祿一聽，說：「大師傅，你會押寶嗎？」和尚說：「會，勿論什麼寶，瞞不了我。銅盒子、木盒子、打寶、飛寶、傳寶、遞寶，全瞞不了我。我不耍就得贏，如同撿錢一般」……立刻同王祿來到後面一看，後面這裡有好幾十個人圍著寶案子，剛把寶盒子扣出來。和尚說：「掌櫃的你押罷，這寶進門閣三，你大拐三孤釘，準是正紅。」（頁594-595）

其實透過講黑話、諳賭術，甚至結交綠林好漢等行為，我們已經在濟公身上看到了極為底層的社會結構和相關的生活面貌，這和原本以寺院為家，只流連市井化緣和渡化眾生的濟公不啻有天壤之別。

　　至於濟公為何會被塑造成乞丐的樣子，筆者以為有以下幾個重要的原因。其一，是丐與僧的關係原本就很密切。在佛門中，沿門乞食可以破除僧尼的傲慢，是一種修行的途徑，同時也藉此遊乞，廣結善緣，宣導佛家思想。當然，這種懷有特殊宗教意義的行為自和因貧窮而乞討不同，但濟公原本不修邊幅，四處遊蕩的形象，很容易就在小說家筆下變形，其目的不外就是要讓他能和民眾的生活更為接近。其次，由於乞丐的形貌不揚，社會地位卑微，居無定處，來無影去無蹤，這反而增添其神秘色彩。在許多民間故事中，這些貌似行乞者往往都具有特殊的來歷，想假借乞丐的身份，遂行其特殊任務。例如道教傳說中的張三豐，便是這樣的人物：

傳說，明朝時候，遼東有個道士，叫張三豐，到河南方城煉
真宮出家。張三豐又窮又髒，早晨不洗臉，晚上不洗腳，一
年到頭不換衣裳，兩年到尾不晒被子，人們叫他邋遢張。……
說話做事瘋瘋顛顛的，似真非真，似假非假，叫人捉摸不透。
所以有人稱張三豐為張三瘋，也有人說邋遢張是半仙之體。[27]

又如民間傳說中的八仙，實即為一羣叫花子。藍采和在《續神仙傳》
中的樣子堪稱代表：

藍采和，不知何許人也。常衣破藍衫，六銙黑木腰帶，闊三
餘寸。一腳著靴，一腳跣行。夏則衫內加絮，冬則臥於雪中，
氣出如蒸。每行歌於城市乞索，持大拍板，長三尺餘，常醉
踏歌，老少皆隨看之，機捷諧謔，人問，應聲答之，笑皆絕
倒。似狂非狂。[28]

為何這些仙佛異人、武林奇俠常化身乞相，《八仙全傳》中有段文字
可供我們參考：

文始指著那邊樹下，有黑魊魊的一件東西，說道：「老弟，那
便是你的替身了。」二仙便攜手而行，一同走上前去。李玄
急先到樹下定睛一瞧，原來是個又黑又醜，一只腳兒長一只
腳兒短的死叫花子。李玄不覺一嚇，又俯下身子按了按，卻
已冷得和冰塊一般，分明死得很久了。李玄見自己的替身如
此骯髒難看，心中也覺不快。文始隨後趕到，見他發怔不言，

27　轉引自譚達先：《中國描述性傳說概論》（台北：貫雅文化事業公司，1993 年），
　　頁 303-304。

28　〔宋〕李昉等編：《太平廣記》（台北：明倫出版社，1971 年），卷第廿二，
　　頁 151。

不期哈哈大笑道：「身為神仙，也還要考究好相貌兒麼？」……
文始又慰他道：「自來真人不肯露相，祖師每次下凡，也常常
幻化一種醜惡之態，方能試察凡人敬禮之心真假虛實。」[29]

如此看來，濟公「喬裝」成乞丐，裝瘋賣傻，其實是「半仙之體」、「真
人不可露相」，以暗藏身份的方式行其教化之實。現實生活中的乞丐
固然形貌醜陋，地位卑微，甚至性格殘缺，成為眾人鄙視嘲笑的對象；
但這樣的角色，往往在經過藝術加工之後，能夠成為形象鮮明，具有
典型色彩的人物。濟公被塑造成喜劇的角色，並藉以發揮大智若愚、
機趣詼諧、勸善懲惡的表現，正是一個成功的範例。

二、丑

　　濟公的形象，除了上述的「丐」外，還有一個能更加強其滑稽怪
誕張力的就是「丑」。丑，本為傳統戲劇搬演時的一種角色名目，其
表現主要以插科打諢為主，「它調動了各種藝術手段給人一種滑稽的
美感愉悅，引導在笑聲中去認識世界，改造世界」[30]。這裡所謂的藝
術手段中，經常見的包括有化妝、動作、語言等，以下筆者就濟公在
這些方面的表現作一說明。

　　在化妝方面，傳統戲曲中有所謂的「腰子臉」、「豆腐塊」、「棗核
臉」，[31]由於刻意的裝扮改變五官常態，很容易使人一見即笑。除去容

---

[29]　〔清〕無垢道人：《八仙全傳》（上）（西安：三秦出版社，1988年），頁209-211。

[30]　蘇國榮：《中國劇詩美學風格》（台北：丹青出版社，1987年），頁210。

[31]　丑的基本臉型從「腰子臉」變化：「腰子臉」又稱「三花臉」，以白色為主要
顏色，因為白墨只從鼻子起向兩旁勾畫到臉部顴骨為止，形狀很像腰子，所
以稱為「腰子臉」。白色的臉譜多半不太正派，但還不至於失去真實本性；白
的部位越小，代表人物個性越純真。比「腰子臉」小的有「豆腐臉」，也稱為
「小花臉」。白墨勾畫在鼻眼間像塊豆腐，看起來好像有點不正經，不過心地

貌之外，服飾的不協調也能達到相同的目的。我們看濟公的形象，鞋破帽破，身上的袈裟破，一手持蒲扇，一手握葫蘆，還不時的擠眉弄眼，與正常的和尚相去甚遠，既然失去威儀，就很容易遭致訕笑。在動作方面，丑角運用豐富而變化多端的肢體語言，其中包括吸收民間歌舞、雜耍技藝及模擬現實生活動作，以表現滑稽人物的性格和情感。元雜劇《竇娥冤》中的第二折，即有一丑扮官人，透過一點滑稽小動作，便生動的描繪出其可笑昏庸的德性：

> （張驢兒拖正旦卜兒上）云：告狀告狀。
>
> 祗候云：拿過來。
>
> （做跪見，孤亦跪科）云：請起。
>
> 祗候云：相公，他是告狀的，怎生跪著他？
>
> 孤云：你不知道，但來告狀的，就是我衣食父母。[32]

此種不合情理的動作，為嚴肅的劇情注入有趣的氣氛，也同時反映人物的特殊嘴臉。濟公的滑稽行為，在小說中大致可以區分為兩類：一是隨機型的，就是因不同的情節需要隨時添加笑料；另一種則是屬於公式化的，也就是在某一種情況下一定會出現的固定動作，例如趕路時就會走倒退路，如：

> ──到了山下，往前走三步，往後退兩步。蘇祿說：「師父，你老人家到黑還走一百八十里路，連八里路也走不了！你老人家要換個樣走才行哪！」和尚說：「換個樣走容易。」往前

還不壞，文丑多半勾畫「豆腐臉」。至於武丑，則多勾畫「棗核臉」，它白的位置從鼻心往上推到眉頭，比「豆腐臉」更小。和前面臉型比起來，「棗核臉」純粹屬於正派人物，只不過不太按牌理出牌，做事比較滑稽。

[32] 《元明清戲劇選》（台北：學海出版社，1979年），頁 17-18。

走兩步，往後退三步。馮順暗暗只笑，說：「師父，你至黑走回去了，這樣走，如何是行呢？」濟公說：「我要快快走，你跟的上嗎？」二人說：「跟的上。」濟公說：「好，我就走。」說完，行行往前就跑，展眼就不見了。（《前傳》，頁 113）

——這兩個人一睄，和尚往前走三步，往後退兩步。尹士雄說：「聖僧，你這麼走，什麼時候走得到呢，快點走啊。」和尚說：「我要快走，你兩個人跟的上嗎？」楊國棟說：「跟的上。」和尚邁步踢他踢他就走，電轉星飛，這兩人隨後就追，展眼之際，再睄和尚沒了影子。（《前傳》，頁 321）

這種「往前走兩步，往後退三步」異於常態的動作，由於顯得笨拙，常會令人發笑。另外矇吃矇喝不給錢時，也有類似固定的滑稽行為產生。

在語言方面，丑角與其它角色也非常不同。蘇國榮論丑角語言的滑稽性時說：「他有很大的隨意性，可以用鄉語對著觀眾說知心話，發發牢騷，甚至把自己的隱私端給大家，而且是以輕鬆，風趣的口白說出，毫無架子。這種語言風格的平易性和滑稽性，為羣眾喜聞樂見。」[33]筆者茲舉《河南府張鼎勘頭巾》雜劇中的一段對話，以觀丑角的語言特色：

> （末）你姓甚麼？
> （丑）我不知我姓甚麼。
> （末）你老子姓甚麼？
> （丑）等我想，哦，我想起來了也，我老子姓李，不知我姓甚麼那？

---

[33]　《中國劇詩美學風格》（台北：丹青出版社，1987 年），頁 217。

（末）你敢也姓李。

（丑）這們（麼）說起來，我到（倒）是個隨爺種。[34]

這種移花接木式的語言遊戲，其實都與劇情無關，也不帶感情，只供一笑而已。小說中濟公的滑稽語言，其數量頗豐。它和滑稽行為一樣，有隨機型的，也有屬於公式化的。前者如：

> 酒保來會錢，濟公曰：「我儂不曾帶來，賒我賒。」酒保曰：
> 「那有許多工夫，便脫這破直裰來當。」濟公曰：「我叫做菜
> 餛飩，只有這片皮包著，如何脫得。」（《濟顛語錄》，頁 43）

又如：

> 看守山門的和尚靜明、靜安說：「濟師父，你拿著是什麼東
> 西？」濟公說：「我帶來是狗肉，你二位吃點？」靜安、靜明
> 說：「不行，我二人吃素，你也不能往廟裡帶。咱們這處廟是
> 長處，葷酒莫入。提籠架鳥都不准入廟，你白骨喧天往廟中
> 帶不行，快扔了罷！你犯了戒啦。」濟公說：「我不知道，身
> 上疼癢，疥又犯了。」說著和尚低頭在身上找。靜明說：「不
> 是身上長的疥，是犯了咱們和尚清規戒律，出家和尚講究三
> 規五律。」（《前傳》，第十五回，頁 64）

再如：

> 和尚說：「了不得了，我這身上的虱子太多了，咬的我實在難
> 受。」說著話，和尚用手一掏，掏出一把虱子來，由前頭掏
> 出一把來放在後身，由後掏出一把來擱在前面。柴頭說：「師

---

[34] 《全元雜劇初編》（八）（台北：世界書局，1985 年），頁 21。

父，還不把虱子扔了，還往身上放著，這有多髒。」和尚說：
「你不知道，我給虱子搬搬家，他一不服水土就死了。」(《前
傳》，第九十三回，頁376)

至於後者，濟公每次問人的姓名時，總會如此：

和尚來到上房說：「紀伙計，貴姓啊？」伙計說：「你知道我
姓紀，還問我貴姓。」和尚說：「我瞧你像姓紀，我真猜著了。」
(《前傳》，第五十九回，頁239)

滑稽不經的語言是製造喜感的重要手段，濟公的滑稽語言其形式種類
不少，有語出雙關，有協韻藏詞等，都能引人發笑。

在傳統戲曲中，丑角大半屬於低層百姓身份，如衙役、店家、酒
保、僧尼、乞丐等，所強調的是人物反面的性格，如吝嗇、刻薄、卑
劣、愚蠢等，但也有表面佯裝滑稽，而其真正的目則在揭露黑暗，諷
刺醜陋，濟公自屬於後者。有學者在分析丑角的美學時以為，有些丑
角的滑稽性是用另外一個本質的假象來把自己的本質掩蓋起來，他們
的這種滑稽，是由人物的外貌醜陋和內心高尚的不相稱而構成的。[35]因
之我們可以說，濟公吸收了劇場中丑角的成分後，一方面除了可以強
化其喜劇效果外，更重要的則是透過這種特殊的藝術形象及性格，婉
轉的表達他對社會的嘲諷和針砭。

三、俠

一般讀者通常對俠的印象來自兩處，一是史書中曾經發生在現實
生活中的故事，例如《史記》中的游俠列傳及《漢書》的游俠傳等。

---

[35] 蘇國榮：《中國劇詩美學風格》(台北：丹青出版社，1987年)，頁225。

另一處則是來自歷代的傳奇小說。由於這兩處來源的性質完全不同，使得我們對俠的認識是既現實又浪漫的。現實的部份是我們看到了社會的不公平、人性中崇高的道德情操，以及悲劇的下場；而浪漫的部份，則是我們可以徜徉在一個具有絕對價值標準的理想世界裡，觀注俠客精湛的武藝，並享受他迷人的個性風采。要能稱為俠，崔奉源曾歸納必須具備以下的條件：1、路見不平，拔刀相見。2、受恩勿忘，施不忘報。3、振人不贍，救人之急。4、重然諾而輕生死。5、不分是非善惡。6、不矜德能。7、不顧法令。8、仗義輕財。[36]從上述的歸納看來，俠者首先要具備的條件就是能夠毫無條件的實踐普世的價值，捨己助人，反而武藝的高低並不重要。

　　濟公原本只是一位出家的和尚，慈悲為懷，濟世渡人，身份極為單純，但到後來，他卻搖身一變，行走江湖，出入官府，不僅結交綠林好漢，還帶領班頭查案。為了凸顯俠的身分和性質，我們可以從郭小亭的書中看到濟公在《濟顛語錄》系列小說中從未出現的表現，包括俠義精神、交友關係及高超的本領等。首先在俠義精神上，早期的濟公施捨救渡的通常都是市井中無助的小民，但在後來濟公所面對的則是具有強大殺傷力的江洋大盜，和邪惡、法術並具的僧道和妖魔鬼怪，所以他助人的最終表現，就是不得不懲奸除惡，實踐社會公平正義。小說《前傳》中就有段文字說明濟公兼有宗教人和社會公義執行者的雙重身份：

> 濟公原本是一位修道的人，出家人以慈悲為門，善念為本，有一番好生之德，不肯當時把賊人拿住，呈送當官；但能渡賊人改過自新，濟公就不拿他，焉想到賊人在夢中，仍然惡習不改。（頁359）

---

[36]　《中國短篇俠義小說研究》（台北：聯經出版事業公司，1986年），頁19-20。

濟公本有暗渡賊人的苦心，怎奈如華雲龍之輩仍執迷不悟，一味作案行惡，濟公只好和官府合作，共同將一干賊人緝捕歸案。濟公在這個新的面貌中，呈現了更為深刻的社會意義。

其次在交友關係上，在《濟顛語錄》裡濟公廣結善緣，結交十六廳朝官、二十四太尉、十八個財主，和他們之間的關係不是詩酒好友，就是募化的對象，絲毫沒有脫離僧侶社會關係的範圍；可是到了郭小亭的濟公小說後，濟公與官府間有了另一層關係，即常受官衙之託，協助班頭捉拿要犯，如《前傳》第四十九回：

> 秦相說：「聖僧，這個華雲龍現在那裡？求師傅可以幫著拿了，本閣過了事再謝。」（頁200）

又如《後傳》第四十一回中濟公給錢塘知縣的信寫道：

> 字啟　錢塘縣老爺知悉：貧僧乃世外之人，不能與國家辦理公事。老爺要捉拿兇手，照貧僧下面這八句話行事，可能拿獲賊人。餘容晤談，書不盡言。（頁651）

由此看來，濟公已擴大了他的社會關係和工作範圍，進入官廳參與緝捕的工作；不但如此，濟公還感化並收留了一批江湖的綠林人士為徒，共同協助官府維護治安。最後，在高超的本領上，一般的俠客為了路見不平，挺身相救，自然要擁有過人的武功，善用刀槍棍棒自不在話下，但濟公的正義不僅要對抗人間社會的邪惡勢力，更還要打擊超自然的妖魔鬼怪，所以他便精通各種法術，如此一來，濟公在無形之中又染上了一層濃厚的神怪色彩。總之，濟公的身份隨諸清代公案俠義小說的風行，已注入了全新的性質。

四、師父和乩童

濟公的身份除了上述三種屬於人間的形象外,還兼有屬於超自然的神靈性質,即民間教派信徒口中所尊稱的師父及巫術裡的乩童。濟公身份的發展,曾經有過羅漢轉世的神祕階段,但其神聖性並未主宰或干預世界,但隨諸明清民間宗教的發展,濟公已逐漸超越現實生活,挾帶轉世的光環和能量,被更高階的神明降派入世,進行輔助教化的工作。在這個身份裡,濟公和民眾間的關係變得單一和絕對,他被視為生命之道或具有指點迷津的功能,已完全屬於信仰和精神上的意義。有趣的是,當初濟公是以顛行做為掩飾,化為凡僧入世,渡化眾生;而到後來卻又超凡入聖,成為集體心靈上力量的來源及神壇上的新圖騰。有關濟公在神道設教及巫術活動裡的角色和功能,筆者將在第六章第三、四節中詳細論述。

綜合前論,濟公在長期的形象演變中,固然仍保留禪僧的原型,致力其化人的聖業,但隨諸小說性質的改變、社會現實意義的加強,以及宗教信仰上的需要,使得濟公兼具多重的身份。要言之,融入「丐」,增強了濟公的社會性;融入「丑」,增強了濟公的滑稽性;融入「俠」,增強了濟公的正義性;而最後化為「神」,則凸顯了濟公的神聖性。這些多重身份的形成,其實都非憑空而來,而是順諸各個不同時代,逐漸依據文藝創作及民眾生活的不同需要而累積完成的。

第三節　兩極化的身體想像

在傳統文化思想中,不同的價值體系對於身體的理解和安排也不盡相同,例如儒家崇尚禮教,對身體的要求是動靜得宜,所謂非禮勿視、非禮勿聽、非禮勿言、非禮勿動者,就在強調合理的規訓身體,

使其成為教養生活中文質彬彬的一部份。莊子對支離疏、兀者王駘、甕㼜大癭等這些形殘者特殊的觀點，即所謂的「道與之貌，天與之形，無以好惡內傷其身」[37]，開創了另一番對身體不同的觀照和思考，使得醜與拙轉化成為後代藝術思想中重要的審美元素。而道教則透過養生之術，如導引、吐納、胎息、服食、金丹、房中等，以神守形而致形全精復，終至達成延年益壽、羽化登仙的目的。[38]凡此種種，都在在說明身體是文化實踐的載體之一，也是集體意識的總合記錄。基於這種觀點，筆者試圖在本節中探索濟公的身體，以瞭解它是否也含有特殊的社會文化意涵。

　　在有關濟公及其故事的發展過程裡，我們看到了許多不同層面的濟公形象和精神氣質，而這些不同層面的形象和氣質，又往往常是彼此對立和矛盾，如小說中可以衣衫襤褸，言行放蕩不羈，而實際受人供奉時則又端坐聖殿不可褻瀆；又他不但能以佛門散聖的姿態出現，也可以戴上墨鏡，佩帶衝鋒槍。凡此種種，都令人對他形象開放的程度感到訝異。究竟是何種力量，促使濟公能有如此大的變化？筆者以為這正是民眾對濟公身體不同想像的結果。綜觀民眾對濟公身體的想像，大致有兩個完全悖反的方向，而這完全悖反的方向，分別產生了兩股不同的力量，其一是其神聖性，其二則是其遊戲性。在諸多的濟公故事及實際的宗教活動儀式裡，我們可以發現它最吸引人的地方，就是他那特殊的神通之力，民眾嚮往藉由這種力量，完成各種凡人所無法達成的願望，包括超渡自己的來生和解決現實生活裡的困苦；儘管有人直斥濟公故事皆為附會之言不足信也，或解釋種種神奇是「以

---

[37]　〈德充符〉，郭慶藩輯：《莊子集釋》（台北：河洛圖書出版社，1974 年），卷二下，頁 222。

[38]　李土生：《儒釋道論養生》（北京：宗教文化出版社，2002 年），頁 396。

行說教，化度有情，非帶果行因之聖佛，其孰能之」[39]，但究竟成熟而精妙的宗教思維，不是人人所能具備，多彩多姿的靈異世界及滿足功利心理，才能吸引世俗更多的善男信女。因此，濟公長久以來，在民眾的心裡一直都被視為一尊可期待的聖體，他的超能力是通過轉世、開悟、證道種種過程驗證而來的，也就是說他是具有合格「佛授」資格的。同時他圓寂後的種種顯化事蹟，也證明其不可思議的靈力，是永世循環不滅的。要之，對民眾而言，濟公的身體彷彿是一座可以移動的聖殿，它能夠產生「永恆力量」，是民眾對他信任和跟隨的重要原因。而更要特別指出的是，這種信任和跟隨的現象絕非只發生在一二人的身上，乃是一種集體式的心理需要，藉以獲得撫慰及救贖。換言之，濟公已成為群眾解除現世危難和脫離輪迴之苦，重獲再生的重要信仰對象。

進言之，這股「永恆力量」具有一種非常重要的特質，即它既有不可知世界的神秘性，又有強烈人間的道德性。《濟顛語錄》中有一段情節可以做為這股力量性質最好的說明：

> 卻說濟公取路回寺，只見四下雲佈，一人忙奔躲雨，頭上插著號旗。濟公便問：「你儂高姓？」後生道：「小人姓黃，在竹竿巷糶米，只有一母，見年八十。」濟公道：「你平日孝順麼？」後生道：「生身父母，如何不孝順他？」濟公道：「你前世尊重，我救你，隨我到方丈來。」擺下桌子，袈裟圍了，令後生躲在桌子下，濟公桌子上盤膝而坐，念云：「後生後生，忽犯天嗔。前生惡業，今世纏身。老僧救汝，歸奉母親。諸

---

[39]　〈濟顛禪師大傳序〉，《濟顛禪師大傳》（台北：佛教出版社，1988 年）。

惡莫作，免得禍臨。」只見老松樹一株打碎，那後生起來作謝而去。（頁 98-99）

在此則故事裡，濟公擁有了知黃生前世罪孽，和當下為他消災解厄的神通，但施展這一切力量的前提則是人子必須懂得孝順。如此結合道德的訴求和不可知的神通，使得濟公在無形中成為維繫人心是非和普世價值的力量。民眾相信，不可知世界的力量是無所不在，不具固定形式，且最重要的是它不可抗拒。它不但可以摧毀既有的存在，也可以重新建立一切。民眾對它既有敬畏之心，又有嚮往之情。在傳說故事裡，濟公遊戲人間，不但流連市井街巷，也寄宿官宦人家，對民眾而言，這是另一種遠境「巡幸」，儼然就是一股流動的安全、正義力量，隨時可以在危難之際庇佑生靈；尤其在郭小亭的濟公小說中，濟公的身影為了緝捕宵小，打擊罪犯，有時潛伏而出，有時揚長即逝，而其法力大增，為的就是要維持公理正義。民眾在濟公身上看到了「神聖」的意象，這個意象成為精神寄託的支柱，使民眾得以在生死未卜、混沌不明的生存環境裡，獲得超越的力量，減少焦慮和痛苦。另一面，濟公故事裡所標榜的社會價值和人生意義，也無形中成為民眾遵守及效法的範本，彷彿先民從神話中認識永恆的價值和生存規律一樣。

與前者崇聖之情對立的，是我們也從濟公身上看到透過荒唐醜怪而呈現出屬於顛覆世俗既有價值和習慣的「自由力量」。這荒唐醜怪的內容包括其容貌（臉不洗，頭不剃，光著兩隻腳）、穿著（除短袖缺領衣衫襤褸外，還不穿褲子）、飲食（嗜酒吃狗肉）外，還有言語和動作。濟公這樣失常脫序的言行在小說中不勝枚舉，但看在民眾眼裡，不啻為一種嘲弄和解放的力量。

俄國巴赫定（M.M.Bakhtin）曾從民間的狂歡節活動裡，發現一批小丑、傻子、巨人、侏儒和畸形人，他們會以調笑的語言、罵人的

髒話、怪異的動作表達平民的節日生活，而這樣的節日生活，即是為自己開創了一個特殊的世界。在這個世界裡，一切崇高的、精神性的、理想性的和抽象性的東西，都被轉移到不可分割的物質和肉體的層次，由於這種轉移具有貶低性、雙向性和再生性，因而另一個角度顯示了生活及文化的活力。[40]筆者以為，濟公許多瘋瘋顛顛，充滿遊戲性質的言行背後，正隱藏著對抗規範生活和壓抑精神的自由力量，民眾在親近、包容他的同時，也吸收了這股力量。濟公從嚴謹的寺院生活中出走，以破戒和戲謔的方式，營造另一種宗教生活及信仰的模式，並以「禿驢」的字眼嘲諷只知表面奉守清規，而不救渡眾生的和尚。同時他又喜歡以一種「佔人便宜」的方式，要人請吃酒，並和官宦人家來往，甚至在太后面前「露出前面那物事」，惹得觀眾掩口而笑。凡此種種，我們都看到了濟公企圖以顛覆的手段，打破規範的框架，引導民眾進入另一個具有自創性的生活世界裡。所以醉也好、笑也好、顛也好，民眾在濟公身上看到的是他遊戲人間自我解放的力量，和前段所述從神聖中所產生的，具有約束性、指導性的「永恆力量」是完全不同的。然而就是因為在濟公身上擁有這兩股完全不同性質的精神力量和意義，所以他在民眾的心目中可以獲得多重性的認同，這和其他許多民間故事人物或宗教神明只具有獨一性的精神和品德，是有很大的差異。

總之，筆者以為民眾對濟公的尊敬和喜愛，其實正是對他異質身體所產生兩極化想像的結果，它不但是個人的，更是社會集體意識的。這兩極分別指向神聖性和遊戲性。前者能夠為民眾帶來永恆規範的力量，可以穩定人心和鞏固社會價值。後者則帶來活潑自由的力

---

[40] 胡經之主編：《西方文藝理論名著教程》（北京：北京大學出版社，2003 年），下卷，頁 248-251。

量，可以鬆綁既有生活下的束縛和壓抑，找回更多人性裡的寬容和自主。這兩種不同的力量，使得濟公能夠比更多的民俗人物深入民間，並同時擴大其信仰版圖。

第四節　笑謔下的現實意義

　　儘管濟公的身份包括顛僧、丐、丑、俠、師父、乩童等各種不同的屬性，但始終保持一貫的卻是他那頑皮個性和嬉笑怒罵的處世態度，這也是他長久以來受到民眾喜愛最重要的原因。在眾多被人傳誦的民間故事人物中，有的令人敬畏，有的令人傷心，有的教人激情，也有的教人含恨，其情緒都不免緊張而嚴肅；但濟公其人其事，卻是最能教人放鬆心情，解脫負擔。究其原因，正是詼諧幽默所產生的作用。所以自來有關濟公的傳說故事、戲曲小說，幾乎無不包含此一元素，並且做為鋪張渲染的重點。詼諧幽默是人類面對環境或事物的一種特殊反應，即在含笑的狀態中，直接或間接的表達其寬恕包容或嘲諷批評的用心，使事態最後能圓融的解決。本節中，筆者將從笑謔的角度，分析濟公此種獨特的性格，並指出它所具有的現實意義。

一、笑謔的意義

　　笑是人類一種特殊心理反應的結果，無論各種情愫，都可以藉由它來表達。在日常生活中，它多半是在受到刺激之後，被動的發生；但如果它是在一種主動的狀態下出現，則可能發展出獨立性的審美經驗。在藝術創作中，喜劇就是能夠充分掌握並運用笑原則的一種表演類型。至於謔，本質上是一種批評、諷刺，但它是透過詼諧的方式表

達，既涉及語言心理和技術，更包含不同的處世態度。司馬遷在《史記・滑稽列傳》中便收錄了一些善於戲謔的人物，如：

  ——（淳于髡）長不滿七尺，滑稽多辯，數使諸侯，未嘗屈辱。

  ——（優孟）長八尺，多辯，常以談笑諷諫。

  ——（優旃）善為笑言，然合於大道。[41]

這裡所謂的「滑稽」者，多指的是機智且善於詞說之輩，他們常於詼諧之中達到諷諫的目的，固然當初司馬遷為這些人物立傳的用意在於表彰其人格，與喜劇審美無關，但此一概念，後來在《世說新語》中便成為鑑賞人物重要的標準，〈排調〉一類所錄如諸葛恪、鍾會、周顗等，都是因為善於機智答辯，而躋身魏晉風流之列。[42]六朝劉勰也從文學類型的角度，特立〈諧隱〉一篇，以為「諧」具有「辭淺會俗，皆悅笑也」的特性，意即勸諫者雖「意在微諷」、「意歸義正」，但其語言必須是曲折滑稽的。[43]明代謝肇淛更把悟得戲謔之趣，比喻為參禪識機，其言「詩云：善戲謔兮，不為虐兮。古今載籍，有可以資解頤者多矣，苟悟其趣，皆禪機也」[44]，則是更深入的指出謔在表達上具有微言大義的特質。綜合上述分解笑與謔的意義，我們可以說笑謔是一種超越性的情感和態度，教人從現實的生活中脫身而出，具有冷眼旁觀及沉澱思考的美學。濟公被塑造成一個全知全能的人物，他站在宗教和道德的高度，以嬉笑怒罵的方式寬容和嘲弄人間，他有別於

---

[41] 台北：大明王氏出版公司，1975 年，卷一百二十六，頁 3197-3202。

[42] 楊勇著：《世說新語校箋》（下）（台北：明倫出版社，1970 年），第二十五，頁 586-620。

[43] 范文瀾：《文心雕龍注》（台北：台灣開明書店，1975 年），卷三，頁 51-52。

[44] 《五雜俎》（台北：新興書局，1971 年），卷之十六，事部四，頁 1323。

一般嚴肅的傳道聖人，也和冷峻無私的執法者不同，民眾在他遊戲人間的庇護下，得以享受更多的慈悲和喜樂。

二、笑謔的成因

笑謔既是一種超越性的情感和態度，則其如何形成，潘智彪曾說：

> 就是由於不協調的矛盾衝突尖銳對峙，反轉急速，在主觀上引起強烈的緊張感後，又突然的解除，從而令主體無從思索就爆發出笑聲的喜劇情境。[45]

從這段說明中，我們可以清楚的瞭解喜劇性發笑心理形成的過程，即肇端於人物事理中「本該如此」和「實際如此」間產生不會導致嚴重後果而構成傷害，並獲得觀眾同情和憐憫所形成的「反差」。一般而言，喜感人物的可笑，可藉由造型、言語、動作行為等方面顯示出來。就造型而言，滑稽表現中最顯而易見的就是外表。如果人物的長相或裝扮異於常人，如大頭或五短身材，就很容易成為被取笑的對象。就動作行為而言，滑稽動作是一種有意或無意違反正常行為，而出人意料之外引人發笑的肢體語言。在小說寫作或舞台表演上，透過這些動作可以加強人物或劇情的可笑性。

既然「反差」是造成滑稽逗趣的主要原因，則濟公言行舉止的「反差」，則總體表現在他的瘋顛之上。瘋顛，乃是一種違背常態的行為，瘋顛者常有意無意間鄙視並玩弄世間既有的情理和規範，企圖建立一套自我價值體系，當這一套狂狷的處世態度與世俗有所牴觸時，則必然產生矛盾和衝突，如果此一矛盾衝突最後在道德或宗教的強烈要求

45　《喜劇心理學》（廣州：三環出版社，1989 年），頁 15。

下結束，就可能形成悲壯的場面；但反之，矛盾衝突能在輕鬆詼諧的氣氛下解決，則容易產生意料不到的喜劇效果。濟公的瘋顛自是屬於後者。佛教自從傳入中國以來，和尚即成為眾所矚目的社會新階層，最初由於大家對於佛教不甚瞭解以及對神通的好奇，僧人往往被披上神秘的外衣，而被視為「異人」。《太平廣記》從《高僧傳》、《冥祥記》、《劇談錄》、《廣古今五行記》等書中，便收錄了許多「異僧」的事蹟，[46]其中有許多和濟公的行事相類者，如杯渡和釋寶誌，其事跡分別如下：

> ——杯渡者，不知姓名。常乘木杯渡水，因而為號。初在冀州，不修細行。神力卓越，世莫測其由。……帶索襤褸，殆不蔽身。言語出沒，喜怒不均。或剖冰扣凍而洗浴，或著履上山，或徒行而入市，唯荷一蘆圌子，更無餘物。……渡不甚持齋，飲酒瞰肉。至於辛膾，與俗不殊。百姓奉土，或受不受。……後東遊入吳郡，路見釣魚師，因就乞魚。魚師施一餒者，渡手弄反覆，還投水，遊活而去。[47]
>
> ——釋寶誌本姓朱，金城人，少出家，止江東道林寺，修習禪業。至宋大始初，忽如僻異，居止無定，飲食無時，髮長數寸，常跣行街巷，執一錫杖，杖頭掛剪刀及鏡，或掛一兩匹帛。齊建元中，稍見異跡，數日不食，亦無飢容。與人言，始苦難曉，後皆效驗。時或賦詩，言如讖記。……（誌亡後）又後魏有沙門寶公者，不知何處人也，形貌寢陋，心識通達，

46　〔宋〕李昉等編：《太平廣記》（台北：明倫出版社，1971 年），自第八十七卷起至第九十八卷止。
47　同前註，頁 590。

> 過去未來，遇覩三世。發言似讖，不可得解，事過之後，始
> 驗其實。……此寶公與江南者，未委是一人也兩人也。[48]

行徑類似杯渡和寶誌的異僧，在史傳和筆記小說中屢見不鮮。濟公的
奇言怪行，正是這種異僧潮流下的產物。固然此類「反常」的和尚，
多不被視為佛門的正派，但反而更具世俗性，成為民間傳說和小說寫
作最佳的題材。

　　身為一名僧人，本當有其一定的行為規範及宗教素養，平日行住
坐臥間都不得輕舉妄動，更何況是胡言亂語，觸犯清規；然而，我們
卻常在僧傳中看到許多僧人在參禪的過程中，出現一些特別的悟道方
式，尤其禪宗裡有所謂「遊戲三昧」的解脫法門，它和義學經論的語
言風格大異其趣，就是用一種不合理路的句子來回答初學者的提問，
讓人破除對語言的執迷，瞭解佛法終究不是語言所能完全表達的。這
種讓人有不知所云的語言方式，曾有學者指出它和唐宋參軍戲、雜劇
中的插科打諢有密切的關係：

> 到了宋代，隨著市民階層的擴大，新興的雜劇開始流行，打
> 諢更成為僧俗普遍喜愛的言說方式。當禪宗的「遊戲三昧」
> 觀念與戲劇的打諢形式相碰撞之後，便轉化為禪語使用上的
> 「遊戲三昧」。[49]

我們姑且無論禪語和諢話間的歷史關係，但兩者都充分顯示非邏輯性
的語言結構，「胡言亂語」成為表達的必要手段。濟公反常的言行固
然有其禪門「呵佛罵祖」、「龜毛長數丈」的家風，但筆者以為它更重
要的來源應是傳統戲曲中以科諢為主的滑稽戲。自宋金院本、元雜劇

48　同前註，頁 594-597。
49　周裕鍇：《禪宗語言》（台北：宗博出版社，2002 年），頁 360。

以下，不論是以獨立節目或與正劇結合的方式，科諢都佔有重要的地位，甚至到了無劇無之的地步。為了證明濟公笑謔語言的來源，筆者茲舉《濟顛語錄》中的片段對話為例說明：

> 道濟曰：「都是弟子不是，望我師慈悲，看弟子苦惱面饒了。」
> 長老曰：「有甚苦惱，熬守二年管職事。」道濟曰：「弟子守
> 不過，寺中酒肉不曾見面，粥又喫得不飽，禪床上坐不穩，
> 跌下來，又被監寺大竹篦打，遍身黃瘦，如何熬得過？」長
> 老道：「我自罵監寺，不打你了。」道濟曰：「便打幾下無妨，
> 只是無東西喫熬不過，弟子有兩句佛語。」長老曰：「說與我
> 聽。」道濟曰：「一塊兩塊，佛也不怪。一醒兩醒，佛也不嗔。
> 一碗兩碗，佛也不管。」長老道：「你轆得雖好，不要差了念
> 頭。」（頁24）

濟公原本是真心誠意要出家的，此時卻發出如此荒謬的抱怨，就情節而言是很突兀的，但正好洩露出套用滑稽諢語的痕跡。元劇中有和尚的諢語如下：

> ——（淨行者云）阿彌陀佛，阿彌陀佛，南無爛蒜吃羊頭。
> 婆婆娑婆，抹奶抹奶，理會的。（王員外上，云）自家王彥實，
> 來到這白馬寺中，行者，你師父在家嗎？（淨行者云）撲之，
> 師父不在家。（員外云）：那裡去了？（淨行者云）去姑子庵
> 子裡做滿月去了。[50]

---

[50] 〔元〕關漢卿：《裴度還帶》，第二折，收錄於王季思主編：《全元戲曲》（第一卷）（北京：人民文學出版社，1999年），頁263。

——（卜兒云）孩兒，你這病可怎生就沉重了也？（乞僧云）
娘也，我這病你不知道，我當日在解典庫門前，適值那賣燒
羊肉的走過，我見了這香噴噴的羊肉，待想一塊兒喫，我問
他多少鈔一斤，他道兩貫鈔一斤，我可怎生捨的那兩貫鈔買
喫？我去那羊肉上將兩隻手捏了兩把，我推嫌羊瘦，不曾買
去了，我卻袖那兩手肥油，到家裡盛將飯來，我就那一隻手
上油舔幾口，喫了一碗飯。我一頓喫了五碗飯，喫得飽飽兒
了，我便瞌睡去，留著一隻手上油，待喫晌午飯。不想我睡
著了，漏著這隻手，卻走將一個狗來，把我這隻手上油都吮
乾淨了，則那一口氣就氣成我這病。[51]

兩相對照之下，不得不令人懷疑《濟顛語錄》中濟公的語言，其實很
有可能就是從戲劇中的諢語脫胎而來。

　　固然在濟公的故事裡充滿了許多滑稽逗趣的情節，但在不同的作
品裡，其精神仍有一些差異。例如在《濟顛語錄》中，濟公的滑稽言
行多半保留一些參禪悟道、指點迷津的宗教目的，希望藉由一些反面
的言行舉動，促人頓悟，所以在處理滑稽情節時比較保留及慎重；而
在郭小亭的濟公小說，由於其內容已脫離僧傳的寫法及氛圍，只想誇
大濟公的滑稽本色，所以在題材上便不免出現一些粗俗的內容，供人
取笑。如在第四十四回中便有這樣的情節：

湯二說：「給我來十個。」和尚見湯二要，「我也要十個。」
伙計給端過來兩碟，每人一碟。湯二要醋蒜碟，還沒吃了，
和尚把餃子掰開，啐了一口痰，反擱放在嘴裡嚼了吃了。湯
二一睄，說：「伙計拿開罷，我要嘔心死。」伙計說：「大師

51　無名氏：《冤家債主》，第二折，同前註，（第六卷），頁 638。

父，你別鬧髒，你這麼吃，人家一嘔心都不用吃了。」和尚
說：「我就不那麼吃了，叫他吃罷。」湯二剛要吃，和尚把草
鞋脫下來，把熱餃子擱在鞋裡，燙得臭汗味熏人。湯二賭氣
把筷子一摔：「不吃了！」和尚也把筷子往桌上一摔說：「你
不吃了？我還吃了呢！」(《前傳》，頁 180)

這樣的內容固然滑稽，但也不免流於俗惡，正如李漁所謂「科諢之妙，
在於近俗，而所忌者，又在於太俗。不俗則類腐儒之談，太俗即非文
人之筆」[52]，言下之意就是插科打諢當雅中帶俗，俗中帶雅，絕不能
夾雜污穢淫褻。喜劇的表現，「可思」、「可感」應大於「可笑」，其美
感才能持久，若能輔以優質的情境，深入主人公的心靈及事件的探
索，才能提高滑稽格調，更臻喜劇藝術的境界。

三、笑謔裡的啟示

　　清代李漁在談論戲曲中科諢的表現時，曾以為它最難的地方在於
要有「關係」，「關係」為何，其言曰：

曰：于嘻笑詼諧之處，包含絕大文章；使忠孝節義之心，得
此愈顯。如老萊子之舞斑衣，簡雍之說淫具，東方朔之笑彭
祖面長，此皆古人中之善於插科打諢者也。作傳奇者，苟能
取法于此，則科諢非科諢，乃引人入道之方便法門耳。[53]

李氏認為上乘的科諢，要能在引人發笑的同時又能具有針砭社會現實
的作用。換言之，喜劇如果想要在插科打諢以供消遣娛樂之外提昇其

---

[52] 《閒情偶寄》(上海：上海古籍出版社，2000 年)，詞曲部，科諢第五，頁 75。
[53] 同前註，頁 76。

藝術深度，則必須積極的和人生社會相結合。濟公給人的印象，並非只是一味的表現其荒唐的滑稽行為，他的笑裡具有「別題」，他讓自己變「醜」，以一種自為式的精神逆反形式，如大智若愚、大巧若拙、大辯若訥、大悲若喜等，去挖掘並反襯更多的現實真象。這種形式不同於在激憤下帶有全面性否定的諷刺，而是以更多的哲理、肯定和讚美，歌頌理想生命。王緯在論及幽默時以為，在幽默的表面，我們經驗到的只是包含「悖反」意味的事象，這是它的「諧體」，是一種實態；而它的「別題」，即「別解」之意，則藏有「莊義」，是一種虛態。實態的「諧體」，其意昭昭惹人發笑；虛態的「莊義」其意冥冥，耐人尋味。[54]王氏此論，深中笑謔要旨。筆者按此尋繹，以為濟公嬉笑怒罵的背後，實則隱藏了兩層重要的意義：它一方面揭示恬淡的出世哲學，同時又流露出強烈的批判精神。此兩者看似矛盾，但卻是笑謔精神體（智慧）與用（勇氣）的發揮。以下筆者試就這兩方面加以申論之。

（一）揭示恬淡的出世哲學

　　濟公不但充滿鮮明、獨特的形象，同時他的言行又能反映某些特殊的生活情調，並洞察特有的生命意義。我們看濟公信口唱道：

> 參透炎涼，看破世態。散淡游靈徑，逍遙無挂礙。孑然無拘束，定性能展才。撒手辭凡世，信步登臨界。拋開生死路，瀟灑無靜界。初一不燒香，十五不禮拜。前殿由他倒，後牆任他壞。客來無茶吃，賓朋無款待。謗的由他謗，怪的由他

54　《笑之縱橫──論「笑」的理論意義》（台北：台灣高等教育出版社，1990年），頁75。

怪。是非臨到耳，丟在青山外。也不逞剛強，不把雄心賽。
學一無用漢，虧我有何害。(《前傳》，頁 153)

這樣一個看破人間世態炎涼，終能處世詼諧，無拘無束的和尚，確實
有其吸引人的魅力。其個性中同時兼具宗教的寬容、慈悲，社會的正
義、勇敢，及人性中的善良和溫暖，使他成為民眾心目中永遠的歡喜
活佛。被視為瘋顛，但濟公卻又不是一位狂人，他不像歷史中許多桀
驁不馴，遠遁山林的憤世嫉俗者，只在言談和著作中表露憤懣之情，
他反而走進世俗，親近群眾，在市井間展現一派通情達理的天真和聰
慧。此一性格，筆者以為是受了道、釋二家思想的洗禮所致。

首先，濟公的醉飲和任性存真，充分的流露出濃厚的道家色彩，
堪稱老莊思想的實踐者。在傳統士大夫的形象裡，嗜飲者常被視為是
掙脫禮法，鄙夷權勢的象徵。在《濟顛語錄》中，濟公就有好幾首飲
酒的詩詞，如：

　　——昔日曾聞李謫仙，飲酒一斗詩百篇。感君慨賜無慳吝，
　　貧衲何嘗出口涎。(頁 45)
　　——每日終朝醉似泥，未嘗一日不昏迷。細君發怒將言罵，
　　道是人間吃酒兒。莫要管，你休痴，人生能有幾多時。杜康
　　曾唱蓮花落，劉伶好飲舞囉哩，陶淵明賞菊醉東籬。今日皆
　　歸去，留得好名兒。(頁 121-122)

在這些飲酒詩作中，濟公提到不少傳統文化中的偶像，如李白、劉伶、
陶淵明等，所以如果我們把濟公的嗜飲只看做是簡單的「破戒」行為，
其目的是在對抗僵化的修禪戒律，諷刺那些修口不修心的人的話，就
很可能忽略了他背後另外那股來自道家禮豈為我輩所設，和越名教而
任自然的思想力量。至於在佛教思想方面，濟公時常宣揚人生無常，

三界皆空的道理，如在《濟顛語錄》中為促織出殯的指路詞中說：「休
煩惱，莫悲傷，世間萬事有無常。昨宵忽值嚴霜降，好似南柯夢一場。」
（頁 115）為陶秀玉起材時念：「易度者人情，難逃者天數。」（頁 110）
為行首藍月英下火之詞說：「琉璃瓶子擊碎，方知總是虛花；幾年閨
閣風流，盡屬落花流水。」（頁 102）從以上這些句子中，我們都可
以明顯的看到濟公含有般若性空的思想。而出家之樂又如何？濟公小
說有山歌云：

> 走走走，遊遊遊，無是無非度春秋。今日方知出家好，才悔
> 當年做馬牛。想恩愛，俱是夢幻。說妻子，均是魔頭。怎如
> 我赤手簞瓢，怎如我過府穿州。怎如我瀟瀟洒洒，怎如我蕩
> 蕩悠悠。終日快活無人管，也沒煩惱也沒憂。爛蘇鞋踏平川，
> 破衲頭賽緞綢。我也會唱也會歌，我也會剛也會柔。身外別
> 有天合地，何妨世上耍骷髏。天不管，地不休，快快活活傲
> 王侯。有朝困倦打一眠，醒來世事一筆勾。（《前傳》，頁 7）

既然出家如此快樂，拿得起又放得下，那麼人生毫無罣礙，怎能不豁
達圓通。總之，筆者以為隱藏在濟公笑謔言行下的道、釋精神，充分
發揮了一種笑傲人間富貴名利及擺脫痛苦煩惱的智慧。

（二）具有強烈的批判精神

透視濟公的笑，實具有一種調侃、譏諷、批判，甚至是戰鬥的意
義，它能在對抗環境嚴峻勢力下，產生一股迂迴的力量。老彭在〈論
機智人物的玩世態度和滑稽形象〉一文中指出：

> 他們以輕鬆的態度對待嚴酷的現實，以幽默的口吻回答敵手
> 的挑戰，以玩笑的方式作弄權貴的高壓，以冷嘲的言辭戳穿

「智者」的愚行，以該諧的氣度顯露人世的不諧。在相似的
鬥爭過程中，便逐漸形成了他們「意真辭隱」、「假愚真智」、
「滑稽自衛」的共同思想氣質。[55]

筆者以為這樣的分析，其實正是對濟公最好的說明。濟公本為一名和
尚，理應清淨自持，莫管閒事，但從濟公的第一本小說開始，濟公便
喜歡評論是非，譏諷同寺的僧人，如靈隱寺首座責備濟公喫酒又歇
娼，濟公卻反唇相稽道：「我明明里去，不強如你們黑地里去。」（《濟
顛語錄》，頁 50）一句反擊，便揭露了寺僧所有的醜態汙行，儼然就
是一位正義的使者。到了郭小亭的濟公小說之後，這樣的形象更趨明
顯，他不但仍繼續為民消災解厄，更行走江湖替官府辦案，成為掃除
罪惡的英雄。書中出現許多「戲耍」的情節，表面看去好像只是博君
一粲，但實際上卻是假「戲耍」之名，行其教訓懲戒之實。綜觀濟公
故事不管其內容如何發展，嬉笑怒罵的背後，其實都環繞著一個明顯
而嚴肅的道德主題。《前傳》中第八十八回中有言：

> 這套《濟公傳》，濟公為渡世而來，忠臣孝子、義夫節婦，必
> 然遇難成祥；贓官佞黨、淫賊惡霸，終久必有報應。做書人
> 筆法，使看書人改惡行善，勸醒世人。比如忠臣義士遇著難，
> 聽書、看書的人恨不能一時有救。為何「亂臣賊子人人得而
> 誅之」？此乃人心公平之處，自古至今一理。（頁 355）

基於人心嚮往、社會需要，濟公故事始終抓住善的價值標準，這是他
能以滑稽之態，長期駐足小說、舞台及民眾生活重要的原因。在此，
我們也同時發現滑稽和崇高的本質其實是可以相通的。人類肯定真善

55　上海民間文藝家協會編：《中國民間文化》（上海：學林出版社，1992 年），
　　第六期，頁 126。

美，並非一定要訴諸正面而嚴肅的方法，有時以反諷、襯托、對比或誇張的手法，反而能在情緒鬆弛下，達到更好的效果。所謂「以玩世不恭的態度對待邪惡的世事，比金剛怒目更有力量。以滑稽幽默的身影，在偽君子前面晃動，比道貌岸然更具諷刺意味。這就是創作機智人物形象的藝術依據」[56]。我們看《濟顛語錄》中，靈隱寺印鐵牛長老嗾使趙太守要他砍去淨慈寺門外兩傍的松樹以壞其風水時，淨慈寺德輝長老警告濟公：「這官人十分利害，汝去見他，須用小心」（頁77），而濟公面對趙太守帶領百餘人要砍松樹這樣危急的時候，他卻對太守施禮說：「聞知相公要伐敝寺松木，有詩呈上：亭亭百尺接天高，曾與山僧作故交。滿望枝柯千載茂，可憐刀斧一齊拋。窗前不覩龍蛇影，耳畔無聞風雨號。最苦早間飛去鶴，晚回不見舊時巢。」（頁78）太守見詩大喜，最後終於把人帶回，保住了松樹。事後德輝長老向眾僧說：「今日若非濟公，誰人解得？」（頁 79）從這段精采的故事裡，我們看到濟公沈穩機智的表現，如何把鍊鋼化為繞指柔，憑藉著抒情的詩作，為鶴求情，而化解了衝突，這證明了笑謔人物，是能夠適時發揮巨大力量，去扭轉情勢改變環境的。再如《評演濟公傳》中濟公醫治秦相兒子得「大頭甕」的故事，說明面對豪門權貴時，濟公如何假瘋顛之名，行其針砭諷刺之實：話說秦丞相二公子秦恒，平日仗著父親是當朝的宰相，手下養著許多打手，時常在外搶奪人家少婦幼女。後來腦袋生病，大如麥斗，經人推荐找來濟公醫治。秦丞相尋問病情，濟公回說有一位王員外的兒子也得這個病，得這個病的必不是好人，都是在外行兇作惡，搶佔少婦長女，才有此果。在這段故事裡，我們看到了濟公在自然的情況下藉彼譏此，以達到其諷刺的目的，而不直接頂撞權貴，惹來殺身之禍，固然在小說中類似的情節大

---

[56] 同前註，頁 124。

都佐以神通法術，但其處理事情的方法，卻在在顯示濟公以退為進，善於迂迴的人生智慧。

　　本節中，筆者就濟公形象中最顯目且重要的笑謔成分進行分析，以為它的背後實藏有深刻的生活哲學。以現代審美心理學中的「心理距離」來看，濟公的笑其實具有消解對立情感，超脫現實利益的作用。表面上看他一副笑呵呵的樣子，大有玩世不恭的味道，但這種態度的背後，卻是一種冷眼旁觀的獨立人生，它能勘破現世中種種荒謬變相的醜態，透過保持距離，維繫住人的尊嚴和價值，也唯有這樣的自信，才能創造出超脫的生命境界。筆者以為，如果我們能夠從「對他笑」，即以膚淺的滑稽看待濟公，到「跟他笑」，即學習從容的處世智慧，濟公的精神自能歷久彌新。林語堂曾評價老子說：

> 老子刁慈的「老滑」哲學卻產生了和平、容忍、簡樸和知足的崇高理想，這看來似乎是矛盾的。這類教訓包括愚笨者的智慧、隱逸者的長處、柔弱者的力量，和熟悉世故者的簡樸。[57]

　　筆者以為上述文字雖然是針對老子而言，但對我們重新思索濟公的存在價值，實有很大的啟示作用。其中所謂的和平、容忍、簡樸和知足，其實正是濟公在笑謔之下所現示非常獨特的生命美學。濟公身為出家人自以慈悲為懷，但他卻不以宗教家自許，而高高在上受人頂禮膜拜；反倒更以平民化的詼諧方式表達對生命的憐惜，和對市井小民的關切。也許當一般人都將焦點放在濟公的神通和滑稽古怪的行徑上時，我們似乎更應該注意的是他在飄然離開人群時，所經常吟唱的那些詩偈或山歌。

---

[57] 林語堂：《生活的藝術》（台北：遠景出版社，1985 年），頁 114。

第六章　濟公與民間宗教信仰

　　民俗人物之所以能夠代代相傳，並且不斷的發揮其影響力，一定
和現實環境與民眾生活有密切的關係。濟公直到如今仍舊「活著」，
除了前述他在小說及表演藝術中所發揮的寓教於樂的功能外，普遍的
民間宗教信仰則是另一個使他仍舊「神采奕奕」的重要因素，尤其在
濟公成為神明之後，他在民眾心目中的地位則變得神聖不可侵犯，固
然在某些場域裡濟公的神級不如其它天帝聖君一樣崇高；但相對的，
他卻因此更容易進入民眾較為隱私的生活中，而成為他們心理依賴的
對象。檢視濟公在宗教信仰世界裡的身份是多重而複雜的，他既是佛
教中的轉世羅漢，也是列籍仙冊的道中人；他可以在民間教派中擔任
尊師扶鸞宣化，也可以臨壇降乩從事民俗的巫術活動。這樣多重複雜
的背景，往往使濟公的宗教角色變得混淆不清，也同時由於他的形象
和作為被過度世俗化後，而受到許多社會人士的質疑。本章中，筆者
將從各種不同的宗教信仰領域，觀察濟公在其中的角色和功用，剖析
他對民眾生活的影響。

第一節　佛門的異類

　　濟公的瘋瘋顛顛和喝酒吃肉是違背佛門清規的，但在民間他卻廣
受大眾的包容和喜愛，這是一個非常矛盾的現象。在佛門方面，居簡
的道濟〈舍利銘〉內容平實，絲毫不見任何神通事蹟的記載，這和後
來出現的各種濟公傳志有天壤之別。尤其經由沈孟柈所敘述的屬於小
說性質的《濟顛語錄》被編入《續藏經》後，它和其它許多正式的禪

師語錄並列，且儼然成為代表道濟（或濟公）生平的重要著作，這又是另一個非常特別的地方。究竟佛門如何看待這位善於嬉鬧，無處不顯神通的瘋和尚，本節中，筆者將從羅漢轉世、瘋顛破戒與神通事蹟三方面，觀察佛門對濟公的理解和評價。

一、羅漢轉世

在小說編撰濟公是羅漢轉世之前，歷史中的道濟和尚已有「五百應真」之說。比道濟年代稍後的天童如淨禪師（1163-1228）有云：

> 天台山裡五百牛，跳出顛狂者一頭。賽盡煙花瞞盡眼，尾巴狼藉轉風流。[1]

上文中的「五百牛」，其實代表的就是五百羅漢，而「賽盡煙花瞞盡眼，尾巴狼藉轉風流」，即指他應化在世時，藉由各種方式渡化眾生，而行跡未被識破。道濟本為天台人，其出世被視為五百應真之流，是有其歷史背景的。明傳燈（1554-1628）不但繼續沿用舊說稱濟顛「乃天台五百應真之流也」[2]，甚至還特別強調其中具有特殊的大因緣，他在〈周七娘〉下有段議論曰：

> 戒公、七娘、寒山、拾得，雖異代出興，本迹大同。且文殊、普賢為釋迦如來上首弟子，乃兩世降生茲土，特於台民慈悲猶尤，孰謂台邦非佛國乎？又孰謂台民無有大因緣乎？[3]

---

[1] 《天童如淨禪師語錄》下卷，〈讚佛祖〉下〈濟顛〉，《卍續藏經》（台北：白馬精舍印經會，1994 年），第七十二卷，頁 161。

[2] 《天台山方外志》（台北：新文豐出版公司，1987 年），卷第五，〈聖僧考〉第六，頁 56。

[3] 同前註。

以上文字內容雖然沒有直接提到道濟，但是從其描述歷代聖賢出世的因緣看來，他對天台屢現聖跡是有殊勝之讚的。其後明代的另一位高僧永覺元賢禪師（1578-1657）也將濟顛和佛圖澄國師、慧約國師、寶誌大士、寒山大士、拾得大士、布袋和尚、長耳和尚等人並列在〈應化聖賢〉下，並撰有贊偈：

> 不依本分，七倒八顛。攪渾世界，欺地瞞天。任渠翻盡窠臼，
> 何曾出這絆纏。逃返天台難隱拙，虛名猶自至今傳。[4]

贊偈中「逃返天台難隱拙」句，仍可見其呼應五百羅漢在天台應化的說法，而「不依本分，七倒八顛。攪渾世界，欺地瞞天」，正是說明應化聖賢在世間的種種行跡，看似顛倒不經，但卻自有道理。

從以上這些文獻看來，我們可以很明顯的知道在傳統的佛門裡，道濟是被視為五百羅漢轉世的，而這五百羅漢轉世之說在佛教中又是其來有自。羅漢，即阿羅漢的簡稱，在佛教中是指修得阿羅漢果位，免受生死輪迴之苦的人。在小乘佛教裡它是修行的最高等級，而在大乘佛教裡，它的地位次於佛和菩薩。其群數向有四、十六、十八、五百等不同之數。其中五百羅漢之名，或稱五百比丘、五百弟子，在佛經中各有不同的記載，如有言釋迦牟尼佛為五百弟子講經授法；[5]有言是釋迦牟尼佛滅度後翌年，迦葉尊者召集阿難等五百比丘結集佛祖的言論；[6]也有言是弗沙秘多羅王毀滅佛法後，有五百羅漢重興聖教；[7]以及有五百大鴈聞釋迦說法，被獵人張網殺盡，死後升天成五

---

[4]　《永覺元賢禪師廣錄》，卷二十，收錄於《卍續藏經》（台北：白馬精舍印經會，1994 年），第七十二卷，頁 502。

[5]　〈五百弟子授記品〉，《妙法蓮華經》，卷第四，收錄於《大藏經》（台北：新文豐出版公司，1983 年），第 9 冊，頁 27。

[6]　《佛五百弟子自說本經起》，同前註，第 4 冊，頁 190。

[7]　《舍利弗問經》，同前註，第 24 冊，頁 900。

百羅漢之說。[8]但無論如何，五百羅漢之說是見諸梵典而為佛門所公認存在的。中國最著名的五百羅漢駐錫之地是天台山石樑橋的方廣寺，其說是從東晉的神僧竺曇猷隱居天台山開始的，[9]到了唐時，文宗就福田寺興建五百羅漢殿。至五代，尊崇五百羅漢之風特盛。吳越王錢氏每年都供養天台山福田寺的五百羅漢，並於天台山方廣寺造五百銅羅漢。後周世宗顯德元年（954）道潛禪師得吳越錢忠懿王的允許，將雷峰塔下的十六大士像遷於杭州淨慈寺，創建五百羅漢堂。宋太宗雍熙二年（985）造羅漢像五百十六身（十六羅漢與五百羅漢），安座於天台山壽昌寺。宋仁宗在位時也曾供施天台山石梁橋的五百應真。[10]由於歷來帝王的虔誠支持，使得五百羅漢的信仰曾有輝煌的發展。

五百羅漢乃聖賢應化，其中所謂「應化」一詞，實有應身和化身之意。應身現的是佛相，化身現的是六道相，佛門中此說屢見不鮮，如稱達摩祖師是觀音應化，布袋和尚與傅大士是彌勒應化，豐干禪師是彌陀應化，寒山、拾得是文殊、普賢應化，長耳和尚是定光佛（燃燈佛）應化，永明壽禪師是彌陀應化等。佛家以為，在芸芸眾生界中，凡聖雜處，有乘願再來的聖賢，未必現的都是聖相，從外表上看，和一般人沒有差別，有的甚至還要更顛倒荒唐，但是他們在平凡中示現不平凡，在顛倒中依舊不顛倒。例如永明壽禪師每天要做一百零八件事，現的是精進相。傅大士把自家的田產做為佈施，現的是慈悲相。至於濟顛和尚衣衫不整，酒肉不忌，說起話來瘋瘋顛顛，到時卻無不應驗，現的是邋遢相。因此，既然六道眾生的任何相都能現，並且常

---

[8]　〈五百鴈聞佛法升天品〉，《賢愚經》，卷第十三，收錄於《大藏經》（台北：新文豐出版公司，1983年），第4冊，頁437。

[9]　事見〔梁〕慧皎：《高僧傳》，卷十一，同前註，第50冊，頁396。

[10]　李增新、高壽仙撰文，師均、曉雪、閭里編繪：《五百羅漢》（台北：淑馨出版社，1994年），白化文〈前言〉，頁2。

會以我們所忽略或不恭敬的那種身形出現，因此佛門以為不可以輕慢任何人，甚至如貓狗也是如此。[11]明末晦山戒顯在〈濟顛本傳序〉中言：

> 維摩云：菩薩住於生死，不為汙行，而布袋、濟顛、酒仙、蜆子竟為汙行者何耶？良以既證果人，欲度執相凡夫，不得不隱聖現劣故也。[12]

又《南宋元明禪林僧寶傳》卷四〈湖隱濟顛書記〉贊曰：

> 濟公徹樞旨於瞎堂言下，遂以格外玄機，混俗同塵。或嘲風弄月，發明佛祖心宗。時不怪，以顛僧目之，幸也。及示化天下，始同稱公，為不可測人，豈非末後，實效光明之被於萬物也博矣。於戲，鑑公生平，若非賢聖應世，求不巧盡拙，生亦不可得也。[13]

佛門以為聖賢各種不同的示現，其實都是為了教化眾生。而應化示現的「聖賢」，他們都具有自覺覺他的品性。明傳燈將濟顛禪師列入「聖僧」時，曾解釋「聖」意云：

> 夫聖之為言正也，所以正己正人也。正己克去己私，正人復還天理。正己自覺，正人覺他。正之為言雖同，正之所以實異，故有世間聖人焉，出世間聖人焉。言出世間者，非謂離

---

[11] 1983 年 10 月 22 日台北東西精華協會中國總會禪學中心，顯明法師講述「略釋觀音法門」，大慧居士記輯。資料來源：http://www.baus-ebs.org/sutra/jan-read/001/049.htm。

[12] 〔清〕孫治撰、徐增重編：《武林靈隱寺誌》，卷七，頁 457-459，收錄於杜潔祥主編：《中國佛寺志》（台北：明文書局，1980 年），第一輯，第 23 冊。

[13] 《卍續藏經》（台北：白馬精舍印經會，1994 年），第七十九卷，頁 604。

> 此世間，別有出世間祇，即此世間所見與世人異耳。譬如恆
> 河一也，而諸天見為瑠璃遊魚，見為窟宅餓鬼，見為猛火，
> 凡人見為清水，豈不以物隨業轉，境逐心生而異耶？……良
> 由聖人者心珠瑩淨，性水澄清，空不生華，目無翳眚。[14]

由此可知，「聖」者是具有慧性的自覺及覺他者，能以果證示現，揭
櫫真諦，使世間眾生能悟得一切出世法。而又為了相應「四佛土」[15]之
說，「聖」的出世又可分為隱、顯二途：

> 以隱言之，赤城支提即台山是實報。石梁方廣即台山是有餘
> 也。以顯言之，如寒山、文殊、拾得、普賢，雖見量異於常
> 人，終是凡聖同居土耳。[16]

所謂「凡聖同居土」，即指凡夫和為了要渡化眾生而現身說法的聖人
所共同居住的國土。《天台山方外志》將濟顛禪師列為「顯」門，正
說明了他示現的目的是為了愍茲五濁，救渡眾生。

綜觀道濟的出生為羅漢轉世，其實是源自於佛門固有的五百應真
之說，但其中並未明言他是何方尊者的化身，固然如《濟顛語錄》中
言濟公是紫腳羅漢投世、《醉菩提全傳》中言是紫磨金色的羅漢，但
這些名稱有學者以為除了是「羅漢」之外，似乎也沒有特別的含意，
所以後來到了清乾隆在十六羅漢以外御加第十七降龍羅漢、第十八伏
虎羅漢後，濟公的轉世才有了如《評演濟公傳》中言為降龍羅漢或地

---

[14] 《天台山方外志》（台北：新文豐出版公司，1987 年），卷第五，〈聖僧考〉
  第六，頁 51。
[15] 「四佛土」說為：「……故佛說世間隨見有四種國土，不同世人所見。瓦礫荊
  棘等謂之凡聖同居土。羅漢見為七寶琳瑯，謂之方便有餘土。菩薩見為淨妙
  五塵，謂之實報莊嚴土。諸佛見為法身祕藏，謂之常寂光土。」同前註。
[16] 同前註。

方傳說為伏虎羅漢的說法。[17]至於濟公為何會成為降龍或伏虎羅漢轉世，是因為濟公神通廣大，無所不能，彷彿有降龍伏虎之力，還是有其它的原因，不得而知；不過，濟公的轉世從原先出自印度的五百羅漢變成漢地的降龍伏虎羅漢，正說明了佛教信仰的民間化。濟公除了有羅漢轉世的因緣外，筆者根據《濟顛語錄》中「白蓮花下禮慈王」（頁132）、「彌勒真彌勒，化身千百億，時時識世人，世人俱不識」（頁132）及「上人身赴龍華會」（頁134）等用語推測，以為濟公曾在過去一段很長的時間裡，應和彌勒信仰有密切的關係。

　　濟公之所以會和彌勒信仰有密切的關係，當和佛教趨向世俗的發展有密切的關係。兩宋時期以後的佛教發展，其接近民眾與生活相結合的傾向愈加明顯。同時對於解釋教理力求簡化自由，以便更利於宣傳，於是以簡易唸佛為修行法門的淨土宗逐漸受到重視，再加上南宋之後，國家要求恢復治安與統一，求助淨土福田的願望更助長此派的流行。[18]而許多宗派也與之相結合，以謀求更大的發展空間。若與禪宗相比，「禪宗能取代他宗在上層知識份子和學術領域中的地位，卻不能取代淨土宗在下層社會流行的市場」[19]。中國淨土宗的發展，最早可以追溯到東晉時候的慧遠，其後歷經北朝的曇鸞和隋唐的道綽、善導等人宣揚提倡，已逐漸成為流行的教派。所謂「淨土」，是指佛所居住的國土，而相對於充滿污濁的人間，則稱為「穢土」。此派的修行方式是借用外力，以唸阿彌陀佛的名號便可免除生死輪迴之苦，而往生於西方極樂世界。

17　胡萬川：〈降龍羅漢與伏虎羅漢——從《二十四尊得道羅漢傳》說起〉，收錄於《明代小說面面觀：明代小說國際學術研討會論文集》（上海：學林出版社，2002年），頁311。

18　〔日〕阿部肇一著、關世謙譯：《中國禪宗史》（台北：東大圖書公司），頁548。

19　嚴北溟：《中國佛教哲學簡史》（台北：木鐸出版社，1987年），頁200。

淨土信仰的體系大致可以分為三支：一為以阿閦佛為主的東方妙喜淨土，此派已不流傳。第二是以阿彌陀佛為主的西方極樂世界。第三則是以彌勒菩薩為主的淨土思想。彌勒又稱慈氏菩薩，出生於婆羅門家庭，後來成為佛徒，先於釋尊入滅，歸入兜率天內院，經四千歲（相當人間五十六億七千萬歲）後下生人間，於華林園龍華樹下成佛，弘揚佛法普渡眾生。在中國，兩晉以後民間便流行彌勒信仰。至於彌勒與彌陀二者之間最大的差別，在於前者的思想富於大乘精神，不修禪定，不斷煩惱，不離生死輪迴之苦而從事現實世界的建設，以渡化苦難眾生；但因彌勒信仰常被有心人士所利用，造成不少「民亂」，尤以近代民間社會盛行的白蓮教，更以彌勒下生救世為號召，而被視為邪教。然而從民間信仰彌勒的盛況看來，一般老百姓希望得到的還是實際生活上的幸福平安和解除痛苦。所以何雲就以為，其實彌勒和濟公都是漢地佛教文化所創造出來的，他們的出現說明了漢地佛教文化心理兩種演變軌跡，即前者是厭倦來世幸福的許諾，要求現世解脫，這樣未來佛才成為現在佛；而後者是伴隨著對佛教來世許諾的失望和不信任，佛教戒律也失去權威和神聖性，而代之以有求必應、預言顯靈的巫術化傾向。後世佛教大眾文化正是沿著這兩條軌跡迅速的發展。[20]在此，學者固然區分彌勒和濟公為佛教大眾化發展的兩條軌跡，但筆者以為如就信仰心理而言，實無二致。尤其當濟公悖反寺院僧侶的儀規，夾帶神通而化身為不羈形象的街頭和尚時，正是宗教落實到平民生活及人性層面的結果。因此濟公表面上看去為一名不倫不類的僧人，但實際上可以視為宗教在聖俗不同層次發展時，相互調適出來的結果；又同時濟公是一位現世的活菩薩，他這種入世熱腸的社會性則遠超過其宗教性。

---

[20] 何雲著、王志遠編：《佛教文化百問》（高雄：佛光出版社，1991 年），頁 245。

　　何雲在論及濟公在中國佛教史上的地位時，曾區別了「精英佛教」和「大眾佛教」。他以為北宋官刻《大藏經》的出現，即是精英佛教集大成的標誌，這個層面集中了佛教各個時期各個宗派的精神領袖和政治領袖，他們有的是以弘揚宗派著名，有的是以帝師之尊成為佛教領袖，而有的則以會通諸宗及內外之學而留名青史；但這樣以精英為主體的佛教發展，在宋代以下，乃至明清，其速度逐漸趨於停滯，在規模上也呈遞減。至於「大眾佛教」的發展，何氏首先標舉了兩個極為重要的屬性：一是以市民階層及地位同樣低賤的下層僧侶階層為主體結構的信眾，二是所有教義理論都經過民俗的充分濾澱，特別迎合市民社會的口味，使其變為簡易可行。同時，他更明白的指出，一切有用的教義都是可以操作的，或者化為娛神和自娛的傳奇人物及其有趣的故事，或者流向社會充滿躁動和危險的深層，發生質的變異。前者如濟公、彌勒，後者則為白雲宗和白蓮宗。[21]

　　透過上述對「大眾佛教」發展的提示，我們可以更清楚的知道濟公的出現及風靡民間，是有它特殊的歷史背景和社會心理的。筆者以為，我們除了需要瞭解歷來高僧大德對濟公的評價外，濟公在民間社會所顯示的意義，更值得我們去研究。

二、破戒與瘋顛

　　不守佛門戒律是濟公形象中極為重要的成分，民間俗曲中便如此唱道：

---

[21]　〈佛學家何雲談濟公在中國佛教史上的地位〉，收錄於許尚樞編著：《天台山濟公活佛》（北京：國際文化出版社，1997年），頁137。

〔寄生草〕魯智深遊戲在山門外。自從我出家在五臺。吃的
是甚麼齋？西天的我佛，今又何在？那濟顛僧五葷都用，他
全不戒。[22]

濟公喝酒吃肉自是違反佛門戒律，但他卻辯駁：「佛祖留下詩一首，
我人修心他修口。他人修口不修心，為我修心不修口」（《前傳》，第
一回，頁 4），這種破戒的行為，佛門究竟如何看待。明末晦山戒顯
在〈濟顛本傳序〉中提到：

> 近世有等魔禪，口說宗教，妄餐酒肉，以為吾學濟顛也。此
> 雖可學，而濟顛來蹤去跡，種種奇特，能學否耶？濟顛示夢
> 太后，口吐佛金，乃至觸境逢緣，現種種神通三昧，能學否
> 耶？濟顛錦繡蟠胸，出口珠玉，盡大地儒釋皆讓一頭地，能
> 學否耶？此不能學，而徒學其餐酒肉一種，真泥蛇學龍，必
> 至全身敗露，識法者懼矣。[23]

上述文字中，作者大力表彰濟公隱聖現劣的行事作風，乃是一種特殊
的渡化方式，其「種種奇特」、「神通三昧」實非一般人所能學習，而
真正的「識法者」是知道何者能學，何者不能學的。言下之意，喝酒
吃肉只是行跡外相而已，學道者應求正途才是。近代高僧印光大師在
談論濟公飲酒食肉時，也有同樣的看法，大師言：

> 道濟禪師，乃大神通聖人，欲令一切人生正信心，故常顯不
> 思議事。其飲酒食肉者，乃遮掩其聖人之德，欲令愚人見其
> 顛狂不法，因之不甚相信，否則彼便不能在世間住矣。凡佛

---

22 章衣萍校訂：《霓裳續譜》（台北：新文豐出版公司，1978 年），頁 261。
23 〔清〕孫治撰，徐增重編：《武林靈隱寺誌》，卷 7，頁 457-459，收錄於杜潔
    祥主編：《中國佛寺志》（台北：明文書局，1980 年），第一輯，第 23 冊。

> 菩薩現身，若示同凡夫，唯以道德教化人，絕不顯神通；若
> 顯神通，便不能在世間住。唯現作顛狂者，顯則無妨，非曰
> 修行人皆宜飲酒食肉也。世間善人，尚不飲酒食肉，況為佛
> 弟子，要教化眾生，而自己尚不依教奉行，則不但不能令人
> 生信，反令人退失信心，故飲酒食肉不可學。[24]

語中「世間善人，尚不飲酒食肉，況為佛弟子，要教化眾生，而自己
尚不依教奉行，則不但不能令人生信，反令人退失信心，故飲酒食肉
不可學」，則是懇切的告誡修行者一定要嚴守清規戒律，才能引導眾
生得到正知正見。范古農（1881-1951）在回答學佛者的疑問時，也
曾如是言：

> 問：佛家素食何以念準提咒，亦不禁飲酒食肉，心齋乃是真
> 　　齋，故濟公亦茹葷也。
> 答：念準提咒不禁飲酒食肉，極言咒之神效，與菩薩之慈悲，
> 　　心齋之說與濟公之顛，非其例也。[25]

范氏不但不以為濟公茹葷為常例，更直言「鄉間僧尼受世俗化不足為
法，濟公成佛原屬滑稽，不可為訓」[26]。

　　固然，「修心不修口」的說法易遭人批評，以為是不能持守戒律
的藉口，但如從禪宗的角度來看，此言其實是具有超越性的。戒，本
是佛陀針對皈依佛教者隨時制定的規範，起初只是宣示諸惡莫做，但
日後僧眾不法的行為逐漸出現，於是各種戒的規定便日益增加，而且

---

[24] 〈復龐契貞書〉，收錄於會性法師記述：《讀印光大師文鈔記》（台中：台中市
　　佛教蓮社，1998 年），頁 654-655。
[25] 《古農佛學答問》（台北：彌勒出版社，1983 年），卷四，頁 29。
[26] 同前註，卷六，頁 58。

變得複雜。據《四分律行事鈔》的說法，戒有戒法、戒體、戒行、戒相四者之別。戒法，是指佛所制定的不可殺、盜等一切不善法，為修行者的規範與禁戒。戒體，是指行者領受戒法後，於自己身心所產生之防非止惡的作用。戒行，是指發得戒體後，動作身、口、意三業而不違法。戒相，指持戒的相狀。[27]又，戒律如果從狹義的角度來看，是指不殺、不盜、不淫、不妄語等表現；但其積極的含義，是包含所有的正行，是一種源自慈悲喜捨，而自然擴充流露在外的行為，所以戒不但只是止惡而已，更是發覺一切行善、淨心的德性。

這種追求內心向善的「戒」的精神，在《六祖壇經》中，有明確的闡示：

> 頌曰：「心平何勞持戒？行直何用修禪？恩則孝養父母，義則上下相憐，讓則尊卑和睦，忍則眾惡無喧。若能鑽木取火，淤泥定生紅蓮。苦口的是良藥，逆耳必是忠言。改過必生智慧，護短心內非賢。日用常行饒益，成道非由施錢。菩提只向心覓，何勞向外求玄。聽說依此修行，天堂只在目前。」[28]

六祖在此強調，一切的持戒修禪，其目的都是追求心平行直，如果人人都能反求諸己，除卻自性中的「不善心、嫉妒心、諂曲心、吾我心、誑妄心、輕人心、慢他心、邪見心、貢高心，及一切時中不善之行」[29]，則自然能見性通達，無所滯礙。由此看來，六祖基於明心見性的思想主張，使其對戒有更透徹的認識。換言之，他認為戒只是

---

[27] 藍吉富主編：《中華佛教百科全書》（台南：中華佛教百科文獻基金會，1994年），第五冊，頁2554-2555。

[28] 〈疑問品第三〉，李淼編著：《中國禪宗大全》（1）（台北：麗文文化公司，1994年），頁51。

[29] 同前註，頁56。

外在的形式，如果不能啟發內在的道德自覺，一切都是枉然的。禪宗這種看似自由，卻直指人心的戒觀，無形中已經結合了中國儒家孟學的心性傳統，它給人更寬廣的道德眼界，以及更多領悟人性向善的機會。如果從這個角度來看濟公的「修心不修口」，其實更強調的是修心的困難，所以在濟公的小說中，他常常會以自己放蕩的行為，反諷那些裝模作樣的僧人。

又，濟公的瘋顛到底具有怎樣的含義？其目的又為何？中國歷史上有許多人都是以瘋顛佯狂留名於世的，他們有的是「被髮佯狂而為奴」[30]，有的是「陽為病狂，臥便利，妄笑語昏亂」[31]，有的是「陽狂斫婢以自免」[32]，有的是「佯狂使酒，露其醜穢」[33]，究其用意，大部份都是為了躲避政治的糾纏和迫害。濟公身為出家人，行事本當規規矩矩，但他卻以瘋瘋顛顛的形象流傳世間。筆者歸納一般對濟公瘋顛的解讀，大致有兩個觀點，一是結果論，一是方法論。前者以為濟公的顛是真性情的表現，即《濟顛語錄》中所謂的「顛者乃真字也」（頁28）。此說意指濟公所有看似非比尋常的行為，其實都是一種自性的流露，既不妄作，也不偽作。以此提示世人不要被外物所染，而失去本來的面目，正如《六祖壇經》中所謂：

> 如是諸法在自性中，如天常清，日月常明，為浮雲蓋覆，上明下暗，忽遇風吹雲散，上下俱明，萬象皆現，世人性常浮游，如彼天雲。善知識，智如日，慧如月，智慧常明，於外著境，被自念浮雲蓋覆自性，不得明朗。若遇善知識，聞真

[30]　〈宋微子世家〉，《史記》（台北：藝文印書館，1982年），卷三十八，頁636。
[31]　〈韋賢傳〉，《前漢書》（台北：藝文印書館，1982年），卷七十三，頁1379。
[32]　〈王戎傳〉，《晉書》（台北：藝文印書館，1982年），卷四十三，頁595。
[33]　〈徐禎卿傳附唐寅傳〉，《明史》（台北：藝文印書館，1982年），卷二八六，頁3156。

> 正法，自除迷妄，內外明澈，於自性中萬法皆現。見性之人，
> 亦復如是，此名清淨法身佛。[34]

句中「自除迷妄，內外明徹，於自性中萬法皆現」是禪宗思想的核心，也是禪宗思想的精髓。換言之濟公的顛行，其實是一種內證境界的反映，一切都是順性而為，自然發露而已。而所謂的方法論，則是以為濟公佯為顛行，卻暗中顯應萬方，普渡眾生，如言：

> （道濟）小變沙門之戒律，大展佛家之圓通，時時指點迷途，
> 人皆不悟，只認他作瘋顛。[35]

文山老人蕭天石在〈濟顛禪師大傳序〉中也說：

> 惟佛菩薩現身，不能顯神通以度世；而須示凡夫相，顯凡夫
> 行，以道德化人，以此乃世間法也。必須故示顛狂法、顛狂
> 行，以示與凡夫無所異，行同凡夫而實非凡夫也。[36]

藉由瘋顛的手段，以避人耳目之法，實現救渡的願望，這是一般對濟公瘋顛最常見的解釋。綜合上述兩種觀點，筆者以為前者是從修道的角度立論，以濟公之例說明「一切般若智，皆從自性而生，不從外入」[37]，勉人若要修道成佛，不必向外追求，只要能在自心中見其本

---

[34] 〈懺悔品第六〉，李淼編著：《中國禪宗大全》（1）（台北：麗文文化公司，1994年），頁56。

[35] 〈南屏山道濟裝瘋〉，陳梅溪搜輯：《西湖拾遺》，卷九，頁194，收錄於《古本小說集成》（上海：上海古籍出版社，1991年）。

[36] 《濟顛禪師大傳》（台北：佛教出版社，1988年），頁1。

[37] 〈般若品第二〉，李淼編著：《中國禪宗大全》（1）（台北：麗文文化公司，1994年），頁45。

真，便具有成佛的可能；而後者則是說明普施佛法的方便門法，得道
者得以各種不同的面目接引善眾。

　　固然如此，印順法師（1906-2005）在談論弘揚佛法的僧人類型
時，曾有如下的評論：

> 另外，還有神秘派與藝術派兩類僧徒，依附佛教，行化世間。
> 神秘派，大抵是經過一番修持的（自然也有裝模做樣的），如
> 古時的濟公，近代的金山活佛等。他們所表現的，似乎有些
> 瘋瘋顛顛，生活完全不上規律，然而頗能預知後事，也會治
> 病，做出不可思議的事，這是專以神秘化世的一類。西藏佛
> 教也有，他們叫做瘋子喇嘛。這一類人，感化力特大，對於
> 佛教的影響非常之深，可是不能成為佛教的正宗。住持正法，
> 住持寺院的重責，他們是不能荷擔的。如果佛教演變到以神
> 秘僧為中心，那麼一切迷信色彩，便會渲染到佛教裡來，使
> 整個佛教喪失其純正的真面目；而社會對於佛教的誤解，也
> 將愈來愈多。……在佛教的流行中，能夠發生推動力量或影
> 響作用的僧人，歸納起來，不外乎上述幾大類型。諸位現在
> 發心來學，將來當然也要致力於弘法利生，但你們究竟將現
> 身那一類型，怎樣弘法度生呢？我認為，不管捨身護法，做
> 個知事僧；或弘傳三藏教典；或推行深入淺出的通俗佛教；
> 或專門自己修持，皆無不可。唯獨不希望大家去做那瘋顛的
> 神秘僧，或是文人雅士型的詩畫僧。[38]

---

[38] 〈福嚴閒話〉，《教制教典與教學》，十四，頁 219-220，收錄於《妙雲集》（台
北：正聞出版社，1992 年），下編之八。

從「這一類人（按：指瘋顛的神秘僧），感化力特大，對於佛教的影響非常之深，可是不能成為佛教的正宗」一言看來，法師其實並不否定某些特殊的宗教體驗，但是對於弘法渡生之事，還是希望能夠透過正途發心力行才是。

三、神通事蹟

　　一般而言，濟公故事給人的印象是充滿神奇幻想的，如前人言「神通感應事蹟至多」[39]、「濟顛聖僧，宋時累顯聖於吾杭湖山間」[40]、「諸顯異不可殫述」[41]、「濟累顯神通，奇異多端」[42]等，都可看出濟公令人津津樂道的重點，總在其高深莫測的神通變化。曾永義曾分析神佛度脫劇的特色，以為它們總喜歡假借仙佛的超越力量，幻設出各種可驚可愕的事跡，以驚醒執迷世人，不管是滿足原始的畏懼鬼神心理，或是藉此徜徉在故事的想像中，它都將產生極大的吸引力。[43]佛教初入中國，在一般民眾的認知裡與神仙方術並無二致，基於對超自然的幻想，自然也就特別注意其神通靈異的表現。佛教中的神通之說，是指經過修持方法而獲得的一種超經驗能力，有的是以習定而發通，有的則是以持咒而發通，這些早在東漢安世高的代表譯著《佛說大安般

---

[39]　〔明〕釋傳燈：《天台山方外志》（台北：新文豐出版公司，1987 年），卷五，〈聖僧考〉第六，頁 56。

[40]　〔清〕釋際祥：〈淨慈寺志〉，卷三，頁 258，收錄於杜潔祥主編：《中國佛寺志》（台北：明文書局，1980 年），第一輯，第十七冊。

[41]　〔清〕孫治撰、徐增重修：《武林靈隱寺志》，卷三下，頁 164，同前註，第一輯，第二十三冊。

[42]　〈釋類〉，《新義錄》卷九十四，收錄於王秋桂、李豐楙主編：《中國民間信仰資料彙編》（台北：學生書局，1989 年）第一輯，二十一冊。

[43]　〈雜劇中鬼神世界的意識型態〉，《說戲曲》（台北：聯經出版事業公司，1977 年），頁 49-72。

守意經》及《陰持入經》中即已提到，是佛教界所肯定的。梁慧皎在編撰《高僧傳》時即設有「神異」一科，共收集二十位高僧的神異故事，而其它能顯神通而散見各科者，彼彼皆是。這些神異包括秘咒神龍降雨、分身術、預言、神術治病、日行數百里、變化隱形等不同的本領。在此同時，慧皎也肯定神通的價值和必要性：

> 神道之為化也，蓋以抑夸強，摧侮慢，挫兇銳，解塵紛。至若飛輪御寶，則善信歸降；竦石參烟，則力士潛伏。當知至治無心，剛柔在化。[44]

顯然「以異迹化人，或以神力救物」，與「傳度經法，或以教授禪道」同為宣揚佛教的法門。[45]話雖如此，但佛教對於運用神通的態度是非常謹慎的，除了不可執迷、濫用，以之炫耀或得利外，更重要的是，如改變定業、化導無緣眾生及救渡所有眾生等事，都是神通所無能為力的；甚至僧人要用神通救人時，都必須遵守二個原則，一是現神通後立刻入滅，二是以瘋顛的行徑隱瞞神通，不使人知。

　　既然神通是一種得道者所具有的能力，則佛門對濟公的異行是給予肯定的，如戒顯〈濟顛祖師〉詩云：

> 怪爾真羅漢，縱橫魔佛間。師尊一瞎老，顛盡兩名山。詩本天然韻，神通半雜頑。金身披破衲，頂禮欲開顏。[46]

又印光大師亦云：

44　〔梁〕慧皎：《高僧傳》，卷十，〈神異〉下，收錄於《大藏經》（台北：新文豐出版公司，1983 年），第五十冊，頁 395，。

45　〈高僧傳序錄〉，〔梁〕慧皎：《高僧傳》，卷十四，同前註，頁 418。

46　〔清〕釋際祥：《淨慈寺志》，卷八，頁 260，收錄於杜潔祥主編：《中國佛寺志》（台北：明文書局，1980 年），第一輯，第十七冊。

> 世人不知所以然，不是妄學，便是妄毀。妄學則決定要墮地
> 獄；妄毀則是以凡夫之知見，測度神通聖人，亦屬罪過，比
> 之學者，尚輕之多多矣！見其不可思議處，當生敬信。[47]

「不是妄學，便是妄毀」，確是許多人面對濟公時的兩極態度，因而
法師言「見其不可思議處，當生敬信」，正是要人謹慎面對神通的問
題。另外，蕭天石中也對濟公顯發神通的原委有如下的說明：

> 實則乃本其悲天憫人之大願力，與我不入地獄，誰入地獄之慈
> 悲心腸，運用自在後之神通，以遊戲世間，濟人之困，解人之
> 難，以行說教，化度有情，非帶果行因之聖佛，其孰能之。[48]

但在此同時，為了避免一般人被濟公的神通所誤導，印光大師則有中
肯的勸說：

> 彼（濟公）吃了死的，會吐出活的。你吃了死的，尚不能吐
> 出原樣的肉。彼喝了酒，能替佛裝金；能將無數大木，從井
> 裡運來；汝喝了酒，把井水也運不上來，何可學他？[49]

而印順法師則更進一步強調佛法的重點在於教誡，而非侈談神通眩人
耳目，其言曰：

> 因為佛教也好，其他宗教也好，都要教你正常，修行的人也
> 要正常。中國佛教過去許多大師，能夠組織佛教，能夠發揚
> 都是平淡正常的。又如釋迦牟尼佛教化，有所謂「神通輪、

---

[47] 〈復龐契貞書〉，會性法師記述：《讀印光大師文鈔記》（台中：台中市佛教蓮
社，1998 年），頁 655。

[48] 〈濟顛禪師大傳序〉，《濟顛禪師大傳》（台北：佛教出版社，1988 年）。

[49] 〈復龐契貞書〉，會性法師記述：《讀印光大師文鈔記》（台中：台中市佛教蓮
社，1998 年），頁 655。

教誡輪、記心輪」，身業、語業、意業都可以教化，可是佛法的重點是教誡輪。用語言來引導你，啟發你，使你向上。現在有些人，稍為修行，就說前生後世，說神通，這不是真正的佛法。從佛的證悟以後，佛所表現出來，對弟子之間的活動的歷史事實，不是那些怪模怪樣的——寒山式、濟公式、瘋子喇嘛式的。佛老人家，生在我們人間，主要用教誡來引導，不是侈談神通。因為外道也有神通，從神通來建立佛教，佛教就和外道一樣了。[50]

　　筆者以為宗教的價值，是透過啟示與開導的作用，培養信徒正見知覺的能力，重新回歸自我，安頓身心。濟公是否具有神通，對於現代人來說，其實已經不重要，而是在這些故事的背後，是否可以尋繹出生活的哲理，以及找到安撫心靈的力量。所謂的神通，也許最後指的並不是他力，而是一種本來就根植於己身的智慧，一經開發就可以自渡渡人的無限力量。濟公在民間已是一位自主性非常強的人物，透過上述有關他各種角色與行為的討論，其實我們看到的是佛教在與世俗生活接觸過程中，民間不同的理解和體驗。所以與其討論他是否是一位真正的佛門弟子，倒不如把他看成是整體庶民文化觀照下所培育出來更接近群眾生活的和尚。

第二節　濟公的泛道教化

　　濟公原為佛門僧家，但隨諸明清三教合一及道教世俗化的發展，他已和其它許多傳說故事中的人物一樣，也被網羅進入民間道教信仰

---

[50]　〈研究佛法的立場與方法〉，《華雨集》（台北：正聞出版社，1993 年），第五冊，頁 75。

的世界裡，而成為眾仙之一。本節中筆者將從濟公被列入仙傳道書、
《評演濟公傳》中的濟公形象，以及廟宇神壇的宗教歸類等三方面來
說明濟公的泛道教化。

一、被列入仙傳道書

　　由於受到明清以來民間三教合流的影響，濟公已從佛門弟子的身
份，被網羅進入民間道教的世界，甚至被編入仙史之中。在清代徐道
纂集、程毓奇續成的《歷代神仙通鑑》（以下簡稱《神仙通鑑》）中，
便可看到道濟的大名。[51]該書成於清順治乙酉年（1645），是一本用編
年紀月的方式，將眾仙以時代先後貫串而成的小說體仙史。其中所載
包括有首集的〈仙真衍派〉，二集的〈佛祖傳燈〉及三集的〈聖賢貫
脈〉，濟公則被編列在〈聖賢貫脈〉中，題為〈醉醒神通顛道濟〉。《神
仙通鑑》既名為神仙，又為何會雜錄佛祖聖賢，該書在〈說義十則〉
中有云：

> 集之所主者仙也，而何以佛與神聖雜出其間。蓋古先生行化
> 竺乾，紫炁東來，青牛西度，史策彰彰，可知仙佛同源。而
> 麟吐玉書，入周問禮，猶龍之歎，則又千秋公案，特以地異
> 文殊，如一姓分支，世遠而忘其宗耳。夫神則正氣所鍾，亦
> 仙之亞也。道無二致，理有同歸。五常充備，仙也、佛也、
> 聖也、神也，即其人也。此固主中之賓也。[52]

---

[51]　《歷代神仙通鑑》（八），三集，卷二十，第六節，頁3352-3353，收錄於李豐
　　　楙、王秋桂主編：《中國民間信仰資料彙編》（台北：台灣學生書局，1989年），
　　　第一輯，第十七冊。

[52]　同前註，（一），頁51-52。

將仙佛聖賢並列，這顯然是受到三教合流趨勢的影響，正如張繼宗在序中所言：「竊惟域中有四大，而道乃囊括之。道之用在德，其次曰功曰能而已。為聖為賢為仙為佛，皆從此中鍛鍊而成。」[53]又《神仙通鑑》的纂者徐道和作序的張繼宗，前者為「徧閱經藏，默有感通」[54]之士，後者則為龍虎山第五十四代天師，活躍於康熙年間。由此可證，濟公躋身仙列並非一二小說家隨興所為，而是經道教界人士所認可的。

　　《神仙通鑑》中的濟公事蹟和在其它小說傳奇裡的記載，有些微差異。例如濟公坐化的時間為理宗寶慶丙戌（1226）秋八月，坐化後得皇上敕賜建塔於虎跑。其坐化時間和居簡〈舍利銘〉所載的「嘉定二年（1209）五月十四日」，以及《淨慈寺志》的「五月十六日」都不相同，不知所據為何。又據書中載錄：

> 年至六十，忽不食葷酒。平日朝臣有與詩酒盤桓者俱不信，復置酒招之，烹鮮為饌。濟云，可將去放生。還悉傾於水中，雖焦灼斷尾，無不鼓鬐悠然。眾益敬信。是秋示寂，舉龕焚化，得舍利無數。[55]

這一段「年至六十，忽不食葷酒」的敘述並不見於《濟顛語錄》，而和香嬰居士重編《麴頭陀傳》第三十三則〈顯水族烹而復活〉的內容雷同。另外，在《神仙通鑑》裡最特殊的事，是濟公坐化後寄書給淨慈寺主僧，言「蒙古暴虐，佛國被殘，今返台州，令一佛子懲之」，這樣的內容，並未出現在其它的傳記故事裡。

53　同前註，頁1。
54　同前註，〈自序〉，頁21。
55　同前註，（八），三集，卷之二十，第六節，頁3352-3353。

　　民間道教在廣納神明的標準上，絕非任由個人好惡，而是有其一定的理論根據。這種根據之一是道性，之二是位業。就前者而言，道教以為萬物皆有靈性，一切有形在三清眾神面前一律平等，所以人人都可以信奉道教，也可以學道修道，最後乃至成仙成道。因此道教裡的仙道，有的是先天的真人、聖人，有的是後天得道而成，還有的是生前有功，死後成神的；甚且非人類者，只要努力修鍊，終也有超升為人為神仙的可能。其次就位業而言，位業是指修道者因不同的道德修養、學識深淺，及其對世俗功德大小，而決定他在仙界中的等級位階。[56]如果我們根據上述的標準來看，民眾心目中的濟公是救人濟世的活佛，是絕對有資格被人奉祀的。又道教歷代所尊奉的神明，有許多都是古代祭典中被奉祀的對象，包括自然界的天地、四季、山河，歷史上的帝王將相、賢人烈士等。隨諸時代的變遷，這些眾神也可能消失廢祀，也可能有所新增。除了在祭典中曾被前代奉祀的神明可能進入神位系統外，還有就是透過天師頒發授印和皇帝封贈的方式，確定其正宗地位，而被納進神仙譜系裡，不過有些授印和封贈，是否真有其事，或者只是民間附會之說，在神仙譜系完整清查之前，恐怕也只有交給民間自己去決定了。歷史中的道濟，在寺院裡的職務只是一名書記，但在郭小亭濟公《後傳》第一百十三回中，太后在夢中吃了濟公所施的藥因而病體痊癒後，降香還願，重修淨慈寺。太后回宮把此事奏明皇上，皇上知道濟公乃得道高僧，遂敕封為「護國散禪師」，並賜字「瘋癲勸善，以酒渡人；普渡群迷，教化眾生」（頁939）。杭州虎跑泉濟祖塔院旁有一方記載創建該佛樓藏殿的石碑，其碑額亦題有濟公的封號：「紫金羅漢阿羅尊者宋敕護國聖僧」[57]。濟公被敕封之

---

[56]　劉仲宇：《中國民間信仰與道教》（台北：東大圖書公司，2003年），頁46-54。

[57]　此碑位於李叔同紀念館前的小道邊，和另五塊與興建塔院有關的石碑並列。此碑款識為「宣統二年夏古防風國司鐸吏傳崇敝敬識、杭州郡庠生張之鼎敬書」，內記佛樓於光緒廿六年修建，二年落成。

事雖明顯的為無稽之談，但在民眾之間卻是有目共睹的。濟公既然擁有這些尊榮頭銜，則更加鞏固其仙佛的地位。

　　除了上述《神仙通鑑》將濟公列入仙史外，一部傳自清代嶗山白雲洞道長王全啟的《道鄉集》[58]中，也可見到濟公以「南屏濟祖」之名和眾仙如三豐真人、太上至尊、孚佑帝師等一起闡示道教實修的理論。茲引錄一段文字如下：

> 南屏濟祖訓
> 簾帷光透普天春，識得真時要用心。
> 莫怪老僧都說盡，從來佛度有緣人。
> 人人都說道在眼前，究竟眼前是個什麼？生等日談玄理，想有所心得，試詳細以對。
> 噫！回光返照，是下手工夫不是道。而道在目前，回光返照在氣穴。氣穴在眼下，非在目前。要知在眼前的是個什麼？即純陽所說「溫溫鉛鼎，光透簾幃」，此光非在眼前乎？故修道之士，一遇此光發現，即知是真種出爐。當此時，吾之元神凝歸氣穴，神返氣自回。再加以息息歸根，與元神、元氣相依相戀。呼吸既與神氣合一，始為真呼吸。有此真呼吸，口鼻呼吸自斷矣。
> 此是天機，莫忽略看過。[59]

此種道教文獻之所以會將原本屬於佛門的祖師列入，其最重要的原因就是儒釋道三教原本都非常重視心性的修養，朱文彬在書序中有言：

---

[58]　本集為道人玄中子朱文彬於 1933 年根據所得舊本輯其殘缺，重加校閱而成，今收錄於徐兆仁主編：《仙道正傳》（北京：中國人民大學出版社，1992 年）。

[59]　同前註，頁 41-42。

> 人當原始返終，由太極歸無極，以有欲化無欲，自能明心見
> 性，以復其本然之善，即可與天地相參。括而言之，儒家之
> 精一、釋家之三昧、道家之一，要皆不外乎是。[60]

其實明清三教合一的發展，不只在學術思想上產生新的觀點，更對民間教派及通俗小說的發展帶來重大的影響，濟公的出佛入道，正是這樣背景下的結果。

濟公不僅被列入眾仙之列，他還出現在正式的道教典籍中。道教大型的典籍叢書，自明以後陸續刊行的有《正統道藏》、《道藏續編》、《道藏輯要》等，由於篇帙浩繁，民國初年守一子（丁福保）特於《道藏》及清代、民初道書中，精選要籍百種，輯為《道藏精華錄》[61]，其中下冊便收有《濟祖師文集》。綜觀文集內容，前有三篇分別錄自《浙江通志》、《淨慈寺》的濟祖生平事略，[62]其中多著重在前人傳奇中的神通故事，除外並無特殊可靠的史料。後則錄有十九篇的詩偈疏文，如〈化鹽菜疏〉、〈淨慈寺募疏〉、〈致少林長老書〉、〈雨傘〉、〈餛飩〉、〈湖山有感〉、〈嘲靈隱寺印鐵牛〉等，皆出自《濟顛語錄》。究竟濟公事略、疏文為何會被編入道教書籍中，守一子在編輯宗旨中有言：

> 噫嘻，善言仙者，止曰無視無聽，抱神以靜。是以忘形以養
> 氣，忘氣以養神，忘氣以養虛而已矣。故執道者德全，德全
> 者形全，形全者氣全，我未之能易也。余即本張真人抱朴子
> 鍾離子之說，為編書之宗旨。孳孳焉汲汲焉，精究三乘，詳

---

60 《道鄉集》，頁 3，收錄於徐兆仁主編：《仙道正傳》（北京：中國人民大學出版社，1992 年）。

61 杭州：浙江古籍出版社，1989 年。

62 名為〈宋濟佛祖事蹟〉、〈佛祖事略〉、〈宋道濟和尚塔復向碣〉。

觀四輔，排比纂次，歷有年所。上自三清妙典，下迄南北兩
宗，以及諸真之著述，諸子之述解，有美畢臻，無奧不備。[63]

由此看來，編者在選輯著作時並無宗教門派之別，凡「可以定慾海之
瀾，登道岸之筏，撤無明之網，絕有漏之緣」[64]，而有益與天地陰陽
合德通神者，無論「三乘」、「四輔」皆加以收錄，並未因為道藏之故
而將釋門排除在外。另從《濟祖師文集》的提要來看，其收錄濟公事
略疏文的用意更加明顯：

> 集中如〈酒懷〉、〈西歸口頌〉、〈寄少林和尚〉等，多超脫語。
> 有淨躶躶、赤灑灑氣象。餘如〈慕鹽菜疏〉及〈供狀〉兩篇，
> 雖似文章游戲，要為筆墨神通。其即所謂借此通笑罵之禪，
> 賴斯混風顛之跡者乎。讀其文益想見其義也。[65]

文中「多超脫語」、「通笑罵之禪」，正是編者以為濟公足以演暢微言，
具有啟悟真性的功用，所以他才能出佛入道，跨界於不同的信仰場域。

二、《評演濟公傳》中的濟公形象

在濟公泛道教化的過程中，清代郭小亭編撰的《評演濟公傳》具
有推波助瀾的作用。此本小說除了包含俠義公案的內容外，同時屬雜
了許多仙佛和妖魔間的鬥法情節，使得本書具有濃厚的神魔色彩。魯

---

63 〈道藏精華錄緒言〉，《道藏精華錄》（杭州：浙江古籍出版社，1989 年），上
 冊。
64 同前註。
65 〈道藏精華錄一百種提要〉，《道藏精華錄》（杭州：浙江古籍出版社，1989
 年），上冊。

迅曾對神魔小說的起源、內容精神及發展有簡要的說明。他認為神魔小說乃是宋元以來道教興盛發展的產物：

> 奉道流羽客之隆重，極于宋宣和時，元雖歸佛，亦甚崇道，其幻惑故遍行於人間。明初稍衰，比中葉而復極顯赫，成化時有方士李孜，釋繼曉，正德時有色目人于永，皆以方伎雜流拜官，榮華熠耀，世所企羨，則妖妄之說自盛，而影響且及於文章。[66]

進而言之，他認為神與魔的鬥爭，其實就是人世間道德兩極的對抗：

> 且歷來三教之爭，都無解決，互相容受，乃曰「同源」，所謂義利邪正善惡是非真妄諸端，皆溷而又析之，統於二元，雖無專名，謂之神魔，蓋可賅括矣。[67]

這類小說在文人有意的創作下，逐漸從民間傳說的「蕪雜淺陋」走向「鴻篇鉅製」，對社會人心產生重大的影響。

《評演濟公傳》中的濟公，完全籠罩在神魔小說的思維和氣氛裡，筆者以為透過神魔小說的洗禮，濟公實際上已悄悄的被道教化了。明清以來的神魔小說和教道信仰間有密切的關係，這可從神魔小說中的救世主題和人物形象等幾個方面來看。首先，神魔小說中的仙佛，其職責便是救世濟民，而這樣的思想，是可以從道教的經典中找到出處的。有學者指出：

> 從總體上看，神魔小說作家們並不以批判或揭露現實為主要創作目標，而是試圖給社會灌注希望，給黑暗現實尋求光明，

---

66 魯迅：《中國小說史略》（濟南：齊魯書社，1997年），頁122。
67 同前註。

從而使神魔小說具有較濃郁的浪漫主義、理想主義色彩。對此，文學界已有定論。而這種希望和光明，又是通過對神仙「救濟」社會和凡人，戰勝製造各種災難的妖魔這種特殊文學形式來表達。這種寫法與道教對神仙濟難拔苦、扶國安民觀念的大肆宣傳有密切關係。[68]

至於救世的內容，包括排除自然災害、社會危難，及鬥魔治妖、渡人為仙等，甚至這些仙佛，還會成為君主及官府的助手，維持社會秩序及國家安定。關於此點，與濟公在小說裡的種種行事都非常吻合，雖然濟公出身佛門不能稱仙，但隨諸宋元以後道教愈加世俗化的發展，強調三教合一、仙佛一家，於是其神仙譜系大量增列佛門及民間信仰人物，濟公也就成為泛道教世界裡的一員，並在神魔對抗中成為重要的大將。另外，從人物的形象上看。在神魔小說中仙佛所要對付的是妖怪，神仙自身必須具備一定的道德修養和超人的法術能力，他是社會理想的典範，又是社會正義的象徵。苟波分析以為：

> 從文學形象分析我們可以看到，神魔小說中的神仙和妖魔皆具有深刻的道德內涵。小說中的神魔對立和鬥爭，既是封建世俗道德中正義與邪惡的對立和鬥爭，又是人類心性結構中善與惡的對立和鬥爭。正是通過神仙與妖魔的文學形象，作者闡釋了外行善功，維護封建統治秩序以及內修無欲以至內善的道德思想。而這種道德觀念，又是道教，特別是宋元以後道教仙道倫理強調的核心。[69]

---

[68]　苟波：《道教與神魔小說》（成都：巴蜀書社，1999 年），頁 30。

[69]　同前註，頁 30。

在上述這一段文字中，我們知道宋元以後道教所強調的核心價值是除惡揚善，而這種思想內涵，在《評演濟公傳》中正表露無遺。我們檢視濟公在書中的道德內涵，包括了慈悲、正義等精神；不過，進一步更切確的說，這些道德內涵是透過書中邪惡二元對立的關係顯現出來的，它和在《濟顛語錄》中的單一絕對性是不同的。在《濟顛語錄》裡，濟公身為禪師，多以方便之門渡人，有時借用調笑的語言，有時則小露神通顯聖。但不管如何，其宗教的目的還是放在「人」上，而在《評演濟公傳》中，濟公被注入神魔小說中仙佛的特質後，即使他最後要救濟的還是「人」，但他先所要直接面對和解決的對象卻是一批惡棍和妖魔，這和在《濟顛語錄》裡的思維是不一樣的。

至於在超人的法術能力方面，濟公慣用的手法有施咒語、定神法、展驗法、隱身法、搬運法等，就連他的破僧衣、破僧帽都具有無窮的法力，如濟公《後傳》第三十三回載：

> ──是人莫笑我這件破僧衣，我這件僧衣甚出奇。三萬六千窟窿眼，六十四塊補釘嵌。打開遮天能蓋地，認上袖袂一僧衣。冬暖夏涼春溫熱，秋令時節蟲遠離。有人要問價多少，萬兩黃金不與衣。（頁617）
>
> ──這衲頭，不中看，不是紗來不是緞。冬天穿上暖如綿，夏天穿上如涼扇。不拆洗，不替換，也不染，也不練。不用紅花不用靛。線腳八萬四千行，補釘六百七十片。乾三連，坤六斷，離中虛，坎中滿。中間星斗朗朗排，外邊世界無邊岸。也曾穿至廣寒宮，也曾穿赴那蟠桃宴。休笑吾這破衲頭，飛騰直上靈霄殿。（頁618）

而僧帽則能：

和尚一看說：「好東西，你敢興妖作怪！」和尚把僧帽拿下來，
照這宗東西一砍，竟把這宗東西扔在地下。和尚說：「拿住了。」
馬靜、焦亮、何清，連孫道全大家都出來觀看。（《後傳》，第
二回，頁 496）

類似以上這些法術，在道教經典中都可以找出其原型。道教的發展自
始以來，就和各種法術發生緊密的關係，其最主要的原因就是想借用
這些特異的能力，解除民眾生活中的各種痛苦和災難，成為替天行道
和濟世救民的力量，而同時也成為吸引教徒的重要手段。《秘要訣法‧
修真旨要》有云：「道者，虛無之至真也；術者，變化之玄技也。道
無形，因術以濟人；人有靈，因修而會道。」[70]由此可知，道與術實
為體用的關係，也是得道者必須具備的能力。苟波曾言：

　　「神魔小說」主人公形象反映的正是世俗社會心目中的「神
　　仙」觀念。他們首先是社會的拯救者，代表著一種撥亂反正
　　的力量。而道教法術，正是神仙們完成這項使命的必要條件。
　　因此，世俗社會心目中的神仙絕不只是溫順寬容的「修道
　　者」，還必須勇敢無畏，神勇異常。「神魔小說」在表現神仙
　　形象時，總是賦予他們超常能力，讓主人公獲得種種道術，
　　成為能夠與強大妖魔相抗爭的英雄。[71]

在《評演濟公傳》裡，曾出現各種妖魔鬼怪，他們都具有強大的法力，
但最終都被濟公收伏。濟公在書中雖然是一名和尚，但他已明顯的具
有道教救世思想的性格和能力，除能解百姓之苦、驅邪除妖外，更積
極的擔任起為官府掃蕩盜匪，維護治安的使命。總之，在具有神魔性

---

[70]　胡道靜、陳蓮笙、陳耀庭：《道藏要籍選刊》（上海：上海古籍出版，1989 年），
　　第一冊，頁 319。
[71]　苟波：《道教與神魔小說》（成都：巴蜀書社，1999 年），第四章，頁 265。

質的濟公小說中，我們看到了濟公被塗上了濃厚的道教色彩，這對濟
公在民間的形象以及在宗教的信仰上，勢必都會產生一定程度的影響。

三、廟宇神壇的宗教歸類

　　除了上述兩種因素外，在台灣現實的信仰環境裡，廟宇神壇登記
的宗教類別，也促使濟公的角色愈加泛道教化。仙佛被納入信仰系統
最直接的方式，就是立廟奉祀。[72]廟方除供奉原本屬於他們信仰系統
的神明外，也會因應實際需要網羅在民間享有盛名的神明及歷史人
物，一起入廟立像，受人香火。如此一來，一方面不但可以滿足更多
信眾的需要，擴大其神治版圖，同時也可以藉機將有關的傳說故事及
靈驗事蹟流傳出去。目前台灣奉祀神明的場所，依照內政部民政司的
規定有兩類，其一是凡有僧道住持的宗教上建築物，不論用何名稱均
為寺廟，是必須向主管單位申請登記。另一類是非宗教建築物，只以
私人家庭設壇祀神，供公眾膜拜者，則視為神壇，可以不必辦理登記。
因此由於設置、經營和管理上的差異，所以台灣大街小巷可見的神壇
數量，其實是遠遠超過寺廟的。

　　台灣目前各縣市主祀濟公的寺廟，除少數登記為佛教外，其餘絕
大多數都登記為道教。至於神壇部份，如果我們根據只有少數辦理登
記的縣市如台北市、台中市、嘉義市等記錄來看，[73]一般主祀濟公的
神壇，也絕大多數是登記為道教。究竟為何多數的濟公廟宇神壇都登
記為道教，究其原因有二：一是涉及目前寺廟的管理辦法，二是信仰

---

[72] 劉仲宇在討論道教對民間信仰整合的方式時，提出了排定座次型、編寫經書
　　型、編制科儀型、名役型、接管型、受管型及請進宮觀型等方式。見其《中
　　國民間信仰與道教》（台北：東大圖書公司，2003 年），頁 54-72。
[73] 見上述各縣市政府民政局的網站。

活動的內容。就前者而言，台灣目前寺廟的登記裡只有佛教和道教兩種，並沒有民間宗教的項目，這是因為政府只承認中國佛教會和中華民國道教會，而法令又規定寺廟的興建必須取得所屬教會的同意函，因此民間的寺廟不是登記為佛，就是登記為道，並無其他選擇；然而實際上屬於佛教的，並不一定就是佛教，屬於道教會的，也並不一定就是道教。通常而言，屬於佛教受祀的對象，其身份和形象較為明確，反而許多廟宇神壇裡都是各教派的眾神群聚，性質複雜，不容登記在佛教裡的便自然選擇道教。換言之，由於管理上的狹隘，在台灣的宗教區別，道教實際上幾乎已等同於民間信仰。[74]

其次，就後者而言，道教的發展和基層民眾的生活有密不可分的關係。民眾之所以投靠信仰最重要的原因就是希望能夠解決現實問題，為生活服務。因此，道教在發展的過程中便不斷的吸收各種方術，如符水治病、驅妖治邪、祈福禳禍、占驗相術等，以做為傳道的號召。台灣目前許多奉祀濟公的廟宇神壇，不但諸神群聚，而且兼辦做法驅邪、收驚改運、祈福解厄、施符配藥、請示明牌等各種活動，使得濟公已成為許多民眾生活中重要的醫療師。因此，如果從信仰活動的內容來看，這些寺廟神壇自然也多選擇登記為道教。如此久而久之，在民眾的印象裡，雖然知道濟公原為和尚，但他似乎已廣泛的成為民間宗教裡的神明。民國九十三年（2004）二月嘉義市慈玄宮為了慶祝濟公活佛誕辰，特別舉辦全國首次的「將爺」神偶參神禮儀觀摩活動，邀請近百尊的「將爺」遶境，祈求國泰民安、風調雨順。參與活動的「將爺」近百尊，其中濟公便和千里眼、順風耳、七爺、八爺、太子爺、呂仙祖等聚在一起。由此看來，濟公在台灣泛道教化的民俗信仰裡已成為新興偶像，發展出其特殊的神格定位。

---

[74]　林美容：《高雄縣民間信仰》（高雄：高雄縣政府出版，1997 年），頁 9。

綜合上述，我們可以發現濟公在宗教的神格上，已隨諸民間信仰、神魔小說，以及現實宗教管理辦法的影響，而一步步走向泛道教化。這和大陸地區只能將濟公定位在佛教，而且濟公寺廟只能從事和佛教性質有關的活動有很大的差異。

第三節　揮鸞闡教的濟公

除佛道以外，民間教派在明清的勢力極為龐大與複雜。所謂民間教派是相對正統宗教而言的，但兩者之間有著密切的關係。正統教派莫不從民間教派中孕育而成，而後起的一些民間教派，又往往是正統宗教的流衍和異端。濟公出身佛門，但卻不是一位具有傳統風範的和尚，這種邊緣化的身份，使得他在民間基層信仰的世界裡，可仙、可佛、亦可師。濟公出現在民間教派，主要是透過扶乩的方式，發揮其神道設教的功能，其角色已帶有重視道德價值的人文意涵。同時，藉由民間宗教的傳播，他現身的地區已從國境本土延伸至東南亞新、馬、泰等地，並以「道濟天尊」之名成為德教濟系的主壇師，受人膜拜景仰。[75]本節中筆者將說明濟公在民間教派中降壇扶乩的有關問題，藉以瞭解濟公對社會所產生的影響。

一、扶乩降旨

扶乩又名扶箕、扶鸞，是仙佛藉以降世告示神旨的一種表現儀式，它在中國的發展已經有很長的時間。早在陶弘景的《真誥》和《周氏冥通記》中便載有此事，只是當時的受告者只聽從真人或神靈旨

---

[75] 華方田：〈德教中的濟公崇拜〉，《世界宗教文化》2005 年第 2 期，頁 40-42。

意，拿筆直書記錄而已。到了唐宋，民間出現紫姑神，便開始有扶乩之事。[76]此種扶乩的流行，和文人官僚的信仰也有密切的關係。許地山以為：

> 文人扶箕大概起於宋朝，而最流行的時期是在明清科舉時代，幾乎每府每縣底城市裡都有箕壇。尤其是在文風流暢底省分如江浙等省，簡直有不信箕仙不能考中底心理。扶箕為問試題，問功名，一次底靈驗，可使他終身服膺。居官時，有不能解決的事，也就會想到扶箕。[77]

也因為如此，讀書人便常和乩仙酬唱，一方面既可遣興，同時又可以藉此切磋文藝。至於利用扶乩傳達道德教訓，以教忠懲惡及警告淫行等事例，亦歷歷可見。[78]由此看來，過去不論是在民間或是在知識階層，扶乩都曾經普遍流行，甚至更有人以為扶鸞「本干例禁，然亦可佐政治所不及，所謂神道設教也」[79]。民國以後，許多民間教派如先天道、同善社、歸根道、皈一道、一貫道、道院、金丹道、老母道、

76　〔宋〕洪邁：《夷堅志》（台北：明文書局，1982 年）第四冊〈沈承務紫姑〉下載：「紫姑仙之名，古所未有，至唐乃稍見之。近世但以箕插筆，使兩人扶之，或書字於沙中，不過如是。」頁 1486。

77　同前註，頁 32。

78　如〔清〕紀昀《閱微草堂筆記》（台北：廣文書局，1991 年），卷十，〈如是我聞〉（四）中載：「海寧陳文勤公言：昔在人家遇扶乩。降壇者，安溪李文貞公也。公拜問涉世之道。文貞判曰：『得意時毋太快意，失意時毋太快口，則永保終吉。』公終身誦之。」頁 4。

79　〔清〕陳其元：《庸閒齋筆記》卷十一：「青浦新涇鎮有劉猛將軍廟，每當報賽出會之時，四鄉土地神皆舁其像來會。鄉民聚至數萬，喧譁雜沓，不可禁止。廟左近有一橋，將坍損，尚未修葺。余恐賽會時，人眾橋壞，或有溺斃者，因檄鎮之巡檢禁會不作。而鄉民洶洶不聽，勢且滋事。巡檢不能遏，飛稟來報。余方擬親往曉諭，旋又報事已安貼矣。詢其故，則有董事陸某扶乩，假猛將語止之而定。」收錄於周光培編：《歷代筆記小說集成》（89）（石家莊：河北教育出版社，1996 年），頁 285。

文壇、乩壇、皇壇、皇經壇、天德聖教、紫霞教、黃天道、進化文社、
慈善會、紅三教、悟善社、救世新教等，都曾普遍採用扶乩的方式來
宣揚教化，甚至有些組織團體的教義、教經、教法、教綱等，也都是
經由乩訓得來。揮鸞除了現示訓文之外，亦有透過書畫傳達仙佛聖意
的。「正宗書畫社（壇）」前身原為一乩壇，民國十年（1921）成立「道
院」，尊奉「至聖先天老祖」，時常臨壇降筆的有太乙救苦天尊、南極
老人、五教教主、觀世音菩薩、呂純陽、濟佛、尚真人等。在其壇院
下又設有「書畫壇」，即是透過字裡畫間顯示聖意，開啟信徒靈修之
門，而成其普渡之緣。據言作畫的二任神乩都並未正式學過畫，也非
素人畫家，全憑接靈而成。[80]

究竟濟公從何時開始現身在扶乩壇上，這很難確定。據一本於清
同治七年（1868）重刊的《南屏佛祖救生度化寶懺》（又名《神功廣
濟先師救生度化寶懺》）序中，已有杭州人章鵬超言：

> 恩佛濟祖，花雨彌天。逢有緣而說偈，香雲遍地。宗無著以
> 談經，一刻去來。今頓悟沈淪之趣，三言戒定慧，漸修清靜
> 之因。或游戲而歸真，行眾所難行之願力；或飛鸞而紹化，
> 了昔曾未了之神功。斯救生度化寶懺之由來也。[81]

章氏除言此懺的由來外，還言「是懺傳世已久」[82]，由此看來，早在
同治七年以前，濟公已藉由扶乩的方式進入民間教團組織或乩壇。李
世瑜也曾言他到過一個清光緒以前所創立的皈一道的佛堂，看到牆上
留有濟公乩書大「佛」字，兩旁還有濟公所寫的對聯，而另外一面牆

80　見《正宗神乩書畫冊》（台北：財團法人正宗神乩書畫社，1995 年）。
81　王見川、林萬傳主編：《明清民間宗教經卷文獻》（台北：新文豐出版公司，
　　1999 年），第 11 冊，頁 504-505。
82　同前註，頁 505。

上則掛有濟公和呂祖的空中顯相各一張。[83]其後，在義和團活動中也曾出現過如下的咒語：

> 天靈靈，地靈靈，奉請祖師來顯靈。一請唐僧豬八戒，二請沙僧孫悟空，三請二郎來顯聖，四請馬超黃漢升，五請濟顛我佛祖，六請洞賓柳樹精，七請飛標黃三太，八請前朝冷于冰，九請華佗來治病，十請托塔天王、金札（吒）、木札（吒）、俄札（哪吒）三太子，率領天上十萬神兵。[84]

由此可見，濟公在清末時期的民間宗教裡應已十分普遍。而民間乩壇上，濟公也成為降臨開運求財的仙佛。民國初年《申報》便曾刊登一篇世界書局發行《財運預知術》的宣傳廣告，其內容為：

> 近有佛門弟子王君鴻，集合同志數人，設壇扶乩，叩求諸仙佛曰：現今彩券盛行，世人財運孰有孰無，孰先孰後，雖費金錢，終無把握，望大發慈悲，示以預言，以定進退。禱告□日，忽有濟公活佛降壇說法，撰成一百二十五數，苦口婆心，指示迷途。又有德全居士，承濟公意旨，解釋其理，於每數之□，明白詳列。凡財運之通塞，正偏財之有無，悉隱括於百二十五數之中，問吉凶禍福，亦可於此中求之。王君既得是書，不敢自秘，特托本會刊行，以公諸世。現已出版□本發售，無論男女，各界欲得具有價值之奇書，請來本局

83　《現在華北秘密宗教》（台北：古亭書屋，1975 年），頁 137。除佛堂的擺設中可見到濟公外，李氏在歸納皈一道所崇拜的神靈中也有濟公，其名有「道濟老祖」、「道濟仙」、「濟公傻僧」等。見同書，頁 145。

84　陳振江、程 ：《義和團文獻輯注與研究》（天津：天津人民出版社，1985 年），頁 147。

面試，如不靈驗，包可退書還洋。全書洋裝一冊，內附濟公
活佛真像一幅，照本發售二角八分。（上海靈學會恭印）[85]

許地山在其《扶箕迷信底研究》中也曾提到濟公降壇之事，言十多年
前（按：許氏成書於民國廿九年九月），大連某會聚眾扶箕，把耶穌
請下來，耶穌說的是漢語，寫出來的英文沒人能懂，於是濟顛和尚降
壇來當翻譯。[86]此外，濟公也曾被上海「濟生會」奉為教主，降壇扶
乩。[87]寧遠《小說新話》中也曾載有「濟公壇」為人扶乩治病的事例：

> 如果單靠小說，影響是很難這樣深遠的，恐怕還得「歸功」
> 於戲劇和迷信。三十多年前，上海新舞台首先排出了《濟公
> 活佛》這部連台本戲（崑曲裏雖然也有〈伏虎〉、〈醒妓〉等
> 幾齣演濟公事跡的小戲，但知者極少），一直演到二十幾本，
> 端的是轟動江南；後來別的班子也一再重演過。舞台上的濟
> 公，就是以這副邋遢相出現的。幾乎與此同時，有一班專靠
> 所謂「扶乩」來騙錢的光棍，便利用當時人民的迷信思想，
> 到處大開「濟公壇」給人扶乩治病，大刮其錢。每家乩壇門
> 首，都掛著巨幅的濟公畫像，甚至乾脆就用舞台上的劇照，

85　1920 年 6 月 7 日，第四張。
86　台北：台灣商務印書館，1980 年，頁 99。
87　上海「濟生會」為一宗教慈善團體，其成立宗旨及活動性質據丁福保民國廿
　　八年〈南屏宗乘序〉一文所載可知。其內容如下：「海上信佛居士於民國乙卯
　　歲創設集雲軒壇，奉濟佛祖為宗師，次年成立中國濟生會，皈依弟子先後不
　　下萬人。在此二十餘年中，每年之經常費如施醫藥、給米、施材、卹寡、興
　　學等，臨時費如急振救濟工振等，已逾千萬，皆由於壇諭之啟，發善端而成
　　就之，可謂吾國自有乩壇以來，約二千餘年中，其施財數目之鉅，當以集雲
　　軒壇占第一位矣。佛力真不可思議，善信之根器亦不可思議，救濟窮民災黎
　　之功德亦不可思議，非濟公之功行圓滿，辯才無礙，盡克臻此。」見上海集
　　雲軒編：《濟師塔院志》（南京：江蘇古籍出版社，2001 年）頁 16-17。

以資號召。這樣就連沒看過小說《濟公傳》的人，也都知道有這麼一個外貌活像窮叫化的知覺羅漢了。[88]

又據民國廿四年（1935）九月一署名為「苕狂」的作者撰文提到：「這濟公不知因何神異，在迷信方面，竟成為一個中心人物，各處都設有濟公壇，供奉得甚是虔誠。」[89]而於同時成書的《古農佛學答問》中亦載有「今之各地乩壇均有濟公臨壇開示，率以世事為多，未有一語道及佛法」[90]云云。除以上的書面記錄外，筆者曾於 2005 年 8 月下旬親赴浙江天台山和杭州考察有關濟公的資訊時，在天台山的「濟公古洞」裡，見到壁上刻有「中華民國十六年濟佛乩諭獨立開創弟子裘了真」的字樣。從上述總總零星的記錄看來，濟公在清末民初一直到 1949 年以前，在大陸地區應該擁有廣大的信眾，至於 1949 年以後，所有民間信仰的活動則隨著意識型態和政治環境的改變不再復見。相反的，在台灣新興宗教繁榮發展下，濟公則繼續出現在不同的民間教派組織裡，成為扶乩訓示教化的重要神明，擔任起神道設教的重責大任。

二、濟公現身的教團組織

在台灣地區，濟公以神道設教的角色現身的民間教團組織，其規模較大者有二，分別是一貫道和鸞堂。這些教派系統雖有個別的發展淵源和傳教方式，但教義宗旨卻大致相同，他們都是奉無極老母之

---

[88]　寧遠：〈濟公活佛〉，《小說新話》（台北：河洛圖書出版社，1977 年），頁 36。

[89]　〈濟公傳考〉，〔清〕王夢吉等撰：《足本濟公全傳》（上）（台北：世界書局，1975 年）。

[90]　台北：彌勒出版社，1983 年，頁 78。

命，向世間宣揚大道，普濟原靈，最後回到老母的身邊。以下筆者即依此範圍，逐一說明他們和濟公之間的關係。

（一）一貫道

一貫道是自明清以來，在天命觀、無生老母及三期普渡的思想體系上發展而成的。其傳承可追溯到明正德年間的羅教，其後歷經大乘教及青蓮教時期的發展，清光緒十二年（1886）十六祖劉清虛才承運奉命，將原來以扶鸞壇諭的「東震堂」改為三教合一的「一貫道」，從此一貫道的發展正式進入新的里程碑，尤其到了四十年代以後，它已經成為大陸地區流傳最廣的民間教派。一貫道的宗教儀式和基本教義，大致上是承襲清初的先天道而來，宗教的終極關懷在於闡明一貫真理的先天大道，以培養悟性的內功，拯救善信返理歸真，並躲避生死輪迴與末世災難。台灣地區的一貫道是從大陸地區傳入，在過去曾一度被視為邪教而加以禁止，但是自從民國七十六年（1987）元月解除禁令，並准予合法登記得以從事結社活動後，社會大眾對它們才有比較清楚而正確的認識。

為何濟公會進入一貫道的信仰世界中，宋光宇以為和彌勒信仰有密切的關係，他以為：

> 由於彌勒信仰被明清法令所禁，於是當它再起的時候，就換成另一種形式出現，那就是道濟和尚（也稱濟公活佛）。在民間信仰傳說中，濟公活佛是「身在佛門，不修禪定，不斷煩惱，不斷諸漏」，與佛經所說的彌勒是如出一轍。因此，有關濟公活佛的信仰基本上就是彌勒信仰的化身。[91]

---

[91]　〈論濟公信仰的興起〉，《天道鈎沈》（台北：元祐出版社，1984 年），頁 28。

宋氏認為濟公的出現,是彌勒信仰被明清法令所禁之後轉換形式的結果,但許文筆持懷疑的態度,他以為一貫道若要以濟公信仰再起的話,應該在十六祖劉化普在光緒十二年改道門為一貫道之初起時,就該以濟公信仰來代替先天道之彌勒信仰,而不需到了民國廿幾年後;而且其十七祖路中一被視為彌勒佛的化身,教義中的七佛治世、三佛收圓的思想,還是彌勒信仰的展現,因此不能以彌勒信仰被明清法令禁止的理由,來說明濟公是彌勒的化身,所以許氏認為濟公取代彌勒是教權更替時,相應時運所出現新的神明,應和政治禁令沒有多大關係。[92]衡量二位之說,筆者初步以為宋氏所言是濟公信仰產生的時代因素,而許氏所言則是教團內部教權更替運作的結果,應該都和濟公信仰有一定程度的關係。

　　濟公在一貫道裡的地位十分重要,道友稱為「師尊」,而十八代祖師張天然銜老母之命降世為普渡三曹的使者,即是他的化身,也稱「師尊」,不過濟公是「先天的」,張天然是「後天的」。在一篇署名「白水老人口述,後學恭聞者敬錄」的〈天然古佛略傳〉中,有敘述張天然歸空後的神異事蹟云:

> (民國三十六年)至九月十五日,由南京包一架飛機,將師尊靈柩運至上海,隔天專車運至杭州西湖南屏山麓靈園停在此地,預備擇日安葬,各處弟子紛紛來祭者不絕於途,杭州各寺廟由九月初一日起,僧眾均傳說:「濟公活佛回來了。」各寺廟均油漆整理,全部唸經,至九月十六日,虎跑寺濟公塔落成典禮,善男信女參拜者絡繹不絕,說是吾們師尊濟公

---

[92] 《台灣濟公信仰之救世觀》(新竹:玄奘人文社會學院宗教學研究所碩士論文,2000年),頁 91-92。

> 活佛降世，至此圓寂又回到杭州西湖，還有一切顯像，真令
> 人不可思議。[93]

除了信眾相信師尊即濟公化身外，道親們還相信聖號「中華聖母」，
乃「月慧菩薩」化身的師母，即濟公在杭州靈隱寺做和尚以前那一世
的妻子，而在今日相會。[94]由此可見，濟公在一貫道道親的心裡是有
很重要的地位，也可以同時看到小說故事在信仰上的影響。

　　一貫道中所奉祀的神明，據張天然手訂的《暫定佛規》中，列有
明明上帝（即無生老母）、彌勒祖師（即金公祖師）、南海古佛（即觀
音菩薩）、濟公活佛（即活佛師尊）、諸天神聖、月慧菩薩、各位法律
主（關聖、呂祖、張桓侯、岳飛）、灶君、鎮殿將軍、教化菩薩。其
中以前四者最為重要，任何儀式他們都會出現。[95]無生老母是最高的
信仰對象，而濟公則是被派來掌管教盤，所以自十八祖以後的大部份
訓文，都是出自濟公的降乩而成，所以他也被道親稱為老師、師尊或
活佛，道親無不以門徒自居。在他們的眼中，濟公是不戀聖位，以無
量慈憫之心，或東或西，或南或北，不停喚醒迷子的恩師，他和道外
一般鸞堂的濟公是不一樣的，[96]弟子們都應該「依照恩師慈示之良言，

[93]　《祖師師尊師母略傳》（高雄：合信印經處），頁 12-31。
[94]　董芳宛：〈一貫道──一個最受非議的秘密宗教〉，《認識台灣民間信仰》（台
　　　北：長青文化事業公司，1986 年），頁 386。
[95]　宋光宇：《天道鈎沈》（台北：元祐出版社，1984 年），頁 43。
[96]　在 2000 年 9 月 18 日《一貫道寶光建德全球資訊網》（http://www.bgjd.org.tw/）
　　　中，曾刊載一篇第四屆文藝營由道學疑難 Call In，蔡麗娥整理的文章，其內
　　　容為：「問：濟公活佛在修道時吃肉，為何還可成佛？答：外面鸞堂看到的濟
　　　公禪師，不是我們所說的老師，白陽應運老師遊戲三昧，遊戲人間，一方面
　　　開心玩樂，一方面快樂修辦道，祂的法相，穿著邋遢，拿扇子拿酒壺，從祂
　　　法相的示現，讓我們了解一貫弟子是很活潑開朗的，一方面修道、一方面玩
　　　樂。像我們參加活動開心的玩樂，那麼該渡人研究班期時，就聚精神來研
　　　究，活佛老師是身顛心不顛叫濟顛，不要看一般畫出來、或鸞堂示現的法相，

努力修持，立德立功」[97]。又對學道者而言，濟公提示了重要的信仰原則，即濟公精神、濟世願力與濟化智慧。所謂「濟公精神」是勸人泯除宗教門戶之見，不可有我是他非的心態，僧道聖俗同流，寺廟觀堂一家，但存天真意，即是得道親。「濟世願力」是勉勵學佛修道者當以眾生不渡盡，誓不成佛的信念，持之以恆，且不可居功自滿，貪圖名位，享受供養。至於「濟化智慧」，則是修道必須靠智慧判斷選擇，如只以神異、形象入門，則枉費付出，一定要突破我相，才能化去煩惱，打開心門，獲大自在。[98]

　　濟公在道中現身的形式有二：一是「開沙」，即所謂扶鸞宣化。《一貫道疑問解答》中，對此有所說明：

> 道因劫降，劫由惡造，時至二期，浩劫將至。上帝不忍九二原子，同罹浩劫，於是普降一貫大道，挽救善良。差下彌勒古佛、觀音古佛、濟公活佛共辦收圓。同時復派諸天神佛助道，設立鸞壇。由仙佛之性靈，借人之色身，神人合一。以木筆沙盤，垂示訓章，宣揚一貫真道，以期醒迷覺世，謂之飛鸞宣化。[99]

此種開沙的扶乩方式，[100]是濟公和諸仙佛最常出現的時候，其名號有濟顛聖僧、道濟天尊、南屏道濟、靈隱禪師、西湖瘋僧、濟公活佛、

好像拿著雞腿拿著酒壺，相傳李修緣是濟公老師，他的功力很高，吃一隻雞腿能將一隻雞超生，這是聽說的啦！我們千萬不要看外面鸞堂表現的濟公，他和我們的濟公活佛老師是有一段差距的。」

[97]　《活佛師尊及仙佛慈示妙訓》（天恩堂印，1988 年），後跋。

[98]　謝文治：《白陽弟子的修持理念》（明德，1992 年），頁 123-126。

[99]　頁 28-29，出版地不詳，書前有中華民國二十六年郭廷棟的序文。

[100]　李世瑜在《現在華北秘密宗教》中，對早年大陸華北一帶扶乩飛鸞的操作情形有詳細的記載，可供參考。頁 64。

濟公和尚、屏山濟公、南屏濟顛、湖隱酒狂等。其乩訓的內容包括宣
講道義、舉辦收圓、鼓勵點傳師盡力辦道、勸人勤修、接受考驗等，
但過去早年也曾出現過一種所謂的「天機碑文」，是針對時局，表達
某種政治意圖而發的。[101]此外，濟公另一種現身的方式，就是所謂的
「借竅」，或稱「先天乩」，就是仙佛直接借用「三才」[102]的身體，臨
壇和信眾直接對話，而不經由沙盤或乩筆。不同的仙佛臨壇，三才就
會呈現出不同的樣貌，如關聖帝君臨壇就是氣勢威嚴，觀音則慈眉善
面，孔子則學者姿態，南極仙翁則老態模樣，而濟公則瘋瘋顛顛等。[103]
一貫道經由以上兩種形式而成的乩文訓示，便成為教義和道親修持的
依據。據李世瑜收集清末到民國三十幾年間一貫道的六十一種乩訓
中，以濟公為名的就有十一本之多，[104]其降壇次數在眾仙佛中排名首
位，而出現的時間則是集中在民國二、三十年間。筆者以為這當是因

---

[101] 所謂「天機碑文」，是一種經過特殊排列或隱藏的文句，如果按照正常的行列
秩序，是無法讀出意思的，尤其結合政治目的，會產生特別的神秘效果。如
有一篇「濟公天機文」經譯出後，其內容為：「軍機騰空烏雲飛，升鵝落下獨
傷悲。心想逃走鷺爪至，十方凶鳥八面圍。口吐青煙火光衝，中原片刻化成
灰。火燒泉下冒黑水，小小豬貓無能為。弓長月慧重相會，日月合明慈航推。
手掌乾坤執令旗，共戰五洋和邪祟。出現真主登龍位，立定中央拜彌勒。草
將下台停干戈，一貫大道天下輝。」這一篇訓文被視為具有敵視共產黨革命
的目的。其內容大意為：「空戰中，蘇俄被打敗，傷心地想逃走，卻被英美等
國飛機圍住，使中國片刻化為灰燼。毛主席、朱總司令沒本領，張光璧、孫
素貞重新相會，天下太平。真龍天子出現，共產黨要下台了，一貫道將掌
天下。」見陸仲偉：《一貫道內幕》（南京：江蘇人民出版社，1998 年），頁
162-163。

[102] 所謂「三才」，據《一貫道疑問解答》指的是天才、地才、人才三者。扶乩
者稱為天才，抄字者稱為地才，報字者稱為人才。三才組成，才能進行飛
鸞宣化。

[103] 孚中：《一貫道發展史》（板橋：正一善書，1999 年），頁 361-362。

[104] 乩訓書名可見前註，頁 362-365。

為十八代祖張天然宣稱是濟公活佛化身，並自民國十九年與師母同領天命，辦理末後一著收圓大事的緣故。

（二）鸞堂

　　台灣鸞堂有包括以奉祀恩主公為主的儒宗神教，[105]和以奉祀瑤池金母的慈惠堂兩派。濟公除了現身在以無生老母為信仰中心的一貫道外，也降臨在這兩派的信仰體系裡，藉揮鸞筆以傳達三教聖賢的旨意。鸞堂又稱聖堂、善堂、恩主堂等，被視為是三界高真代天宣化，駐蹕的行台。[106]據學者指出，清末日據初期台灣鸞堂的共同特點，就是都由讀書人所組織而成，他們認為扶鸞活動是孔子聖道的表現，藉著鸞書可以宣揚儒家倫理道德。雖然扶鸞是一種神道力量，但實際勸誘老百姓服膺的，基本上還是儒家價值系統的倫理道德。因此，扶鸞活動可以說是儒家通俗化、宗教化的表現。其後，楊明機（1899-1985）等人參考齋教等其他宗教的科儀，編成《儒門科範》一書，才正式標榜「儒宗神教」法門，以凸顯扶鸞活動的宗教性格。起初使用此一名稱者，僅限於和楊明機有關的鸞堂，其他鸞堂並未接受。但往後，在楊氏全心教育鸞生，推廣鸞務，並透過各地的鸞堂雜誌宣揚之後，「儒宗神教」遂流行於台灣的鸞堂界，因而成為鸞堂的共同稱呼。不過台灣鸞堂的發展，也曾被禁止過：

---

[105] 恩主有「三聖恩主」及「五聖恩主」。前者是以關聖帝君為主神，外加奉祀孚佑帝君、司命真君。後者則是外加文昌帝君、玄天上帝；或有加配先天豁落靈宮王天君、岳武穆王。

[106] 關於台灣鸞堂的來源及發展，可參考鄭志明：〈台灣民間鸞堂儒宗神教的宗教體系初探〉，收錄於《臺灣民間宗教論集》（台北：台灣學生書局，1984年），頁91-150。王見川：〈清末日據初期臺灣的鸞堂——兼論「儒宗神教」的形成〉，收錄於《臺灣的齋教與鸞堂》（台北：南天出版社，1996年），頁169-197。王志宇：《臺灣的恩主公信仰：儒宗神教與飛鸞勸化》（台北：文津出版社，1997年）。

> 臺灣鸞堂，五十六年前，傳自宜蘭，為純正道源。繼及臺北
> 贊修，始立儒門科範，為儒宗神教統一之法門。至於中南部，
> 其中日人統治下，不加分別邪正，目為異端，多被禁止。間
> 有好善者，不避權威，韜光欽晦，救世造書，其數不少，聖
> 佛仙神之愛護國家人民，其德難量。[107]

雖是如此，鸞堂主要的功能乃在藉由仙佛降壇扶鸞，神人合作，發揮
神道設教的目的，因而在有心人的護持之下，鸞堂依舊能在民間不斷
的傳承發展下去。

早期鸞堂所奉祀的主神是文昌帝君，其後逐漸被關公、呂洞賓所
取代。直到七十年代以後，關公已經成為天公，很少下凡，代之而起
的就是濟公。自民國六十五年至七十四年將近十年間，以濟公為降鸞
神的遊記類鸞書，就高達十三本之多，[108]濟公在鸞堂的地位，可謂如
日中天。究竟濟公為何會取代許多「大牌」正神，而成為扶鸞的重要
仙佛，筆者以為可能的原因有二：一是濟公特有的宗教形象。楊贊儒
在《濟公活佛正傳》的後跋中言道：

> 活佛恩師性喜詼諧，遊戲人間，形若出家之僧人，實則住世
> 之活佛。一言一行，每顯離奇；而究其本意，又多平淡踏實。
> 只緣俗中煉性，方顯其真；且向沙中淘金，始見其賓。既無
> 莊嚴門面，又少端莊衣袍，然世人偏好與之聚處。……問師
> 既已出家，因何偏愛俗家？師道：「待眾生向佛門求道，自投

---

107 《茫海指歸》（台灣竹山克明宮，1972 年），上卷大部，頁 23，收錄於《道藏
　　寶錄》（台北：玄聖宮義德堂，1994 年），頁 795。
108 詳細書名可見鄭志明〈遊記類鸞書所顯示之宗教新趨勢〉，《台灣的鸞書》（板
　　橋：正一善書），頁 153-156。

羅網者有幾人？不若我主動下凡度他，免得固守塵寺，人我
皆無所成！」[109]

就是這種「世人偏好與之聚處」的特色，才能和鸞堂為世俗化道場的
性質相契合。又《濟公活佛正傳》第二十回後，濟公降鸞評述道：

如今末法之世，沉寂的羅漢顛僧，又不忍道德墮落，宗風無
聞，多是個討飯吃，有幾粒入佛口？氣不過我也，故又乘願
再來，或道濟公活佛，或說濟顛和尚，以應世顯身，一如往
昔作風，仍在俗家尋佛子，火宅勸修身。觀鸞堂親切，沒有
架子、傲氣，和光混俗，卻又默默從事濟世救苦聖業，讓道
濟又「道迷心竅」，藉鸞筆重現人間。[110]

從文中濟公自言「在俗家尋佛子，火宅勸修身」，和稱讚鸞堂「親切，
沒有架子、傲氣，和光混俗」兩句話看來，濟公正是善堂鸞神最佳的
人選。二是和一貫道的交流有關。王見川曾在相關的文中提到，楊明
機有一項作為對鸞堂有重大的影響，即他開始在鸞書中加入民間教派
的用語和神學思想，如在民國四十五年編著的《六合皈元》的乩文中，
便出現了無極老中和三曹普渡等術語，三年後再版的《覺路金繩》附
錄中，又大量出現中字。從這個現象來看，顯示楊明機已開始和一貫
道有了接觸，[111]而濟公很有可能便在此時順勢進入鸞堂，參與扶乩的
活動。

---

[109] 台中：聖德雜誌社，1989 年，頁 182。
[110] 同前註，頁 180。
[111] 〈清末日據初期臺灣的鸞堂──兼論「儒宗神教」的形成〉，《臺灣的齋教與
鸞堂》（台北：南天出版社，1996 年），頁 187。

另外，台灣的慈惠堂主祀瑤池金母，即王母娘娘，雖說其教派信仰有道教西王母傳說的成分，但其實仍以無生老母及普渡原靈的思想為其信仰核心，與前述之一貫道和儒宗神教有相同之處。考察其信仰發展，始於民國三十八年六月十三日凌晨。據說當時王母娘娘的神靈突然降臨在花蓮縣吉安鄉荒地小木屋內的蘇烈東身上，命他遍告村民王母娘娘將在此處駐蹕，解救人間一切苦厄。初以鸞方拯救罹患霍亂並有生命危險的張煙之婦林金枝，其後便靈驗不斷，從此名聲遠播。民國三十九年信徒分成兩派，便在王母娘娘顯靈地的兩邊，分別建立勝安宮與慈惠堂。勝安宮其後並未發展出宗教性組織，而慈惠堂則以開山辦道的方式，鼓勵弟子四出佈教。[112]濟公在此鸞堂裡，主要是受無極瑤池老母之命掌理鸞務，臨壇指示「世道衰微，彝倫斁喪，愈勸愈惡，愈勉愈奸」，感念「老母傷時憫世」，並勸勉「各堂堂主及門生等，或出資以護道，或獻身以效勞」。[113]

綜觀濟公在台灣極為普遍的民間教派裡，都是但任重要的宣化職責，他受命在末法時期召喚迷途的弟子能及時醒悟，早日完成修道的功課，回到老母的身邊。濟公神格的角色，除了佛道之外，自此又有了新的發展和內容。

三、設教訓示的內容

濟公在一貫道的教團裡，是擔任降世收圓的工作，因此他在訓文中多宣揚老母之教，勸勉門徒修道，期盼眾生都能早日回頭，同返道鄉。茲舉一篇訓文為證：

---

[112] 鄭志明：〈台灣瑤池金母信仰研究〉，《臺灣民間宗教論集》（台北：台灣學生書局，1984 年），頁 63-90。

[113] 《瑤池寶鈔全卷》（台北：清正堂，1978 年），上卷，頁 17。

　　　活佛恩師慈訓〈傳妙替申行大道〉

　　　　　民國二十六年（1937）歲次丁丑七月十六日訓

　　　性理心法無人參　　色身看重似泰山

　　　三易妙理含天道　　陰陽化育兩相贊　　吾乃

　濟公禪師奉　　申旨離天庭　　來至凡間參

上帝　眾肅靜　　細聽批判　　　哈哈止

　　　大道無二一理　　一貫應運三期

　　　自古難聞先天道　　古聖所傳誰知

　　　天機內隱妙寶　　自古難遇三期

　　　秘密內隱無價寶　　仙真按時傳機

　　　大道原是一根　　不外三教至理

　　　天道原無二法門　　自古單傳獨一

　　　三期之時劫降　　普收諸多惡子

　　　苦海貪戀不醒悟　　怎知慎獨君子

　　　傳爾玄關妙竅　　古今得聞少稀

　　　獨有今時天然子　　領了天命化世

　　　賢良鳳根皆曉　　貫通天地一理

　　　傳妙替申行大道　　親民化世不息

　　　各個快醒莫睡　　今時大劫緊急

　　　八一之苦齊下降　　損殺惡孽之子

　　　平收萬教不久　　皆因白陽三期

　　　九二原子歸天道　　個個都免地獄

　　　閻君之地不走　　加功努力返西

　　　返回先天極樂界　　相逢大會申子

　　　爾等為何不堅　　心中有些遲疑

　　　還有夢中黃粱睡　　邯鄲快脫莫遲

　　孟津三三最劣　　損殺迷子墜獄

　　有緣早登慈船上　　船得順風返西

　　眾真努力心堅　　清靜無為辦事

　　佛事全在人力辦　　神人一理妙諦

　　根深蒂固得道　　不必心中遲遲

　　勞力不息倡天道　　光宗耀祖築基

　　白陽之事今辦　　錯過難逢佳期

　　明師指路竭力辦　　末後一著立基

　　吾批此處西江完　　辭申返回佛地　　哈哈退[114]

綜觀歷年來濟公和其它仙佛在一貫道裡的訓示，其主題多半圍繞在無生老母思念人間兒女，強調三期末劫的劫變觀，指示眾生皆有佛心本性，人人都能成聖成賢，以及末後收圓，平收萬教等。至於鸞堂中出現的乩文，其訓示的主題和精神其實和一貫道並無不同，都在強調行善修德，亦錄一文為證：

濟顛佛　詩

　　翩然駕鶴下臺灣　　雨積空林雪積山

　　欲入洞天尋佛跡　　白雲深鎖幾重關

又歌

吾為弟兄固一靈。飛潛動植一炁生。雖云生殺自輪循。豈曰皇天降不仁。惻動老僧慈悲惻。愿放佛光救八極。炁作慈舟靈作燈。仁義為梯善為繩。黎庶知凶何不醒。回心急上護生舫。又勸有根諸弟子。善事時時行不停。海島生斯數百秋。芸芸五百似蜉蝣。謾待烽雷轟烈動。晴戶牖窗好綢繆。渡人

---

[114] 孚中編著：《一貫道發展史》（板橋：正一善書，1999年），頁576-577。

渡己還自渡。慇懃日夜早覺修。

又

世人識我濟顛久矣。究竟是真顛或假顛。今宵降筆奇緣奇緣。[115]

從上述訓文來看，其精神其實和一貫道並無不同。

　　台灣目前的鸞堂以台中市的聖賢、聖德、武廟、明正堂，以及高雄明善堂較具規模。在他們所刊行流傳的善書中，除了有藉用二十回本《醉菩提全傳》為藍本，而由濟公活佛降臨評述的《濟公活佛正傳》[116]外，還有一系列遊記性質的鸞書，如《天堂遊記》、《地獄遊記》、《畜道輪迴遊記》、《聖道旅程》、《九陽關遊記》、《極樂世界遊記》等，濟公則在這些書裡進行宣化的任務。《濟公活佛正傳》在每回之後，都加上活佛降壇的批語，其目的是「敘述當時心境，闡露禪機，俾世人明曉老衲佯狂賣傻之真義，而能了悟本來面目，突破種種形相，找尋真我，始能自悟自成」[117]。茲摘錄其中第七回〈色不迷情心愈定酒難醉性道偏醒〉後的評述，以觀其內容及用意：

濟公活佛降

評述

一、王鴇頭家中，開個妓女院，濟顛亦到此地尋花問柳乎？出家人為度沉迷，故不避嫌，現嫖客身，逛花園，找道根！（因有不少道根我在風花園裡，不入虎穴得虎子！那些自鳴清高者，不去屠場救屠夫，卻往官府拍馬屁，真是度個屁兒。）

二、取個繡鞋，置在王鴇頭陰部上，這太唐突！哈哈！出家人手妄動，想非禮？非也！非也！這塊臭皮肉，害死多少人？我

[115] 佚名撰：《鸞稿拾遺》（台北：廣文書局，1989 年），頁 12-13。
[116] 台中：聖德雜誌社，1989 年。
[117] 《濟公活佛正傳》（台中：聖德雜誌社，1989 年），〈序文〉。

今以繡鞋遮去是非門，斷絕生死路，莫叫她陰溝翻船，淹沒無數菩提種子！

三、大醉需酒三千瓶，小僧卻未帶分文，喝酒不必付錢，正個白吃白喝，喝得施主高興，喝得施主爽快！這也要顛僧有本領！當今世土僧家到府上化個半緣，施主便嘀嘀咕咕，不甘願！這都是平日少來結善緣，如今要錢，才看到這些陌僧（生）面，難怪你們不值錢！

四、沈五官、李提點，酒樓喝酒吟詩，興致勃勃，齊道：「濟顛酒量是夠了，想試試他色行如何？」故招妓前來陪酒，真個不像樣？又到了劉鴇頭家來，施主們特安排了濟顛一餐美色，濟公卻道：「色即是空，空即是色，色香不若酒香，美色不飽，色後更餓，不可不可！」果然「色迷禪心定，酒醉性偏醒。」未落人話柄，污了佛門根基，留此真種，續佛慧命吧！正是：

色裡回魂還真我，酒中醒覺佛吹風；

顛顛倒倒逍遙相，正正端端證大雄。[118]

這些評註除了有一部份是說明情節外，其實大都含有隱意，藉機傳示教化的目的十分明顯。至於遊記系列之作，筆者以《地獄遊記》、《天堂遊記》為例略加說明。《地獄遊記》共有六十二回，其撰著動機是：

今值末法，眾生愍熾，紛墜苦海。活佛度世心切，故重顯昔日神通妙化英風，乘願現身再來，降臨聖賢堂，攜楊生之靈，

---

118 《濟公活佛正傳》（台中：聖德雜誌社，1989 年），頁 59-60。

暢遊冥府，廣搜案證勸世，從此揭開陰曹奧秘，作度眾生之慈航，眾生有幸，得沐法雨，永離惡道。[119]

全書內容是敘述濟公奉旨與楊生參觀地府各殿，藉與守池將軍、交薄官、冥王、獄官、罪魂等對話，顯示因果輪迴，勸人向善的道理。《天堂遊記》則是接續《地獄遊記》而來，內容共有三十六回。其成書的目的是：

> 瑤池老母、玉帝有鑑於此（物質充斥，精神空虛之世，人類精神無所皈依，奢侈犯罪行為自然急劇增加），特下旨懿、玉旨，命由濟佛帶領聖賢堂臨筆楊先生遊各地獄，洩述惡人受報慘況，著成地獄遊記，作堵塞惡流之柱；為鼓勵善行，垂一登天之梯，接引善德登天，逍遙世外，今再成遊歷天堂，著成天堂遊記，傳真善人昇天逍遙實況。[120]

觀其目的和《地獄遊記》如出一轍，然而在第三回〈再遊南天玉闕聽聖帝訓示〉中，濟佛有一段替自己在小說故事中的若干行徑提出澄清辯白，茲抄錄一段內容於後：

> 濟公活佛　降　歲次己未年五月二十三日
> 詩　曰：蒲扇輕搖道氣來，壺中美酒洗腸埃。
> 　　　　世人學我常懷樂，靈隱寺前活佛栽。
> 濟佛曰：我手中輕搖著蒲扇，美酒一壺，口中栽灌，一副行
> 　　　　腳羅漢模樣，世人幾個能學我這般自在？美酒無
> 　　　　味，扇風不涼，到底在變什麼把戲？有人曰：「我愛

---

[119] 《地獄遊記》（台中：聖賢堂，1980 年），封面底。
[120] 《天堂遊記》（台中：聖賢雜誌社，1992 年），〈序文〉。

食狗肉、好飲酒，瘋瘋顛顛。」以為我不正經，其實他們看錯了！世間有食肉和尚，天上絕無飲酒羅漢。憶昔時，我在天上觀看出家修行者，口吃清齋，心懷鬼胎，少有善智識開悟佛法，都是混飯來吃。我不忍佛門慧命懸絲欲斷，故投胎下凡，化名「修緣」，普度羣生，佯瘋賣傻，遊戲人間，專門與那些和尚「作怪」，他說不能吃的，我偏要吃；他說不可去的，我偏要去，逆法度真人。所以一些淺智薄慧者，以為我這個野顛僧是佛門魔鬼，那知我身顛心不顛，我唸的是「真正經」，不比他們唸的是「假正經」，其實那些假慈悲者，才是騙吃騙喝，以求供養維生，我濟顛一到，便打破他們的飯碗，故當時僧人氣我、罵我、恨我，時至如今，佛門尚對我存有偏見，以為我是個「不淨和尚」，不知我乃羅漢化身，日光之體，深藏三昧真道，故吃肉飲酒只到喉中三寸有滋味，胃腸空空如也。在口中幻化一下，以諷刺僧侶同修而已，這叫做「白吃白喝沒味道」。世人逢我個個笑哈哈，我就是如意佛、歡喜佛、濟公活佛，哈哈，世人活佛不拜，卻拜死佛，可憐可憐，時逢末法，我又耍了一招，不到佛寺，卻到俗家，真想使世人建立佛化家庭，萬家生佛。今天又到這裡，帶領聖筆楊生靈遊天堂，真是忙得不可開交，楊生走吧。[121]

---

[121] 《天堂遊記》（台中：聖賢雜誌社，1992 年），頁 15。

類似這種說明文字，也常見於一貫道所印發的聖佛語錄中。究其用意，一方面在提醒眾人千萬不可效響模仿，為其假象所惑；一方面則以大家所熟悉的故事作為講理時的穿插導引。在這裡我們可以明顯的看到民間故事和宗教文化之間的關係，一如陳建憲所言：

> 宗教思想的幽靈，往往寄託在民間故事的軀殼中，才得以在民眾中廣泛流傳；而宗教中的神仙妖魔形象，也常被民間故事借用，以展開它那凌空飛翔的想像翅膀。民間故事與宗教文化中，人類創造了一個超自然和超人間的幻想世界，人們在這個神奇虛幻的世界裡寄託自己的理想和希望。從產生到傳播，民間故事和宗教文化可說是互為利用，相得益彰。[122]

由於以上諸書對外發行數量龐大，所以除了具有發揮民間宗教扶正人心，善導風俗的作用外，對於釐清濟公形象，使其成為「正派」神明，也有很大的幫助。

　　綜觀濟公在一貫道和鸞堂中的角色及相關的乩文內容，我們可以得到一個結論，即濟公主要是在傳達修身養性之道，完成各教派救世的宏願。許文筆以為濟公信仰者以在家人為主，在家修道即是做人，道德若成功，則成神成聖就有希望，因為天道由人道做起。所以佛教教義「諸惡莫作，眾善奉行、自淨其意」及儒家三綱、五常、八德等的人倫道德修養，便成為所有濟公信仰者的必修課程。[123]許氏之言雖簡，卻已能指出台灣濟公信仰的重點及其精神。

---

[122] 〈民間故事與宗教文化〉，《民間文藝季刊》第 88 卷第 4 期（1988 年 11 月），頁 39-55。

[123] 《台灣濟公信仰之救世觀》（新竹：玄奘人文社會學院宗教學研究所碩士論文，2000 年），頁 110。

四、發揮神道設教的功能

神道設教的觀念源自於易經，其後經由儒家人文色彩的修飾，其意已偏重在「設教」之上，亦即強調社會教化和文化傳遞；不過若從鄉民社會觀察，神道設教其實已和尊神信仰相結合，而成為建構大眾服從倫理規範與道德的經驗模式。[124]涂爾幹（Emile Durkheim 1858-1917）曾指出以宗教的象徵形式出現的道德力量是值得重視的真正力量，只有通過儀式，群體才能鞏固並維持下去。在我們履行了宗教職責回到世俗生活中來時，我們的勇氣和熱情增加了，因為我們和一個崇高的力量源泉建立了聯繫。[125]固然仙佛在法會上降壇，藉由鸞手出示訓文，對許多人而言不啻為怪力亂神，但時至今日，仍有不少人相信它在宣揚倫理教化及行善積德等思想上，具有正面的意義。在台中慈德堂印贈的《道濟佛因》（《雨花集》）書後，有一段署名「定深」的跋文中，就說明神明鸞示有助於世道人心的看法：

> 時下佛教大德，每以扶鸞為外道，鸞文為不足信。於此竊有所質疑。夫道無內外，要視其出發點如何。導人於正，則「外道」亦自有其可信之價值在。此書之印行，足為上說之印證也。傳道不限於某一種方式，苟能使人開悟心中佛知見，則亦一渡人之寶筏。吾師濟公活佛，臨鸞開示，隨機說法，因病與藥，直入中道，無不深契佛機。[126]

---

[124] 鄭志明：《台灣的鸞書》（板橋：正一善書出版社，1989 年），頁 33-34。

[125] 〔法〕涂爾幹（Emile Durkheim）原著，芮傳明、趙學元譯：《宗教生活的基本形式》（台北：桂冠圖書公司，1992 年），頁 430。

[126] 台中：慈德出版社，頁 61。

　　鸞堂宣教，常常反映出在某種特殊時代下，有識之士維護傳統價值的用心。五文昌宮編著的《醒宇金箴》序言中亦云：

> 臺省鸞堂林立，無他，勸人行善，遵守倫常。噫！週來歐風侵入禮義之邦，雖文明日進，科學發達，甚為美妙，但倫常廢弛，男不守孝道，女不遵貞節甚夥。故神聖仙佛，不忍坐視其害，愈墜愈深，後果不堪設想，挽狂瀾之既倒，恢復古風。神聖仙真，盡降東土，放慈航寶筏渡眾生。一片婆心，不憚繁瑣，處處揮鸞闡教。[127]

其中「倫常廢弛」、「神聖仙佛，不忍坐視其害」，正顯示神道設教的基本內涵，亦即透過德性靈明至高無上的神明，一方面維持世間基本的道德秩序和倫理規範，一方面也積極的指導開發民眾潛藏的明德品格，以重登人性至善的境界。既稱神明，冥冥中除了具有慈悲憐憫的感性力量外，同時也含有神聖不可抗拒以及賞善罰惡的威嚇力量。所謂：

> 蓋天地有好生之德，仙佛有憫物之慈，故聖人立法，神道設教，啟化愚頑。不忍不教而誅，不戒而成。是以古之聖王，施行善政，愛民行善，不愛民作惡。書曰：為善降祥，為惡降殃，乃古今不易之理。所謂順天者存，逆天者亡。[128]

這兩種力量的相互運用，使得神道設教的背後具有無限的神秘性和權威性。其實許多民間教派藉用扶乩來宣教，正是強調仙佛的力量，以促使民眾對它建立忠誠和信心。日人酒井忠夫曾言：

---

[127] 此序為署名文昌宮後學的吳滿堂所撰，見《道藏寶錄》（台北：玄聖宮義德堂，1994 年），頁 1019。

[128] 同前註，頁 1038-1039。

善書之由扶乩降著之事，不只被賦予宗教上的權威，善書所
闡述的內容，也被賦予絕對的神聖化。如此，以扶乩這樣的
宗教儀禮為媒介，使得民族信仰的對象和主體，更加實際地
結成一體。[129]

這其中所謂扶乩的「權威」和善書的「神聖化」，正意味著仙佛力量
的具體展現。至於如何證明仙佛力量的存在，一篇名為〈一條金線〉
的活佛恩師慈訓中有云：

> 道本至理，無形無象；天本無言，無聲無臭。堪歎人人落於
> 後天，氣稟物慾，矇蔽靈明；固有之真性，有而不知其有矣。
> 復念天運使然，上帝急盼九六同歸，諸多愚人，猶有不悟者，
> 欲警其愚，欲啟其迷，遂有飛鸞宣化之設；天借人力，人賴
> 天成；此乃皇娘之慈悲，仙佛之妙意也。惜乎世人，智慧過
> 之，只知自作聰明，不體皇天之苦衷，不知天道之奧妙，自
> 認為異端，殊不知自愚之甚也；況鸞手皆係童年，學識有限，
> 若非佛力，何能詩詞歌賦之疊出無窮，何能先說後應之靈驗；
> 不能體會於斯，寔乃管見也。[130]

在這一段訓文中，特別指出飛鸞宣化之設的目的，是要藉由天神仙佛
的力量，啟迪凡人被矇住的真性，所謂「天借人力，人賴天成」，而
學識有限的童年鸞手，也能不斷的扶出詩詞歌賦，則證明了天神仙佛
力量的存在。由此可知，神道設教運作的關鍵，其實是建立在大眾對
尊神的信仰上。濟公能列位天界，出現在乩壇之上，證明他在民眾的

---

[129] 張淑娥譯：〈民國初期之新興宗教運動與新時代潮流〉，《民間宗教》第 1 期
（1995 年 12 月），頁 3。
[130] 孚中：《一貫道發展史》（台北：正一善書，1999 年），頁 737。

印象裡已經具備了神明應有的條件，包括他的品德和法力。而這樣的結果，不得不歸功於通俗文學對他種種慈悲為懷、神通廣大的描寫，亦如《西遊記》、《封神榜》造就許多民俗信仰裡的神明一樣。

其次，就神之「道」而言，隨諸降壇扶乩的仙佛聖賢來自各界，因而其教訓內容便無所不包，也因此更能交互的發揮不同的指示和影響力。如復聖顏子現示，則教誨「聖道雖淡而微，從根本以修養，正已以化人，致廣大而盡精微也」；釋迦文佛降臨，則宣導「參禪有精進者，自能明心見性」；精忠武穆王登台，則勉人「赤膽忠心，肝膽相照。君子交情，不忘大義」；地藏王菩薩則闡述「造惡者，押赴湯塗火塗刀塗」身後可怕之事；目蓮尊者則警示「善惡之報，如影隨形。天理昭彰，報應甚速」的因果論述；鐘離仙翁則指導「神守玄關，似主人守宅。氣養丹田，如人積財」的長生法則。[131]這些來自不同仙佛聖賢的「真理」，共同組合成教化的「神道」。鄭志明在分析台灣民間教派神道設教的內容時說：

> 這種神道設教的基本形式，在儒家思想的長期浸淫之下，早已型塑著中國人深層的心理結構，而民間鸞書更將這種思想型模，經由生活倫理原則帶入進宗教的超越層面，將「道」與尊神合而為一，使尊神具有道的特徵，成為運轉萬事萬物的背後主宰，能以金指妙法闡明天道的不易之理，接引民眾上體天德下盡人性，圓滿自足地開展自我的道德本心，以參贊尊神造化天地的生生大德。[132]

---

[131] 《醒宇金箴》、《茫海指歸》，均收錄於《道藏寶錄》（台北：玄聖宮義德堂，1994 年）。

[132] 鄭志明：《宗教與文化》（台北：台灣學生書局，1980 年），頁 183-184。

從「尊神具有道的特徵」看來，前述所謂各種仙佛聖賢的「真理」，
它們屬於何種教派思想已不重要，重要的是它們共同融合成普遍在世
受人遵守的倫理教條。換言之，各路仙佛此時已非附屬於某一教派思
想，而是扮演著德治教化的精神導師。濟公出現在扶乩鸞堂之中，
他的角色嚴格說來已非佛非道，而是呈現出更多更明顯的現實人文
色彩。

　　在過去，濟公與其他仙佛聖賢並列出現，成為宣揚倫理道德、歸
真寡慾、因果報應等普世信仰價值，匡正人心，彌補教化之不足，當
有一定的效果和影響。《茫海指歸》曾指出：

> 聖下凡宣化，為體天心而救劫運。不辭五濁惡世之勞，亦不
> 以卑污為辭，神人合一而用命。每抱造果辦功之主旨，故得
> 受神教之光榮，當加感謝。勿抱疑問之心，以其真理信之即
> 可也。[133]

這種「信之即可」的態度，正是神道設教所以賴成的基本心理，因此
就有鸞堂提出在信與不信間要有正確的判斷和抉擇：

> 匡救漢民族團結之精神，必藉信仰宗教之能力。使民族有信
> 仰之觀念。不論何宗，必堅一定信仰。勿什信，勿過迷信。
> 過迷信，易陷邪魔。必正信，方得福緣之生路也。此儒宗神
> 教，可以端正信之歧途，引迷入悟，與邪師敗聖之不同，信
> 者當慎擇之。[134]

---

[133] 台灣竹山克明宮，1972 年，上卷大部，頁 28，收錄於《道藏寶錄》（台北：
玄聖宮義德堂，1994 年），頁 796。
[134] 同前註，頁 24，收錄於《道藏寶錄》（台北：玄聖宮義德堂，1994 年），頁 792。

縱使如此，隨著時代的演變，以這種「神道」設教的方式，是否仍能被人接受，而不被視為裝神弄鬼，開時代倒車，鄭志明在論述鸞書的社會教育功能時曾表示，鸞書在新式教育普及，原有的教化功能已逐漸萎縮與退化下，書本的刊印不減反增，其主要的原因是鸞書的刊印被視為民間回應社會變遷的一種宗教儀式，針對社會規範的廢弛與個人道德的淪喪，作積極的宗教改革，企圖由神明的力量，增進人際間的倫常關係，以克服現代化過程中的社會危機，但他也對鸞書中的有無必要繼續讓神直接說話提出檢討和質疑。他認為一直由聖神直接現身說法，在神來神往的熱鬧與虛無之中，會使宗教的境界停留在神人交感的巫術上，如要突破這樣的信仰層次，就必須開出以人弘法的宗教事業。[135]究竟濟公未來在這個領域的角色會如何發展，則是值得長期觀察並加以研究的。

第四節　巫術活動的濟公

濟公之名能一直在民間流傳，宗教信仰活動是重要的因素，尤其藉由巫術為民眾解決心理、生理或生活種種困難的「濟公乩」，已成為許多人生活中強烈依賴的心理醫療師。本節中筆者將針對濟公此一角色在民俗信仰中的功能及其特性加以分析說明。

一、巫術的性質

在說明濟公乩的活動前，我們先對宗教（religion）和巫術（magic）做一比較。依涂爾幹（Emile Durkheim）的說法，與宗教一樣，巫術

---

[135] 〈台灣鸞堂與鸞書的社會教育功能〉，《中國文學與宗教》（台北：台灣學生書局，1992 年），第十章，頁 222-224。

也有其神話和教義，只是這些神話和教義是比較初級的，這是因為巫術追求的是法術和功利方面的目標，它並不在純粹沈思默想方面浪費時間。而真正的宗教信仰，總是一個特定集體的共同信仰。這個集體聲稱忠於這些信仰並履行與其有關的各種儀式。這些信仰不僅為這個集體的全體成員所接受，而且這些信仰是屬於這個群體的東西，這些信仰使這個集體團結一致，並以共同的方式來思考有關神聖世界及其與凡俗世界的關係問題，他們還把這些共同的表象轉變為共同的實踐。而巫術卻完全是另外一回事了，確實巫術中的信仰也總是或多或少帶些普遍性的，這種信仰常常在非常廣大的人民當中傳播開來，甚至在有些民族中，巫術所擁有的追隨者就像真正的宗教所擁有的追隨者一樣多。但是，這並沒有導致追隨巫術的人凝聚在一起，也沒有使他們聯合成一個群體，過一種共同的生活，巫師與請教他的個人之間，如同這些個人之間一樣，沒有一種持久的紐帶，使他們做為成員而組成同一個精神社團。巫師有一批光顧者，但沒有教會，他的光顧者很可能彼此之間沒有什麼其他聯繫，甚或彼此素不相識，甚至這些光顧者與巫師間的關係一般也是萍水相逢，事過境遷的，這些關係就像病人與他的醫生的關係一樣。[136]涂爾幹的這番比較，充分的說明了宗教和巫術間如行為目的、活動方式及人群關係等方面的差異，這有助於我們辨識濟公現身在不同信仰場域的性質和處境。

　　一般在台灣民間，執行巫術最常見到的就是「乩童」，他們通常都在被神明附身並處於入神狀態後開始做法，利用咒語、符籙、法器或其它神祕行為完成或解決各種不同性質的信仰需求。乩童又有武乩、文乩之分。前者在做法時通常會操持各種神界的武器，如七星劍、鯊魚劍、刺球、釘棍、月斧等，做出破頭、砍背，或穿刺口角等流血

136　《宗教生活的基本形式》（台北：桂冠圖書公司，1992 年），頁 44-46。

動作，甚至更有上刀梯、過刀橋等令人不可思議的奇術，藉以傳達及完成神明的旨意和法力。而濟公乩則屬於文乩，在正式的法會場裡，他們通常都頭戴船形僧帽，身穿帶有補丁的道服，[137]手持蒲扇、酒壺，行動起來醉態十足，其形象極為鮮明。若是在室內的問事祭改，則比較隨意，乩童不見得會穿道服，但從其喝酒搖扇的動作來看便知是濟公降身。辦事時濟公乩時而正經時而嬉笑，偶而也會請人喝酒，或用蒲扇拍打問事者的身體。

　　台灣最早的濟公乩出現何時，今已難考。筆者在南台灣進行濟公廟宇田野調查時所知，高雄縣旗尾的鳳山寺中有一位蘇老先生，目前已八十多歲，自民國四十五年起便一直是寺裡的濟公乩，由於年事已高，今已不再從事相關活動。不過，台灣濟公乩出現最為頻繁且為許多信眾追逐，應該是在民國七十五年前後盛行「大家樂」的時候。[138]在此賭風下，濟公與其它神祇如太子爺、齊天大聖、土地公等，都成為「樂迷」爭相奉祀詢問明牌的對象。只要裝扮成濟公的乩童出現，便會有一羣人圍繞在他的身邊，有的做筆記，有的按下錄音機，甚至有人會從他的每一個舉手投足的動作中，猜出中獎的號碼。報紙上更是不時的可以見到如下的廣告：

　　　　——濟公活佛大破天機濟世救人，勝安宮濟公活佛大發慈悲意在渡眾生解危全省彩友。[139]

---

[137] 濟公乩的道服有好幾種顏色，一般來說主要是黃色和黑色，但也有紅色的和青灰色的。衣服上的補丁則有三十六、七十二及一百零八塊等不同數量，據稱是代表法力的深淺，但筆者也見過沒有補丁，而在背後加上太極八卦圖案的。

[138] 大家樂賭風之盛，從民國七十五年三月一日《中國時報》第五版的一則新聞標題可知：「大家樂賭博案成長驚人，檢察官開玩笑製表處理」、「台中檢方一月受理數百件，直逼違反票據法案」。

[139] 《民眾日報》，1980 年 10 月 13 日，廣告版。

——濟公再度出駕，助信徒一期，信徒把握機會。[140]

——活佛誠心誠意助眾生，本期百號主支已開出，有難者來電，一律免費。[141]

濟公乩似乎自此以後，便大行其道，一些裝束奇特或行事怪異的濟公乩總會不時的出現在新聞媒體上。

二、從事的活動

濟公的身影之所以能在台灣民間基層隨處可見，和經由靈乩傳達神明旨意，以獲取指點和救助的信仰心理有密切的關係。許多以民間住宅形式出現的濟公神壇，其中並無實際的傳教活動，只有從事巫術行為，許多乩童多半都是兼差性質，平時或有其它的職業，只在某些固定時段，出現在特約或自家的宮廟神壇裡，為掛號的民眾起乩服務。而民眾對濟公的來歷，也多數一知半解，他們在意的只是濟公師父靈驗與否。換言之，濟公乩和民眾之間的關係本是陌生和充滿功利色彩的。一般神壇廟宇為了因應民眾對生活本能性消災解厄，祈福生財的需要，都會廣辦各種有利民生的業務。其服務的方式和項目，從以下這則廣告中便可一窺全貌：

> 本堂奉無極懿旨辦理濟世，每逢星期一、三、五、日晚上八點半開始辦理濟世，由濟公古佛及開心活佛開示指點迷津，處理項目包括前世因果、病體、運途、事業、婚姻、外事等，歡迎十方善信大德前來參拜叩問。[142]

---

[140] 《民眾日報》，1990 年 10 月 23 日，廣告版。

[141] 同前註。

[142] 〈萬丹觀音堂濟世啟事〉，《五戒——濟公古佛慈訓》（屏東：觀音雜誌社，2005

其實不只小神壇如此，有些大型的道場、廟宇也設有類似的服務。筆者再以主祀關聖帝君、濟公禪師及六房天上聖母的台北南天宮為例，說明濟公涉入民眾生活之深且廣。該宮有簡介如下：

> 濟公禪師又稱濟公活佛，一般稱濟公、濟顛，乃西天金身、降龍羅漢降世，為度世而來，法號道濟，導水東流為濟順其道而為也。行道濟困扶危、勸化眾生，殊勝因緣際會，靈光來自西湖靈隱寺，為本宮主神之一，因開示頗具禪意，因名禪師。開宮十餘年來，辦理信眾求問事項無數，英明靈感事蹟頗多，惜未一一記錄，茲謹誌一、二如下，以供參考……。[143]

該宮以為自己從小廟起家，而能維持十幾年的發展並獲讚譽，實有賴於神佛的「英明靈感」。據他們記錄的靈驗事蹟，包括有指示人口失蹤之謎、指示美好姻緣、指示順利升學、指示天賜麟兒、庇護死裡得生、預警股市崩盤、醫治病痛、化解官司等。又基於對信眾支持的回饋，該宮決定以超低價格的油費，為信眾點燃光明燈、太歲燈等，希望能為信眾祈求元神光彩、利路亨通及消災解厄，最後該寺則為興建宮殿懇切要求信眾能踴躍捐獻基金。[144]從上述的例子裡，我們不但可以知道一般濟公乩為民眾解決的問題種類，也可以清楚的看到神壇宮廟的經營策略，以及他們和信眾間的互動模式。

除了在宮壇裡進行較為靜態的問事活動外，濟公乩也為人從事戶外的法事。《時報周刊》曾登載一篇題為「包公濟公去捉妖，小鬼湖有亡魂，大怪事連篇傳」的報導。據文中記載，高雄鳳山市濟公廟濟

年），封面裡。
[143] 見南天宮網站。
[144] 同前註。

公活佛向信徒顯靈，指示信徒們將上小鬼湖（位於屏東、台東二縣交界）刈水香[145]捉日本鬼。其整個過程如下：

> 下午刈水香行動展開，排香火的人下水，此時突然有一信徒發作起來，搶去準備好的水壺，像鯉魚般的躍入湖水中，一沈一浮共三次，壺中裝滿了湖水，由濟公封上壺口，交代守好，遂在湖中作法，要信徒們浸在水中四十分鐘。那位「發作」的信徒本來不會游泳，竟然能潛入水中乞水，大家仍認為是「神力」之故。[146]

濟公捉鬼除妖的情節在小說裡層出不窮，也由此可以想見民俗信仰和通俗小說間特有的關聯。

目前散布在台灣各地的廟宇神壇不計其數，而以濟公師父之名為人消災解厄及辦理各種祈福法會者彼彼皆是，甚至坊間還出版不少以濟公為號召的民俗刊物，如《（濟公活佛點化）求財占運法·萬事預知術合集》[147]、《濟公開運民曆》[148]、〈濟公應驗靈籤占法〉[149]、〈道濟古佛救世符〉[150]，內容多重祈福、避邪、開運、求財等事。而靈籤

---

[145] 刈水香，即是神的輿轎下到水裡，將水中的孤魂野鬼收起來當神的兵馬。一般每年會根據廟裡神明的指示，選定不同的地區進行「進水香」（台語念「刈水香」）的儀式，一般都是半夜起壇祭拜，且在濱水處豎立吊斗笠、招魂旗的進香旗，早晚祭拜牲禮酒食水果等，持續七天七夜，招收一些遊蕩的孤魂野鬼為寺廟神明的兵馬差使。林美容：〈台灣的「巖仔」與觀音信仰〉，收錄於《台灣佛教學術研討會論文集》（1996 年 12 月），頁 188。

[146] 第 399 期（1985 年 10 月 26），頁 85。

[147] 新竹：竹林書局，1989 年。

[148] 台南：西北出版社，1990 年。

[149] 收錄於道成居士編著、草蘆主人主修《台灣寺廟靈籤註解》（台南：正海出版社，1988 年），卷二，頁 151-278。

[150] 收錄於真德大師、觀慈大師、道濟大師等著《萬教符咒總集》（台北：武陵出版社），頁 48。此咒內容如下，用法：以三柱清香，酒三杯，七金壽金，請

所測知的項目，則包括財運、功名、生育、詞訟、謀事、失物、田畜、婚姻、疾病、遷移、行人、生意等；符咒則以醫治百病為主。要之日常生活中所有的事務，都可向濟公求助，這無形中使濟公信仰得以漫無止境的擴散開來。

三、充滿功利色彩

宗教信仰多數是透過教義的提示和啟發，達到自我內心的平靜及培養洞察生命的智慧。反之，多數帶有濃厚巫術成分的儀式活動，卻存在著求救和被救的關係，靈驗與否則成為關係維持的重要因素。這一點，表現在較為平民化的神祇，如三太子、齊天大聖、土地公等身上更為明顯。濟公不但具有平民化的性格，且其遊戲人間的態度，自不容易獲得如祖師帝君般穩固的崇高地位，這和出現在以神道設教世界裡的濟公是完全不同的。為了說明這種關係，筆者特以「大家樂」賭風中的濟公地位升降為例，指出巫術信仰中的功利成分。在這一波非理性的求財活動裡，濟公和「樂迷」間有非常奇特的互動，筆者轉述一些相關的報導如下：

> ——有則新聞報導台中市訂製木刻神像的訂單大增，多數要求訂製「濟公活佛像」及「哪吒三太子」神像，而且交貨期限訂得很急切，售價因此上漲一倍。訂購此二種神像者大多要求內部要挖孔，在神像開光時放一隻虎頭蜂，傳言能增加神像的靈驗。中部地區虎頭蜂每隻漲到數百元，業者相信這現象與「大家樂」有關。（《中國時報》，七十五年三月二十九日）

西湖靈隱寺濟公活佛急來治百病。說明：各種病都可以。指法：道指、五佛指都可以。步四正，一前一後。

——七十五年農曆二月初二「濟公佛」誕辰出現了前所未有的盛況。(《聯合報》，七十五年三月十二日)

——許多神壇乩童都表示「濟公」附身，例如臺中縣豐原警察分局就抓到一個濟公化身的乩童，他在神壇內頭戴濟公禪帽，右手持羽扇，左手持瓠瓜葫蘆，袒露上身，以腳在地上劃符，口中說道：「大家樂，二個字，四頭者，五頭者，太陽從東邊出來，從西邊下，人用手走路」等，百餘名信徒在旁聚精會神聆聽。(《臺灣時報》，七十五年四月二十五日)

——有濟公廟乩童卜號不準，濟公神像被賭徒劈成兩半的報導。(《臺灣時報》七十五年四月二十一日)

——賭迷發現濟公、太子爺籤詩不靈時，地方上盛傳這兩個神在凡間介入太多不法賭博事並洩露許多天機，玉皇大帝知道後甚為震怒，將二神君召返天庭管訓，二神不在世間所以籤詩失靈。(《聯合報》，七十五年五月二十三日)[151]

從以上的報導中，我們可以知道「樂迷」和濟公間是充滿不確定，甚至不友善的關係。而濟公之所以會被「樂迷」相中成為求財的對象，也肇端於濟公自己的形象和作風。胡台麗在其研究報告中指出，由於大家樂是屬於非法的行為，所以一些正神不涉足這類邪事，又因為濟公瘋瘋顛顛、隨隨便便，說的話明白易懂，又酒醉之後比較會透露正確中獎號碼。[152]由此可見，因為信徒需求的驅使，神祇的性格也往往會有被扭曲或擴大其功能的可能。陳維新曾從「位階」與「法力」的關係上看，以為濟公的位階特徵是邊緣於佛門外，不受清規囿限，一

---

[151] 〈神、鬼與賭徒——大家樂賭戲反映之民俗信仰〉，《燃燒憂鬱》(台北：張老師出版社，1991年)，頁138。
[152] 同前註，頁154。

身補釘、酒壺、綸扇的外表造型，和舉止異常的行為則成為其位階的寫照，然而隱含於其中的反諷象徵與藉此啟示：「我信，故佛在我心」的深意，卻也是濟公能發揮最大力量的泉源。[153] 求助神明指點發財之道，人人皆知為非常手段，但在急切心裡的驅策之下，冥冥中神秘鬼神的未知力量，便成為信仰者的依靠。以下的這段文字頗耐人尋味：

> 忠告彩友（六合彩）信其有不可信其無，受師父（濟公）指點迷津中大獎。翻身後請勿再賭，一定歸行事業，東山再起，多行善，幫助困苦之人，功德無量。[154]

此種介於理性與非理性間的迷思，使得濟公的神祇角色變得混淆不定，充滿了世俗意味。

民眾對濟公的信仰，可能隨諸其靈驗與否而產生變化，也就是說濟公地位的尊卑，決定在他能為民眾解決多少問題，或成全多少願望，他不像有些神明永遠是高高在上，凌駕人間的。在這種情況下，濟公受到民眾的信任可能只是暫時性的，他有可能在未來因不如另一尊神明靈驗而被取代。這種改變信仰對象，交替式膜拜的態度，即是宗教學家繆勒（Max Müller，1823-1900）所謂的「交替神主義」。董芳苑曾分析這種現象以為：

> 交替神主義的一種必然傾向，就是神與人互相間的關係本末顛倒這點。信仰對象既然可以隨便選擇，任意取捨，甚至當做被利用與驅使的對象；這樣人就變成了主人，神祇就變成奴僕了。大凡多神崇拜都有這樣的傾向。但不是說，他們不

---

[153] 陳維新：〈求神問鬼只為財──大家樂所顯現的民間信仰的特質〉，《思與言》25 卷 6 期（1988 年 3 月），頁 45-62。

[154] 《民眾日報》，1980 年 10 月 13 日，廣告版。

虔誠，不敬畏神明；而是人人敬神均懷有目的，而達不到目的則捨此厚彼。當然此一現象都發生於一般神祇上面，台灣民間心目中的至上神—「天公」則另當別論，因他註定生死禍福，不是年節要事，人是不敢隨便打擾他的，因他太偉大高超了。至於一般眾神在人們的心目中，不過是高人一等的人鬼或自然神。他們因地位較低自然也近人情一些，所以演成了在他們身上求不到靈驗就可隨便換一個神類來拜拜的現象。諸神的地位既是如此，就和天方夜談故事中那個阿拉伯燈神一樣，始終任由主人去擺佈和驅使了。這樣說來，台灣民間的眾神似乎為人現世的實利而存在，根本沒有莊重的「我與你」人格上的倫理關係，僅僅是「我與它」的欣賞與否的關係而已。[155]

民眾信仰濟公最主要的原因是想獲得「被救」的感覺，何況濟公平民化的性格，更有助於拉近神人間的距離，使民眾樂於接近他，並向他「求救」。其實台灣地區的濟公信仰極具跨越性及滲透性。濟公一方面既能周遊於不同的宗教領域，或佛或道，或民間教派，化身為上天救世的助手，庇佑普世原靈；同時又能透過乩童巫術進入民眾個人隱密的生活中，發揮指點迷津，解決困難的功能，這是許多位階崇高的正神所做不到的。不過，也因為民俗信仰具有現實與功利的特質，這也預告濟公在未來神格的發展上將充滿變數。

---

[155] 《認識台灣民間信仰》（台北：長青文化事業公司，1986年），頁205-206。

第七章　濟公文化的傳播發展及近況

　　濟公其及故事的發展至今已有八百年的歷史，其出現的領域從地方傳說、小說創作、表演藝術到民間宗教信仰等，幾乎在生活中的許多範疇裡都可以看到與之有關的主題。而故事的主角，也從歷史真實的、傳說附會的人物，進而演變成為文化的象徵。綜觀濟公故事的發展實則包含了時間、空間與心靈三個要素。時間，是故事傳承的載體，藉由不斷的生活內容和活動，民眾得以長期的保存對濟公熟悉的記憶。而空間，它是故事產生擴散和變異的場地，不同的山川風物及人情習俗，造就不同神采的濟公和故事內容。而心靈，它則是故事成形的凝結劑，經由認同、詮釋和創造的過程，建構出代表不同生活價值和審美趨勢的濟公文化。在分述了不同種類的濟公事象表現後，本章中，筆者試圖再從生活的觀點切入，探索濟公文化的傳播方式及其交互的影響，並歸納其長期發展以來的特性。同時基於完整的觀照，文中也將對當今海峽兩岸所出現的一些新濟公事象，提出觀察和說明。

第一節　傳播的方式和發展特性

　　濟公其人其事的流傳，至今日仍以各種不同的面貌出現在我們的生活之中。回顧過去，濟公種種的文化現象是透過何種方式傳播、推廣及深植民間，筆者以為口耳相傳、視聽表演和寫作出版等，是其重要的途徑。以下茲就這些方面加以詳述之。

一、口耳相傳

　　一個民間故事能夠有所發展和變化,「流傳」是其基本因素,透過時間和空間的不斷傳承,故事才能在不斷的增加、減少及修改的情況發展下去。而在流傳的方式中,最簡單也最原始的,便是口耳相傳。濟公故事在口耳相傳的過程中,其實和以下幾個面向是有密切關係的:一是和歷史的連結,二是受到區域環境的影響,三是家族性的傳承。在歷史的連結方面,濟公的故鄉天台山自六朝以來便是佛教聖地,充滿了許多富有神秘色彩的傳說,如石橋方廣寺便稱是五百羅漢顯化之地,而唐三賢的寒山、拾得、豐干也在此留下許多勝跡。在這樣一種特殊的歷史氣氛中,便自然容易造就出如濟公在國清寺投胎,並受長老指示出家的故事情節。換言之,一個傳說文化的形成絕不是憑空誕生的,它有來自歷史的各種遺傳,包括積累的人文典故、宗教情懷及山水意象等,濟公故事的奠基和發展,雖然起自於南宋的道濟和尚,但在此之前豐富的歷史養份,包括天台文化、西湖文化,都是醞釀濟公傳說故事的重要溫床。

　　其次,就區域環境而言,濟公故事所流傳的地區包括浙江天台、蕭山、嵊縣、新昌、乍浦、嘉興、杭州等地,其中又以杭州西湖邊的靈隱寺和淨慈寺為主要的故事場地。西湖向來就是文化性格非常明顯的風景區,南宋定都臨安後所帶來的繁榮,更使得此地成為一個兼容世俗性和文人性的地方,這對濟公故事的傳播發展有很大的影響,如清古吳墨浪子所謂:「自李鄴侯白香山而後,騷人巨卿之品題日廣,山水之色澤日妍。西湖得人而顯,人亦因西湖以傳。」[1]人因西湖以

---

[1]　〈西湖佳話序〉,《西湖佳話》,收錄於《古本小說集成》(上海:上海古籍出版社,1991 年),頁 7。

傳，正可以說明濟公故事得以流傳的重要背景力量。又明田汝成在其著作中，曾評論杭州人的習性說：

> 外方人嘲杭人則曰杭州風。蓋杭俗浮誕，輕譽而苟毀。道聽塗說，無復裁量。如某所有異物，某家有怪事，某人有醜行，一人倡之，百人和之。身質其疑，皎若目觀，譬之風焉。起無頭而過無影，不可踪跡。故諺云：杭州風會撮空，好和歹立一宗。又云：杭州風，一把蔥；花簇簇，裡頭空。[2]

田氏「如某所有異物，某家有怪事，某人有醜行，一人倡之，百人和之」的記載，雖然未必只見於杭州，但人心所趨及杭州人口眾多，對於奇人異事、仙跡佛蹤的傳播，勢必快速。

　　除卻市井鄉野間沒有固定網絡，屬於自然關係的流傳方式外，家族有計畫及系統性的講述，則保存了比較完整的濟公故事。浙江天台的濟公傳說，其數量及內容非常豐富。而在當地傳說故事的傳承，除了有屬於個人式的以外，最特別的就是還有家族性質的。前者的傳說往往是經由交叉式的吸收、擴散、綜合並增減許多他人講述的內容，彼此間並沒有明確的傳承脈絡；而後者由於有清楚的輩份關係，所以其傳承的內容則是有跡可尋。例如曹志天所講的濟公故事，便是綜合了父、母、岳母三個家族三代流傳的素材。[3]又如趙達樞的濟公傳說，也是繼承了其岳母及岳母之父的故事內容。[4]此種家族式的文化傳承工作，對於濟公傳說故事的保存和延續，發揮了重大的作用。

2　《委巷叢談》，收錄於《明人百家短篇小說》（北京：北京圖書館出版社，1998年），第 94 帙，頁 629。

3　其傳承譜系如下：第一代為趙永昌（祖母）、姜利藻（外公）、陳松標（岳母之父），第二代為曹熙（父）、姜其妹（母）、陳愛金（岳母），第三代為曹志天，第四代為曹肖冰（女）、曹宇英（子）。上述資料由許尚樞先生提供。

4　同前註。

　　口耳相傳是一種極為日常性的傳播方式，它並不需要借助文字和閱讀就能產生作用，因此濟公故事的流傳，實有賴於這股無形且持久的力量。直至今日，雖然傳播媒體已成為大眾接收資訊的重要管道，但是零碎消息以及個人感受的隨時傳遞，仍以口耳之間最為便捷，尤其在表達特殊的宗教體驗時，它更是重要的媒介。

二、視聽表演

　　藝人在茶樓酒肆的說講，對於故事的傳播具有推波助瀾之效。上溯南宋，當時的「說話」便已十分發達。「說話」不但各有家數，如小說、說公案、說鐵騎兒、說經、說參請、講史書等，甚至各家數裡還有傑出的專業藝人，[5]形成強烈的職業競爭。有許多精彩的傳奇小說故事，便在講唱藝人精湛的表演下，系統化的、藝術化的傳播出去。濟公的形象及其故事，固然藉由一般民眾的口耳之間得以散佈流傳，但其表達通常較為粗糙零散，反而透過精心設計和強化感染力的視聽表演，不但一方面得以更深入人心，且在濟公文化的景觀上，提供有別於書面閱讀的另類特色。以下筆者就表演活動對濟公故事所產生的作用和影響，分述於下。

（一）提供豐富的表現類型

　　相較於小說創作或閱讀的單純，表演藝術便顯得複雜許多。它主要是透過演員的聲音和動作，在一定的時空環境裡塑造人物和推演情節。又由於它直接面對觀眾，能夠產生台上台下的情感交流，不但觀眾能夠直接感受到演員真誠的表現和舞台情境，而其情緒也會反饋到

5　〈諸色伎藝人〉，收錄於〔宋〕孟元老等著：《東京夢華錄外四種・武林舊事》（台北：古亭書屋，1975 年），頁 454-456。

演員身上。濟公故事的表演方式極多，至今看來有戲劇、說唱及影音
節目等不同的類型。不僅每種類型之間有所差異，就是同一類型之中
又有其獨特之處，因而形成豐富的表演天地。

　　單就戲劇而言，歷來搬演濟公故事的就有崑劇、京劇、歌仔戲、
漢劇、徽劇、湘劇、河北梆子、布袋戲、皮影戲等不同的劇種。它們
有各自不同的聲腔、身段、角色，以及後來華麗的機關舞台、影音變
化等深深吸引觀眾，使得濟公故事的呈現更為生動活潑，多彩多姿。
又如崑劇中的〈當酒〉為老生戲，京劇中的〈趙家樓〉為武生戲，漢
劇的〈收瘼蟲〉[6]為五丑戲等，這些都總匯成豐富的演出節目。再就曲
藝而言，除了有重說、重唱之別外，還有南、北地域的不同，即使在
同樣的評書中，又還有不同派別、演員的風格差異，這些都在在使得
濟公故事的表演更形多樣，也藉由這些精彩的節目，豐富了濟公文化。

（二）造就多變的情節內容

　　濟公小說雖有數種，但大致而言其故事結構並沒有多大的改變，
反而表演活動在娛樂市場競爭和觀眾口胃變化的壓力下，節目內容就
必須不斷推陳出新，有的是根據舊本重新增刪，有的則是根本新編，
甚或加入時事。筆者茲舉永興樂皮影戲團的〈濟公收妖〉為例，說明

---

[6]　據《中國戲曲志‧湖北卷》（北京：文化藝術出版社，1993 年）載：「《收瘼
　　蟲》，漢劇劇目，又名《一方清泰》，故事見於《濟公傳》。寫伍員外之女被瘼
　　蟲鬼纏住，危在旦夕。濟顛和尚在房中作法，收伏瘼蟲鬼。不意丫環點破窗
　　紙，瘼蟲鬼乘隙逃走。濟顛追到郊外，又發現一個吊頸鬼尋找替身，終於擒
　　住瘼蟲鬼和吊頸鬼。此劇迷信色彩較濃。」又言：「荊河戲亦有此劇，與漢劇
　　的故事情節相同。漢劇唱西皮，唱詞少。濟顛和尚由五丑扮，表演繁重，以
　　能使佛珠猛然在頸上旋轉，以及在和諧的音樂節奏中進行多種不同的高難身
　　段動作見長。漢劇五丑李春森集前輩名丑汪天中、小麻子表演藝術之大成，
　　在繼承二人表演的基礎上有所創造，形成了獨特的藝術風格。1921 年漢劇去
　　北京為湖北水災籌賑義演，李春森所演《收瘼蟲》為行家嘆服，贊其『身段
　　念作無所不妙』。」頁 147。

濟公故事情節在表演節目裡的變化多端。〈濟公收妖〉部份的劇情如下：

〔濟公唱【香柳娘】〕

濟公：走東走西好自在，打抱不平救眾生。手取狗肉嘴經，
　　　人人稱我濟顛僧。

〔山景、樹景〕

〔黑熊夫妻出洞〕

〔黑熊夫婦引〕

夫：藏穴在洞內。

婦：沒人誰敢來。

夫：世境萬味事。

婦：唯吾獨自尊。

黑熊：貧道，黑熊大王便是！

婦：我就是黑熊夫人。

黑熊：阮夫妻隱藏在此北雲山吃人為生，吃人的骨頭堆積如
　　　山，血流成河！

婦：是啦，阮只有吸人的血氣、腦髓，吃人的心肝而已，所
　　　以才會吃去那麼多人！

黑熊：唉呵，夫人，但是我們現在要吃人是愈來愈困難囉！
　　　你看，那些打獵的、撿柴的、採藥草的，以及那些行
　　　商的人，都不要從此經過。

婦：是啦，因為咱吃人太明顯，一點都不守秘密，所以根本
　　　沒人要從山頭經過。

黑熊：夫人！

婦：在！

黑熊：我有一言請你慢慢聽我說明。

婦：相公，你有話請講無妨。

黑熊：唉！夫人，請你慢慢聽我呾（講）來。【紅南粵】（【紅
　　　納襖】）告夫人容訴起。容我說明，說因依。

婦：是啦！整年沒人從此路過，我們夫妻沒人可吃，早晚會
　　活活餓死。只是金沙城人馬雜。

黑熊：有人充飢，免受餓。盼望夫人你同意，趕緊雙雙下出
　　　去。

婦：喔！聽相公說道十分有理，我也願意跟隨你前往，若無，
　　在此沒人可吃，會活活餓死！

黑熊：好，我倆即時起程！

婦：是！

黑熊：走！

〔一齊下山〕

〔景收〕

…………[7]

　　從以上劇情的起首看來，其實便知是非常通俗的神怪內容。濟公最後
在道德真人的協助下，終於收妖完成，繼續為民申冤。此本內容完全
是劇團新編，只要符合濟公為民除害的情節，其實都可以搬上舞台。
同時為了考量演出時間的長短，本劇也可以從中更換原本就設計好的
比較短的劇本。[8]再如明華園的《濟公活佛》、周星馳主演的《濟公》
電影，以及許多的濟公電視連續劇等，它們的內容也都是重新編造

---

[7] 石光生：《永興樂皮影戲團發展紀要》（宜蘭：國立傳統藝術中心，2005年），
　　頁273-285。
[8] 同前註，頁284-285。

的，唯有異於傳統小說裡的情節，才能吸引觀眾。由此可見，表演活動可以依照時間、場地及觀眾需要等不同條件，隨時重新設計新的內容，不受舊有情節的束縛，這樣一來便使得濟公故事得以永遠求新求變。

（三）創造精湛的表演技巧

表演活動是否精彩，有賴於藝人精湛的表演技巧，尤其在傳統的許多表演節目中，其故事內容大致不變，觀眾所注意的反倒是表演者的功夫。即以說書為例，有一署名「長虹」者曾為文提及：

> 按照我聽書的經驗，無論大小書都不曾自始至終聽全過，因為一部書往往費時一年左右，而場地人事的更動，都不能維持到如是之久，所以泰半是中途輟講，行家話就稱為剪書。這並不是說書人愛磨菇，其實是應聽客的要求才如此，上書場聽書的人，很少有不知道書中本事的，他們底目的是在欣賞說書人的藝術，說得慢要比說得快難上無數倍，聽眾就憑這一點來考量臺上人的本領，要拖，拖得越久越好，但仍必須言中有物，能在每日吸引住定量的固定聽眾。[9]

從這一段話裡，我們可以得知，多半觀眾聽書並不是要知道故事的內容，而是要欣賞說書人的表演。同樣的，說書人也不是要很快的把一部書或一段故事講完，而是要盡其表演之能事慢慢的演述，這樣才能在競爭的書場下脫穎而出。

又多數的表演活動都受到時間和空間的限制，因此在情節內容上就必須集中緊湊，避免過於雜蕪。同時為了表演效果，勢必要深入角

---

[9] 〈關於說書〉，《技與藝》（台北：技與藝雜誌社，1952 年）1 卷 3 期（1952 年 9 月 1 日），頁 52。

色心理和細部情節，所以過去許多演員經常是鑽研某一個角色，為的就是要提高表演的藝術價值。表演濟公故事者，有許多人是窮其畢生之力在提昇其技能，而留下名聲的。例如蘇州評話藝人范玉山說濟公故事，多從京劇連台本戲中取材變化，並自編長篇評話《濟公》，與他人所說的情節多有不同，又在表演時能將戲曲動作融入書中。據載他說到濟公上法壇時是：

> 左腿擱於半桌，瓜皮帽推置前額，一手執扇，身體前傾，嘴臉歪斜活像戲曲和泥塑中的濟公造型。表演濟公跛足行走時，雙腳原地站定，唯屈膝作顛簸狀，以不同的節奏可分出蕩行、慢行、快行、急行之變化。同時，嘴裡念念有詞，又連連發出木魚叩擊聲，生動逼真，故有「活濟公」之稱。[10]

又另一位藝人虞文伯在起濟公腳色時是：

> 雙眼鬥雞，似閉似睜，面頰抖顫，渾身牽動，佯狂之態，不類凡俗。說到濟公濟世度人，總有不少襯托，運用新名詞針砭世俗，詼諧百出。書路熟極而流，時人評其書藝「如草書恣意馳騁，寓莊於諧」。造型和表演誇張詼諧，有「滑稽濟公」之稱。[11]

藝人能夠專享「活濟公」、「滑稽濟公」的美譽，正說明他們的演技超群，勢必留給觀眾深刻的印象。

總而言之，表演活動藉由它獨具的審美條件和欣賞法則，除了提供觀賞者最精緻的視聽享受外，也為濟公故事的表現留下精彩的記錄。

---

[10] 吳宗錫主編：《評彈文化詞典》（上海：漢語大辭典出版社，1996 年），頁 167。
[11] 同前註，頁 178。

三、寫作出版

濟公故事的廣泛流傳，從原本的區域性質到大江南北，除了口耳相傳、視聽表演外，小說的編著和出版更是舉足輕重。湖海子在〈西湖二集序〉中言：

> 況重以吳越王之雄霸百年，宋朝之南渡百五十載，流風遺韻，古蹟奇聞，史不勝書，而獨未有譯為俚語，以勸化世人者。蘇長公云：杭州之有西湖，如人之有眉目也。而使眉目不脩，張敞不畫，亦如葑草之湮塞矣。西湖經長公開濬而眉目始備，經周子清原之畫，而眉目益嫵，然則周清原其西湖之功臣也哉，即白蘇賴之矣。[12]

雖然周清原的《西湖二集》中並未載錄濟公的事蹟，但在這一段序言中，吾人可知結集並出版「流風遺韻，古蹟奇聞」，是保存許多前賢故事的重要做法。濟公小說在長達三百多年的發展過程中，由於不同的創作背景和目的，產生了人物形象、故事內容以及精神內涵都各有差異的作品，它們不但總匯成一股源流不斷的濟公小說潮；而同時，這些作品和濟公種種事象的發展，又有密切的關係。筆者以為較為顯著的有以下三點：

（一）延續並豐富主人公的生命

每個民族及地區都有屬於自己文化意象及精神寄託的民俗人物，他們有些是來自真實的歷史，有些是來自民間的道聽途說，甚至有些根本則是純屬虛構。通常這些人物在經年累月的流傳下，既含有

---

[12] 〔明〕周清原：《西湖二集》（上），收錄於《古本小說集成》（上海：上海古籍出版社，1991年），頁 10-12。

古老文化的成分，又融合現實生活的變化。在流傳發展的過程中，有些角色可能因為不合時宜而逐漸消失，有些則可能因為不斷的被再創造而繼續保留下去。傳說人物的再創造，除了在漫長生活中口耳相傳的加油添醋外，還可以透過一些刻意的作為，如建置新的觀光景點，設計新的節慶活動以及演播相關的視聽節目等，使得這些傳說故事中的人物能夠重新回到現代生活裡來。但是在過去，沒有上述的社會型態和行為能力之前，通俗文學和說唱曲藝便成為保留並創造這些傳說人物故事的重要方式。歷史中的道濟和尚，並不像有些高僧在義理或修持上有特殊的成就和地位，相較之下，他只是一介凡僧，有關他的生平記載其實也很零星，非但沒有震古鑠金的內容，就連值得傳誦的事蹟也寥寥無幾，這樣的人物照理說是很容易被人遺忘的；可是在民間的濟公，非但有血有肉、談笑風生，還有許多令人驚愕不可思議的故事，這不得不歸功於歷來小說的創作，把他描繪得如此活靈活現，精彩生動。

（二）提供各種藝術創作的題材

　　一般而言，許多通俗小說常是民間傳說故事的集成者，待小說完成後，它們又成為故事的傳播者。在此同時，由於小說中的人物形象已備，故事情節也大致底定，所以這些內容就常常成為其它如音樂、戲劇、繪畫、雕塑等藝術類型創作的題材，歷史上這樣的例子不勝枚舉，例如《三國演義》、《西遊記》等故事，便不斷出現在戲曲、說唱及民間彩繪裡。就濟公故事而言，《濟顛語錄》及《醉菩提全傳》小說的出現，不但衍生出《麴頭陀傳》，也提供張大復創作《醉菩提》傳奇中〈打坐〉、〈吃齋〉、〈度蟲〉、〈天打〉、〈當酒〉等齣的情節內容。而《評演濟公傳》裡濟公和許多江湖惡人的鬥爭，更是後來許多傳統

戲劇演出的本事。此外，如民間常見的一些濟公雕塑和繪畫，其造型
或故事，也大都源自於小說裡的描寫。

（三）助長民間濟公信仰的發展

有學者以為，中國古代小說中幾乎沒有不涉及宗教內容的，而中
國小說又幫助了宗教，創造了神、佛、仙、鬼、妖的形象。一部中國
古代小說史，幾乎就是一部中國小說與宗教關係的歷史。[13]傳統小說
中傳達宗教內容的方式大致有二：一是在故事情節裡融入相關的思想
觀念，如佛家的因果輪迴或道教的長生不死等。另一種則是直接編撰
仙佛鬼神的故事。無論何種，許多小說既是宗教信仰的縮影，同時又
是散播宗教信仰的推手。就濟公小說而言，它和民間宗教信仰的關係
自是匪淺。首先，就傳達思想而言，濟公小說中固然有許多嬉笑怒罵、
荒誕不經的情節，但是傳達因緣果報的佛教觀念卻始終沒有改變，這
在過去傳統社會中對於穩定人心、鞏固價值一定產生若干的影響。時
至今日，仍有許多宗教界人士或民間教派，以濟公為號召推行其思想
或教務工作，例如由蕭天石、釋廣定、鄭燦等所審訂的《濟顛禪師大
傳》[14]，其實就是廿回本的《醉菩提全傳》小說。書中有導讀以為：

> 本書初視之，以為「通俗小說」，世間亦多以「通俗小說」視
> 之；然切莫作如是觀。小之可當佛教傳記文學欣賞。去其怪
> 異俚俗之外形，反就其禪門中慣用之機鋒轉語，與棒喝家風
> 之玄旨觀之，其書中語錄，實多有可發人深省與引人入勝之
> 處。藉得轉惡為善，轉禍為福，長養菩薩，深結佛緣，其為

---

[13] 白化文、孫欣著：《古代小說與宗教》（瀋陽：遼寧教育出版社，2001 年），
頁 3。

[14] 台北：佛教出版社，1988 年。

功德又豈可限量哉！其詩詞歌頌，別具風格。趣味盎然，亦
可引為誘掖世人入道之搞門瓦子，切莫「執指為指」或「執
指為月」，以死於文字下是幸！[15]

姑且不論上述文中立論是否恰當，但小說成為宗教讀本的現象，正說
明文學與民間信仰間的關係。不僅如此，另有一本發行數量已難以估
計，名為《濟公活佛正傳》[16]的善書，其內容也以《醉菩提全傳》小
說為本，於每回故事後加註濟公活佛降壇的評述，點出章回大義，感
召眾生。至於其他奉濟公活佛降旨之名，強調警世化俗，匡正世道，
提倡仁風義行而寫作的善書，如《天堂遊記》、《地獄遊記》、《極樂世
界遊記》、《九陽關遊記》等，也都成為宣教的科本。

　　濟公故事自明清以後得以普遍的流傳，大量的出版和印刷實功不
可沒。我們只要檢視《小說書坊錄》的登載，[17]就大致可以瞭解明清
及民國以來各地出版業刊刻濟公小說的盛況。曾經有人對濟公小說受
歡迎的程度及其廣大的影響有過如下的敘述：

（《濟公傳》）真說得上五花八門，熱鬧已極，可惜太雜太野
了，使讀者看了，頗有像在做亂夢的感覺。可是據「我的朋
友」某公調查，從十五、六歲到二十三、四歲的青少年，只
要拿到《濟公傳》，沒有一個不如獲至寶，愛不忍釋的。這大
概也就是所謂「百貨中百客」吧！[18]

15　台北：佛教出版社，1988 年，頁 14。
16　台中：聖德雜誌社，1989 年。
17　王清原、牟仁隆、韓錫鐸編纂，北京：北京圖書館出版社，2002 年。
18　寧遠撰：《小說新話·濟公活佛》（台北：河洛圖書出版社，1977 年），頁 37。

又，在一篇署名為「烏青鎮敬元潘恆」所撰的〈濟公全傳・小引〉中，也曾載有：

> 《濟公傳》一書，傳自坊間，雖文字粗糲，而流行於中下等社會間，發生了極大的影響。至今江南太湖一帶，尤其是杭縣附近，一提起濟公活佛和雷鳴、陳亮，正像《三國》裡的諸葛，《水滸》裡的宋江，《西遊》裡的孫行者，一般的認為實有其事，津津樂道，卻也奇怪。在今西子湖邊，還有多少古蹟，傳說是當時濟公活佛留存下來的。再如以活佛代幌子的大照像館啦、大餐館啦，再則淨慈寺中，還有不少蹤跡呢。本書魔力之大如此。[19]

出版印刷是人類文明發展過程中，累積文化和經驗最有效的工具，濟公故事的傳播，正有賴這股強勁的力量，使其擴散並進入民眾的生活之中。

　　而事實上，濟公小說除了在本國流通外，也傳入周邊的地區和國家。韓國學者閔寬東曾羅列藏於韓國國立中央圖書館及包括成均館大學、高麗大學、漢城大學等圖書館的濟公小說，就計有清末光緒、宣統年間版本的《繡像評演前後濟公傳》、《繡像濟公傳後傳》、《再續濟公傳全部》、《繡像四續濟公案傳》、《繡像六續濟公案傳》、《新刻濟顛大師醉菩提全傳》（有天花藏主人編及墨浪子撰兩種）等幾種。[20]除此以外，濟公小說還有蒙文、藏文、滿文、馬來文等不同的譯本。在蒙、藏文方面，由於蒙藏地區也信仰佛教（喇嘛教），那些被認為符合佛

19　胡協寅編：《濟公全傳》（上海：廣益書局，1948 年）。此本書名第一、四冊封面作「濟公活佛全傳」，第二、三冊作「濟公活佛」，內頁則題作「繪圖濟公全傳」。此書現藏國立台灣大學圖書館。

20　《中國古典小說在韓國之傳播》（上海：學林出版社，1998 年），頁 192-193。

教（喇嘛教）教義精神的小說就會被譯成蒙文，因此濟公小說最遲當在清同治初年，就已出現蒙文譯本。[21]同時在烏蘭巴托蒙古國立圖書館中，也藏有多種濟公傳的續書石印本。[22]除蒙文外，還有用藏文在原濟公小說基礎上編寫的濟公生平傳記（《濟公小傳》），據言此書在1935 年之際，還可能在西藏和蒙古人民共和國的任何一座喇嘛廟裡出版。[23]至於在滿文方面，則有明馮夢龍編寫的《三教偶拈》及《醉菩提》譯本。[24]再者，在 1932 之前，也出現馬來文譯本的《濟公傳》（或名《濟公活佛》）。[25]

　　上述所言的各種不同傳播方式，是促成濟公故事及其文化發展非常重要的力量。而相關濟公各種事象活動的演變，筆者以為它又具有持續、多元及交互的三大特性，值得特別提出加以說明。

　　首先，是它的持續性。濟公故事自流傳以來，至今已有很長的一段時間，其間出現口傳、寫作、表演、信仰等不同的形式，但始終都沒有間斷過。時至今日，隨諸影視節目的流傳、宗教活動的頻繁及旅遊事業的推廣，民眾透過傳媒和集體性的活動認識濟公，其速度和數量已遠遠超乎從前。而故事流傳的地域，也從原本的浙江天台發源地，到杭州、江南，擴展到華北中原地區，後來再輾轉進入台灣，並

21　〔蘇〕布里斯・李福清（B.L.Riftin）：〈中國古典小說的蒙文譯本〉，收錄於〔法〕克勞婷・蘇爾夢（Salmon,Claudine）編著、顏保等譯：《中國傳統小說在亞洲》（北京：國際文化出版公司，1989 年），頁 104、115。

22　〔蘇〕李福清（B.L.Riftin）著，李明濱編選：《古典小說與傳說（李福清漢學論集）》（北京：中華書局，2003 年），頁 344。

23　〔蘇〕布里斯・李福清：〈中國古典小說的蒙文譯本〉，收錄於《中國傳統小說在亞洲》（北京：國際文化出版公司，1989 年），頁 115、128。

24　〔德〕馬丁・吉姆（Gimm.Martin）：〈漢文小說和短篇故事的滿文譯本〉，同前註，頁 163-164、172-173。

25　〔法〕克勞婷・蘇爾夢：〈馬來亞華人的馬來語翻譯及創作初探〉，同前註，頁 353。

散佈到東南亞如泰國、馬來西亞等地。追究此一持續性的原因,正是因為它能夠滿足人們在生活物質或精神上的某些需要,如文藝的消遣、信仰的依靠以及旅遊經濟等。換言之,在濟公故事發展中,傳承者看似被動,卻也蘊含著主觀調整認識和評價的動能,民眾會根據自己的需要,選擇性的接受濟公某些故事及其附加價值。匈牙利文藝理論家喬治·盧卡契(Lukacs, Georg)曾說:

> 人不是簡單地讓現實的印象在自身起作用,人對現實的反映往往是瞬息的、自發的,不容思考或不容對感官印象進行想像或概念性說明。結果在知覺水平上,在意識對現實的反映中就進行了一種決定人與周圍環境之間相互關係的選擇。也就是說,某些作為基本的要素得到了強調,而其餘的則完全或者至少部份的被忽視、被排斥到背景中去。[26]

因此之故,當我們重新回顧種種與濟公主題有關的事象發展時,我們發現研究的主要對象其實已非濟公,而是那些曾經參與建構並詮釋濟公意義的人。

其次,濟公故事的發展和演變,同時出現在不同的生活及意義系統裡,具有多元的特性。學者認為人們在接受或反映一種文化現象時,總是根據自己的經驗世界重新理解這種文化的意義,所以思想意識、價值觀念及社會心理不同的人,對於同一種文化現象的理解、認識便會有很大的差異,甚至有時根本是對立的。[27]濟公及其故事發展的豐富性,其實正是包容了各種不同認知的結果。例如濟公在台灣一般民間宗教信仰裡,他的神性是發展的主要依據,鸞堂的神道設教或

---

[26] 《審美特性》(第一卷)(北京:中國社會科學出版社,1986年),頁299。

[27] 司馬雲傑:《文化社會學》(濟南:山東人民出版社,1990年),頁354。

乩壇上的乞靈顯聖，無不是建立在此一基礎上，而一般民眾也以崇拜的心理和現實需要去維持和他的關係。而大陸地區對濟公的解讀，則以他的人民性為主。浙江天台的濟公故居牆面上，周恩來便題有：「人民很喜歡濟公，他關心人，為不公平的事打抱不平。」[28]曹禺在談論濟公形象時也說：「不要把濟公寫得本事太大，他也有法術失靈、到處碰壁感到苦悶的時候。他是一個非常聰明可愛、十分幽默機智的小人物。他不僅平易近人，終日與市井為伍，而且對於傳統法規，敢於提出自己的禪理。」[29]而在大陸電視連續劇《濟公》中飾演濟公的演員，有「活濟公」之稱的游本昌也以為：「濟公是人，不是神，更不是封建迷信，而是佛教文化的一個組成部分，在他的身上體現了人民的愛與憎，是人民性的反映。」[30]總結這些具有指標性人物的說法，他們極力洗清濟公的神怪面目，斷絕他和傳統舊社會裡迷信的關係。縱使他們的看法和台灣許多信眾的認知並不相同，但也正因如此，才顯出濟公文化的多元特色。在文化的發展和傳播上，有所謂的文化增殖理論，以為在文化傳播的過程中，人們不僅往往會根據自己的經驗和價值觀重新估量和確定某種文化的價值，而且還會增殖和繁衍出新的文化意義。換言之，文化的生成過程，實際上是人們根據自己的意識和心理，力圖改變文化的客觀性，使之符合自己的目標和利益的一種主觀行為，或者說是一種文化需要者的自我滿足的實現，儘管這種行為帶有很大的主觀性和隨意性，然而在文化傳播的過程中是普遍存

---

[28] 此話原出自周恩來和前蘇聯最高蘇維埃主席團主席伏羅希洛夫元帥的談話，見〈周恩來與伏老之子談濟公〉，收錄於許尚樞編：《天台山濟公活佛》（北京：國際文化出版公司，1997 年），頁 103。

[29] 〈曹禺大師談濟公形象的創造〉，同前註，頁 131。

[30] 〈喜劇大師游本昌談濟公〉，同前註，頁 139-140。

在的，它是文化增殖的一個很重要的來源。[31]濟公及其故事得以不斷
延綿並多元的發展下去，這是其中非常重要的原因。

最後，由於濟公及其故事是在一個多層次的文化結構裡不斷的進
行分解與合成，所以它們在發展和演變的過程中，充滿深刻的交互
性，亦即在各種不同的層面之間，都可以找到相互影響闡發的關係。
例如通俗文學中透過許多神通故事，把濟公塑造成一位既慈悲又無所
不能的人間活佛，儼然造神運動般的預先為民眾培養一尊新興偶像，
待時機成熟後，這尊偶像便搖身一變而成為民間教派裡重要的神明，
且由於他的一些特殊習性，使他得以穿梭在許多不同的宗教場域裡，
或佛或道，或道場或乩壇，這又是其他許多仙佛所望塵莫及的。觀察
中國傳統民間受人崇拜的神祇，其實有許多都是出身於通俗小說，《西
遊記》和《封神演義》便是其中兩本最有名的「神冊」。又濟公主題
晚近又和旅遊產業連結在一起，濟公所有的傳說故事和人文意義，都
被設計成商品注入到休閒生活中。民眾一方面在遊覽濟公的出生地和
參拜濟公廟宇享受心靈之旅的同時，又重新談論或閱讀觀賞和他有關
的小說和影集。濟公及其故事在今日提倡文化生活之際，已成為豐富
的民俗資源。

第二節　新事象的出現

隨諸時空及社會生活的改變，濟公文化在原有的發展基礎上，也
出現了若干新的變化，本節中筆者將針對小說的改編、兩岸的宗教活
動、發展觀光事業及網路資訊等現象做一說明。

---

[31] 司馬雲傑：《文化社會學》（濟南：山東人民出版社，1990 年），頁 351-360。

一、小說的改編

　　濟公小說自沈孟柈的《濟顛語錄》刊行後，署名天花藏主人的《醉菩提全傳》、香嬰居士的《麴頭陀傳》、郭小亭的《評演濟公傳》及有關的續書便不斷的陸續出現，成為濟公故事和各種事象發展非常重要的推手。時至今日，不少出版業和作家仍對既有的濟公故事和小說非常好奇，而進行重新改寫和出版。其實早在三十年代，上海世界書局就曾出版過一本《繪圖小濟公傳》[32]，內容精簡只有十回，文中並附有插圖，其回目如下：

　　第一回　　村學究代友借寶　　醉禪師請神盜符
　　第二回　　濟公游戲顯神通　　廣惠驕倨遭失敗
　　第三回　　施妙法秦宅鬧鬼　　治奇病濟公戲人
　　第四回　　窮書生身繫縲紲　　大和尚夜探賊巢
　　第五回　　設陰謀惡道害人　　顯神通濟公鬥法
　　第六回　　度善人粉壁題句　　行好事土窟得金
　　第七回　　梁孝子千里尋親　　活菩薩四言示意
　　第八回　　紹興府真假濟公　　白水湖大小妖怪
　　第九回　　為朋友怒尋惡霸　　邀師父大鬧酒樓
　　第十回　　沈妙亮智救悟禪　　濟顛僧力除群怪

　　出版這樣容易閱讀，並且攜帶輕便的小書，自可視為濟公故事普遍流傳後，書商另一種出版策略下的產物。

　　就目前所見，比較具有規模新編或改寫的濟公傳記有賴永海的《濟公和尚》[33]、陳瑋君的《濟公外傳》[34]及洪無的《大空顛狂：濟

---

[32]　收錄於趙苕狂編：《繡像繪圖小小說庫》（上海：世界書局，1932 年），第 1 集，為巾箱石印本。現藏台北國家圖書館。
[33]　台北：東大圖書公司，1993 年。
[34]　板橋：錦德圖書事業有限公司，1993 年。

公禪師大傳》[35]。賴永海撰述《濟公和尚》的目的，是希望能夠鈎勒出全面而又有系統的道濟宗教活動和佛學思想，[36]所以他採用自認比較接近歷史實際的《濟顛僧傳》（按：即《醉菩提全傳》），做為其書的主要內容，但偶而也加入一些郭小亭濟公小說的情節。[37]例如在第四章〈瘋顛濟眾、酒中度人〉中，加入濟公《前傳》第二回的〈董士宏葬親賣女〉及第三回的〈施禪機趙宅治病〉。在第五章〈遠公西歸、道濟探舅〉中加入濟公《後傳》第三十一回濟公返歸故里渡化未婚妻劉素素事。在第六章〈飲酒食肉、不礙菩提〉中則加入濟公《前傳》第四十一回的〈崑山縣巧逢奇巧案、趙玉貞守節被人欺〉。由於作者原本立說的目的是希望呈顯道濟的思想，所以他在故事結束後，另續〈道濟禪學思想剖析〉及〈道濟與後期禪宗〉兩文，分析道濟故事背後所代表的意義。

陳瑋君之所以撰寫《濟公外傳》，其主要原因是看到郭小亭《評演濟公傳》的一些缺點及不足。其缺點是：「它不僅文字草草，結構鬆散，情節常雷同，語言穢亂，且雜有說教的歌謠與內容，使得本書大為減色。作者對杭州實際情況也許不太熟悉，以至於把冷泉亭放在蘇堤上，把北方的胡同、炕這些名詞搬到臨安來用，有些習俗都是北方的。」[38]而不足的是：「濟公生活在金軍宗弼屯兵杭州吳山縱火燒城三日時；在秦檜矯詔殺害岳飛時；在皇帝於宮內營建有大殿三十、堂三十三、閣十三、齋四、樓七、台六、亭十九，過著窮奢極侈、揮霍

35　（上、下），台北：全佛文化事業有限公司，2000 年。

36　〈前言〉，《濟公和尚》（台北：東大圖書公司，1993 年），頁 4。

37　其各段標目如下，一：道濟降生、性空指路。二：遠公開席、道濟落髮。三：棒喝見性、顛現本真。四：瘋顛濟眾、酒中度人。五：遠公西歸、道濟探舅。六：飲酒食肉、不礙菩提。七：被逐靈隱、再造淨慈。八：扶危濟困、一笑歸真。

38　〈前言〉，《濟公外傳》（板橋：錦德圖書事業公司，1993 年）。

無度的糜爛生時；在平頭百姓強忍著多如牛毛的捐稅，時遇旱災、水災、火災、蟲災、地震、兵禍、匪患外侮內亂不已時；在天下貧民被抽丁服役，或遠戍，或打仗，弄得家破人亡、哀鴻遍野時，這些重要大事在書中都沒有反映。」[39]因之陳氏想在濟公原有的形象上，結合流傳於杭州一些關於濟公的傳說，使其人物和故事更為豐富完善，把濟公塑造成為漢族佛教中的阿凡提。全書共有廿章節，其標目分別為：

1、昭慶寺和尚戲寒士　許賢村濟公搶新娘
2、許春生借錢買媳婦　韓一平絕處逢女兒
3、咫尺西天為善即佛　弄虛作假撞騙遭殃
4、王氏買花幾釀大禍　老道挨揍變得聰明
5、和尚和尚以和為上　善哉善哉不善有災
6、宋五嫂巧遇太上皇　范增喜怒捉瘋和尚
7、談貓色變刑廷搜貓　捕風捉影和尚抓風
8、一文錢買五個雞蛋　半塊餅換八兩黃金
9、路亭裡童子遇活佛　柴屋中婦人讚閻羅
10、沈家圩塘妙法救人　望湖酒家戲耍惡賊
11、搜刮無道總是冇福　詐財有術不愧賢才
12、歹徒施奸缺德害己　掌櫃慷慨仗義救人
13、還金亭見樵郎義骨　沈婆井存長者仁風
14、真耶假耶真假莫辨　是歟非歟是非不清
15、萬俟知縣揭金錢癖　濟顛和尚鬧豐樂樓
16、顧正天智判金貓案　胡大奎怒燒淨慈寺
17、英雄黑夜鬧臨安府　胡人清晨遇濟顛僧
18、悉多米抱走金狸貓　杜素花建造保叔塔

---

[39] 同前註。

　19、義憤填膺英雄縱火　報仇雪恨壯士殺賊

　20、如你似他也像我們　憫天恨地在笑人間

綜觀陳氏所編，多為精彩的短篇故事，沒有長篇章回的冗長和散漫，其所要強調的是濟公救難濟貧、打抱不平的性格，全書維持了濟公較為平民和世俗的形象。

　　至於洪無的《大空顛狂：濟公禪師大傳》，其內容大抵仍以《醉菩提全傳》為藍本，並保留許多原書的詩偈韻文。起首兩章採用倒敘的手法，先寫濟公圓寂後在六和塔顯化的事蹟，然後再話說從頭。全書內容共分十八章，標題分別為：

第　一　章：六和塔上

第　二　章：濟公的秘密

第　三　章：明教之亂

第　四　章：廣大的師門

第　五　章：性空指路

第　六　章：投胎的苦惱

第　七　章：出家之路

第　八　章：濟顛的開悟

第　九　章：慧遠與皇帝

第　十　章：歸鄉

第十一章：重回靈隱

第十二章：淨慈寺

第十三章：筍子的滋味

第十四章：在大火中幻化

第十五章：大佛裝金

第十六章：濟公的寫真

第十七章：依舊水連天碧

第十八章：妙酒餘香

本書撰寫最大的特色是作者企圖將濟公安置於一個較為真實的歷史場景，藉以說明濟公和世界種種的因緣，其序言：

> 濟公的覺悟是寂滅又難耐寂寞的，因此在這本傳記中，筆者將當時整個大時代的時空因緣鋪陳而出，讓大家更看清了濟公的時代，與體會濟公的相貌。而濟公或許也正透著這樣的線索，參與著每一個時空因緣。他的慈悲與智慧，或許隨著成吉斯汗、馬可波羅、鄭和、哥倫布所闖盪開出的線索，趣入了此時彼時，此方彼方。[40]

因此，舉凡南宋朝政、經濟、宗教、社會，以及同時期的世界重大事件，都隨諸情節發展而順勢鋪陳。例如第三章中陳述歐洲進入十字軍時代，第四章中敘述西藏密教發展，第七章中寫王重陽創立全真教事及錫蘭佛教的發展，第十二章寫柬埔寨安哥王朝佛教及建築藝術的發展，第十三章寫歐洲十字軍東征，第十八章中寫蒙古帝國的形勢等。此外，作者在情節以外亦增添許多文史方面的知識，例如第一章介紹六和塔的興建歷史，第二章介紹水陸法會的功能和內容，第六章介紹宋代度僧的方法，第七章介紹宋元火藥的使用、發展及宋代的貨幣，第十章介紹天台勝境和豐干、拾得、寒山的故事，第十四章說明臨安城多火災的原因及消防設備，第十七章介紹宋代的航海及造船工藝等等。

又作者為了彰顯濟公的現實感，刻意撮合他和一些其他的歷史人物見面，例如在第九章中，濟公與向佛海瞎堂禪師求法的日本覺阿上

---

[40]　《大空顛狂：濟公禪師大傳》（上）（台北：全佛文化事業有限公司，2000 年），頁 6-7。

人見面，兩人比手畫腳交談論法。在第十八章中則寫濟公圓寂後顯化
在六和塔遇見馬可波羅。大抵言之，洪無所撰，其意並不在故事的奇
巧與變化上，而是說明濟公禪法的流通和印證，並強調其精神和古往
今來的大宇宙是相互輝映的。不過，由於夾雜大量的史料，使得本書
的性質稍嫌雜蕪，不但有礙情節的發展，也使濟公生動的形象受到
干擾。

　　另外，提供作為通俗的民間故事閱讀，濟公小說也如其他許多古
典文學著作一樣，被大量的改編成兒童讀物或漫畫。[41]這些讀物內容
原則上都較為簡潔，並標榜濟公的正義慈悲和詼諧趣味。綜觀上述重
編或改寫的濟公傳奇，作者立意各有不同，有的是以簡潔為主，有的
是以宣揚濟公的禪學思想為主，有的是想改善前人之作，有的則是強
調濟公精神的不朽性，但儘管如此，他們幾乎都是根據前人之作重編
改寫，[42]這一方面除了說明前代小說對後人的影響外，也可以看到今
人如何重新反思濟公的定位和精神。

---

[41] 如吳燈山編寫、林鴻堯插畫的《濟公傳奇》（台北：聯經出版事業公司，1999
年），《中國兒童故事百科全書》（台北：明山書局，1984 年）中也編有〈濟
公活佛〉，頁 84-91。

[42] 在新編的濟公小說裡，也有只是假藉濟公之名，而另行其特殊著作心意的，
如一本署名為杜丹著的《濟公新傳》（嘉義：嘉義文化服務社，1961 年），便
是捏造濟公出現在對日抗戰中。其內容是有一人喬裝成濟公，運用智慧，行
使念咒、捉妖、未卜先知等道術，穿梭在河北新城地區抗戰剿匪的故事題材
裡，藉以鼓舞人心，激勵士氣。據作者表示，《濟公傳》是他九歲時的啟蒙小
說，在當時是一本在民間普遍深入及影響很大的書。他以為《濟公傳》的作
者所要表達的是藉濟公的法力，向醜惡的社會作戰，結果《濟公傳》的作者
勝利了，濟公成為民間崇拜的偶像，無形中引導世道人心向上向善。本書雖
然只是一本普通的文藝小說，但透過作者陳述自己閱讀《濟公傳》的經驗，
我們可以得知濟公在民間的知名度，及其對社會教化的影響。

二、兩岸的宗教活動

　　濟公在小說及地方傳說裡由於具有神通，因而後來便與宗教神明及巫術信仰緊密的結合在一起。許多民間教派及各地的乩壇，都可以看到他的身影，濟公儼然成為民眾心靈寄託及解決生活困難的對象。這是一種通俗文學和民間信仰交互影響的結果。海峽兩岸在過去幾十年的濟公信仰發展上，有極大的差異。在大陸方面，由於文化大革命破四舊、立四新，對傳統文化大肆破壞，所有的宗教活動都被禁止，廟宇神像鮮有倖存著。自中國共產黨十一屆三中全會糾正了文化大革命的錯誤以後，才恢復和落實宗教信仰自由的政策。[43]同時依據中共的規定，正常的宗教活動，應同時具備下列三個條件：一是應在依法登記和宗教事務部門認可的場合內進行；二是應當按照各教教義、教規和傳統習慣；三是必須由宗教教職人員或者符合規定條件的人員主持。[44]濟公在中國大陸是被列為佛教奉祀的對象，因而其活動也限定在一定的範圍裡，如拜佛、誦經、經懺等。又近年來，他們也對有些地區興起亂建濫建廟宇，濫塑佛像的風氣，開始實施制止的措施。規定任何部門、單位和個人都不得擅自建造廟宇，也不准為吸引遊客修建露天佛像；若未按規定程序批准已建成的具有一定規模的廟宇，原則上不得塑佛、神像，不得設功德箱，不得展開宗教活動。[45]由此看來，大陸地區對宗教活動的管理，仍然是非常的積極，企圖以法律的強制性、規範性和權威性，有效的監督，以防止不法份子利用宗教滋

---

[43]　中共國家宗教局政策法規司編：《中國宗教法規政策讀本》（北京：宗教文化出版社，2004 年），頁 12。

[44]　同前註，頁 79。

[45]　同前註，頁 86、87。

事,製造社會亂象。相較之下,台灣過去雖然也曾禁止一些教派活動,但大體而言,宗教的發展環境還是比較自由的。

　　有關台灣地區的民間濟公信仰,大致存在於三個環境,一是屬於比較開放性的廟宇,二是屬於比較封閉性的教團組織,三是散佈在私人住宅的神壇。關於開放性的廟宇者,筆者曾發表一篇田野調查報告,[46]雖然內容僅涉及南部部份縣市地區的廟宇,但其信仰活動的概況,應可視為台灣其它地區濟公信仰的樣本。至於後兩者的狀況,本論文第六章(濟公與民間宗教信仰)中已有論述,可供參考。由於台灣民間濟公信仰的蓬勃發展,各種性質的教派組織林立,自從兩岸開放交流後,許多團體便紛紛返回大陸濟公的原鄉謁祖,形成空前熱絡的交流現象。筆者在實地走訪浙江天台幾處奉祀濟公的地點,都可以看到來自台灣各地寺院廟壇所致贈的匾聯,如在濟公院就有台北南港慈雲堂的「護國佑民」(辛未秋月,1991)、宜蘭縣大里南勝宮的「濟公古洞」、彰化礦溪濟公堂的「佛光普照」(庚午春,1990)。濟公東院也有台中南聖宮的「濟法播大千」(壬午菊月,2002),以及台北市修緣禪院所贈送的鼓(乙亥荷月,1995)和台北松山水福宮所贈送的一對楹聯。而於 1993 年 9 月竣工的杭州虎跑濟祖塔院整修工程,也見有「台灣省台灣仙島金山鳳凰嶺无極瑤池慈聖宮、无極混元玄德聖院」的捐資。舉凡這類大陸祖庭尋根之旅,其次數實已難盡。宗教信仰是建立在精神心靈的層次,它常能超越現實生活,獲致民眾共同的信賴。兩岸宗教發展的背景雖然不盡相同,但同時對於加深民眾對濟公的印象和情感則有長遠的影響。

46　〈南台灣的濟公廟宇及其信仰〉,《成大中文學報》第十四期,2006 年 6 月,頁 211-238。

三、發展觀光旅遊

　　開發旅遊產業已成為濟公文化中新的一環。濟公各種事象活動的生成發展與傳播，在以前的速度是緩慢的，它僅是民眾生活中零星的一部份，從未見過有人抱著特殊目的而有計劃性的去經營和推廣。但時至今日，這種情況有了重大的轉變。尤其在中國大陸地區，自從經濟環境和生活方式改變後，濟公及其故事的發展已搭上觀光旅遊的列車，一方面大量的生產和濟公有關的文化商品，藉以開擴旅遊市場，民眾透過消費途徑，得以在休閒生活中進入濟公的世界；而另一方面，民眾也在旅遊活動中，不斷重新接受有關濟公的各種訊息，包括一些流傳的故事以及它所顯示的教育意義等。

　　濟公的原鄉在浙江天台山，所以近年來在旅遊事業發展的帶動下，與濟公有關的地方便被開發成觀光據點，如濟公故里、濟公院、濟公東院等，甚至飲食上也有所謂的「濟公美食」[47]、「濟公八大碗特色籠蒸農家菜」（又名李府家菜）[48]、「虎跑濟公宴」[49]等。周彩屏曾提及這樣的發展情勢：

---

[47]　據《濟公故居──天台》（www.ji-gong.com/big5/gjdy_gjjj.asp-34k）網頁載，「濟公美食」有糊拉拖、餃餅筒、濟公茶、濟公酒、濟公酒肉麵等。除此以外，如無錫肉骨頭、傳金煮玉相傳也和濟公有關。無錫肉骨頭是傳說濟公雲遊落腳無錫南禪寺，因愛吃狗肉，常在大雄寶殿上裡燒烤，香味四溢。日子久而久之，方丈長老也動葷念。有一天，無錫城裡的「黃裕興肉店」老板到南禪寺進香，忽然嗅到一股奇異的肉香，一經打聽，才知是濟公的本事，於是向濟公請教燒肉的方法，果然老板回去之後，燒出風味獨特的豬排骨。傳金煮玉相傳是宋朝之膳，其中的「傳金」是把嫩筍加料和薄麵拖油煎，使它呈金黃色；「煮玉」是把筍切成方片，同白米粥煮在一起，呈玉色。因濟顛有「拖油盤內傳黃金，和米擋中煮白玉」之句故名。

[48]　這是筆者走訪濟公故居時，於附近溪岸邊所見一家餐館所推出的宣傳。

[49]　據《背包客棧自助旅行論壇》載，宴中有用香菇做的糖醋裏脊和炸鱔絲等素食。此外酒水便宜，還有侍者扮裝濟公敬酒，宴會中另有濟公表演活動。資料來源：http://www.backpackers.com.tw/forum/viewtopic.php?t=69049

> 台州要在浙江旅遊發展格局中，起到貫通南北，連接東西旅
> 遊的樞紐作用，以建設「中國東海岸神往的台州」市場形象
> 為中心，創建「看儒道佛三教合一的中國到台州」，和「山神、
> 海韻、山海經」等旅遊特色，完善天台山佛教、濟公故里遊、
> 茶道、名品果園觀光等四大旅遊專項產品，綜合性人文山水
> 旅遊區。[50]

在此，我們看到了「濟公故里遊」被設計成為一項「文化承載型」[51]的
旅遊商品，這商品除了具有一定的經濟產值外，更有助於推廣濟公的
形象和文化。許多旅行社推出了不同天數及路線的行程，無論幾日
遊，都安排有參觀濟公故里的活動。地點有兩處，一是在赤城山上的
濟公院，該院打造了濟公百態雕塑及金身濟公像。另一處則是在赤城
路上於 2003 年完成的濟公故居。[52]這一座濟公故居建築，筆者以為它
是天台地方人士在重塑濟公形象，及開發創造濟公旅遊事業的重要結
果。在裴斐所編撰的《走進濟公老家》觀光手冊裡，我們可以很明顯
的看到這種文化上的意圖，例如在介紹李府宅第時說：

50　《浙江旅遊客源國（地區）概況》（杭州：浙江大學出版社，2005 年），頁 14。
51　所謂「文化承載型」的旅遊商品，是以反映旅遊地文化為主要特徵。見鍾志
　　平：《旅遊商品學》（北京：中國旅遊出版社，2005 年），頁 37。
52　其建築群包括：1、在濟公的出生地建造「永寧村」及「石墻頭」兩座向世人
　　展示李家往日輝煌的牌樓。2、是在傳聞的李府，即民國初年的濟佛院遺址上，
　　建造一座李府宅第。宅第採南宋天台「三進九明堂」的建築形制，並佈置有
　　李府中堂、修緣書房等。3、在李府的東面，築有隴西園。園內有假山水池、
　　亭台樓閣外，並建有濟佛殿，做為信眾遊客朝拜之用。4、在園內東南隅建一
　　醉仙樓，此樓原非李府所有，乃是復建時對濟公「酒肉穿腸過，佛祖心中留」
　　及「醉傲風顛未休，杖頭明月冠南州，轉身移步誰能解，雪履蘆花十二樓」
　　酒詩所作的註解。見裴斐編撰：《走進濟公老家》（香港：香港天馬出版公司，
　　2004 年），頁 14-31。

> 我們參觀濟公故居，除了欣賞故居建築風貌，了解濟公身世
> 淵源所在，更重要的是要領會濟公捨棄百萬家財而不顧，毅
> 然出家，尋求宇宙人生的根本道理，走上一條救民濟世之路
> 的精神實質，領悟他那種「無我」、「看破一切的境界」，樹立
> 正確的人生價值觀，多做服務于社會，造福于人類的事，少
> 受名利枷鎖的羈絆，得到真自在、真自由，減少患得患失的
> 煩惱。[53]

在這一段詮釋的文字裡，我們明顯的看到天台人如何積極的「借物起
興」，試圖在旅遊的情境裡，建構以天台人為主體意識的濟公文化價
值。又如在介紹隴西園降龍亭下假山上刻的「源」、「緣」、「圓」三字
時說：

> 對此，不同的人有不同的理解與領悟。有人理解為：天台山
> 為佛宗「仙源」，是「佛緣」造就了濟公，最後「圓通」成了
> 活佛；有人理解為：這裡是濟公的出身之「源」，我們到此是
> 為了與活佛結「善緣」，最後求得一生的「圓滿」；也有人哲
> 理地理解：人從出生之「源」，經歷人生過程中的種種「緣份」，
> 最後走向「圓滿」的歸宿……如此等等，意味無窮。[54]

於此，我們看到了民眾如何從自己的體會，去想像民俗人物所代表的
意涵，這也說明了民間故事在傳播過程中，是如何連結民眾的期待心
理。此外，濟公故居的重建，除了具有觀光的功能外，還能借由體會
濟公的成佛，達到教育的目的。《走進濟公老家》觀光手冊裡有言：

---

[53] 同前註，頁 28-29。
[54] 同前註，頁 40、42。

> 浙江省人民政府領導在視察濟公故居時說：濟公故居完全可
> 以成為對人民群眾，特別是青少年進行人生價值和道德教育
> 的良好基地。[55]

由此可知，在大陸地區不論是從民間的自我理解，還是官方的指導政策，濟公事象在繼續傳播的過程中，勢必仍要承擔重要的教育功能。

濟公旅遊除了硬體的建設和充實外，舉辦相關活動則是另一項非常重要的策略，透過宣傳造勢，以活絡旅遊市場，激化商品行情。例如天台縣政府在 2004 年濟公故居完成後舉辦濟公旅遊節，又於 2005 年 5 月在故居內的濟佛殿舉行濟公佛像開光大典，參與該次活動的朝拜團分別來自包括台灣、泰國、馬來西亞、紐澳及港澳等地。其活動目的是希望樹立天台山濟公品牌，促進天台經濟和社會全面的發展，同時也推動和世界各國及海峽兩岸的宗教文化交流。這種以濟公文化為主體內涵的產業發展，除了大部份是由政府領導而為外，也見個人的參與。[56]

和濟公有關活動的發展，隨諸不同時代的演進，自然有新的變化，它從過去散漫、零星而無所作為的狀態，已進入到出現積極規劃並投資經營的階段。類似中國大陸的做法，在台灣也可以見到，只是其範圍僅限於宗教部份，一些具有名望的濟公廟，他們都有計劃的擴

---

[55] 裴斐編撰：《走進濟公老家》（香港：香港天馬出版公司，2004 年），頁 13。
[56] 如曾在濟公電視劇中飾演濟公成名的游本昌，便積極的從事相關的工作，他曾說：「旅遊不結合文化不能持久，天台山的文化不單是佛教活動，濟公本身也是一種文化。我下半輩子就要投身於『濟公的事業』。目前已在北京成立『濟公堂保健品公司』和『北京市昌平縣上苑鄉旅遊開發總公司』，在上苑修建一『濟公行舍』。以後，準備陸續在山東、珠海等地建造這樣的行舍，並串成濟公的旅遊線。這樣不就把濟公從天臺、從浙江推向全國了？」見〈喜劇大師游本昌談濟公〉，收錄於許尚樞編：《天台山濟公活佛》（北京：國際文化出版公司，1997 年），頁 139-140。

建殿堂及香客中心，或塑造大型的濟公造像，或定期的舉辦法會，以吸引信徒及一般民眾前往觀光朝拜。如是一來，不但可以藉此提昇自己在社會上的地位，同時也有助於寺廟的永續經營。

四、網路資訊

網路已成為當今生活中資訊傳播的重要管道，其速度、容量和即時性都遠遠超過口語及平面媒體。大抵言之，網路的傳播方式有兩種，一是對社會大眾或特定閱覽族群的單向公告。二則是設定議題，由網友間自由的發問和討論。這兩種形式的交互運用，構成了一個無遠弗屆，且無聲無息的訊號平台。而最重要的，是在這個平台裡，每個人都有公平的機會和自由去發表意見、傳遞訊息，而不受身份地位以及時空環境的限制，這使得任何生活資訊，得以散佈到各個角落，而各種新的資訊，也得以源源不絕的出現在我們的眼前。隨著這樣新資訊環境的形成，生活中的各種現象和話題，其實都在靜悄悄的情況下進行傳遞和交流，尤其許多無法躋身主流媒體上的資訊，都可能在網路世界中流行，在分眾團體中獲得共鳴和討論。濟公相關的訊息和議題，在生活中也許不是時時刻刻的出現，但在網路世界裡，它卻占有一定的版面和討論人口，且最重要的是它隨時隨地都存在，可供人點選，這形成了濟公及其故事發展裡的另一番新面貌。

就目前而言，海峽兩岸網路裡的濟公資訊，其性質有很大的差別。在台灣的網路裡，並不見有濟公專屬的網站，而所張貼的資訊絕大部份都和宗教信仰及民俗生活有關，包括各地濟公廟宇宮壇的服務告示、靈修道場簡介及活動訊息，甚至有的還可以直接在網站上向濟公師父求籤開運、掛號問事，以及公佈彩券號碼等等；不過也可以看到公務機關利用濟公宣導政令，如彰化縣政府網站中的索引資料庫

「影音世界」下，就有一段名為「醉不上道」的道路安全宣導動畫，是由濟公以身試法說明汽車駕駛人在酒後開車的處罰條例。[57]而在對岸，則有比較完整的《中國濟公網》[58]，其規劃內容有〈天台資訊〉、〈濟公文化〉、〈鄉土風情〉、〈宗教文化〉、〈養生之道〉、〈濟公娛樂〉、〈社區論壇〉、〈傳說典故〉、〈史海鉤沈〉等十七個項目，很明顯的是以文史教育和休閑生活為導向。總結不同的網路內容，其實正反映出兩地對濟公及其故事不同的認知和詮釋。

　　和濟公有關的事象活動歷經數百年的發展，這幾十年來有了一些新的變化，它和過去最大的不同在於當今的發展是具有明顯的文化及商業策略性，濟公的種種素材已成為可供分配及安排的文化資源。換言之，今日對濟公的關注，筆者以為除了仍有人繼續創作新的濟公故事外，更明顯的是如何在現代生活中重構濟公的文化意義，以及開發它在生活中的利用價值。

---

[57]　網址：http://www.chcg.gov.tw/index/video/vie1_01.asp?offset=6
[58]　網址：http://www.tt1890.com/index.html

第八章　結論

　　濟公以一名異僧的姿態遊戲人間，其詼諧機智、慈悲正義的形象，已普遍深入民眾的生活及心靈之中，進而成為民間文化的一部份。僧人原本在傳統社會中是屬於外來文化所產生的一個新的社會階層，此一階層具有宗教上的神聖性。他們透過皈依，表達自我的宗教情懷及實踐信仰意義，以全然的自我交付（Self-surrender），而得到絕對的喜樂。所以對出家人而言，改變的不只是離開俗世家庭，投向另一種生活方式，更「象徵著人生理想、目標與價值觀的轉移」[1]。由於僧人特殊的身份，格外容易引起他人的注意而被討論，儘管他們具有一定程度的神聖性，但不可否認的，在歷史上他們也曾飽受許多的質疑和批評。有些是出於護衛傳統文化思想，有些是對佛教認識不清而抱有成見，而有些則是直接來自對僧尼惡劣行徑的印象。前兩者或許可以經由長期有心人士的努力，藉助譯經或傳道的方式，慢慢廓清宗教的本來面目而獲得新的認同，但後者卻可能因為客觀事實與主觀意識的雙重影響，使得許多人依舊無法改變對於僧侶不良的看法。就客觀事實方面而言，僧人雖然也有高僧、名僧，但對一般人而言，惡僧給人的印象可能更為深刻。所謂惡僧，是指佛門中破壞教團秩序及聲名的不良僧尼，這種人不只是佛教戒律的重大違犯者，甚或也是世俗道德與法律所指斥的壞人。[2]這些惡僧行為輕者，不守戒律、貪欲營私、劫掠誘姦，重者甚至假借佛教名義聚眾滋事，從事政治性活

---

[1]　藍吉富：〈傳燈的人──歷代僧侶的分類考察〉，《中國文化新論・宗教禮俗篇》（台北：聯經出版事業公司，1982 年），頁 70。

[2]　同前註，頁 82。

動，因而被統治階層視為蓄意謀反。諸如此類事蹟，文獻資料時有所聞。《慨古錄》的作者就曾感嘆世僧素質的低落，已不能盡到續佛慧命的職責：

> 古之考試為僧，尚不能免其一二漏網，今之概無憑據，則漫不可究。故或為打劫事露而為僧，或牢獄脫逃而為僧者，或悖逆父母而為僧者，或妻子鬥氣而為僧者，或負債無還而為僧者，或衣食所窘而為僧者，或妻為僧而夫戴髮者；或夫為僧而妻戴髮者，謂之雙修；或夫妻皆削髮，而共住庵廟，稱為住持者；或男女路遇而同住者；以至姦盜詐偽，技藝百工皆有僧在焉。如此之輩既不經於學問，則禮義廉恥，皆不之顧。惟於人前，裝假善知識，說大妄語。或言我已成佛，或言我知過去未來，反指學問之師，謂是口頭三昧，謂是真實脩行，哄誘男女，致坐他事。[3]

由此看來，縱有高僧大德宏揚佛法不遺餘力，但一般民眾所接觸到的，恐怕是更多良莠不齊的僧尼。

至於在主觀的意識上，一般人對於僧規戒律，其實抱有讚歎崇敬以及觀望存疑的矛盾心理。高僧大德其超越常人的修行境界，固然令人仰慕不已，但如果僧人違背清規，似乎更能引發社會的關注，爭相討論。而在諸多不倫的行為中，又以觸犯色戒最受人好奇。王溢嘉曾對這種現象解釋以為：「一是來自色慾的幽闇意識，對出家人能否潔身自持表示懷疑與調侃；一是來自觸犯禁忌的渴望，出家人比一般人有更大的性禁忌，編故事的人安排他們墮落，比安排王公貴族墮落，

---

[3] 無名叟著：《慨古錄》，《卍續藏經》（台北：白馬精舍印經會，1994 年），第一一四卷，頁 366。

能讓人產生更大的興奮。」[4]基於這種來自心底奇妙意識的作祟，使得不少人總喜歡在有意無意間譏諷和嘲笑僧侶，這也無形中使得宗教應有的神聖和莊嚴受到挑戰。《笑林廣記》中便列有「僧道部」一類，所記都是一些關於和尚及道士的笑話，其中卷三〈沒骨頭〉下載：

> 秀才、道士、和尚三人同船過渡，船人解纜稍遲，眾怒罵曰：「狗骨頭，如何造急慢。」船人忍氣渡眾下船，撐到河中停篙問曰：「你們適才罵我狗骨頭，汝秀才是甚骨頭。講得有理，饒汝性命，不然推下水去。」士曰：「我讀書人，攀龍附鳳，自然是龍骨頭。」次問道士，乃曰：「我們出家人，仙風道骨，自然是神仙骨頭。」和尚無可說得，乃慌哀告曰：「乞求饒恕，我這禿子從來是沒骨頭的。」[5]

以上的內容雖為戲言，並沒有嚴厲的批評和指責，但卻也透露出社會對於這等身份特殊人士的揶揄和輕蔑之情。何雲在說明漢地佛教在中國傳統文化中的地位時曾指出，佛教在中國始終有限度的被認同，亦即雖然佛教作為祈福禳災，或精神解脫的重要手段而受到歡迎，並發展成為一個完整的文化體系，但同時它又始終作為外來文化，在理智與感情上不得不與傳統文化保持一種微妙距離，飽受評頭論足，並沒有擺脫「客人」的形象。[6]綜合上述簡要的說明，我們大致可以瞭解僧人在傳統社會裡的地位，以及他們因特殊身份而和社會、群眾間所產生的一些關於文化及心理上微妙的互動。

---

[4]　《聊齋搜鬼》（台北：野鵝出版社，1991 年），頁 220-221。
[5]　台北：金楓出版社，1991 年，頁 219。
[6]　何雲著、王志遠主編：《佛教文化百問》（高雄：佛光出版社，1991 年），頁 119。

　　而在另一方面，一般社會大眾除了有機會在現實生活裡接觸到僧侶外，可能有更多人對他們的觀感是來自於民間故事或通俗文學作品。大體而言，一般在民間故事或通俗文學作品中經常出現的僧人類型，大概有以下幾種：一、是以表現神通靈異為主。佛教在中國流傳的過程裡，其迷信的氣氛始終有增無減，許多人對它的信仰是出自於神秘玄虛，所以在小說中這類的主題便層出不窮。二、是以表現宗教的救渡情操為主。佛教在中國能夠引起普遍的信仰共鳴，其慈悲為懷，普渡眾生的精神是最重要的原因，所以在傳統的小說戲曲中，僧人的素質不論如何，都會以宣揚教義、感化眾生為其行事宗旨。三、是以能夠表現社會公義的價值為主。此類僧人除了稍具佛門背景外，嚴格說來並不是正規的出家人。他們常和民眾在一起，為人除惡打抱不平，必要時可以自由心證，不顧僧規的約束。又他們為了能夠實踐社會公義，通常都具有特殊的法術或武功，《水滸傳》中以勇敢沈毅著稱的花和尚魯智深便是最佳的代表。四、是大量出現在明代以後小說裡傷風敗俗違法犯紀的劣僧。這些人固然嚴重的損害佛門的形象，成為社會輿論指責的焦點，而另一方面也成為好事者爭相渲染的故事題材，例如專輯僧尼故事的《僧尼孽海》，便收錄了三十二則不守清規的出家人事蹟。又如明代小說《三言》中，也寫盡出家人的醜態惡行。這些作品中所寫的情節或許未必確有其事，但一經流傳，便可能造成負面的影響。

　　透過上述對通俗文學中群僧的簡單分類，我們大致可以看出濟公是融合了傳統以來兼具神通、慈悲和正義特質等多種正面形象的和尚，無疑的他已成為民俗化與文學化中性格最為飽滿、形象最為生動的僧人，而同時又由於詼諧有趣的言行和平民化的作風，足以使得他成為民眾生活願望的代言和實現者。周永明曾對濟公能在民間廣為流傳的原因提出獨特的見解，值得引述：

　　原因主要有二，一是濟公的行為舉止暗中應和了普遍存在於
人們心中的一種集體性的願望和幻想，一方面希望擺脫和超
越文明社會加諸個人身上的種種社會文化教條的壓抑和束
縛，於是就賦予濟公以騙子、惡作劇者的面目和品性；另一
方面又希望現有文化教條和文化秩序能在某種力量的保護下
盡善盡美，公理昭然，具有救贖者性質的濟公形象則滿足了
這方面的要求，因而能得到大眾的歡迎。其次，濟公故事能
夠得到大多數人的接受和喜愛，和其形象的複雜性有關。濟
公性格中格格不入的兩元，並不是處於永久的對立狀態，濟
公恰恰通過自己的行動，使他們得到橫越。濟公形象構成的
豐富複雜性，大大拓寬了其為人們接受的範圍，使得不同階
層地位的人都可以從自己的角度出發欣賞這一形象。[7]

周氏之論特別指出濟公形象背後所隱藏的社會意識，筆者以為這其實
才是濟公與其它眾僧最不同之處。他並非只是佛門之僧、寺院之僧，
反而是社會之僧、萬家之僧。他所行之事，也非只有神通慈悲、點化
濟世，而是更深入基層，行俠仗義，解民之苦。也因為如此，濟公才
得以在地方傳說、通俗文藝創作及宗教信仰的世界裡不斷被想像，而
賦予他各種不同的角色性格和生活價值。

　　濟公及其故事的發展悠悠已有數百年的歷史，觀其出現的層面非
常廣泛，舉凡生活中的藝文活動、宗教信仰與休閒旅遊等範圍，都可
以看到與他有關的現象和活動。筆者秉持民俗生活完整性的態度及研
究方法，對曾出現過的濟公事象，無論古今，或靜或動，都儘可能的
一一加以探討論述，一方面梳理各事象內部的發展脈絡及特色，二方

---

[7]　〈論濟公形象的構成及其文化意義〉，《民間文學論壇》第 2 期（總 31 期），
　　1988 年 3 月，頁 45-50。

面也希望能從各個不同的事象中，尋找交互影響，彼此闡發的線索。終其目的，就是希望世人能對濟公及其故事的發展有比較完整而清楚的認識，並藉以瞭解濟公長期以來在民眾生活中的地位，以及民眾如何看待並塑造這位人間活佛。本論著共分八章，所討論的問題大致可以分為三大部份。首先是有關濟公其人其事的源起、發展，以及他的形象變化。第二是整理和濟公及其故事有關的各種表現和活動。第三則是濟公文化傳播、發展和目前出現的一些新現象。以下，筆者便將這些部份的重要論述結果，簡要的歸納說明於下。

　　首先，在濟公其人其事的源起和發展上，它和許多民間故事大致相同，即原本就確有一真實的主人公，其後在不斷的附會許多傳說逸聞下，逐漸在民間形成話題，最後經由文字編輯寫定，人物形象及故事雛型便告初步完成。濟公本為南宋初年西湖一寺僧，名曰道濟，因言行異於常僧，而流傳許多有關他的故事。其後初經民俗化和文學化的過程，其虛構性及傳奇色彩益發濃厚，而流傳之地也從江南向外擴展。在此過程中，濟公形象從原本的散聖，逐步增加丐、丑、俠等成分，使其性格從宗教人一變而為社會人。固然如此，濟公原為民眾所津津樂道的瘋顛與詼諧兩個重要屬性，則始終未嘗改變。其瘋顛，在宗教人的情境下，是遂行其救渡的障眼法，藉以掩飾其神通；而在社會人的時候，乃在打倒世間所有違反情理的人和事，使民眾得以重見公理和正義。至於其詼諧，在宗教人的時候，透露的是追求天真自在的本性，和啟人迷悟的禪機；而在成為社會人之後，詼諧不但可以拉近與民眾間的距離，更可在談笑間行其懲惡揚善的目的。總之，筆者以為我們在濟公身上所看到的瘋顛與詼諧，其實所代表的是一股生活裡積極再生與自由的力量。濟公在民俗化和文學化的洗禮之後，神明化進一步使其成為神道設教及民俗信仰的重要角色。在這個角色裡，濟公分別出現在不同的場域裡擔任宣揚倫理道德教化及指導生活吉

凶禍福兩種截然不同的工作，不同的信仰者各取所需，各定其位，因而造成社會對他兩極化的評價。

　　其次，和濟公故事有關的表現和活動發展上，最為具體可見的就是小說創作、視聽表演和民間宗教信仰上。在小說創作上，先後出現了幾種性質各異的作品。《濟顛語錄》是可見刊行最早的濟公小說，內容講述濟公從出生、出家、救世渡化到圓寂的種種事蹟，可視為一本民俗化的僧人傳記。其後才刊印出現的《醉菩提全傳》，內容與《濟顛語錄》大致相同，應是屬於同一故事系統下保存比較多內容和描寫細節，且又分回定出標題的作品。由於本書的敘事藝術性較《濟顛語錄》強，使得它成為早期保有寺院風格濟公小說的代表，甚至日後也被有些教團組織做為宣揚教義的讀本。另外由於濟公故事的內容不免有些荒誕之處，看在有心居士的眼中，唯恐會造成對佛門和濟公的誤解，於是挺身而出重編故事，香嬰居士的《麴頭陀傳》於焉誕生。時至清光緒年間，另一本在北方說書環境及公案俠義小說潮流發展下所出現的《評演濟公傳》，創造出了與前代《濟顛語錄》和《醉菩提全傳》不同氣氛的故事情節和人物，其後又在相關續書不斷出版的烘托下，此書大有取代舊有的濟公小說，而成為坊間流傳最廣，識者最多的著作。綜觀歷來的濟公小說，恣意鋪陳的情節得以讓讀者充分遨遊在漫無邊際的想像國度，而且隨諸不同的時空背景及寫作意識，產生更為多樣的主題內容，豐富了濟公創作的世界。

　　在充滿視聽之娛的表演活動裡，濟公故事也是各家創作表現爭勝的題材。如傳統戲劇方面，最早演出濟公故事的是崑劇。在劇中，濟公為老生，劇情也以僧家色彩為主。待皮黃戲在北方發展成型後，濟公戲則偏向武打成分，和濟公小說朝公案俠義化的趨勢同步發展。這種仍重唱做唸打的傳統戲劇表演，在「海派」興起後，有了重大的改變。濟公戲的表演以連台本為主，講究笑鬧逗趣，並以各種機關道具、

佈景特技做為噱頭，濟公表演從此走入新的氣氛。另外，以說唱型式為主的彈詞、鼓書，也有許多有關濟公故事的演出，它們以細緻的聲音和表情動作，描繪出濟公不同的藝術形象。待進入影視科技年代後，濟公故事也搬上銀幕，電影從無聲短片演到彩色長片，電視劇集則從電視播放到發行光碟，濟公儼然已超越時空，進入新的世紀。而新題材的濟公故事仍不斷的出現在我們的生活當中，似乎也證明了濟公精神具有很強烈的現實性。綜觀表演世界裡的濟公及故事，由於它們擁有自屬的審美條件和欣賞法則，因而創造出許多緊湊多變的情節內容和各種不同精湛的表演技巧，共同為濟公文化留下精彩的記錄。

　　原本古道熱腸、慈悲渡人的形象，就讓濟公具有很強烈的神聖性。當此神聖性曾在民眾現實生活中產生救苦解厄的經驗後，就會昇華成為神明的角色。濟公在宗教信仰上的際遇是多變而具爭議性的。首先在佛門裡，濟公的原型是道濟和尚，在居簡正式的銘文中已稱他為「濟顛」，觀其行事作風應和歷來的散聖相去不遠，不屬於主流的僧徒。不過，自從道濟逐漸在民間形成濟公後，民俗力量對佛門產生重要而明顯的影響，《濟顛語錄》小說開始被視為道濟禪師的傳記，並在其後收入《續藏經》中。換言之，就是佛門人士長久以來所評論的濟公，實際上只是民間虛構化的民俗人物而已。在這些不同的評價中，有人認為他的破戒犯規不足以成為學佛者的榜樣，甚至要引以為戒以免走火入魔；而同時也有人為他的瘋顛神通辯說，賦予佛學上的義理。總之，我們在濟公的身上看到了聖與俗之間的矛盾和妥協。其次，由於三教合流的趨勢及濟公的通俗化，他也被網羅進入泛道教化的世界裡，和歷代聖賢佛祖並列，共同成為民眾奉祀的對象。同時，在台灣一貫道、鸞堂等的修道場和私家神壇裡，濟公一面既可成為扶鸞宣化，傳揚倫理道德，擔任神道設教的尊師，也可以結合巫術，降靈乩身，在許多廟宇神壇裡進行各種救世的作為，舉凡捉妖治病、指

點財運不一而足。於前者，濟公享有絕對崇高的地位；而在後者，因為充滿功利色彩，所以濟公在民眾心中的地位已不純然取決於宗教或道德的標準。這是濟公在世俗化的宗教場域裡兩種截然不同的處境。

最後，在具有持續、多元且交互影響特性的濟公文化傳播發展上，筆者以為口耳相傳、視聽表演及寫作出版等是促使濟公及其故事得以推廣並深入基層民眾生活的重要方式。口耳相傳看似散漫、零碎，但卻是最簡單且持久的力量，而且它結合了天台山的歷史淵源、西湖區域環境和家族有系統的傳承講述等因素，濟公故事才得以慢慢成形，有今天的結果。在視聽表演方面，精心的節目設計和專注傳神的表演魅力，使得濟公故事的呈現更臻藝術境界，不但提供豐富的視聽類型，造就多變的情節內容，而精湛的演出技巧，更創造出有別於閱讀的另一番濟公文化景觀。在寫作出版上，不同性質內容的小說，既延續、豐富了濟公的生命，也同時提供各種藝術創作題材和助長民間濟公信仰的發展。我們或許可以這樣說，如果沒有持續編寫和強大的出版力量，就不可能成就許多濟公故事，也無法創造出豐富的濟公文化和其特有的精神。

至於濟公現象的新發展，筆者特地舉出重新改編濟公小說、兩岸宗教交流、發展觀光旅遊事業及網路資訊等現象，說明濟公主題和新時代、新環境、新文化間的互動，以符合筆者撰寫此論著時所強調的整體民俗生活的概念，意即討論濟公的主題時，不應該只局限在過去的時空，而更應該注意它在當代發展上的一些變化。在改編濟公小說上，基於不同的寫作動機和對濟公的認識，於是便出現一些在原有小說題材上，或強調其佛學思想，或反映南宋歷史現實，或著重其精神不滅，或供兒童趣味閱讀的改編之作，自此可以看出前代濟公小說對今人的影響，以及濟公精神如何成為民間文化的一部份。在兩岸宗教交流上，由於生活環境和宗教體制的差異，對濟公的定位和認知也有

所不同。大陸地區視濟公為佛門人士,強調其人間性,相關的信仰活動也集中在某一規範裡;但相較於台灣,由於民間信仰的熱絡,濟公有較多面向的神格屬性。所以當兩岸的濟公來往交流時,便出現了多元的信仰狀態。在發展觀光旅遊事業上,濟公已成為大陸浙江相關地區如天台、新昌、杭州等地發展旅遊的重要文化資源,透過休閒生活的方式,民眾得以再重新回憶或認識濟公。至於在網路資訊方面,無論是有關濟公的傳說故事、地方文史掌故以及相關的宗教信仰和民俗活動等資訊,都可藉助無遠弗屆、隨時便利的網路世界傳播溝通,這使得濟公在搭上現代科技之後,其身影更無所不在。

　　民俗文化包含了民眾的物質和精神生活,它通過世代相習和傳承生生不息,反映民間社區和集體的人群意願。如果從認識功能的角度來看,民俗文化可以被視為一個龐大處理生活訊息的系統,而不同民俗文化的諸要素,則構成具有眾多層次和結構的組合框架,這種框架既能制約影響這個民俗文化場中人們的思想、創造及行為模式,亦能夠制約影響他們對外來思想、行為模式、價值觀念等的吸收、排斥及解釋。[8]如果從這樣的觀點來看和濟公及其故事有關的活動時,我們便會發現濟公實際上已成為許多民眾生活價值、道德示範、情感慰藉及群體願望的象徵,它不但是在大時代不斷發展的背景下所孕育而成的一片風景,反映特有的歷史文化面貌;同時它也為廣大的群眾生活,提供自己成熟而獨特的文化節目。固然濟公故事裡的許多事蹟終不免荒唐無稽,但不論在生活上、思想上、文學上或宗教上,它都曾經產生過重要的影響。尤其難得的是,我們在濟公及其故事發展的過程中,清楚的看到了民眾源源不絕的生活力量。

---

[8]　仲富蘭:《中國民俗文化學導論》(杭州:浙江人民出版社,1998 年),頁 20。

附錄一：濟公造像圖錄

〈附圖 1〉

〈附圖 2〉

〈附圖 3〉

〈附圖 4〉

〈附圖 5〉

〈附圖 6〉

〈附圖 7〉

〈附圖 8〉

〈附圖 9〉

〈附圖 10〉

〈附圖 11〉

〈附圖 12〉

〈附圖 13〉

附錄二：歷年來有關濟公的研究論著

1933　〔日〕小野四平：〈濟顛說話の成立〉，《中國近世における短篇白話小說の研究》，評論社，昭和 53 年（1933 年）12 月。

1988　周永明：〈論濟公形象的構成及其文化意義〉，《民間文學論壇》第 2 期（總 31 期），1988 年 3 月。

　　　李進益：〈關於醉菩提全傳的幾個問題〉，《天花藏主人及其才子佳人小說之研究》（文化大學中文研究所碩士論文，1988 年。）

1989　江德羞：〈從《濟公傳》看由民間文學成為文人作品的變化〉，《明清小說研究》1989 年 1 月。

1990　周純一：〈濟公形象之完成及其社會意義〉，《漢學研究》第 8 卷第 1 期，1990 年 6 月。

1991　張忠良：〈濟公故事及其在小說戲劇中之表現研究〉，《台南家專學報》第 10 期，1991 年 6 月。

1993　張忠良：〈濟公與民間通俗宗教信仰〉，《台南家專學報》第 12 期，1993 年 6 月。

1994　許尚樞：〈歷史上的道濟與藝術中的濟公〉，《東南文化》1994 年第 2 期。

　　　許尚樞：〈試論濟公小說的演變〉，《東南文化》1994 年第 2 期。

　　　黃永年：〈記清康熙刻本《濟顛語錄》〉，《北京高校圖書館》1994 年第 4 期。

　　　張忠良：〈濟公滑稽屬性的分析研究〉，《台南家專學報》第 13 期，1994 年 6 月。

1995　王國良：〈《錢塘湖隱濟顛禪師語錄》初探〉，東吳大學演講稿，1995 年 12 月 20 日。

1997　許媛婷：《濟公傳研究》，文化大學中文研究所碩士論文。

許尚樞：〈濟公生平考略〉，《東南文化》1997 年第 3 期（總第 117 期）。

1998　〔美〕夏維明（Meir Shahar）《濟顛：中國宗教和世俗文學》（Crazy Ji：Chinese Religion and Popular Literature），〔美〕哈佛大學出版社（哈佛 Yenching 學院專著系列－第 48 卷）

1999　胡勝：〈濟公小說的成因及形象演變〉，《遼寧青年管理幹部學院學報》1999 年第 3 期。

胡勝：濟公小說的版本流變〉，《明清小說研究》1999 第 3 期（總號 53 期）。

許紅霞：〈道濟及《錢塘湖隱濟顛禪師語錄》有關問題考辨〉，《北京大學古文獻研究所集刊》第 1 輯（1999 年 12 月）。

2000　許文筆：《台灣濟公信仰之救世觀》，玄奘人文社會學院宗教學研究所碩士論文。

Paul Katz（康豹）〈Book Review〉（Meir Shahar《Crazy Ji：Chinese Religion and Popular Literature.》）《漢學研究》第 18 卷第 2 期（2000 年 12 月）

2001　朱為聰：〈濟公傳說故事之探究考〉，國立花蓮師範學院民間文學研究所編印《2001 海峽兩岸民間文學學術研討會論文集》，2001 年 6 月。

徐信義：〈論張大復《醉菩提》傳奇〉，台中中興大學編印《第三屆通俗與雅正文學學術研討會論文集》，2001 年 10 月。

2002　康素慧：《明華園戲劇團「濟公活佛」之研究》，中國文化大學戲劇研究所碩士論文。

2003　文正義：〈解讀濟公〉，《閩南佛學》第 2 期，2003 年 12 月。

2004　周琦、丁式賢：〈走近與解讀歷史的濟公──濟公考略〉，《東
　　　南文化》天台山文化專輯第四輯，2004 年增刊第 1 期。

　　　〔美〕康豹：〈論夏維明著作中關於濟公與天台的論述〉，《東
　　　南文化》天台山文化專輯第四輯，2004 年增刊第 1 期。

　　　許文筆：〈佛教中的濟公形象與定位〉，《研究與動態》第 10
　　　期，2004 年 6 月。

2005　華方田：〈德教中的濟公崇拜〉，《世界宗教文化》2005 年第
　　　2 期。

2006　張忠良：〈南台灣的濟公廟宇及其信仰〉，《成大中文學報》
　　　第十四期，2006 年 6 月。

　　　張忠良：〈《錢塘湖隱濟顛禪師語錄》的內容及其語言特色〉，
　　　《高餐通識教育學刊》第三期，2006 年 6 月。

　　　林淑媛：〈宗教敘事與瘋狂論述：《濟公傳》的分析〉，《2006
　　　年「說故事：敘事者‧序列‧場域」國際研討會論文集》。

　　　奚德基、許尚樞主編：《濟公與濟公文化研究》，北京：中國
　　　文聯出版社，2006 年 12 月。

2007　張忠良：《濟公故事綜合研究》，台北：秀威資訊科技公司，
　　　2007 年 4 月。

　　　張忠良：〈濟公文化的傳播、發展與近況〉，浙江天台海峽兩
　　　岸濟公文化交流活動學術組編：《海峽兩岸濟公文化研討會
　　　論文匯編》，2007 年 5 月。

　　　許文筆：〈台灣濟公信仰的探討〉，浙江天台海峽兩岸濟公文
　　　化交流活動學術組編：《海峽兩岸濟公文化研討會論文匯
　　　編》，2007 年 5 月。

周琦:〈濟公李氏家族天台山佛緣考〉,浙江天台海峽兩岸濟公文化交流活動學術組編:《海峽兩岸濟公文化研討會論文匯編》,2007 年 5 月。

許尚樞:〈濟公傳說簡論〉,浙江天台海峽兩岸濟公文化交流活動學術組編:《海峽兩岸濟公文化研討會論文匯編》,2007年 5 月。

徐永恩:〈《錢塘漁隱濟顛師語錄》看濟顛之「顛」〉,浙江天台海峽兩岸濟公文化交流活動學術組編:《海峽兩岸濟公文化研討會論文匯編》,2007 年 5 月。

郭立新:〈濟公及其文化現象在東陽〉,浙江天台海峽兩岸濟公文化交流活動學術組編:《海峽兩岸濟公文化研討會論文匯編》,2007 年 5 月。

附錄三：濟公文化事象發展記要

年代	地點	內容	備註
約南宋高宗建炎至紹興年間（1130-1149）	杭州天台	道濟（濟公）誕生。道濟俗名不詳，濟公俗名李修緣。	*以「道濟」代表原型人物；「濟公」代表故事人物。 *生年無法確定，以年壽六十至八十推估。
？	杭州靈隱寺	道濟出家，受辭於佛海禪師。（濟公同）	
？	杭州淨慈寺	道濟往依淨慈寺德輝長老，為書記。（濟公同）	道濟往依淨慈寺的原因不明，但濟公則因與寺僧不合出走。
南宋寧宗嘉定二年（1209）	杭州	道濟圓寂，火化得舍利，邦人分之藏雙巖之下。濟公則火化後入虎跑寺塔。	
？		居簡禪師為道濟撰寫〈舍利銘〉。	
明英宗正統六年（1441）		楊士奇等編《文淵閣書目》中載有《濟顛語錄》。	書的內容不詳。
明世宗嘉靖年間（約1541-1560）		晁瑮《寶文堂書目》中載有《紅倩難濟顛》。	有目無書。

約明世宗嘉靖年間（約 1566 前）	杭州	杭州自南宋以來經常傳有濟顛顯聖事蹟。有傳記一本。淨慈羅漢堂並立有小石像。	據郎瑛《七修類稿》。
明穆宗隆慶三年（1569）		沈孟柈敘述的《錢塘湖隱濟顛禪師語錄》刊行問世。	
清順治末前後		出現張大復《醉菩提》傳奇，為可見最早搬演濟公故事的劇本。	
清聖祖康熙廿一年之前（-1682）		出現《醉菩提》小說滿文抄本。	據〔德〕馬丁·吉姆〈漢文小說和短篇故事的滿文譯本〉。
清聖祖康熙年間	蘇州	同文堂已刻有四卷廿回本的《醉菩提全傳》。	據《小說書坊錄》。
清高宗乾隆五年（1740）	台灣	曾氏家族於高雄縣旗尾創建妙蓮庵，奉祀濟公。	據〈妙蓮寺開台濟公佛祖開山沿革文〉。
清高宗乾隆九年（1744）		出現署名「西湖漁樵主人編」的《醉菩提傳》小說刊本，此本又名《濟公傳》。	據孫楷第《日本東京所見小說書目》。
清高宗乾隆四十二年（1777）	蘇州	金閶書業堂刊刻出版「天花藏主人」編次的《醉菩提全傳》。	
清宣宗道光年間（1821-1850）	蘇州	可能已經出現彈詞《濟公傳》。	據周良推測，見倪鍾之《中國曲藝史》。

清文宗咸豐年間 （1851-1861）	北京	出現京劇濟公戲〈趙家樓〉。	據王芷章《中國京劇編年史》。
清穆宗同治七年 （1868）	杭州	重刊扶乩善書《南屏佛祖救生度化寶懺》。	據《明清民間宗教經卷文獻》。
清穆宗同治十二年 （1873）	北京	有關北方濟公的評書，已見「學評詞，有架式，學悟空，裝猴子，濟癲僧，趿拉只」的記載。	據劉世英《陪都紀略》。
清穆宗同治年間	蒙古	最遲在 1864 年之前，已出現《濟公傳》的蒙文譯本。	據〔蘇〕布里斯・李福清〈中國古典小說的蒙文譯本〉。
清德宗光緒七年 （1881）	台灣	相傳中法戰爭時，增援台灣的淮軍部隊中有人奉祀濟公活佛，這成為台灣地區崇祀濟公之始。	據鍾華操《台灣地區神明的由來》。
清德宗光緒廿四年 （1898）	天津	煮字山房出版郭小亭《評演濟公傳》。	
清德宗光緒廿六年 （1900）	天津	煮字山房續出郭小亭《評演接續後部濟公傳》。	
清末民初 （1905-1912）	日本	日本藏經書院將《濟顛語錄》收入《續藏經》中。	

民國七年 （1918）	上海	十二月十八日，「新舞臺」開始上演連台本戲《濟公活佛》。由邱治雲、汪優游根據《濟公傳》小說編導，夏月珊飾演濟公。	
民國十年前後 （1920）	北京	說書泰斗雙厚坪說《濟公傳》，獨成一家。	
民國十五、十六年 （1926-1927）	上海	開心影片公司開拍由汪優游導演的《濟公活佛》電影，其中包括滑稽短片及四集黑白無聲長片。	
民國廿一年之前 （-1932）	馬來半島	出現馬來文譯本的《濟公傳》（或名《濟公活佛》）。	據〔法〕克勞婷・蘇爾夢〈馬來亞華人的馬來語翻譯及創作初探〉。
民國四十一年至五十六年間 （1952-1967）	台灣	「東華」皮影戲團曾到全台各地演出《西遊記》和《濟公傳》等劇。	
民國四十二年 （1953）	台灣	台北松山靈源寺建寺，成為台灣依寺廟條例登記在案最早主祀濟公的濟公廟。	據〈靈源寺開山祖師—一悟道大師簡略〉

民國六十年至六十一年 （1971-1972）	台灣	中華電視公司於八點檔連播九十八集的國語古裝歌唱劇《萬家生佛》，由京劇名丑于金驊飾演濟公。	
民國六十二年 （1973）	台灣	黃俊雄在台灣電視公司推出六十集的國語布袋戲《濟公傳》。	
民國七十一年 （1982）	台灣	羅蘭的舞台劇《濟公傳詩歌劇》出版。	
民國七十二年 （1983）	台灣	＊洪連生在中華電視公司推出三十集《新濟公傳》布袋戲。 ＊九月十五日「明華園」戲劇團在國父紀念館開演《濟公活佛》。	
民國七十四年 （1985）	浙江天台	＊杭州電視台、浙江電影製片廠、上海電視台聯合錄製古裝《濟公活佛》十二集連續劇，游本昌飾演濟公。 ＊籌資修建濟公亭。	
民國七十五年前後 （1986）	台灣	盛行「大家樂」簽賭，濟公乩與濟公神像大量增加。	

民國七十六年（1987）	浙江天台、杭州	*籌資修建赤城山濟公院。 *止戈選編《濟公的傳說》出版。	
民國七十七年（1988）	台灣	「明華園」戲劇團受國家戲劇院邀請演出製作《紅塵菩提》，其後本劇曾在中華電視公司頻道播放。	
民國七十八年（1989）	上海	曹志天、曹肖冰《小濟公——濟公童年故事》出版。	
民國八十年（1991）	吉林	吉林文史出版社印製《濟公全書》十六冊，內容包括《顛師語錄》、《評演濟公傳》前後傳、《濟公傳》續書，及蒙文版《濟公傳》。	
民國八十二年（1993）	香港 浙江天台	*杜琪峰導演《濟公》電影，由周星馳飾演濟公。 *成立天台山濟公文化研究會，並出版會刊《濟公研究通訊》。	
民國八十六年（1997）	浙江天台	維修保護永寧村石牆頭、赤城山濟公讀書處。	

民國八十九年至九十一年 （2000-2002）	浙江天台	＊修復濟公故居。 ＊天台山宗教藝術研究所根據濟公傳說創製「濟公百態」群雕。	
民國九十三年 （2004）	浙江天台	＊舉行首屆中國天台山濟公文化旅遊節。 ＊舉行首屆中國天台山濟公文化研討會。	
民國九十四年 （2005）	台灣嘉義 浙江天台	＊南恩禪寺在1月間召開籌備「全國濟公活佛交流會」會議。 ＊縣委縣府召開打造「文化天台」工作會議，規劃搶救、收集、整理、傳播濟公傳說的工作事宜。 ＊舉行濟公故居濟佛殿濟公佛像開光大典與全國首次濟公文化巡遊展示活動。	

民國九十五年 （2006）	浙江天台	＊2月，張國立導演三 十集《濟公新傳》拍 製完成。 ＊中共國務院於 5 月 20 日將浙江天台的 濟公傳說，列入第一 批國家級非物質文 化遺產名錄。	
	河南	＊7月，大陸河南省周口 市沈丘縣老城鎮十多 位農民，自編自演自 拍一部十集的豫劇 《濟公新傳》電視劇。	
民國九十六年 （2007）	浙江天台	5月8日至11日，浙江 省天台縣人民政府舉 辦「走進濟公故里—— 天台山・海峽兩岸濟公 文化交流活動」，活動 內容包括兩岸濟公文 化學術研討會及朝覲 旅遊等項目。	

重要參考文獻

（各類圖書按書名筆劃排列）

一、濟公故事文本

《大空顛狂：濟公禪師大傳》（上、下），洪無，台北：全佛文化事業
　　有限公司，2000 年。

《中國佛話》，徐建華、宋仲琤編著，台北：泉源出版社，1993 年。

《中國評書精華‧神怪卷》，李真主編，瀋陽：春風文藝出版社，
　　1991 年。

《皮影戲——張德成藝師家傳劇本集》（第六冊），國立藝術學院傳統
　　藝術研究中心策劃編輯，台北：教育部，1996 年。

《西湖二集》（《古本小說集成》），上海：上海古籍出版社，1991 年。

《西湖佳話》（《古本小說集成》，上海：上海古籍出版社，1991 年。

《西湖拾遺》（《古本小說集成》，上海：上海古籍出版社，1991 年。

《足本濟公全傳》（上、下），〔清〕王夢吉等撰，台北：世界書局，
　　1975 年。

《俗文學叢刊》，中央研究院歷史語言研究所、俗文學叢刊編輯小組
　　編輯，台北：新文豐出版股份有限公司，2001 年。

《真正繡像十五續濟公傳》，民國初年上海校經山房巾箱石印本，現
　　藏台北國家圖書館。

《真正繡像十六續濟公傳》，葛藩撰，民國初年巾箱石印本，現藏台
　　北國家圖書館。

《納書楹曲譜》（王秋桂主編：《善本戲曲叢刊》第六輯），〔清〕葉堂
　　編，台北：台灣學生書局，1984年。

《清蒙古車王府藏曲本》，北京：學苑出版社，2001年。

《掌中功名——台灣的傳統偶戲》，陳正之，台中：台灣省政府新聞
　　處，1991年。

《新刊繡像評講濟公傳前後集》，民國初年上海昌文書局石印本，現
　　藏台北國家圖書館。

《歌仔戲劇本整理計劃報告書》，財團法人中華民俗藝術基金會編
　　輯，台北：文化建設基金管理委員會，1995年。

《綴白裘》，〔清〕錢沛思輯、汪協如校，台北：台灣中華書局，1967年。

《與眾曲譜》，王季烈編輯，台北：台灣商務書局，1977年。

《醉菩提・三國因》（《罕本中國通俗小說叢刊》），王以昭主編，台北：
　　天一出版社，1974年。

《醉菩提》（《中國近代小說史料續編》），台北：廣文書局，1996年。

《醉菩提》（《中國戲劇研究資料・全明傳奇續編》），朱傳譽主編，台
　　北：天一出版社，1996年。

《醉菩提》（《古本小說叢刊》），劉世德、陳慶浩、石昌渝主編，北京：
　　中華書局，1991年。

《醉菩提》（《明清傳奇選刊》），北京：中華書局，1996年。

《醉菩提》（伏虎、天打、付篦、打坐、石洞等單篇木刻本、抄本），
　　現藏中央研究院傅斯年圖書館。

《醉菩提》（抄本，存一卷），〔清〕張大復撰，現藏台北國家圖書館。

《醉菩提傳・麴頭陀傳》（《中國小說史料叢書》），北京：人民文學出
　　版社，1999年。

《醉菩提——濟顛禪師傳》，台北：法爾出版社，1987年。

《錢塘漁隱濟顛師語錄》(《古本小說集成》)，古本小說集成編委會
　　編，上海：上海古籍出版社，1991 年。

《錢塘漁隱濟顛師語錄》(《白話中國古典小說大系)，台北：河洛圖
　　書出版社，1980 年。

《濟公外傳》，陳瑋君，板橋：錦德圖書事業有限公司，1993 年。

《濟公全書卷》(15 冊)(《中國神怪小說大系》)，林辰、左振坤主編，
　　長春：吉林文史出版社，1997 年。

《濟公全傳》，台北：大中國圖書有限公司，1974 年。

《濟公全傳》(四冊)，胡協寅編，上海：廣益書局，1948 年，現藏
　　台灣大學圖書館。

《濟公和尚》，賴永海，台北：東大圖書公司，1993 年。

《濟公的傳說》，山海經叢書編輯小組，台北：王家出版社，1989 年。

《濟公後傳》，楊志民、郭天恩編述，北京：中國曲藝出版社，1987 年。

《濟公傳》(上、下)，〔清〕郭小亭著、竺青點校，北京：中華書局，
　　2001 年。

《濟公傳》(鼓詞，五十五冊，清蒙古車王府藏曲本)，北京：北京古
　　籍出版社，1991 年。

《濟公傳》(鼓詞抄本，存二十部)，現藏中央研究院傅斯年圖書館。

《濟公傳》，王夢吉，台北：三民書局，1983 年。

《濟公傳詩歌劇》，羅蘭，台北：現代關係出版社，1982 年。

《濟顛大師醉菩提全傳》(《中國古代珍稀本小說續》)，侯忠義、李勤
　　學主編，瀋陽：春風文藝出版社，1997 年。

《濟顛大師醉菩提全傳》(《古本小說集成》)，古本小說集成編委會
　　編，上海：上海古籍出版社，1991 年。

《濟顛大師醉菩提全傳》(《明清善本小說叢刊續編)，朱傳譽主編，
　　台北：天一出版社，1990 年。

《濟顛語錄》（《古本平話小說集》），路工、譚天合編，北京：人民文
　　學出版社，1999年。

《濟顛禪師大傳》，蕭天石、釋廣定、鄭燦審訂，台北：佛教出版社，
　　1988年。

《濟顛禪師語錄》（《古本小說叢刊》），劉世德、陳慶浩、石昌渝主編，
　　北京：中華書局，1991年。

《濟顛禪師語錄》（《明代小說輯刊》），侯忠義主編，成都：巴蜀書社，
　　1995年。

《濟顛羅漢淨慈寺顯聖記》（《古本小說集成》），古本小說集成編委會
　　編，上海：上海古籍出版社，1991年。

《繡像濟公全傳》（京都老二酉堂，光緒庚辰年重刊，微捲），〔清〕
　　西湖墨浪子偶拈，現藏台北國家圖書館。

《繪像醉菩提傳》（味根齋板，微捲），〔清〕天花藏主人編次，現藏
　　台北國家圖書館。

《繪圖小濟公傳》（《繡像繪圖小小說庫》），趙苕狂編，民國十四年上
　　海世界書局巾箱石印本，現藏台北國家圖書館。

《繪圖鼓詞濟公全傳》，上海錦章圖書局，現藏中央研究院傅斯年圖
　　書館。

二、一般專題著作及報刊

《17世紀中國通俗小說編年史》，李忠明，合肥：安徽大學出版社，
　　2003年。

《一貫道內幕》，陸仲偉，南京：江蘇人民出版社，1998年。

《一貫道發展史》，孚中，台北：正一善書，1999年。

《七修類稿》（《讀書箚記叢刊》），〔明〕郎瑛撰，台北：世界書局，
　　1963 年。

《人民首都的天橋》，張次溪，北京：中國曲藝出版社，1998 年。

《大藏新纂卐續藏經》，台北：白馬精舍印經會，1994 年。

《大藏經》，日本大正一切經刊行會，台北：新文豐出版公司，1983 年。

《小說考證》，蔣瑞藻編著，台北：河洛圖書出版社，1979 年。

《小說書坊錄》，王清原、牟仁隆、韓錫鐸編纂，北京：北京圖書館
　　出版社，2002 年。

《小說新話》，寧遠，台北：河洛圖書出版社，1977 年。

《小說叢考》，錢靜方，台北：長安出版社，1979 年。

《中國乞丐史》，曲彥斌，上海：上海文藝出版社，1990 年。

《中國小說史料叢書》，北京：人民文學出版社，1999 年。

《中國小說史略》，魯迅，濟南：齊魯書社，1997 年。

《中國文化新論・宗教禮俗篇》，台北：聯經出版事業公司，1982 年。

《中國文學與宗教》，鄭志明，台北：台灣學生書局，1992 年。

《中國古代小說總目》，石昌渝主編，太原：山西教育出版社，2004 年。

《中國古代珍稀本小說續》，侯忠義等主編，瀋陽：春風文藝出版社，
　　1997 年。

《中國民俗文化學導論》，仲富蘭，杭州：浙江人民出版社，1998 年。

《中國民間文學》，李惠芳，武漢：武漢大學出版社，1999 年。

《中國民間宗教史》（上、下），馬西沙、韓秉方著，北京：中國社會
　　科學出版社，2004 年。

《中國民間信仰資料彙編》，王秋桂、李豐楙主編，台北：台灣學生
　　書局，1989 年。

《中國民間信仰與道教》，劉仲宇，台北：東大圖書公司，2003 年。

《中國民間故事全集》，陳慶浩、王秋桂主編，台北：遠流出版社，
　　1993年。

《中國早期戲劇畫刊》，江亞沙、經莉、陳湛綺主編，北京：全國圖
　　書館文獻縮微複製中心，2006年。

《中國曲藝史》，倪鍾之，瀋陽：春風文藝出版社，1991年。

《中國曲藝志・江蘇卷》，中國曲藝志編輯委員會，北京：新華出版
　　社，1992年。

《中國曲藝志・河南卷》，中國曲藝志編輯委員會，北京：新華出版
　　社，1992年。

《中國曲藝志・湖南卷》，中國曲藝志編輯委員會，北京：新華出版
　　社，1992年。

《中國佛寺史志》，杜潔祥主編，台北：明文書局，1980年。

《中國佛寺志叢刊續編》，白化文、劉永明、張智主編，南京：江蘇
　　古籍出版社，2001年。

《中國京劇史》，北京市藝術研究所、上海藝術研究所編著，北京：
　　中國戲劇出版社，1990年。

《中國京劇史圖錄》，金耀章主編，石家莊：河北教育出版社，1994年。

《中國京劇發展史》，馬少波等編著，台北：商鼎文化出版社，1991年。

《中國京劇編年史》，王芷章著，北京：中國戲劇出版社，2003年。

《中國宗教法規政策讀本》，國家宗教局政策法規司編，北京：宗教
　　文化出版社，2000年。

《中國美術全集》，中國美術全集編輯委員會，台北：錦繡出版社，
　　1986-1989年。

《中國崑劇大辭典》，吳新雷主編，南京：南京大學出版社，2002年。

《中國通俗小說書目》（新訂本），孫楷第，台北：木鐸出版社，1983年。

《中國通俗小說總目提要》，江蘇省社會科學院明清小說研究中心
　　編，北京：中國文聯出版公司，1990 年。

《中國描述性傳說概論》，譚達先，台北：貫雅文化事業有限公司，
　　1993 年。

《中國善書與宗教》，鄭志明，台北：台灣學生書局，1988 年。

《中國評書（評話）研究》，譚達先，台北：木鐸出版社，1983 年。

《中國傳統小說在亞洲》，〔法〕克勞婷・蘇爾夢（Salmon,Claudine）
　　編著、顏保等譯，北京：國際文化出版公司，1989 年。

《中國電影大辭典》，張駿祥、程季華主編，上海：上海辭書出版社，
　　1995 年。

《中國電影發展史》，程季華主編，北京：中國電影出版社，1998 年。

《中國劇目辭典》，王森然遺稿、《中國劇目辭典》擴編委員會擴編，
　　石家莊：河北教育出版社，1997 年。

《中國劇詩美學風格》，蘇國榮，台北：丹青出版社，1987 年。

《中國戲曲史》，徐慕雲，台北：世界書局，1977 年。

《中國戲曲志・上海卷》，中國戲曲志編輯委員會，北京：中國 ISBN
　　中心，1980 年。

《中國戲曲志・江蘇卷》，中國戲曲志編輯委員會，北京：中國 ISBN
　　中心，1992 年。

《中國戲劇發展史》，學藝出版社編輯部，台北：學藝出版社，1977 年。

《中國禪宗大全》，李淼編著，台北：麗文文化公司，1994 年。

《中國禪宗史——南宗禪成立以後的政法社會史的考證》，〔日〕阿部
　　肇一著、關世謙譯，台北：東大圖書公司，1990 年。

《元雜劇的插科打諢藝術》，郭偉廷，北京：中國社會科學出版社，
　　2002 年。

《天台山方外志》，〔明〕無盡撰，台北：新文豐出版公司，1987 年。

《天台山濟公活佛》，許尚樞編著，北京：國際文化出版公司，1997 年。

《天道鈎沉》，宋光宇，台北：元祐出版社，1984 年。

《文化社會學》，司馬雲傑，濟南：山東人民出版社，1990 年。

《文津閣四庫全書》，北京：商務印書館，2005 年。

《文淵閣書目》（《國學基本叢書》），楊士奇等編，上海：商務印書館，
　　　1938 年。

《日本東京所見中國小說書目──附大連圖書館所見小說書目》，孫
　　　楷第，台北：鳳凰出版社，1974 年。

《仙道正傳》，徐兆仁主編，北京：中國人民大學出版社，1992 年。

《北平俗曲略》，李家瑞，台北：文史哲出版社，1974 年。

《古代小說版本簡論》，歐陽健，太原：山西人民出版社，2005 年。

《古代小說與宗教》，白化文、孫欣著，瀋陽：遼寧教育出版社，
　　　2001 年。

《古本稀見小說滙考》，譚尋、譚正璧，杭州：浙江文藝出版社，
　　　1984 年。

《古典小說與傳說（李福清漢學論集）》，〔蘇〕李福清（B.L.Riftin）
　　　著，李明濱編選，北京：中華書局，2003 年。

《古典戲曲存目彙考》，莊一拂，台北：木鐸出版社，1986 年。

《古農佛學答問》，范古農，台北：彌勒出版社，1983 年。

《台灣的鸞書》，鄭志明，板橋：正一善書，1989 年。

《布袋戲筆記》，呂理政，台北：台灣風物雜誌社，1991 年。

《平劇劇目初探》，陶君起，台北：明文書局，1982 年。

《正宗神乩書畫冊》，台北：財團法人正宗書畫社，1995 年。

《民俗文化與民俗生活》，高丙中，北京：中國社會科學出版社，
　　　1994 年。

《民間文學理論基礎》，吳蓉章，成都：四川大學出版社，1987 年。

《永興樂皮影戲團發展紀要》，石光生，宜蘭：國立傳統藝術中心，
　　2005 年。

《申報》，吳相湘主編，台北：台灣學生書局，1965 年。

《全元戲曲》，王季思主編，北京：人民文學出版社，1999 年。

《全元雜劇初編》，楊家駱編，台北：世界書局，1985 年。

《全明傳奇》，林侑蒔主編，台北：天一出版社，1983 年。

《全國報刊電影文章目錄索引》，中國電影資料館編，北京：中國電
　　影出版社，1994 年。

《印光大師文鈔菁華錄》，印光大師撰，台南：台南市淨宗學會，
　　2002 年。

《在園雜志》（《近代中國史料叢刊》），〔清〕劉廷璣，台北：文海出
　　版社，1966 年。

《江湖叢談》，連闊如遺著，賈建國、連麗如整理，北京：當代中國
　　出版社，2006 年。

《西湖新志》（《中國名山勝蹟志叢刊》），胡祥翰輯，台北：文海出版
　　社，1975 年。

《西湖遊覽志餘》，〔明〕田汝成，台北：世界書局，1963 年。

《西湖夢尋》，〔明〕張岱，西安：陝西人民出版社，1998 年。

《西湖覽勝詩志》（《四庫全書存目叢書》），〔清〕夏基撰，台南：莊
　　嚴文化事業公司，1996 年。

《佛教與戲劇藝術》，陳宗樞著，天津：天津人民出版社，1992 年。

《呆耷鬼、潑婦、一夫多妻者－十八世紀中國小說中的性與男女關
　　係》，〔美〕馬克夢（Keith McMahon）著，王維東、楊彩霞譯，
　　北京：人民文學出版社，2001 年。

《抗戰前十年間的上海娛樂社會（1927-1937）：以影劇為中心的探
　　索》，胡平生著，台北：台灣學生書局，2002 年。

《扶箕迷信底研究》，許地山，台北：臺灣商務印書館，1980年。

《李家瑞先生通俗文學論文集》，王秋桂編，台北：台灣學生書局，
　　1982年。

《走進濟公老家──濟公故居觀光手冊》，裴斐編撰，香港：香港天
　　馬出版公司，2004年。

《車王府曲本與京劇的形成》，郭精銳著，汕頭：汕頭大學出版社，
　　1999年。

《京劇二百年之歷史》，劉紹唐、沈葦窗主編，台北：傳記文學出版
　　社，1974年。

《京劇劇目辭典》，曾白融主編，北京：中國戲劇出版社，1989年。

《京戲近百年瑣記》，周明泰，台北：傳記文學出版社，1974年。

《委巷叢談》（《明人百家短篇小說》），〔明〕田汝成，北京：北京圖
　　書館出版社，1998年。

《宗教生活的基本形式》，〔法〕涂爾幹（Emile Durkheim）原著，芮
　　傳明、趙學元譯，台北：桂冠圖書股份有限公司，1992年。

《宗教與文化》，鄭志明，台北：台灣學生書局，1990年。

《怪誕與諷刺──明清通俗小說詮釋》，劉燕萍，上海：學林出版社，
　　2003年。

《明代小說面面觀：明代小說國際學術研討會論文集》，辜美高、黃
　　霖主編，上海：學林出版社，2002年。

《明代宗教小說中的佛教「修行」觀念》，宋珂君，北京：中國社會
　　科學出版社，2005年。

《明清小說續書研究》，高玉海，北京：中國社會科學出版社，2004年。

《明清以來民間宗教的探索：紀念戴玄之教授》，王見川編，台北：
　　商鼎文化出版社，1996年。

《明清民間宗教經卷文獻》，王見川、林萬傳主編，台北：新文豐出版公司，1999 年。

《明清時期的小說傳播》，宋莉華，北京：中國社會科學出版社，2005 年。

《東京夢華錄（外四種）》，〔宋〕孟元老等著，台北：古亭書屋，1975 年。

《武林梵志》，〔明〕吳之鯨撰，台北：新文豐出版公司，1987 年。

《武林掌故叢編》，〔清〕丁丙輯，台北：台聯國風出版社，1967 年。

《俠義公案小說史》，曹亦冰，杭州：浙江古籍出版社，1998 年。

《俗講說話與白話小說》，孫楷第，台北：河洛圖書出版社，1978 年。

《倫敦所見中國小說書目》，柳存仁，台北：鳳凰出版社，1974 年。

《旅遊文化學》，章海榮，上海：復旦大學出版社，2005 年。

《旅遊商品學》，鍾志平，北京：中國旅遊出版社，2005 年。

《書目類編》，嚴靈峰編輯，台北：成文出版社，1978 年。

《浙江旅遊客源國（地區）概況》，周彩屏主編，杭州：浙江大學出版社，2005 年。

《笑之縱橫－論「笑」的理論意義》，王緯，台北：台灣高等教育出版社，1990 年。

《高雄縣民間信仰》，林美容，高雄：高雄縣政府，1997 年。

《高雄縣教派宗教》，周益民、林美容、王見川，高雄：高雄縣政府，1997 年。

《偶影之美：高雄縣皮影戲館典藏目錄》（1），郭瑞鎮編，高雄：高雄縣政府，2003 年。

《國立北京大學中國民俗學會民俗叢書》，婁子匡主編，台北：東方文化出版社，1988 年。

《崑劇演出史稿》（修訂本），陸萼庭，台北：國家出版社，2002 年。

《教制教典與教學》(《妙雲集》)，釋印順，台北：正聞出版社，1992 年。

《淨慈寺志》(《四庫全書存目叢書》)，〔明〕釋大壑，台南：莊嚴文化事業公司，1996 年。

《現代旅遊產業經濟學》，唐留雄，廣州：廣東旅遊出版社，2005 年。

《現在華北祕密宗教》，李世瑜，台北：古亭書屋，1975 年。

《細曲集成》，呂鍾寬輯註，台北：國立傳統藝術中心籌備處，1999 年。

《陶庵夢憶》，〔明〕張岱，台北：漢京文化事業公司，1984 年。

《喜劇心理學》，潘智彪，廣東：三環出版社，1989 年。

《湖山便覽》(《小方壺齋輿地叢鈔》)，〔清〕翟灝、翟瀚輯，台北：廣文書局，1963 年。

《華雨集》，釋印順，台北：正聞出版社，1993 年。

《評彈文化詞典》，吳宗錫主編，上海：漢語大辭典出版社，1996 年。

《閑情偶寄》，〔清〕李漁，上海：上海古籍出版社，2000 年。

《集樂軒・楊夢雄抄本》，范揚坤編著，彰化：彰化縣文化局，2005 年。

《黃海岱及其布袋戲劇本研究》，張溪南，台北：台灣學生書局，2004 年。

《義和團文獻輯注與研究》，陳振江、程歔，天津：天津人民出版社，1985 年。

《聖與俗：宗教的本質》(THE SACRED & THE PROFANE The Nature of Religion)，伊利亞德（Mircea Eliade）著、楊素娥譯，台北：桂冠圖書股份有限公司，2000 年。

《話本小說概論》，胡士瑩，台北：丹青圖書公司，1983 年。

《道教與中國民間文學》，劉守華，台北：文津出版社，1991 年。

《道教與神魔小說》，苟波，成都：巴蜀書社，1999 年。

《道藏精華錄》，宋一子編纂，杭州：浙江古籍出版社，1989 年。

《嘉義縣傳統戲曲與傳統音樂專輯》，中央大學戲曲研究室、中華民俗藝術基金會，嘉義：嘉義縣立文化中心，1998 年。

《臺灣民間宗教論集》，鄭志明，台北：台灣學生書局，1984 年。

《臺灣的恩主公信仰：儒宗神教與飛鸞勸化》，王志宇，台北：文津出版社，1997 年。

《臺灣的齋教與鸞堂》，王見川，台北：南天書局，1996 年。

《臺灣現行善書之蒐集與分析研究報告》，宋光宇，台北：中央研究院歷史語言研究所，1995 年。

《認識台灣民間信仰》，董芳宛，台北：長青文化事業公司，1986 年。

《說俗文學》，曾永義，台北：聯經出版事業公司，1980 年。

《說書小史》，陳汝衡，台北：環宇出版社，1961 年。

《蔡龍溪皮影戲文物圖錄研究》，石光生，高雄：高雄縣政府文化局，2000 年。

《歷代筆記小說集成》，周光培編，石家莊：河北教育出版社，1996 年。

《歷史神話與傳說》，何秉聰編撰，香港：香港藝術館，1986 年。

《濟顛：中國宗教和世俗文學》（Crazy Ji：Chinese Religion and Popular Literature），〔以色列〕夏維明（Meir Shahar），美．哈佛大學出版社（哈佛 Yenching 學院專著系列──第 48 卷），1998 年。

《禪宗語言》，周裕鍇，台北：宗博出版社，2002 年。

《禪宗語言概論》，張美蘭，台北：五南圖書出版社，1998 年。

《禪與詩》，李壯鷹，北京：北京師範大學出版社，2001 年。

《簡明民間文藝學教程》，葉春生，長沙：湖南文藝出版社，1987 年。

《藏外道書》，《藏外道書》編委會，成都：巴蜀書社，1992 年。

《蘇州崑曲》，周秦，台北：國家出版社，2002 年。

《蘇州評彈》，周良，蘇州：蘇州大學出版社，2000 年。

《讀印光大師文鈔記》，會性法師記述，台中：台中市佛教蓮社，
　　1998 年。

三、善書・民俗用書

《一貫道疑問解答》
《九陽關遊記》，台中：重生堂。
《五公明心見性寶經・濟佛說泗洲大菩薩四字禪經》，臺疆清正堂，
　　1977 年。
《五戒──濟公古佛慈訓》，屏東：萬丹觀音堂，2005 年。
《天台山五公菩薩真經》，桃園：南海無極宮。
《天堂遊記》，台中：聖賢堂。
《台灣寺廟靈籤註解》，道成居士編著、草蘆主人主修，台南：正海
　　出版社，1988 年。
《白陽弟子的修持理念》，謝文治，明德，1992 年。
《地獄遊記》，台中：聖賢堂。
《收圓寶訓》（丁巳年蒲月重刊），台疆清正堂。
《西湖靈隱道濟古佛玉鎖真經》，普覺善書。
《求財占運法・萬事預知術》，新竹：竹林書局，1989 年。
《法雲感德修身篇》，法雲庵感德堂，雲林：明道雜誌，1972 年。
《南屏佛祖救生度化寶懺》，南屏停雲軒藏板，杭城慧空瑪瑙經房流通。
《南屏法語》，沈企璋繕印，1981 年。
《活佛師尊及仙佛慈示妙訓》，天恩堂印，1988 年。
《畜道輪迴遊記》，台中：聖德雜誌社。
《祖師師尊師母略傳》，高雄：合信印經處。
《神功廣濟祖師全集》，台南：普法道濟寺。

《御批瑤池金母救世真經》，普雲壇、祥雲壇修經室沐手敬錄，1934
　　年 8 月。

《慈悲濟公寶懺》

《極樂世界遊記》，台中：聖天堂。

《萬教符咒總集》，真德大師、觀慈大師、道濟大師等著，台北：武
　　陵出版社。

《聖道旅程》，竹林印經處。

《道統寶鑑》，高雄：至善書局。

《道藏寶籙》，台北：玄聖宮義德堂，1994 年。

《道藏寶籙》，玄聖宮義德堂，1994 年。

《電腦彩券吉數全集：濟公財運民曆》，魏英滿，台南：世峰出版社，
　　2002 年。

《瑤池寶鈔全卷》（天運戊午年仲春），台北：清正堂重刊，1978 年。

《醒夢集》，光緒申辰春訂。

《彌勒古佛下生經》

《濟公古佛醒世真經》，台南：覺明雜誌社，1986 年。

《濟公活佛正傳》，台中：聖德雜誌社，1989 年。

《濟公活佛修學寶典》，台北：圓福堂道場，2004 年。

《濟公活佛慈訓》（癸亥期），台北：天乙宮，甲子仲夏印。

《濟公開運民曆》，高銘德著，台南：大山書店，1992 年。

《濟公禪師占運數》，鄭聿翔編著，台中：瑞成書局，2005 年。

《濟公禪師玉鎖真經》，台北：靈源寺。

《鸞稿拾遺》，台北：廣文書局，1989 年。

四、影音專集

《1980 年代崑劇名家錄影》（DVD），國立中央大學戲曲研究室製作，
　　宜蘭：國立傳統藝術中心，2003 年。

《90 年度嘉義觸口龍隱寺濟公禪師聖誕千秋祭典‧建廟沿革》
　　（DVD），嘉義：龍隱寺，2001 年。

《黃海岱布袋戲精選系列 15‧濟公傳》（DVD），財團法人中華民俗
　　藝術基金會製作，宜蘭：國立傳統藝術中心，2005 年。

《義竹修緣禪寺開台西天濟公活佛到台一甲子慶典》（DVD），2005 年。

《濟公》（DVD，周星馳主演），高雄：新生代寶信資訊。

《濟公故居濟佛殿濟公佛像開光大典》（DVD），浙江天台，2005 年。

《濟公活佛》（DVD，全十二集，游本昌、呂涼主演），台北：龍騰影
　　音多媒體有限公司，2004 年。

《濟公活佛》（歌仔戲，捲卡式帶，二卷），中華電視股份有限公司製
　　作，台北：華視文化公司，2003 年。

《濟公活佛》（捲卡式帶，三卷，游本昌主演），台北：三映傳播有限
　　公司，1990 年。

《濟公活佛頌讚》（錄音帶），普願，1998 年。

《濟公新傳》（DVD，張國立主演），廣州：廣東中娛文化發展有限公司。

《濟公遊記》（DVD，十集系列劇，游本昌主演），北京：北京北影錄
　　音錄像公司出版發行。

國家圖書館出版品預行編目

濟公故事綜合研究 / 張忠良著 . -- 一版 . --
　　臺北市：秀威資訊科技 , 2007[民 96]
　　　面；　　公分 . -- (語言文學類 ; AG0061)
　　參考書目：面
　　ISBN 978-986-6909-54-2 (平裝)

1. 民間傳說

539.596　　　　　　　　　　　　96006257

語言文學類　　AG0061

濟公故事綜合研究

作　　者 / 張忠良
發 行 人 / 宋政坤
執行編輯 / 賴敬暉
圖文排版 / 黃莉珊
封面設計 / 林世峰
數位轉譯 / 徐真玉　沈裕閔
圖書銷售 / 林怡君
網路服務 / 徐國晉
法律顧問 / 毛國樑律師
出版印製 / 秀威資訊科技股份有限公司
　　　　　台北市內湖區瑞光路 583 巷 25 號 1 樓
　　　　　電話：02-2657-9211　　傳真：02-2657-9106
　　　　　E-mail：service@showwe.com.tw
經 銷 商 / 紅螞蟻圖書有限公司
　　　　　台北市內湖區舊宗路二段 121 巷 28、32 號 4 樓
　　　　　電話：02-2795-3656　　傳真：02-2795-4100
　　　　　http://www.e-redant.com

2007 年 4 月 BOD 一版
定價：450 元

讀　者　回　函　卡

感謝您購買本書，為提升服務品質，煩請填寫以下問卷，收到您的寶貴意見後，我們會仔細收藏記錄並回贈紀念品，謝謝！

1.您購買的書名：＿＿＿＿＿＿＿＿＿＿＿＿＿＿＿＿＿＿

2.您從何得知本書的消息？

　　□網路書店　　□部落格　　□資料庫搜尋　　□書訊　　□電子報　　□書店

　　□平面媒體　　□ 朋友推薦　　□網站推薦　□其他＿＿＿＿＿＿

3.您對本書的評價：(請填代號　1.非常滿意 2.滿意 3.尚可 4.再改進)

　　封面設計＿＿＿　版面編排＿＿＿　內容＿＿＿　文/譯筆＿＿＿　價格＿＿＿

4.讀完書後您覺得：

　　□很有收獲　　□有收獲　　□收獲不多　　□沒收獲

5.您會推薦本書給朋友嗎？

　　□會　□不會，為什麼？＿＿＿＿＿＿＿＿＿＿＿＿＿＿＿＿＿＿

6.其他寶貴的意見：＿＿＿＿＿＿＿＿＿＿＿＿＿＿＿＿＿＿＿

＿＿＿＿＿＿＿＿＿＿＿＿＿＿＿＿＿＿＿＿＿＿＿＿＿＿＿

＿＿＿＿＿＿＿＿＿＿＿＿＿＿＿＿＿＿＿＿＿＿＿＿＿＿＿

＿＿＿＿＿＿＿＿＿＿＿＿＿＿＿＿＿＿＿＿＿＿＿＿＿＿＿

讀者基本資料

姓名：＿＿＿＿＿＿＿＿＿＿　年齡：＿＿＿＿　性別：□女 □男

聯絡電話：＿＿＿＿＿＿＿＿　E-mail：＿＿＿＿＿＿＿＿＿

地址：＿＿＿＿＿＿＿＿＿＿＿＿＿＿＿＿＿＿＿＿＿＿＿

學歷：□高中(含)以下　　□高中　　□專科學校　　□大學

　　　□研究所(含)以上 □其他＿＿＿＿＿＿＿＿

職業：□製造業 □金融業 □資訊業 □軍警 □傳播業 □自由業

　　　□服務業 □公務員 □教職　　□學生 □其他＿＿＿＿＿＿

(請沿線對摺寄回,謝謝!)

秀威與 BOD

BOD（Books On Demand）是數位出版的大趨勢，秀威資訊率先運用 POD 數位印刷設備來生產書籍，並提供作者全程數位出版服務，致使書籍產銷零庫存，知識傳承不絕版，目前已開闢以下書系：

一、BOD 學術著作—專業論述的閱讀延伸
二、BOD 個人著作—分享生命的心路歷程
三、BOD 旅遊著作—個人深度旅遊文學創作
四、BOD 大陸學者—大陸專業學者學術出版
五、POD 獨家經銷—數位產製的代發行書籍

BOD 秀威網路書店：www.showwe.com.tw
政府出版品網路書店：www.govbooks.com.tw

永不絕版的故事・自己寫・永不休止的音符・自己唱